EDGE MANAGEMENT

y Approach for

ns

知识管理

赋能商业决策的一站式工具

[英] 刘少凤（Shaofeng Liu）著
曹飞 译

中信出版集团 | 北京

图书在版编目（CIP）数据

知识管理：赋能商业决策的一站式工具 /（英）刘少凤著；曹飞译. -- 北京：中信出版社，2022.5
书名原文：Knowledge Management: An Interdisciplinary Approach for Business Decisions
ISBN 978-7-5217-3107-1

Ⅰ. ①知… Ⅱ. ①刘… ②曹… Ⅲ. ①企业经营管理－知识管理 Ⅳ. ① F272.4

中国版本图书馆 CIP 数据核字 (2021) 第 079949 号

知识管理——赋能商业决策的一站式工具

著者：［英］刘少凤
译者：曹飞
出版发行：中信出版集团股份有限公司
（北京市朝阳区惠新东街甲 4 号富盛大厦 2 座　邮编　100029）
承印者：宝蕾元仁浩（天津）印刷有限公司

开本：787mm×1092mm　1/16　印张：24.25　字数：382 千字
版次：2022 年 5 月第 1 版　印次：2022 年 5 月第 1 次印刷
京权图字：01–2020–2880　书号：ISBN 978–7–5217–3107–1
定价：76.00 元

目　录

第二部分　培养组织的知识力

第三部分　跨越知识边界

阅读指引

批判性思考与反思：暂停阅读，思考前面讨论过的材料。这旨在培养你的批判性思维能力，加深你对知识管理与决策相关理论和实践的理解。

示例：从研究领域和商界精心挑选的简练实例，用于说明本章探讨的概念，后面还会提问，鼓励你分析各种组织和应用场景中的知识管理与决策实践。

案例研究：各章末尾出现的案例研究篇幅较长、内容更加全面，帮助你分析怎样把在该章学到的知识应用于实际商业案例。案例研究后面的问题鼓励读者思考和讨论。

缩略语表

AI（artificial intelligence）	人工智能
ATM（automated teller machine）	自动柜员机
BDA（big data analytics）	大数据分析
BN（bayesian network）	贝叶斯网络
CAD（computer aided design）	计算机辅助设计
CAM（computer aided manufacturing）	计算机辅助制造
CERP（Cluster of European Research Projects）	欧洲研究项目组
CIO（chief information officer）	首席信息官
CKO（chief knowledge officer）	首席知识官
CoP（community of practice）	实践社区
CVF（competing values framework）	竞争价值框架
DAML（DARPA Agent Markup Language）	美国国防高级设计研究署代理标记语言
DLOQ（dimensions of learning organization questionnaire）	学习型组织调查问卷表
DM（decision making）	决策
DSS（decision support system）	决策支持系统
FDI（foreign direct investment）	外商直接投资

GDSS（group decision support system）	群体决策支持系统
GMO（genetically modified organism）	转基因生物
HRD（human resource development）	人力资源开发
ICT（information and communication technology）	信息通信技术
IoT（internet of things）	物联网
IP（internet protocol）	互联网协议
IPR（intellectual property rights）	知识产权
ITU（International Telecommunications Union）	国际电信联盟
KB-DSS（knowledge-based decision support system）	基于知识的决策支持系统
KBS（knowledge-based system）	基于知识的系统
KBV（knowledge-based view）	知识基础观
K&DM（knowledge and decision making）	知识与决策
KM（knowledge management）	知识管理
KMS（knowledge management system）	知识管理系统
LAN（local area network）	局域网
LO（learning organization）	学习型组织
MBV（market-based view）	市场基础观
MCDA（multi-criteria decision analysis）	多准则决策分析
MNC（multinational corporation）	跨国公司
MIT（Massachusetts Institute of Technology）	麻省理工学院
NGO（non-governmental organization）	非政府组织
OECD（Organization for Economic Co-operation and Development）	经济合作与发展组织

OC（organizational culture）	组织文化
OEM（original equipment manufacturer）	原始设备制造商
OIL（ontology inference layer）	本体推理层
OL（organizational learning）	组织学习
OM（organizational memory）	组织记忆
OWL（ontology web language）	本体网络语言
PM（project management）	项目管理
RBR（rule-based reasoning）	基于规则推理
RBV（resource-based view）	资源基础观
R&D（research and innovation）	研究创新
RDF（resource description framework）	资源描述框架
RFID（radio frequency identification）	射频识别
SECI（socialization、externalization、combination、internalization）	社会化、外部化、组合化、内部化
SME（small-and medium-sized enterprise）	中小企业

前　言

知识管理十分重要、扣人心弦、充满挑战

知识被视为所有企业最重要的资产。对于个人、组织及遍布全国的社区来说，知识都极为重要。许多著名谚语和术语都强调了知识的重要性，比如“知识就是力量”、“知识基础观”（知识是组织可持续竞争优势的来源）以及“知识经济”（知识这种无形资产是整个经济的驱动力）。其重要程度之高让知识管理（knowledge management，缩写为KM）成为热门话题。知识管理迅速吸引了学者、研究人员、工程师、从业人员、企业领导者、管理者以及其他致力于知识创造、保持、动员和利用流程与生命周期的改进事业的专业人士。高效能、高效率的知识管理不仅有助于实现卓越绩效，而且有助于催化产品和服务的创新，而这正是企业长期繁荣和可持续发展的关键。

之所以说知识管理扣人心弦，是因为它从根本上影响着所有层面的商业决策，包括战略或运营层面，以及个人、小组、组织乃至供应链层面。如果没有正确知识的支持，那么企业领导者和管理者无法就业务问题做出正确判断，从而做出最恰当的抉择。知识管理让业务表现振奋人心，因为是它在正确时间、正确地点把正确知识输导给了正确的人（决策者）。从组织角度来看，基于正确知识的正确商业决策能够帮助组织抢在竞争者之前抓住最宝贵的商业机会。错误知识导致误判，而误判带来的错误商业决策可能招致严重的企业失败。简而言

之，知识和知识管理发挥着主要作用，可能成就也可能摧毁一家企业。从个人和职业发展角度来看，在正确知识支持下做出正确的商业决策，可能是企业领导者和管理者晋升与成功的标志。对商业决策影响程度之高，让知识管理这一话题扣人心弦。

知识管理充满挑战，这一点毫无疑问，主要原因有以下几个。

首先，知识大多是隐性的、无形的。为了管理组织的产品或机器等有形实体，从方便管理流程的角度而言，人们可以为其附上标签或使用手册等可见的人工制品。但是，这种可见的人工制品不适用于隐性的知识管理。把隐性知识转化为显性知识一直被视为一项挑战。

其次，在许多企业中，知识管理没有被视为核心业务职能之一，无法同会计与财务、市场与销售、人力资源管理与领导力、运营与供应链管理等业务职能相提并论。企业通常会任命领导者和管理者负责上述核心业务职能，但很可能不会任命首席知识官。有时候，你似乎看不到知识管理的踪影，可事实是，知识存在于企业的每一个角落。知识管理不仅存在于通过运营和供应链管理所进行的产品及服务的创造与交付过程中，而且涉及其他方面，比如市场营销和销售知识。

再次，知识管理需要考虑所有核心业务职能之间的联系，这需要在更高层面对整个企业有深入的了解，只有这样，知识才能转化为组织的竞争力。当知识管理活动需要跨越知识边界时，知识管理将会面临更大的挑战，比如供应链上不同环节之间的知识共享。商业世界中可能会出现各种类型的边界，比如语法、语义或政治藩篱。事实证明，跨越其中任何一个边界都不是容易的事。

最后，知识管理和决策（decision making，缩写为 DM）传统上被视为两个独立的领域。人们现在已经认识到，需要把知识管理和决策整合在一起。但是，将知识资产转化为决策流程的可用信息，仍然颇具挑战性。本书将会探讨弥合知识管理与商业决策之间鸿沟的各种途径。

本书特色

本书提供了一条通往知识管理的综合性和逻辑性路径，同时能够帮助读者了解知识管理如何支持商业决策。本书包含四个部分，知识管理相关讨论随之层层展开。第一部分（第一至三章）介绍知识和知识管理的核心概念、隐性和显性知识之间的转化以及知识管理流程和生命周期模型。第二部分（第四至六章）侧重于构建组织的知识竞争力，涵盖的主要话题包括组织学习、学习型组织及组织文化对知识管理的影响等。第三部分（第七至十章）探讨的知识和学习活动超出了单个组织的范畴，聚焦于跨界知识动员。本部分四章讨论的是与知识管理相关的当前热点话题，包括实践社区、知识边界和跨界机制、知识网络及物联网和大数据分析等信息通信技术赋能下的知识管理。第四部分（第十一至十三章）将知识和知识管理融汇在商业决策中，其中：第十一章讨论商业决策语境；第十二章审视人类决策流程，明确其对知识支持的需求；第十三章介绍基于知识的决策支持系统，并讨论了知识建模技术和知识推理技术。本书能在同类著作中脱颖而出，要归功于以下几个特点。

- 跨学科方式：本书采用跨学科方式，将各领域知识融汇在一起，包括企业管理、信息系统、心理学、计算机科学、决策支持系统、流程建模、人工智能和组织研究等。同时，本书在全面框架下讨论知识管理，将以下四个维度统一到整体框架下。
  ——人员（隐性知识的载体、知识管理流程的关键推动因素、组织学习的关键驱动力、决策者以及构建实践社区和知识社会网络的实体）。
  ——技术（例如物联网、大数据分析、知识建模和知识推理、基于知识的决策支持系统）。

——流程（包括知识管理流程、学习流程和决策流程）。

——业务环境（比如组织文化和商业语境）。

- 建立知识管理与商业决策之间的联系。妥善管理知识，增值利用知识，使其在商业语境中影响商业决策和行动，继而助力实现卓越的业务绩效，更能彰显知识以及知识管理的力量。本书就如何搭建知识管理与商业决策之间的桥梁，提供洞见。
- 知识跨界。除了介绍组织内部知识管理的经典理论和现代理论外，本书还着重探讨了跨界知识动员和学习。本书第三部分专门讲述知识跨界，探讨实践社区、跨界机制、知识网络以及物联网和大数据分析等信息通信技术。
- 以研究为引导、以研究为启发的学习。本书介绍了最新研究发现的最前沿、最新鲜的知识，以此来充实经典和先进的知识管理理论，帮助读者充分了解当前研究趋势，让读者的知识管理理论学习真正实现以研究为引导和以研究为启发。
- 批判性思维和评价。本书讨论了许多经典的知识管理理论和最新研究成果，其中一些往往被认为是理所当然的，但是本书从始至终都对两者进行了有价值的讨论和建设性批评。作为一名经验丰富的研究者，作者相信，相比照单全收所有信息、概念和想法，基于批判性分析和评估，读者的收获会更加丰硕。

谁能从本书获益

不管是学生、学者、研究人员还是从业人员和其他企业专业人士，对知识管理和商业决策感兴趣的任何人阅读本书均将获益匪浅。

特别是：

- 商学院和管理学院相关课程或项目的研究生，他们是未来的企业领导者和管理者，可以把本书作为知识管理相关模块的核心教材。其他专业的学生，比如社会科学、计算机科学、信息系统、决策支持系统、产品开发、创新、工程和技术学科的学生，可以把本书作为参考资料，从中选择他们喜欢的章节作为其知识管理和决策学习内容的补充。

- 包括博士生在内的研究型学生可以把本书作为核心参考资料，助力其知识管理、决策和决策支持系统的相关研究，从而扩展知识和提高专业技能。本书包含的最前沿研究成果，能够帮助研究型学生迅速了解知识管理与决策方面的当前研究趋势。
- MBA（工商管理硕士）学生会发现本书中关于组织内实际商业决策的讨论尤其有趣，包括组织学习、组织文化、学习型组织、实践社区、商业决策环境、结构和分类。其中的示例和案例研究应该能为 MBA 学生的课内外讨论提供洞见。
- 商学、管理学、计算机科学和信息系统专业的本科生阅读本书也可受益——学习知识管理和决策经典理论能够为其培养深入了解该主题的兴趣。如果本科生希望夯实知识管理与商业决策方面的知识和专业技能基础，那么阅读第一部分、第二部分和第四部分的前两章会有尤其显著的收获。
- 研究人员、学者和从业人员也可以阅读本书巩固其知识管理与商业决策方面的知识和专业技能，或是扩展总体知识，或是就选定主题进行更加深入的探索。

第一部分

知识管理：核心概念和模型

本书第一部分奠定知识管理与决策的学习基础，由三章组成。

- 第一章内容包括知识和知识管理的定义，知识和知识管理对于个人、组织和经济体而言都十分重要的原因，著名的知识管理方式以及跨学科视角下的知识管理。
- 第二章对知识进行分类，着重讲解隐性知识和显性知识的概念。本章还讨论了隐性知识与显性知识相互转化的四个过程，即所谓的 SECI（socialization、externalization、combination and internalization, 即社会化、外部化、组合化和内部化）模型。本章也探讨了知识场理论——“场”为知识转化提供空间。
- 第三章首先分析知识管理流程。知识管理流程包括知识构建阶段、知识保持阶段、知识动员阶段和知识利用阶段。继知识管理流程的四个主要阶段之后，本章将详细考察知识的生命周期模型。

第一章　知识管理导论

学习目标

完成本章学习后，读者应该能够：

- 界定知识和知识管理在不同语境中的含义。
- 了解知识管理对个人、组织及经济体而言的主要益处，即知识管理创造的价值。
- 描述几种不同的知识管理方式。
- 区分知识管理文献中的不同观点。

什么是知识和知识管理

作为一门相对新兴的学科，知识管理在后工业化时代赢得极为广泛的关注。为方便讨论知识管理，我们有必要首先了解什么是知识。因此，本节将首先讨论知识的定义。

知识的定义

德鲁克认为，知识是个人、企业、政府、国家乃至全社会最重要的资源，但知识天生就是复杂的。知识正日益被视为有价值的商品或智力资产，内嵌于企业，以产品（特别是高科技产品）形式交付并内化在流动性很高的员工身上。与此同时，知识又具有一些自相矛盾的特征，迥异于其他有价值的产品。正因为如此，知识管理发展成为一门独特且独立的学科，而不是像设计、制造或管理那样成为产品开发下面的一个子课题。知识的特征包括如下四点。

- 使用知识不会损耗知识。
- 分享和传递知识不会失去知识。
- 知识本身是丰富的，但是利用知识的能力是稀缺的。
- 组织内部很大一部分有价值的知识最终将会流失。

尽管知识管理备受关注，但是关于什么是知识这一点，至今仍没有形成共识。多年来，专家和学者提出了很多定义，其中部分如下。

> 知识可以界定为“有关人类活动的被证实的真信仰”。
>
> 知识包括真理和信念、观点和概念、判断和期望、方法和技能。知识由人、代理者或其他有行为能力的实体持有，用于接收信息及辨认识别，分析、阐释和评估，综合和决策，以及计划、执行、监测和调整，总之就是以不同程度的智慧采取行动。换句话说，知识用于判断特定情境意味着什么以及该如何应对。
>
> 知识是“一种动态混合体，由结构化经验、价值观、语境信息和专家洞见组成，为评估与吸纳新经验和新信息提供框架。知识源于并被应用于知者的头脑。就组织而言，知识往往不仅内嵌于文档或数据库，而且存在于组织的例行程序、流程、实践及规范中”。
>
> 知识是信息的高价值形式，可用于指导决策和行动。
>
> 知识可以被视为“可付诸行动的信息”。
>
> 某个领域的知识被定义为“关于该特定领域中相关概念之间关系的、被证实的信念”。

> 知识指的是“人们对于现象之间关系的认识。知识内化于活动执行的例行程序、组织结构和流程以及内嵌的信念和行为中。知识暗含着把输入关联到输出的能力，观察信息中的规律的能力以及编码、解释并最终预测的能力”。

上述知识定义从表述上看似乎千差万别，但是我们可以透过表象解读并阐释其内涵，进而发现以下共性。

- 知识与人的“行动”、“判断”、“活动”和“预测”密切相关。这些行为都肯定地指向决策。
- 知识的核心要素之一是人员，因为它描述的是“人类”的行为，是“人”的认识，其持有者是“人、代理者或其他实体”。这一观点让身为决策者的人员能够自信地善加利用知识，从而制定更加明智的决策。
- 知识具有语境化的特点，因为它有着“具体情境”，存在于“特定领域”和“特定组织结构”中。这与下面这一点相吻合：决策是在特定文化、特定情境和特定环境下制定的。
- 知识与信息相关，但是在支持决策方面它比信息更有价值，因为知识是“被证实的”、“真实的”且“可付诸行动”的“能力”。这一点得到了著名的“数据—信息—知识阶梯”的支持。不过，本书把这一阶梯从“知识”进一步延伸到“决策”，用知识管理与商业决策弥合了两者之间的鸿沟（见图 1–1）。

处于阶梯最底部的是人借以交流的最基本形式——字符。字符可以是数字（比如 1、3、5）、字母（比如 a、b、c）或其他符号（比如 +、−、£）。只有当存在清晰的理解规则（语法）时，人们才能解读这些字符。字符与语法相结合就变成了数据。

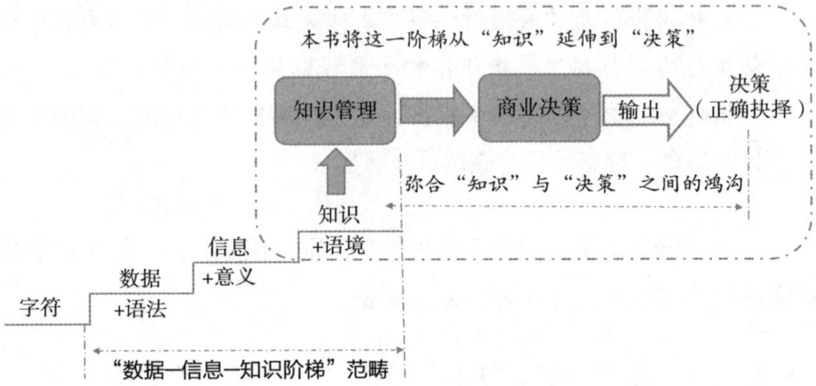

图 1-1　把“数据—信息—知识阶梯”延伸到决策

示　例

数据—信息—知识

1、3、5、￡和“+”组合在一起，变成数据“+￡135”。赋予数据以意义，它们就变成了信息。例如：如果我们谈论的是银行对账单，那么“+￡135”可以表示某人的银行余额，它不是负数；如果我们谈论的是工资条，那么“+￡135”可能表示工作产生的周收入，它不是很高。由此可见，信息是组织化的数据，为消息添加意义。但是，语境不同，解读信息的方式可能会有所不同。例如，如果我们用“￡135”为一个家庭采购食品，那么这取决于这个家庭有多少人，他们的冰箱里有什么存货以及所购食品需要满足他们几天的需求。在此类情境下，一个人的经验以及其对这个家庭的预期将会发挥一定作用，对他会用这“￡135”买什么以及为什么要买这些产生影响（这就是知识）。具备足够技能的人多半能够采购种类及数量合适的食品，用这笔钱为这个家庭供应规定时间段内所需的食物；换句话说，他们能够制定正确的决策。“数据—信息—知识—决策阶梯”形象地说明了知识的重要作用，即知识比信息和数据更具价值，能够帮助人们制定正确的决策。

问　题

在用“￡135”为一个家庭采购食品这个例子中，你还能想到哪些有助于食品采购决策的知识？为什么？

换言之，数据指的是事实或观察结果本身，不包括意义、语境和意图；信息是有意义的结构化数据；而知识指的是对特定语境中各概念之间关系的认识，能够推动行动和决策。也就是说，缺少语境或参考点分析的数据本身没有意义，但却是生成信息所不可或缺的。为了向接收者传递新的信息，人赋予数据以意义，途径包括为数据添加语境及具有相关性和目的性的参考点。而知识则把头脑中的东西与外界事物联系在一起。知识不是记录下来的东西（数据或信息），至少不仅是记录。关于什么可以视为数据、信息和知识，让我们再看两个例子。

例 1：我们可以把数字 0、1、2、3、4、5、6、7、8、9 看作原始数据。如果我们用一定的结构来组织这些数字并把组织化的数据流输入电话簿，如 0044（0）1752 585 000，它就变成了信息，表示的是英国普利茅斯的一个电话号码。许多人可能对这个电话号码丝毫不感兴趣，但在有些人眼中，这组数字隐含着知识：这是一位常给公司带来大额订单的贵宾客户的电话号码，用这个号码可以给客户打电话，跟进新产品进展情况并定期提供售后服务。

例 2：一家咖啡馆的销售单上有 1 个牛肉汉堡和 2 个火腿三明治。这里的 1（牛肉汉堡）和 2（火腿三明治）是数据。一天营业结束后，全部销售数据加在一起成为信息，可供咖啡馆经理使用。其中的知识在于：一是了解牛肉汉堡销售总量、所售牛肉汉堡的成本以及牛肉汉堡销售利润三者之间的关系——如果销售此汉堡有利可图，那么合理决策应该是菜单上继续保留牛肉汉堡；二是认识到当天所售汉堡量、汉堡存货量以及预计次日汉堡销售量三者之间的关系，从而决定汉堡的次日订货量。

很明显，在从数据到信息、再到知识、最后到决策的过程中，信息通信技术和社交网络等发挥着极其重要的支持作用。

批判性思考与反思

知识、信息和数据

你认为可能在知识、信息和数据之间划出清晰的界限吗？在某些场合，它们需要划出清晰界限吗？或者，你更愿意接受“模糊”方式，不寻求清晰界限吗？用真实案例来支持你的论点。

概括地说，如图 1–2 所示，我们可以看到知识的四个维度：人员、流程、技术和业务环境。这四个维度同时也是决策的主要构件：人（而

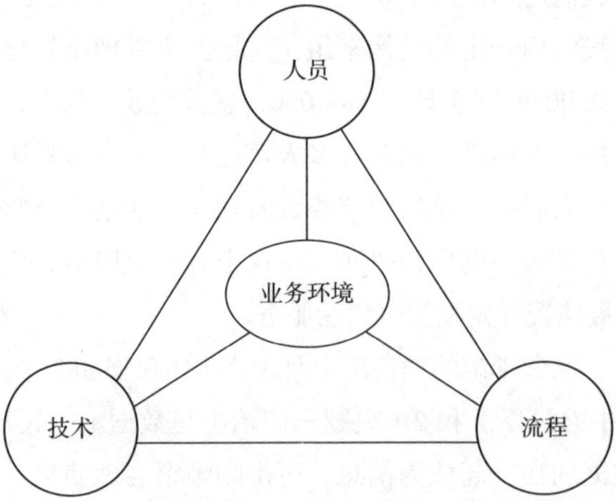

图 1–2 知识与商业决策的四个核心维度

非机器）在制定决策；重要商业决策需要遵循系统性、科学性的流程（而不是凭直觉）；互联网 4.0 和工业 4.0 等先进技术有助于支持决策过程，克服人的局限性；商业决策必须考虑其具体制定环境，如组织结构和组织文化。

本书将以这四个维度为线索，将各章中的知识管理与商业决策内容整合在一起。

知识管理的定义

大多数学者同意“知识管理”一词得到广泛应用（比如开始召开知识管理会议，知识管理这一术语开始见诸商业期刊）是在 20 世纪 80 年代后期，但是应把 20 世纪 90 年代中期视为知识管理成为一个独立的学科和实践领域的起始时间（系统性研究和知识资产的审慎利用，具体表现为召开了大量国际会议，缔结了大量协议，出版书籍增多以及“知识管理”定义的出现）。事实上，在 20 世纪 80 年代之前，与知识管理有关的实践活动就已有了很长的存在历史。例如，过去的图书管理员、哲学家、教师和作家所采用的技巧跟当前知识管理中应用的很多技术是相同的。出于历史原因，知识管理植根于多个不同学科，包括信息科学、认知科学、社会学、组织行为学和企业管理。由于这一新兴领域的跨学科性质，人们从不同视角出发提出了林林总总的知识管理定义，也就不足为奇了。据称，已出版的著作中的知识管理定义共计 100 多个。表 1–1 总结了同知识与决策四维度存在关联的一些著名知识管理定义，其中部分同时体现出两个或更多维度。为展现知识管理的演化模式，这些定义按出版年份排序。

表 1–1 部分有代表性的知识管理定义

作者及出版年份	定 义	同知识与决策四维度的联系
格雷，1996 年	知识管理就是以协作与整合的方式创造、捕获、组织、存取和利用企业的智力资产	流程
布罗德本特，1997 年	知识管理就是了解组织的信息流，并进行组织的学习实践。知识管理将会揭示组织知识库的重要方面，也就是通过信息管理和组织学习的合理实践来促进组织知识的使用	技术
布鲁金，1999 年	知识管理是管理以人为中心的资产的流程。知识管理的功能是守护和发展个人拥有的知识，并且如有可能，将该资产转化为更易被企业内其他员工共享的形式	流程 + 人员
达文波特和普鲁萨克，2000 年	知识管理是利用你所在组织可能已经具备的现有资源——良好的信息系统管理、组织变革管理以及人力资源管理实践	技术
默廷斯、海西希和沃贝克，2000 年	知识管理是利用方法、仪器和工具以整体方式共同促进核心知识流程的改进	技术
埃布尔和奥克斯布朗，2001 年	知识管理旨在创造继而管理一个鼓励创造、共享、学习、提升、组织和利用知识的环境，为组织及其客户利益服务	流程
格罗夫和琼斯，2003 年	知识管理是旨在保留、分析、组织、改进和共享业务专业知识的工具、技术和策略	技术
耀和阿斯平沃尔，2004 年	知识管理负责管理知识相关活动（比如创造、组织、共享和利用知识），旨在为组织创造价值。企业要发展其可持续竞争优势，维持其在公平竞争市场中的领先地位，知识管理被视为必要的基石	流程 + 业务环境
阿拉维、凯沃斯和莱德纳，2005 年 6 月	组织指定的系统性流程，旨在获取、组织和交流员工的显性及隐性知识，以便其他员工可以使用这些知识来提高其工作效能和生产率	流程 + 业务环境

（续表）

作者及出版年份	定　义	同知识与决策四维度的联系
史莱格，2007 年	知识管理专注于知识的共享、存储和维护方式，是提升组织中个人效率和能力的手段，从而提高组织赢利能力、灵活性和适应能力	流程 + 业务环境
费加里和埃尔登，2008 年	致力于启发、创造、捕获、转化、保留和存取内嵌于群体记忆与智力中的观点及思想的一系列活动，从而达成一系列预定义目标和目的	流程 + 人员 + 业务环境
纽厄尔等，2009 年	知识管理旨在改进企业在高度动荡环境中动员其知识库（或利用其知识资产）的方式，以确保持续创新	流程 + 业务环境
佩思和布里顿，2010 年	知识管理是管理信息使用的一种系统方法，致力于在正确的时间为正确的人提供持续的知识流，使得他们能够在日常业务中做出有效率且有效能的决策	流程 + 技术 + 业务环境
奥德尔和休伯特，2011 年	知识管理是一种有意识的策略，致力于在正确的时间为正确的人获取正确的知识，帮助人员共享信息并将信息转化为行动，以达到提升组织绩效的目的	全部
贝塞拉 – 赛尔南德兹和沙贝瓦尔，2015 年	简单而言，知识管理就是采取必要行动以最大限度地利用知识资源	全部
达尔基尔，2017 年	知识管理指的是审慎并系统地协调组织中的人员、技术、流程和结构，通过重复使用和创新来实现增值，途径是促进知识的创造、共享和应用，以及将有价值的经验教训和最佳实践植入企业记忆，以促进持续的组织学习	全部
诺思和古姆达，2018 年	知识管理让个人、团队、整个组织，甚至网络、地区和国家，能够集体地、系统地创造、共享和应用知识，以实现其战略和运营目标。知识管理一方面有助于提升运营效率和效能，另一方面能够通过塑造学习型组织来改变竞争质量（创新）	全部

上述知识管理的诸多定义表现出一个特征，即早期定义侧重于知识管理的流程和技术维度，而后期定义更多地关注人员维度，包括人在知识管理活动、知识管理技术创新以及智力资产管理中所发挥的核心作用。此外，知识管理不再被视作独立于业务之外的事务，而是被完全整合在业务流程和决策环境之中。

林林总总的知识管理定义可能会让学习者和初出茅庐的决策者感到困惑，但这是我们不得不面对的事实。知识管理定义缺乏公认的统一表达，原因可能在于其本身的跨学科性质，以及知识管理这一领域仍处于快速演变阶段。因此，决策者或决策团队应充分发挥自身的分析能力和技术能力，得出符合自身决策情境的“工作性”或“操作性”定义。例如，有人建议把概念分析作为有用技巧，让研究人员和从业人员得出适应特定决策语境的、清晰的知识管理定义。

知识和知识管理的价值

在上一节中，我们了解到数据可以转化为信息，信息可以进一步转化为知识。就支持决策而言，原始数据具有零价值或低价值，信息的价值比原始数据要高，不过不同类型的信息价值可能有所不同。知识本身是有价值的，而知识管理能为业务和决策增值，这一点已得到广泛认可。本节将从彼此不同但相互关联的三个层面来考察知识管理的价值维度：个人、组织和经济。讨论将基于广泛流传的三个说法展开：“知识就是力量”、“知识基础观”和“知识经济”。

知识就是力量

“知识就是力量”这句名言可能有不同的解释。在商业决策语境下，我们可以把它理解为：拥有知识的人员作为个体在群体、组织或社区中可能拥有更大决策权和影响力。这一点得到了下面观点的支持：知识是一种具有经济价值的无形资产（没有实物形态且可识别的非货币资产）。这就是许多学者和从业人士喜欢用“智力资本”这个词的原因。作为典型代表，经济合作与发展组织（Organization for Economic Co-operation and Development，缩写为 OECD）将智力资本定义为“能够转化为价值的知识，或者能应用到未来价值创造过程中的无实体形态的资源”。

智力资本与金融资本并列，被视为一家企业市场价值的关键组成部分。传统上，智力资本可以划分为三类：人力资本、组织资本和客户资本。

- **人力资本**包括劳动者的能力（人的知识、专业技能和经验）、动机以及关系和价值观。许多学者强调，任何企业的成功都取决于其核心竞争力的开发和利用，而不是其产品、服务或当前市场。然而，阿肖克·贾夏帕拉（Ashok Jashapara）却认为，人力资本观点需要考虑三个因素。第一，经济理论还未充分探讨知识创造问题。第二，人力资本流及其转化主要是从个人和组织学习的角度来讨论的。第三，人力资本是化现于人的知识的，应当与非化现型知识（组织资本）区别开来。当员工结束一天的工作离开组织时，人力资本也随他们离开了。
- **组织资本**被视为人力资本的延伸，因为它既包含组织变量也包含行为变量。它以组织内部知识共享、协同合作和冲突解决为基础。有人把组织资本细分为流程资本、创新资本和文化。流程资本和文化已得到充分认识，针对创新资本的讨论则相对较少。我们可以把创新资本看作组织焕发生机的力量。事实上，受保护资产中的创新资本更为显著，比如专利、许可、品牌名称及能够实现未来现金流的无形优势，其中包括创造力的价值评估。换句话说，组织资本指的是当员工完成一天的工作离开后，留在办公室里的东西。

- **客户资本**代表的是企业的客户关系价值，包括客户群的深度（渗透度）、广度（覆盖率）和紧密度（忠诚度）。

还有一种智力资本是社会资本。这个概念源自一种相对新兴的知识现象，即为实现跨组织边界知识共享而构建实践社区。这一概念更加强调联系和网络，这是实现商业全球化中的合作及协作所不可或缺的，且有助于推进分布式决策和协同决策。

随着更多智力资本类型的涌现，为便于学习者从整体上把握这一话题，特别是了解企业的价值及其构成，构建一个结构来界定不同类型的智力资本是必要的。图 1–3 说明了企业智力资本的分类。

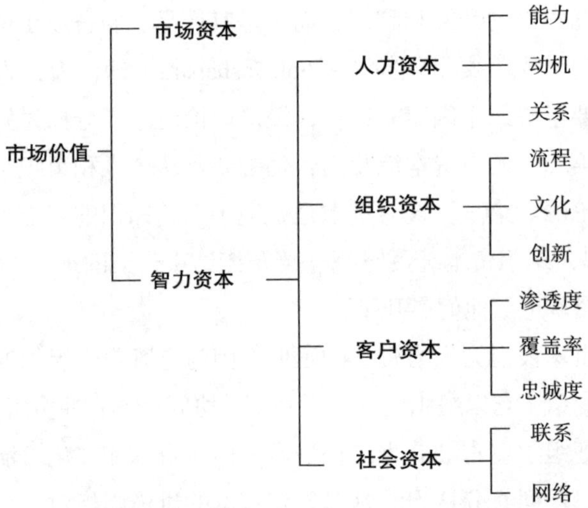

图 1–3　智力资本分类

关于知识（智力资本）的价值和力量，其中一个关键问题是明确某种知识的使用寿命，即知识何时将失去价值或用处，以及有没有价值永存的知识。为了回答这些问题，我们需要用全新的眼光来审视知识管理。简单地丢弃看似过时的知识，如今已不是明智做法。相反，我们需要使用内容分析和成本效益分析等更先进的技术来管理有价值的知识，以改进商业决策。知识管理对员工个人有益，能够提升其在组织中的决策权，让他们提高工作业绩，节约制定决策和解决问题的时间。

知识基础观

融入某组织内部员工、系统和业务流程的知识，可为公司带来可持续竞争优势。在知识基础观（the knowledge-based view，缩写为 KBV）看来，企业之所以存在，是因为它们能够将个人知识转化为集体知识，并将其用于商业目的。知识基础观是两个早期观点的演化结果：市场基础观（the market-based view，缩写为 MBV）和资源基础观（the resource-based view，缩写为 RBV）。

市场基础观形成于 20 世纪 80 年代，典型代表是波特的价值模型。市场基础观主张，某些企业领先其竞争对手的原因在于，它们能够比竞争对手更早地看到市场机会。这一观点非常关注企业所处环境。如果一家企业具有相应的竞争力，它就会抢在其他企业前面迅速把市场机会转化为业务，这样它就能率先进入市场。市场基础观遭受的批评是，此类竞争能力难以建立持久的竞争优势。

市场基础观日益得到广泛认可。但是后来，一些学者认为，企业能赢得竞争优势是因为它与竞争对手存在差异，并采取了差异性行动。这是资源基础观的核心理念。

资源基础观指出，如果企业拥有对客户而言具有价值而竞争对手稀缺、非完全可模仿（由于独特的历史条件、因果模糊性或社会复杂性）且不可替换的关键资源，它就能一枝独秀，与竞争对手拉开距离。与市场基础观不同，资源基础观使得企业之间的持续差异成为可能。

知识基础观在资源基础观之上做了进一步扩展，它强调智力资本等无形资产能为企业带来独特、持久的竞争优势，而不是有形的物质资源。有形资源只有与某些类型的知识结合使用且难以模仿，才能成为竞争优势的来源。智力资本等无形资产具有更大的复制障碍，使得模仿或替代企业的核心竞争力难上加难。例如，专利和品牌等智力资本受法律保护。在通常情况下，无形资产是难以积累的，因此更加难以模仿。此外，知识等无形资产可以多地同时使用，其价值不会因使用频次的增加而受到减损，这是其与有形资源相比的一个主要优势。人们日益认识到，知识开发和知识运用是企业竞争优势的主要来源。

批判性思考与反思

知识基础观、市场基础观与资源基础观

你认为知识基础观、市场基础观和资源基础观对商业决策的主要贡献是什么，局限性又有哪些？找几个例子来支持你的观点。

知识经济

"知识经济"一词于20世纪最后25年从后工业社会概念演化而来，代表人物是丹尼尔·贝尔（Daniel Bell）。贝尔指出，工业社会与后工业社会的区别在于员工从事的工作类型以及工作产出的类型。具体地说，产业工人在生产和制造业中从事体力劳动，主要生产物品。作为对比，到了后工业社会，更多员工从事的是知识型工作，使用的是头脑而不是双手，生产的是服务（想法、信息和知识）和附加值，而不是简单的物品。贝尔的观点遭到许多学者的质疑。有人认为，服务工作不一定意味着知识型工作。虽然有些服务工作的确是知识密集型的，比如咨询、研究、管理及许多其他专业工作，但是也有一些类型的服务工作所需技能相对较低，是重复性、常规性劳动，比如办公室保洁、保安和快餐店服务岗位。

大多数学者认为，革命性变化直到21世纪初才真正发生。这些变化意义重大，不仅影响着所生产产品与服务的类型和工作的性质，而且影响着知识在工作中的作用。希斯洛普、伯苏阿和赫尔姆斯进一步强调，知识型工作指的不仅是技术知识本身（比如研发中可能会用到的那些），而且涉及此类知识的应用和使用（比如政府政策拟定、建筑、医学和软件设计）。这将大大提升知识对于更大范围内生产力及经济增长的影响力。这一观点得到英国统计数据的支持。数据显示，2006年知识型工人占英国全部就业人数的42%。于是“知识经济”概念应运而生，表示的是由知识无形资本，而非物质资本、自然资源或低技能劳动驱动的新经济。

英国贸易工业部提出了知识经济的早期定义。该机构指出，在知识经济中，知识的生成和利用在财富创造中已担起主导角色，而且这不仅涉及推动知识的前沿发展，同时还涉及在各类经济活动中以最有效的方式利用所有类型的知识。2005年，英国经济和社会研究理事会（UK Economic and Social Research Council）明确表示，经济增长越来越多地建立在有效利用知识、技能和创新潜力等无形资产的基础之上，这些是赢得竞争优势的主要资源。自此，“知识经济”一词被用来描述这种新兴的经济结构。

知识管理方式

我们从前几节可以看出，知识和知识管理都存在许多不同的定义。人们继而提出了多种不同的知识管理方式。略里娅对知识管理方式进行了全面性综述，而拉杰卜和阿里沙进行了评论性综述。本节将探讨与企业管理密切相关的两个经典模型：一种是西方观点（欧洲）的代表，另一种是东方观点（日本）的代表。两个模型都将对应到图 1–2 定义的知识与决策四维框架中去。

阿尔维森和卡雷曼的知识管理四导向

在刊载于《管理研究杂志》（*Journal of Management Studies*）的文章中，阿尔维森和卡雷曼提出了知识管理理论和实践中最盛行的四个不同导向。这四个导向是沿着两条坐标轴来组织的：互动模式（社交或技术结构）和管理干预水平（协调或控制）。

阿尔维森和卡雷曼根据互动模式（纵坐标）和管理干预水平（横坐标）界定了四个知识管理导向。这四个导向分别叫作扩展库、社区、规范控制和规定蓝图。图的中间部分显示的是知识与决策四维框架。知识管理四导向同知识与决策四维度的对应关系如图 1–4 所示。

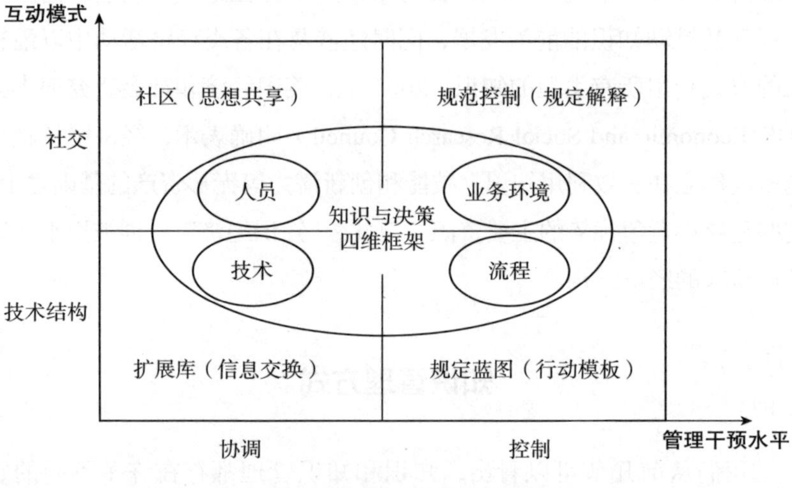

图 1–4　阿尔维森和卡雷曼的知识管理四导向同本书知识与决策四维框架的对应关系

如果互动模式是技术结构，管理干预水平是协调（“弱”管理），那么知识管理导向是扩展库。这一导向需要大量使用现有技术，包括数据库、搜索系统和通信系统，以实现从信息到知识的转化。这时，知识管理需要融合企业内部和外部信息，并通过技术平台将其转化为可付诸实践的知识。这种知识管理导向在很大程度上对应了本书知识与决策四维框架中的“技术”维度。

当互动模式不是技术结构而是社交，管理干预水平仍以协调为主时，我们可以把知识管理看作社区内部的思想共享。此时，社区是知识共享的一个基本语境，而信任是推动因素。这一知识管理导向对应本书知识与决策四维框架中的“人员”维度，因为它突出强调的是人力资本。也就是说，人们需要通过社交活动来共享知识，而不仅仅是通过技术手段来访问信息系统或知识系统。

当互动模式仍为社交，而管理干预水平提升到控制级别（“强”管理）时，我们可以把知识管理看作管理层进行规范控制的尝试。在这种情况下，管理层将会强调组织文化的塑造，比如共同的价值观、信仰，甚至是知识共享的强制规定。因此，这种知识管理导向也被视作规定解释。组织文化是业务与决策环境的一个重要组成部分。

最后，当互动模式为技术结构，管理干预水平为控制时，知识管理方式更为精准，管理层将会尝试改造和控制个人，使他们更加接近企业期待的行为水平。在这种情况下，知识管理将会致力于提取个人知识，将其转换为组织知识并存储在知识库中。这些被存储的知识将会提供思考、决策和行动的样本。这种知识管理导向对应的是知识与决策四维框架中的“流程”维度，强调通过传统的科学管理来实现高效率和去技能化。

阿尔维森和卡雷曼模型得到知识管理领域研究人员和从业人士的广泛引用。该模型中用来划分四个导向的两条坐标轴（互动模式和管理干预水平）新颖独特，可以让人全面深入地了解知识管理概念。希斯洛普、伯苏阿和赫尔姆斯表示，组织不太可能采用单一知识管理导向，更有可能把这四个导向组合起来。由于它与本书提出的知识与决策四维框架存在关联，所以这种划分方法对企业管理更具启发性。

竹内弘高的知识管理三类型模型

竹内弘高是知识管理领域的泰斗级学者之一，他对知识管理方式的贡献在全球范围内得到广泛认可。在研究过程中，竹内弘高注意到，不同地域采用的知识管理导向是不同的：一般来说，欧洲的研究和实践关注知识计量；美国侧重于知识管理，途径是最大限度地利用 IT（信息技术）系统；日本则致力于创造新的组织知识。这三个知识管理类型如图 1–5 左侧所示。

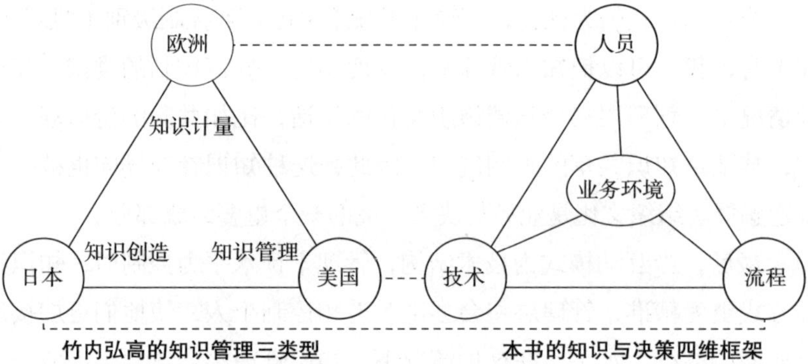

图 1–5　竹内弘高的知识管理三类型模型与本书知识与决策四维框架的对应关系

在欧洲，研究人员和从业人士率先开发了知识计量系统，特别是计量无形资产，比如对企业创新、价值观和文化至关重要的综合知识、技术和能力。基于对斯堪的亚保险公司（Skandia AFS）和 PLS 顾问公司（PLS Consultant）等多家斯堪的纳维亚公司的案例研究，研究人员确定了计量隐性知识的指标，包括 IT 员工占总成本的百分比及直接面对客户的员工百分比。

作为对比，竹内弘高认为，美国人在利用信息技术进行有效的知识管理方面已占据领先地位。知识管理者负责编码知识并将其存储在组织知识库中，同时为知识使用者提供先进的信息系统、知识管理系统、专家系统和决策支持系统，进一步方便他们访问知识。后来，这一观点遭到其他研究者的质疑，他们认为，虽然在有效的知识管理中信息技术十分重要，但是也不能忽视人员因素。

当欧洲和美国的学者与从业人士集中关注以机械式、系统化方式计量和管理知识时，在野中郁次郎及其追随者的著作的影响下，日本人认为，知识管理已经迈入新时代，人们应该把知识管理和知识创造区别开来。知识管理涉及的是现有知识，而知识创造只能通过无形知识与编码知识之间的互动来实现，它们形成了一个持续的螺旋过程。后来，著名的 SECI 模型进一步扩展了这一观点。第二章将会讲到这一模型。

如图 1–5 所示，上述知识管理三类型可直接对应本书的知识与决策四维框架。也就是说，欧洲的知识管理方式更加关注人力资本，强调人员维度；美国的知识管理方式关注技术；而日本的知识管理方式更注重流程（新知识的创造及无形知识与编码知识之间的转化）。然而，在过去的二十年里，越来越多的研究人员意识到，这三种迥异的知识管理类型不一定具有互斥性。例如：欧洲公司已经不满足于知识计量，而是期望通过技术来更好地应用知识；美国人意识到了 IT 驱动方式的局限性，开始考虑知识管理中的人员因素；而日本人一直致力于知识系统和专家系统与隐性知识的结合。知识管理三类型已经开始融汇，形成统一的基础。

批判性思考与反思

知识与决策框架的四个维度：人员、流程、技术与业务（决策）环境

如果请你简化知识与决策框架，删掉四个维度中的一个，你会删掉哪一个？为什么？如果你想给四维框架增加一个维度，你提出的第五个维度是什么？为什么？

知识管理——跨学科框架

本书提出的知识与决策四维框架表明，我们在探讨知识管理时不能从单一学科入手，而是要整合多个学科。表 1–2 总结了所有相关学科，以及这些学科与本书讨论的相关主题之间的关联。

表 1–2　知识与决策框架的四个维度、本书主题及相关学科

维度	知识管理核心主题	相关学科
人员	▪ 智力资本（第一章） ▪ 隐性知识（第二章） ▪ 组织学习（第四章） ▪ 实践社区（第七章） ▪ 知识网络（第九章）	人力资源管理 社会学 认知科学
技术	▪ 显性知识（第二章） ▪ 知识跨界机制（第八章） ▪ 信息通信技术赋能下的知识管理（第十章） ▪ 基于知识的决策支持系统（第十三章）	信息系统 计算机科学 人工智能
流程	▪ 知识管理生命周期模型（第三章） ▪ SECI 模型（第二章） ▪ 组织学习（第四章） ▪ 决策流程（第十二章）	管理学 流程管理或运营管理

（续表）

维度	知识管理核心主题	相关学科
业务（决策）环境	▪ 组织文化（第六章） ▪ 学习型组织（第五章） ▪ 商业决策语境（第十一章）	组织研究 绩效管理 战略管理 供应链管理

在人员维度上，本书第一章重点讲述智力资本，第二章详细探讨隐性知识，第四章讨论组织内部人员如何互动和学习，第七章探讨通过社会活动——借助物理知识场或知识网络（第九章）进行的知识共享。其中涉及多个学科，包括人力资源管理、社会学和认知科学。

技术维度涵盖多个主题，包括编码知识或显性知识管理（第二章），知识跨界机制（第八章），物联网和大数据分析等信息通信技术赋能下的知识管理（第十章），以及基于知识的决策支持系统（第十三章）。探讨这些主题需涉及信息通信技术相关学科，比如信息系统、计算机科学和人工智能。

流程维度涉及的主题包括知识管理生命周期模型（第三章）、SECI 模型（第二章）、组织学习（第四章）和决策流程（第十二章）。能够提供上述主题相关知识的学科包括管理学、流程管理或运营管理。

最后，为探讨业务（决策）环境，本书讨论的相关重要主题包括组织文化（第六章）、学习型组织（第五章）和商业决策语境（第十一章）。相关学科分别是组织研究、绩效管理、战略管理和供应链管理。

综上所述，知识管理的确是一个复杂领域，需要跨学科框架的支持。在后面各章中，人员、技术、流程和业务（决策）环境这四个维度将会更加明显。

示 例

关于 B2B 国际化的知识基础观

梅吉里、麦克沃和察格迪斯研究了发展中经济体中知识密集型中小企业（SME）在 B2B（企业对企业）语境下的国际化，并从中识别出三种知识类型与五个可供访问和使用不同类型知识的知识来源。

三种知识类型分别是技术知识、市场知识和国际化知识。技术知识赋予企业产品和服务开发方面可跨境转让的特有优势，同时包括组织对于更广泛市场上技术变革及竞争对手相对地位的认识，为企业定位提供信息。市场知识是每个主市场所特有的，包括如下知识：潜在客户、分销渠道、制度、法律及监管环境和风险。国际化知识指的是企业理解和寻求多重国际机会的特有能力。

五个知识来源包括直接经验、间接经验、嫁接经验、外部搜索和内部信息。直接经验往往源于中小企业所有者或高级管理团队的既往国际工作、教育或创业经历。间接经验指的是通过人际关系网、授权经营或加入俱乐部等途径来学习他人经验。嫁接经验指的是聘用经验丰富的专业人员，或者通过外商直接投资（foreign direct investment，缩写为 FDI）来收购海外经营单位。外部搜索而来的知识指的是通过探查外部环境发现的编码知识。这些知识来源对处于国际化过程中且经验有限的企业而言，至关重要。内部信息存在于企业边界之内，比如其员工、系统承载或开发的信息。

梅吉里、麦克沃和察格迪斯通过半结构化访谈收集了经验性数据（数据来自突尼斯 22 家中小型信息通信技术企业），并准确识别出企业在国际化过程中分别通过哪些知识来源使用和访问了哪些类型的知识。他们得出结论，中小企业动用了五个知识来源中的四个——不包括内部信息，任何类型的知识都未涉及内部信息这一来源。最常动用的知识来源是直接经验和间接经验。就知识类型而言，技术知识是研究样本中出现频率最高的知识类型。企业对市场知识的需求也很高。

问　题

在信息通信技术或其他行业中找一家你熟悉的国际化中小企业：

1. 了解获取哪种知识类型最常用到哪个知识来源。
2. 如果你的发现不同于梅吉里、麦克沃和察格迪斯得出的结论，你认为造成这些差异的主要原因是什么？

学习要点

- 得到公认的是，知识是组织的最重要资产之一，它能让最优秀组织的绩效超越同类组织。知识比数据和信息更加复杂。知识通常是主观的，建立在经验的基础上，且具有高度语境性。
- 知识管理不完全是新事物，其实践已在各种场景下存在一定时间了，只是叫法有所不同。
- 知识管理还没有得到普遍认可的统一定义，但大多数从业人员和专业人士都同意，知识管理的目的是支持决策，为组织增值。
- 每个组织都应该根据自身业务目标来定义知识管理。
- 知识与决策框架包含四个核心维度：人员、流程、技术和业务（决策）环境。
- 业界在过去三十年中发展出多种知识管理方式。
- 阿尔维森和卡雷曼根据互动模式和管理干预水平的不同确定了知

识管理的四个导向：扩展库、社区、规范控制和规定蓝图。

- 竹内弘高提出了知识管理的三种类型：欧洲侧重于知识计量，美国侧重于 IT 系统，而日本侧重于知识创造。
- 知识管理植根于多个不同学科，因此需采用跨学科探讨方式。

复习题

- 相比有形资产，知识对企业的成功有多么重要？
- “知识管理并不是新鲜事物”，你认为这个说法是大致正确的还是错误的？为什么？列举过往的实例来证明你的观点。
- 通常来说，呼叫中心的客户服务工作具有高度控制性、常规性和重复性，还涉及大量客户交互，需要使用计算机。与工厂中的低技术或半熟练岗位相比，我们可以在多大程度上认为这类工作的技术性更高、知识更加密集？
- 阿尔维森和卡雷曼的知识管理四导向框架有哪些优缺点？
- 竹内弘高的知识管理三类型模型有哪些优缺点？
- 我们为什么要采用跨学科方式来探讨知识管理？

参考文献

1. Abell, A and Oxbrow, N(2001) *Competing with Knowledge: The information professional in the knowledge management age*, Library Association Publishing, London.
2. Afiouni, F(2007) Human resource management and knowledge management: a road map toward improving organizational performance, *Journal of American Academy of Business*, 11, pp 124–131.

3. Alavi, M, Kayworth, T R and Leidner, D E(2005–6) *An empirical examination of the influence of organizational culture on knowledge management practices, Journal of Management Information Systems*, 22(3), pp 191–224.
4. Alvesson, M and Karreman, D(2001) Odd couple: making sense of the curious concept of knowledge management, *Journal of Management Studies*, 38(7), pp 995–1018.
5. Barney, J(1992) Integrating organizational behaviour and strategy formulation research, *Advances in Strategic Management*, 8, pp 39–61.
6. Becerra-Fernandez, I and Sabherwal, R(2015) *Knowledge Management: Systems and processes*, 2nd edn, Routledge, Abingdon.
7. Bell, D(1973) *The Coming of Post-Industrial Society*, Penguin, Harmondsworth.
8. Bontis, N(1996) There is a price on your head: managing intellectual capital strategically, *Business Quarterly*, 60(4), pp 40–47.
9. Brinkley, I(2006) *Defining the Knowledge Economy*, The Work Foundation, London.
10. Broadbent, M(1997) The emerging phenomenon of knowledge management, *Australian Library Journal*, 46(1), pp 6–24.
11. Brooking, A(1999) *Corporate Memory: Strategies for knowledge management*, International Thomson Business Press, London.
12. Bumblauskas, D *et al* (2017) Big data analytics: transforming data to action, *Business Process Management Journal*, 23(3), pp 703–720.
13. Castro, G M, Saez, P L and Verde, M D(2011) Towards a knowledge-based view of firm innovation, *Journal of Knowledge Management*, 15(6), pp 871–874.
14. Dalkir, K(2017) *Knowledge Management in Theory and Practice*, 3rd edn, MIT Press, Cambridge, MA.
15. Davenport, T H and Prusak, L(1998) *Working Knowledge: How organizations manage what they know*, Harvard Business School Press, Boston, MA.

16. Davenport, T H and Prusak, L(2000) *Working Knowledge: How organizations manage what they know*, 2nd edn, Harvard Business School Press, Boston, MA.
17. Drucker, P(1988) The coming of the new organization, *Harvard Business Review*, 66(1), pp 45–53.
18. DTI(1998) Building the Knowledge Driven Economy: Competitiveness White Paper, Department of Trade and Industry, London.
19. Feghali, T and El-Den, J(2008) Knowledge transformation among virtually co-operating group members, *Journal of Knowledge Management*, 12(1), pp 92–105.
20. Grey, D(1996) What is knowledge management? The Knowledge Management Forum, March.
21. Groff, T and Jones, T(2003) *Introduction to Knowledge Management: KM in business*, Butterworth-Heinemann, Burlington, MA.
22. Hamel, G and Prahalad, C K(1994) *Competing for the Future*, Harvard Business School Press, Boston, MA.
23. Hislop, D, Bosua, R and Helms, R(2018) *Knowledge Management in Organizations: A critical introduction*, 4th edn, Oxford University Press, Oxford.
24. Jashapara, A(2011) *Knowledge Management: An integrated approach*, 2nd edn, Pearson Education, Harlow.
25. Lloria, M B(2008) A review of the main approaches to knowledge management, *Knowledge Management Research and Practice*, 6, pp 77–89.
26. Mejri, K, MacVaugh, J A and Tsagdis, M(2018) Knowledge configurations of small and medium-sized knowledge-intensive firms in a developing economy: a knowledge-based view of business-to-business internationalization, *Industrial Marketing Management*, 71, pp 160–170.
27. Mertins, K, Heisig, P and Vorbeck, J(2000) *Knowledge Management: Best*

practices in Europe, Springer-Verlag, New York.

28. Newell, S *et al* (2009) *Managing Knowledge Work and Innovation*, Palgrave Macmillan, Basingstoke.
29. Nonaka, I and Takeuchi, H(1995) *The Knowledge Creating Company*, Oxford University Press, Oxford.
30. North, K and Kumta, G(2018) *Knowledge Management: Value creation through organizational learning*, 2nd edn, Springer, Cham, Switzerland.
31. O'Dell, C and Hubert, C(2011) *The New Edge in Knowledge: How knowledge management is changing the way we do business*, Wiley, Hoboken, NJ.
32. OECD(2008) [accessed 3 September 2019] Intellectual Assets and Value Creation, Synthesis Report, Paris, OECD [Online] www.oecd.org/sti/inno/40637101.pdf(archived at https://perma.cc/M398-MGMW).
33. Oyemomi, O *et al* (2019) How cultural impact on knowledge sharing contributes to organizational performance: using the fsQCA approach, *Journal of Business Research*, 94, pp 313–319.
34. Payne, B and Britton, M(2010) [accessed 3 September 2019] Knowledge Management, Southern California SPIN Meeting, Northrop Grumman Park, Redondo Beach, CA, 5 November, Lnoco stories [Online]www.nickmilton.com/2016/03/knowledgemanagement-at-northrop.html(archived at https://perma.cc/X96Q-XKAG).
35. Phelps, C, Heidl, R and Wadhwa, A(2012) Knowledge, networks and knowledge networks: a review and research agenda, *Journal of Management*, 38(4), pp 1115–1166.
36. Porter, M(1985) *Competitive Advantage*, The Free Press, New York.
37. Ragab, M A F and Arisha, A(2013) Knowledge management and measurement: a critical review, *Journal of Knowledge Management*, 17(6), pp 873–901.
38. Reinhardt, R *et al* (2001) Intellectual capital and knowledge management: perspectives on measuring knowledge, in *Handbook of Organizational*

Learning and Knowledge, ed M Dierkes *et al* , Oxford University Press, Oxford.

39. Selen, W(2000) Knowledge management in resource-based competitive environments: a roadmap for building learning organizations, *Journal of Knowledge Management*, 4(6), pp 346–353.
40. Skandia(1998) Human Capital in Transformation(Intellectual Capital Prototype Report), Skandia, Stockholm.
41. Slagter, F(2007) Knowledge management among the older workforce, *Journal of Knowledge Management*, 11(4), pp 82–96.
42. Takeuchi, H(2001) Towards a universal management concept of knowledge, in *Managing Industrial Knowledge: Creation, transfer and utilization*, ed I Nonaka and D J Teece, pp 315–329, Sage, London.
43. Wiig, K(1999) Introducing knowledge management into the enterprises, in *Knowledge Management Handbook*, ed J Liebowitz, CRC Press, Boca Raton, FL.
44. Yew, K W and Aspinwall, E(2004) Characterising knowledge management in the small business environment, *Journal of Knowledge Management*, 8(3), pp 44–61.

第二章 隐性知识与显性知识

学习目标

完成本章学习后，读者应该能够：

- 了解主观主义和客观主义知识观。
- 区分隐性知识与显性知识。
- 探讨隐性知识与显性知识相互转化的四个流程（SECI模型）。
- 知识场类型与相关知识转化流程之间的关联。

知识分类

文献中存在林林总总的知识分类和区分方法。最近，萨德因列亚、加内什和阿欣德进行了知识分类综述。部分著名分类方式如下：

- 根据参与人数的多少，知识可以划分为个人、群体、集体或组织知识。
- 知识还可以划分为程序性知识和陈述性知识。程序性知识关注的信念，涉及达成期望结果（或非期望结果）所需的一系列步骤或动作。作为对比，陈述性知识关注的信念，涉及的则是变量之间的关系。

- 根据知识所代表的关系类型，我们可以划分出因果知识、条件知识、关系知识和实用知识。
- 根据用途，知识可以分为功用知识、行动知识和目标知识。
- 我们还可以根据拥有者范围的大小，把知识划分为一般知识和特有知识。一般知识的拥有者甚众，因为这类知识易于在个人之间传递，而特有知识的拥有者数量有限，因为这类知识传递成本昂贵。
- 特有知识还可以细分为技术性特有知识、语境性特有知识和专业知识。就技术而言，特有知识是特定领域的深奥知识，比如可用于解决该领域中问题的工具和技术知识。语境性特有知识指的是关于实施工作的时间和地点情境的知识。专业知识是高质量知识，涉及知识的程度。也就是说，相比不具备专业知识的人员，拥有专业知识的人员能够更好地执行任务。
- 根据所支持的是日常运营决策还是组织的短期定位决策或长期定位决策，知识还可以划分为运营知识、战术知识和战略知识。

知识分类方法之多，可能会让读者感到迷惑。因此，我们有必要以偏哲学的方式来理解知识，把大部分知识分类方法“统一起来”，有效支持知识管理，从而更好地利用知识这一企业资产。这就把讨论带回到客观主义和主观主义古典知识观层面，而这一分类方法得到文献的广泛支持。

主观主义观点从两个维度来看待知识：一是思想状态，二是实践。虽然这两个视角的焦点略有不同——前者关注人的头脑，后者则关注可付诸行动和实践的明确信念，但是两者都强调现实存在是在个体互动中产生的社会建构。因此，知识是动态的（持续发生的），无法被固定在某个地点。换句话说，知识与社会实践或人的经验是不可分割的。

客观主义观点把知识视为客体或能力。这种观点强调，现实存在独立于人的感知，是可以存储、传递和操控的，因此知识可以存在于不同地点，比如资料库、技术和系统等人工知识制品。另外，知识是能力，也就是说，它是关于特定情境下相关概念之间关系的一组信念，可用于支持决策以影响行动。

表 2–1 总结了客观主义和主观主义知识观之间的主要区别。

表 2–1　主观主义与客观主义知识观

不同知识观	把知识视为	知识所在地点	主要特点
主观主义	思想状态	化现于人（个人）	■ 现实存在是在人际互动中产生的社会构建
	实践	内嵌于实践（个人、小组或组织）	■ 动态的、持续发生的 ■ 与社会实践或人的经验不可分割
客观主义	客体	人工制品（资料库、技术、系统）	■ 现实存在独立于人的感知 ■ 静态的，除非定期更新
	能力	人工制品（资料库、技术、系统）	■ 可以独立地存储、传递和操控

客观主义和主观主义知识观让我们得到一种普遍适用的知识分类方法：不管拥有这项知识的人数有多少，也不管知识支持的是哪种类型的决策，知识都是隐性或显性存在的。显性知识是客观主义知识观的同义词，隐性知识是主观主义知识观的同义词。

可以说，隐性知识指的是人员拥有的知识，比如直觉知识、难以表达的心智模型和化现于人的技能。因此，隐性知识的主要特点是个人化，难以或无法脱离其载体或编码。这是因为隐性知识不仅难以得到清晰的阐释，而且可能只存在于潜意识中。例如，与工作相关的隐性知识包括怎样打造有效的销售广告、怎样发表精彩的演讲、怎样做一名兼具效力和号召力的领导者。反之，显性知识是非个人化的，可独立于语境，易于编码或存储于书籍、报告或图纸等有形实体中。图

2–1 直观地对比了隐性知识与显性知识的主要区别。许多学者认为，大多数业务知识是隐性的，而不是显性的。这给组织的知识管理带来了很大挑战，即怎样才能把隐性知识转化为显性知识，以便在个人、小组、组织和社区之间共享。此外，当拥有专业知识的员工离职时，组织很容易丢失隐性知识。而且，隐性知识对组织的研发和创新至关重要，因而它们对企业的长期繁荣和可持续发展也极为重要。下一节将会详细讨论隐性知识与显性知识。

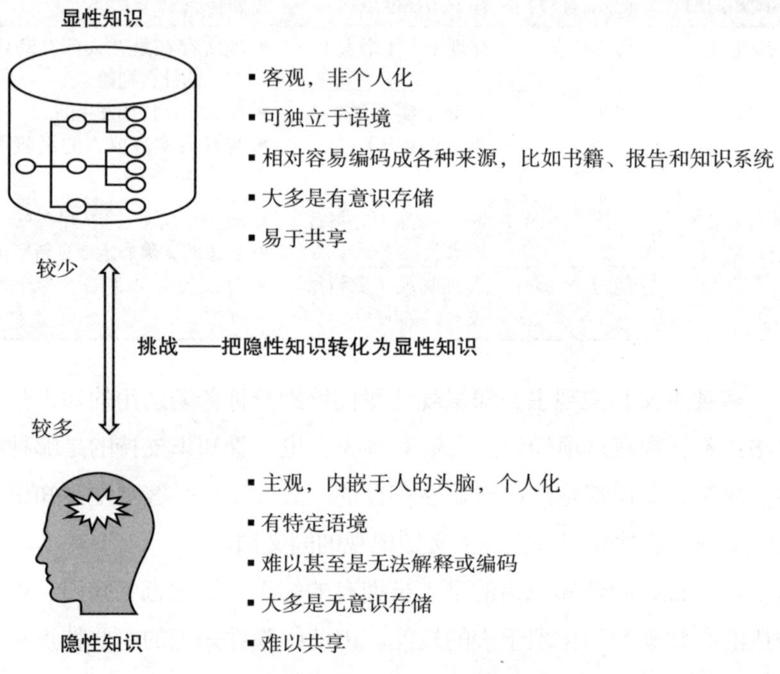

图 2–1　隐性知识与显性知识

隐性与显性知识分类法遭到的主要批评是简单化和极端化。换句话说，隐性和显性维度不是互斥关系。相反，两者只是不同程度的差别，共同构成了知识谱系。显性度（explicitness）这个说法也许更为合理。

它表示知识在多大程度上存在于显性形体中，以便存储和与人分享。因此，相对于把知识简单地划分为非黑即白的显性或隐性，更恰当的做法是把显性度看作一个连续体。也就是说，这两种知识类型分别处于连续体的两端，显性知识的显性度偏高，隐性知识的显性度偏低，而其他类型的知识则处于显性度连续体中间的某个地方。显性度这一概念也许可以把知识管理文献中现有的各种分类方法"统一"起来。

示　例

内嵌于产品经验和专利经验的知识隐性度和显性度

王、利贝尔斯和帕克详细探讨了知识的隐性度和显性度。他们的相关研究设定在弱知识产权（intellectual property rights，缩写为 IPR) 语境下。该研究侧重于当前关注企业的知识隐性度和保护度（显性度）——内嵌于企业的产品经验和专利经验——是如何影响其研发业务外包的。

该研究把产品经验定义为企业产品组合中针对特定市场的产品管理经验水平，把专利经验定义为企业专利组合中的专利累计存量。

研究发现，产品经验和专利经验对当前关注企业的研发业务外包起到了相反的影响作用。一方面，当前关注企业的产品经验鼓励外部合作伙伴获取该企业的隐性知识；另一方面，当前关注企业的专利经验阻挠外部合作伙伴为该企业提供研发服务。

问　题

1. 你认为当前关注企业的产品经验为什么与研发业务外包呈正相关？
2. 你认为当前关注企业的专利经验为什么与研发业务外包呈反相关？

如果我们把显性度概念用于知识与决策框架中的四个维度，根据这四个维度与知识的关系将其放到隐性–显性连续体中，那么：人员与个人化知识的相关性最强，也就是说人员非常靠近隐性一端；技术应放在另一端，因为我们可以把它视作存储显性知识的人工制品；业务（决策）环境是语境，略偏向隐性一端；而流程偏向显性一端（见图2–2）。

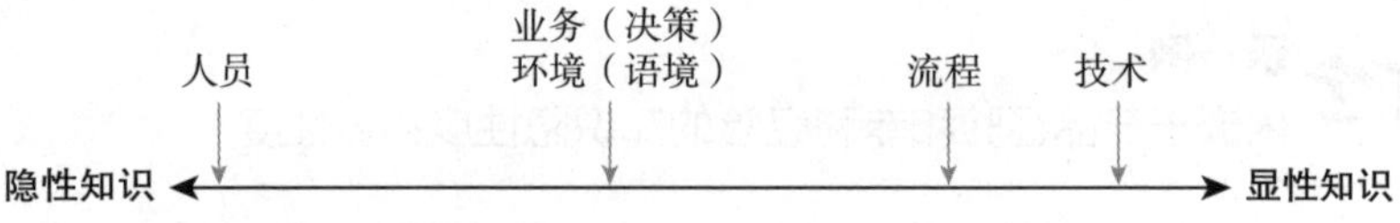

图 2–2　知识的显性度

批判性思考与反思

隐性知识和显性知识或者显性度

你支持下面哪种说法？为什么？

1. 隐性知识和显性知识之间应该有明确的分界线。
2. 知识的显性度这一概念比隐性与显性知识分类法更加恰当。

SECI 模型（隐性知识与显性知识的转化）

大多数知识是隐性的，存在于人的头脑中，难以编码或分享，对于这一点人们已有共识。但是从组织管理角度来看，把隐性知识转化为显性知识十分重要，因为这样就可以把它存储到资料库中供整个组织访问，而不是由少数几个人持有。同样，把显性知识转化为隐性知识也很重要，这样个人才能实践其从资料库中学习的东西，磨炼技能，提高工作绩效。为推动隐性知识与显性知识的相互转化，专家和学者已进行了大量研究，其中被引用频率最高的研究成果可能是 SECI 模型。SECI 模型描述了隐性知识和显性知识相互转化的四个过程：社会化、外部化、组合化与内部化。这一模型同时还被视为知识创造模型，因为在知识转化的过程中通常会生成新的知识。表 2–2 概述了知识转化的四个过程、知识类型转化（从一个类型转化为另一个类型）以及新知识的创造。

表 2–2 SECI 模型：知识转化过程、知识类型转化及新知识的创造

知识转化过程	知识类型转化		该过程中是否有新知识的创造
	从	到	
社会化	隐性	隐性	是
外部化	隐性	显性	是
组合化	显性	显性	是
内部化	显性	隐性	是

社会化：这是个人的隐性知识转化为共同的或共享的隐性知识的过程。换句话说，在个人与他人进行社会交往互动的过程中，他们分享经验，创造难以表达的共同信念或化现于人的技能。对此，一个典型例子是传统的师徒关系或辅导互动，年轻学徒跟着工匠师傅一起工作，并通过日常观察、模仿和实践来习得技术性技能。另一个社会交往的例子是非正式活动，比如一起聊天、通过头脑风暴来想新点子、场外“知识日”、“知识咖啡吧”和“知识睡衣趴”等。在此过程中，人们可以了解彼此的价值，从而创造共同的隐性知识，比如相同的思维模式和彼此之间的信任。在社会交往过程中，隐性知识保持其隐性状态，极少会被捕获、关注或以任何方式记录下来；换句话说，它仍然在原始参与者的头脑中。但是这一过程有助于建立社区中的无形联结。

外部化：这一过程赋予隐性知识以可见的形体，也就是说，把隐性知识清晰表达为显性知识，然后借助有形体将知识保存并存储在工具、系统和技术等资料库中。通过外部化得到的显性知识可供组织内部员工共享，也许还会被纳入组织记忆。在这种情形下，显性知识能够被保留下来；即使承载隐性知识的个人离开组织，知识流失的严重程度也会被降低。这就是为什么从管理角度来看，外部化过程非常重要。把隐性知识变成显性知识的可能途径包括比喻、类比、概念、假设或模型等。比喻和类比被当作表达隐性知识精髓的语言，但是它们往往是苍白无力的，缺乏一致性和充分性。因此，如前所述，把隐性知识转化为显性知识，被视为知识管理中的一项重大挑战。在写下、录制、绘制隐性知识或以其他某种方式将隐性知识形体化和具体化之前，组织往往需要一个中间媒介。例如，知识型记者可以采访知识渊博的个人，然后用更加专业的方式（如格式、长度、细节程度）提炼、建模和综合知识，以扩大其范畴，让更广泛的受众了解并继而应用这些知识。

组合化：这是将松散的显性知识组合成系统化显性知识的过程，比如以审查报告、趋势分析、执行概要或新数据库的形式来组织相关知识。换句话说，组合化就是将某个知识系统中的概念进行整理和系统化的过程。一般来说，将个人显性知识积聚起来构成组织的知识库这类情形，被认为是组合化。不过，这一过程实际上并没有扩展组织的知识库。例如，公司管理团队收集各部门的显性知识，如市场营销知识、产品和服务设计知识、财务和会计知识、人力资源管理知识以及供应链管理知识，然后把所有上述知识综合起来得到系统化知识，借此了解怎样组织企业资源（人员、财务、材料、分销设施等）才能创造能够满足客户需求的产品和服务。之后，管理层据此制定战略和编制运营计划，以确保供方有能力满足需方的要求。

内部化：这是将显性知识转化为技巧等操作性隐性知识的过程。

新近习得的行为及新近理解或修正的心理模型有一个扩散和内嵌的过程，内部化就发生在这一过程中。新手劳动者如果能够获取熟练劳动者以文本、音频和视频等形式记录的外部化显性知识，就可以通过"干中学"将显性知识内部化，扩展间接经验的范畴，深入思考，并可能在此过程中扩充自身的隐性知识。一旦新知识得以内部化，员工就可以在现有隐性知识库中拓宽、延伸并重新构建这一知识。他们理解、学习和消化新知识，然后可能就会改变工作和执行任务的方式。

需要强调的是，上述四个知识转化或创造过程并不是一次性事件，而是共同构成了一个持续上升的知识螺旋；因此，这是一个不断迭代的过程。理论上，知识螺旋可以始于任何一点，但人们普遍认为它始于社会化过程。需要强调的另一点是，新知识的产生不仅存在于知识类型转化的过程中，即从隐性知识转化为显性知识的外部化过程中，以及从显性知识转化为隐性知识的内部化过程中；即使知识类型不变，知识创造也可能发生，比如社会化过程（从隐性到隐性）和组合化过程（从显性到显性）。因此，知识转化的四个过程都能够创造新知识。实践证明，SECI 模型是知识管理领域最可信赖的模型之一，如今仍广泛应用于各种场景中。该模型集中关注隐性知识与显性知识的相互转化，但是它没有解决更重要的问题：怎样通过发挥这两种知识类型的杠杆作用来制定决策。

批判性思考与反思

社会化、外部化、组合化、内部化

研究相关文献，找几条（比如 3~5 条）对 SECI 模型的批评。你最赞同哪一条？为什么？

场理论（知识空间）

为细化 SECI 模型，学者们提出了场（Ba）的概念，它强调为知识转化和知识创造过程提供知识空间的重要性。“Ba”原是日语，意思是“场”。有人认为，提供物理、虚拟或心理的共享空间或者三者的组合空间，极为重要，因为有了“场”，社会化、外部化、组合化和内部化才有发生环境。物理空间如房间、办公室或车间；虚拟空间可能是 IT 平台、互联网、内联网及其他社交网络，比如网络信使（WhatsApp）和推持（Twitter）；心理空间包括共同的经验、思想和概念。场被视为共享空间，是知识转化和知识创造的基础。这意味着知识内嵌于场，特别是隐性知识，然后个人通过直接经验或对他人经验的思考在场中获取知识。当隐性知识与场分割开来时，它就变成了显性知识，而显性知识可脱离场进行传递。显性知识是有形的，比如存在于媒介或网络中。作为对比，隐性知识是无形的，只存在于场中。

SECI 模型有四个知识转化过程，相应地，场也有四种类型，其中每种场对应一个转化过程。四种场的名称分别是原始场、互动场、电脑场和练习场，它们共同为知识螺旋的整个过程提供了发生的平台。表 2–3 说明了四种场与 SECI 模型四个知识转化过程的对应关系。

表 2–3　SECI 模型四过程与场理论四种场的对应关系

场理论中的知识场类型	原始场	互动场	电脑场	练习场
SECI 模型的转化过程	社会化	外部化	组合化	内部化

原始场属于物理知识空间，是知识创造过程的起点，对应的是 SECI 模型的社会化过程。在原始场中，个人彼此分享感受、情绪、经验和心理模型，互相同情或进一步共情，打破彼此之间的障碍。这一

共享空间是基础，使得面对面互动中的知识转化成为可能。原始场生发出关心、爱、信任和承诺。与原始场密切相关的组织问题包括知识愿景和文化。强调开放的组织设计和客户界面，可以通过人际互动来提供强烈的生态刺激。

互动场是隐性知识转变为显性知识的空间，因此它对应的是SECI模型的外部化过程。与原始场相比，这一知识空间是有意识地构建的。对话是知识转化的关键，因此也有人把这种知识空间称为“对话场”。在组建项目团队、工作小组或跨部门团队的过程中，挑选具有特定知识和能力且组合优良的人员十分关键。个人的心理模型和技能通过对话转化为共同的术语和概念。在互动场发生外部化过程期间，个人不仅在共享他人的心理模型，而且在反思和分析自己的心理模型。在很多企业的文化中，集体反思互动场已经制度化，比如本田公司和3M公司。

电脑场是虚拟世界中的而不是物理时空中的互动知识空间，它对应的是SECI模型的组合化过程。在共同协作环境和信息技术的支持下，显性知识组合化的效率最高。把一种显性知识转化为另一种，创造新的显性知识，尤其需要使用软件、数据库、资料库和线上交流系统等虚拟要素。在过去十年里，线上社交网络、群组软件、互联网和基于网络的技术使用量快速增长，加快了知识转化的过程。

练习场提供了内部化过程所需的空间，是显性知识转化为隐性知识的空间。练习场推动持续学习和自我提升，途径包括职场培训、导师辅导、个人参与等。由资深导师或同事提供的集中培训主要是持续练习，强调的是特定模式以及如何找出这种模式。它不是基于分析进行知识讲授，而是强调通过积极参与来实现持续自我提升，即通过在实际生活或模拟应用中使用形式化显性知识，不断促进知识的内部化。与电脑场相比，练习场是纯个人化的或者说是纯主观的，依赖于学习者的态度和信念。

由此可以得出结论，四种场拥有持续创造知识的动力机制，它们把隐性知识转化为显性知识，然后将显性知识转化为隐性知识，如此循环。当组织成员在共享空间里分享和交流时，个人可以通过自身经验来获取内嵌于场的无形知识。针对 23 家国际企业的一项调查发现，管理“场”及其使能条件，而不是知识管理本身，能够更好地支持创新、共享、学习、协作解决问题、容忍诚实的错误。换句话说，我们可以通过管理场或共享空间的使能语境来实现知识管理。

批判性思考与反思

场理论

场理论的主要贡献是什么？你认为这对于负责组织知识管理决策的知识管理者、首席信息官（首席知识官）或管理团队而言，会有何启发？

学习要点

- 一般而言，我们可以把知识划分为两种类型：隐性知识和显性知识。人们通常认为隐性知识更具价值，因为它难以复制且几乎没有明显替代品。由于隐性知识天生是化现于人的，所以它管理起来极具挑战性。
- 了解显性度概念的目的是，强调隐性知识和显性知识之间的划分不是“非黑即白”的。
- 野中郁次郎和竹内弘高提出的 SECI 模型侧重于知识螺旋，解释的是隐性知识与显性知识相互转化的方式，而知识转化是个人、小组和组织创新与学习的基础。
- SECI 模型定义的四个过程分别是：社会化、外部化、组合化和内部化。

- 隐性知识与显性知识的相互转化发生在四种知识场中，分别是原始场、互动场、电脑场和练习场。

复习题

- 思考一个你熟悉的半显性知识，比如执行某任务的一系列指令。你需要具备哪些隐性知识才能读懂该指令？隐性知识与显性知识的不可分割性，对我们有何启示？
- 描述在野中郁次郎和竹内弘高提出的SECI模型中，两种类型的知识（隐性知识和显性知识）是怎样相互转化的，并用具体事例来说明你的观点。
- 哪个转化过程难度最大？为什么？
- 哪个转化过程比较容易？为什么？
- 在给定的组织中，哪些因素将会影响知识螺旋的运转效果？
- 野中郁次郎和竹内弘高提出的SECI模型的优缺点分别是什么？举例说明你的观点。
- 想一想你与其他国家人员的互动经历，找一找其中有没有这样的例子：人们对同一现象的迥异理解揭示了知识的社会建构性和文化内嵌性。

参考文献

1. Akerkar, R A and Sajja, P S (2010) *Knowledge-Based Systems*, Jones and Bartlett, London.
2. Alavi, M and Leider, D (2001) Knowledge management and knowledge

management systems: conceptual foundations and research issues, *MIS Quarterly*, 25(1), p 107.

3. Becerra-Fernandez, I and Sabherwal, R (2015) *Knowledge Management: Systems and processes*, 2nd edn, Routledge, Abingdon.
4. Choo, C W A and Alvarenga Neto, R C D (2010) Beyond the Ba: managing enabling contexts in knowledge organizations, *Journal of Knowledge Management*, 14(4), pp 592–610.
5. Choudhary, A K *et al* (2013) Knowledge management and supporting tools for collaborative networked organizations, *International Journal of Production Research*, 51(7), pp 1953–1957.
6. Dalkir, K (2017) *Knowledge Management in Theory and Practice*, 3rd edn, MIT Press, Cambridge, MA.
7. Feghali, T and El-Den, J (2008) Knowledge transformation among virtually co-operating group members, *Journal of Knowledge Management*, 12(1), pp 92–105.
8. Groff, T and Jones, T (2003) *Introduction to Knowledge Management: KM in business*, Butterworth-Heinemann, Burlington, MA.
9. Hislop, D, Bosua, R and Helms, R (2018) *Knowledge Management in Organizations: A critical introduction*, 4th edn, Oxford University Press, Oxford.
10. Jashapara, A (2011) *Knowledge Management: An integrated approach*, 2nd edn, Pearson Education, Harlow.
11. Nonaka, I (1994) A dynamic theory of organizational knowledge creation, *Organizational Science*, 5(1), pp 14–37.
12. Nonaka, I and Konno, N (1998) The concept of 'Ba': building a foundation for knowledge creation, *California Management Review*, 40(3), pp 40–54.
13. Nonaka, I and Takeuchi, H (1995) *The Knowledge Creating Company*, Oxford University Press, Oxford.

14. Nonaka, I, Umemoto, K and Sasaki, K (1998) Three tales of knowledge-creating companies, in *Knowing In Firms: Understanding, managing and measuring knowledge*, ed G von Krogh, J Roos and D Kleine, pp 240–252, Sage, London.
15. Nonaka, I and von Krogh, G (2009) Tacit knowledge and knowledge conversion: controversy and advancement in organizational knowledge creation theory, *Organization Science*, 20(3), pp 635–652.
16. North, K and Kumta, G (2018) *Knowledge Management-Value Creation Through Organizational Learning*, 2nd edn, Springer, Cham, Switzerland.
17. Oyemomi, O (2016) The Impact of Organizational Factors on Knowledge Sharing Performance, PhD Thesis, University of Plymouth, UK.
18. Oyemomi, O *et al* (2019) How cultural impact on knowledge sharing contributes to organizational performance: using the fsQCA approach, *Journal of Business Research*, 94, pp 313–319.
19. Probst, G, Buchel, B and Raub, S (1998) Knowledge as a strategic resource, in *Knowing in Firms: Understanding, managing and measuring knowledge*, ed G von Krogh, J Roos and D Kleine, pp 240–52, Sage, London.
20. Roy, S and Mitra, J (2018) Tacit and explicit knowledge and assessment of quality performance of public R and D in emerging economies: an Indian perspective, *Journal of Organizational Change Management*, 31(1), pp 188–214.
21. Sabherwal, R and Becerra-Fernandez, I (2005) Integrating specific knowledge: insights from Kennedy Space Centre, *IEEE Transactions on Engineering Management*, 52(3), pp 301–315.
22. Sudhindrea, S, Ganesh, L S and Arshinder, K (2014) Classification of supply chain knowledge: a morphological approach, *Journal of Knowledge Management*, 18(4), pp 812–823.
23. Wang, T, Libaers, D and Park, H D (2017) The paradox of openness: how

product and patenting experience affect R&D sourcing in China, *Journal of Product Innovation Management*, 34(3), pp 250–268.

24. Yang, C and Yen, H C (2007) A viable systems perspective to knowledge management, *Kybernetes*, 36(5–6), pp 636–651.

第三章　知识管理流程与生命周期模型

学习目标

完成本章学习后，读者应该能够：

- 描述知识管理流程中的主要阶段。
- 比较几种不同的知识管理生命周期模型。

本章首先介绍知识管理流程通常包含的几个主要阶段，然后观察不同知识管理生命周期模型是如何安排这几个阶段的。其中还介绍了反馈循环。

知识管理流程的主要阶段

正如第一章所讲的知识管理不存在公认的定义一样，对于知识管理流程应由哪些阶段构成，人们也缺乏共识。

有效的知识管理要求个人、小组、组织和社区捕获知识的益处，因为这些知识能够提供战略优势。文献中存在数百种知识管理流程。海西希就这一主题进行了全面性综述，比较了文献中的160个知识框架。他发现学者们使用的术语林林总总。本节将讨论得到广泛认可的几个流程阶段，判断标准主要为以下三条。

- 不同时期开发的多个知识管理流程都包含了该阶段（纵向）。
- 该流程阶段存在详细描述，理解无歧义。
- 在现实场景中实施并验证过。

尽管知识管理框架各不相同，使用的术语多种多样，但是根据上述标准，我们可以遴选出知识管理流程的一些潜在共同阶段。我们把知识管理流程划分为四个主要阶段，如图 3–1 所示。

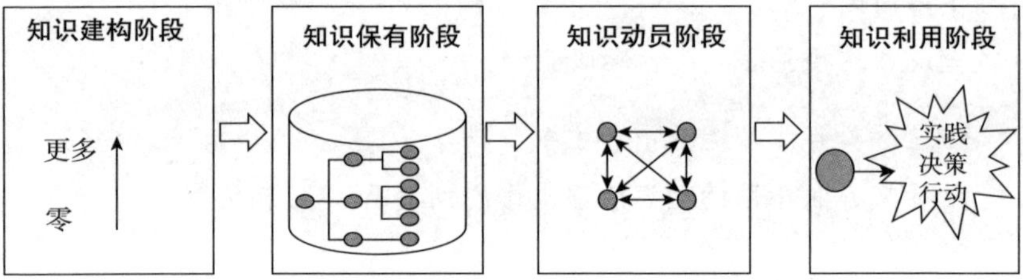

图 3–1　知识管理流程的主要阶段

- 知识建构阶段：包括在知识管理最初阶段发生的知识活动，比如知识创造、知识获取和捕获。这一阶段的一个主要特点是知识量的增加，比如知识创造或捕获的从无到有，以及知识获取的从少到多。
- 知识保有阶段：这是保有知识以供日后使用的阶段。知识存量是估算组织智力资本的一个关键要素。在这一阶段，知识存量水平可能不会变，但知识可能会得到整理、结构化或编码，以便在需要时轻松检索。
- 知识动员阶段：在这一阶段，知识共享、转移或传播活动让知识在不同地点、个人或所有权之间流动。从这个意义上说，这是一个动态阶段，可以把因执行特定任务而需要知识的人员与相关知识的拥有者有效匹配起来。

- 知识利用阶段：在这个阶段，知识被使用、再使用或应用于决策、行动和解决问题。

知识构建阶段——知识创造、获取和捕获

知识创造、获取和捕获是知识管理流程最初阶段通常会用到的术语。它们的意思相近，但也存在不同。知识创造指的是新知识的开发，典型的表现形式包括思想、实践、研究论文、技术发明或产品等，即组织中此前不曾有过的创新。知识获取强调接收外部环境中的知识，并将其转变为组织内部能够使用的有价值的东西。知识捕获指的是识别并编码组织现存的内部知识（通常是此前被忽略的那些）或来自环境的外部知识。

知识创造被视为创新的主要来源，而创新能带来财务、市场和组织绩效的提高，因此鼓励知识创造活动至关重要。知识创造主要有如下几种途径。

- 通过社会化、外部化、组合化和内部化过程中隐性与显性知识的相互转化。
- 通过研发项目、个人改进任务执行方式的创新、实验、基于现有知识的推理以及聘请新的人员。
- 通过增值活动，比如共享隐性知识、创造新概念、论证概念、建立原型和拓展跨层次知识。
- 通过引进（例如从专家和程序手册那里）获取知识，通过合资获得技术，或是在部门间和组织间调动人员。
- 通过组织相关活动，包括建立原型、采访专家、绘制能力图和流程图以及分析信息工作流程。
- 通过观察现实世界（如实地考察）或观察引入变化后的流程。

与知识创造不同，知识获取包含多个步骤，包括定位、访问、捕获，以及从客户、竞争对手、供应商及其他知识来源那里收集知识。知识获取途径也有很多种。

- 组织可以通过搜索、嫁接、同质式学习、替代式学习和体验式学习来获取知识。
- 外部搜索知识通常来自在扫描外部环境时发现的编码来源。
- 嫁接式知识的获取途径是聘请经验丰富的专业人员或通过外国直接投资来收购业务单位。不过，需要指出的是，有经验的管理人员通常既昂贵又不易得。
- 替代式知识的获取途径是从他人的经验中学习，包括建立人际关系网、获得许可或加入专家俱乐部等。
- 通过提取、解释和转移知识来改进组织现有知识。
- 通过知识语境化，即从数据库中获取知识或向他人学习以及从经验中习得知识。

批判性思考与反思

知识创造

你能想出创造新知识的真实案例吗？其中的新知识是怎样创造出来的？

知识保有阶段——知识存储和保留

知识保有阶段十分重要，因为知识容易流失，特别是仍处于隐性状态且只被特定人员掌握的知识。当他们离开组织时，知识也被带走了，因此我们需要把知识保留在组织内部，以供将来使用。这一阶段是指存储和保留知识，以供需要时检索。存储和保留知识的目的有很多，比如弄清运营和报告的原因，或者是出于战略决策或组织学习之需。需要保留的知识既包括隐性知识，也包括显性知识，它们的保留方式可能有所不同。

相比显性知识保留，隐性知识保留（也称为知识连续性）相关研究相对较少。隐性知识保留通常是通过良好的人力资源管理来实现的，这样，重要的人力资本就会留在组织内部。知识保留需要解决的问题是，在有限时间内（专家离开组织前）把最宝贵的专家知识转变为组织资产。有证据显示，知识保留与组织能力之间存在关联。有人认为，一个组织的能力取决于创新和新知识生成所需知识的保留。知识保留过程通常由三个高级任务组成：决策，即是否需要或在多大程度上需要进行纵向知识转移；计划，即对需要保留的知识及保留方式进行界定；计划的实施。

显性知识存储方法有手动和电子两种：手动存储指的是把知识存储在手册、会议记录、报告、政策规定及众多其他组织物理文档中；电子存储指的是把知识存储在组织记忆、知识库、数据仓库、门户网站和物联网中。

知识动员阶段——知识共享与转移

这一阶段涉及如何有效地将知识从一个地方、个人、组织或社区移动到另一处去。这一阶段的术语有很多，包括知识共享、知识转移、知识传播、知识交流、知识扩散和知识流。我们可以把这些术语视作知识动员的不同形式。有研究人员描述过它们之间的区别——奥耶莫米比较了知识共享与知识转移，得出的结论是，知识转移中的知识传递是单向的，即从知识拥有者到知识接收者，而知识共享是一个双向过程。知识传播一词意味着知识传输的速度十分重要，特别是涉及向大量受众和公众传播知识时。当谈及多种类型知识在组织间的移动时，人们往往会使用知识扩散这个术语，特别是以创新为目的的知识整合。知识流这个词特别适合知识共享活动的参与方超过两个的情况，比如供应链管理。

本书使用“知识动员”一词，目的是强调知识活动需要参与双方的共同努力，只有这样，知识才能流动起来，特别是在跨界情境下。一方面，这需要知识发送方积极努力，比如以简单易懂的形式来表示知识，或者提供更合适的知识空间，以便更有效地开展知识活动。另一方面，这需要知识接收方积极努力，比如深入学习、消化和思考接收到的知识。经过双方的共同努力，知识不仅能被调动起来，而且能得到改进和更新。这样，即使在跨界情境下，SECI 模型提出的知识螺旋效应也可以显现。此外，除了知识发送方和接收方，第三方也可以为之做出努力。例如，在组织内部语境下，首席知识官和高管团队可以投入大量资源，让知识在不同个人、小组和职能单元间流动起来，使组织内部所有人获益。在跨组织边界语境下，边界管理者是弥合知识发送方和接收方认知差距的主要力量之一。第八章将会详细讨论边界管理者这一概念。基于上述原因，作者认为知识动员一词最适用于本书。

批判性思考与反思

知识动员

你认为知识动员和知识流这两个概念哪个更好？举例说明你的观点。跨组织边界进行知识动员会遭遇哪些主要障碍？

虽然我们使用的术语各不相同，但我们仍然能够确定知识动员的一些共同特征（见图 3–2）。

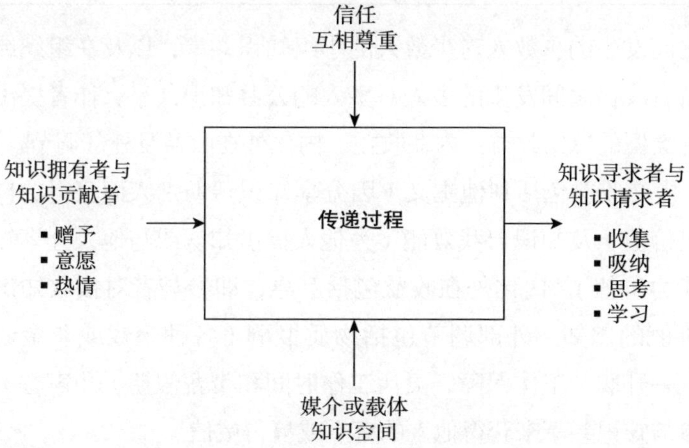

图 3–2　知识动员的主要构件

知识动员的发生离不开传递过程。这需要某种形式的支持资源，比如内嵌知识的媒介或载体。就隐性知识动员而言，这种媒介或载体是人员。如第二章所述，该过程还需要知识空间。隐性知识动员一般需要使用原始场和社交网络等互动场。线上平台等技术网络主要用于显性知识动员。第九章和第十章将会详细讨论社交网络和技术网络。图 3–2 上面部分说明的是，信任和互相尊重是知识动员的重要因子。

示　例

多层面知识共享

现有文献中的大多数研究只关注某一个层面的知识共享。作为对比，谢迪吉等人探讨了多个层面的知识共享，并分析了多层面知识共享的益处。他们在论文中定义了知识共享的三个层面：两个参与者之间发生的个人知识共享，一组参与者与另一组参与者之间发生的少数人对少数人的小组知识共享，以及在组织或社区所有成员之间发生的多人对多人的公共知识共享。作者提出了三种类型的感知收益：内在收益、内化外在收益及外部调节。

内在收益包括利他主义（因分享知识帮助别人而获得的自我满足价值）及知识自我效能（为他人提供知识或与他人分享知识的能力价值）。内化外在收益包括互惠，即参与者对接收知识回报价值的感知。外部调节包括物质报酬（各种金钱或非金钱激励——升职、工作保障、灵活工作时间和带薪假期）和声誉（通过参与知识共享来获得他人的尊重或赢得威信）。

问　题

你认为哪种感知收益最重要？它发生在哪个知识共享层面？用你在知识共享方面的个人经验或你熟悉的事例加以说明。

知识动员的启动方式有两种。第一种启动方式是知识拥有者自愿将知识赠予工作场所或进行社区共享，知识寻求者由此可以从知识拥有者那里收集和积累知识。第二种启动方式为知识请求者请求知识，如果知识贡献者愿意分享知识，知识动员过程就会启动。但是，我们不能把知识动员理解为知识从一个人或组织直接传递给另一方的简单过程。它需要知识寻求者或请求者付出很大的努力和承诺，吸收知识，演练所学并积极思考，这样知识寻求者不仅能接收知识，而且能够改进知识，甚至是创造新知识。

知识利用阶段——知识使用或应用

在知识管理流程中，继知识动员之后，合乎逻辑的阶段就是知识利用。共享或传播知识还不够，知识还需要加以利用才能支持决策、影响行动或改变行为。例如，如果没有应用于与某实践相关的业务单位，那么最佳实践及类似知识元素的价值就会十分有限。有人认为，知识管理的关键是接收方获取有用知识并将其用于业务运营的程度。然而，尽管知识动员吸引了大量研究人员，使他们聚焦于知识共享和转移的各个方面，但知识利用受到的关注却相对较少。知识利用阶段是被捕获并存储于组织知识库或人的头脑中的隐性知识和显性知识投入实际使用的阶段。在这一阶段，知识被用于创新、产品和服务设计、生产和客户交付、决策制定、问题解决或任何其他任务。

知识应用有几个不同的定义。宋、冯德彼基和韦格曼把知识应用定义为：组织利用生成的知识和技术及时响应技术变革，以生产新产品和新服务。内斯黑姆、奥尔森和托比亚森将其定义为：组织单位在多大程度上以有益方式应用从其他员工或单位获取的知识。戈特沙尔克把知识应用概述为将知识用于组织流程和例行程序中。知识基础观强调，当知识能够为业务流程增值时，企业竞争优势的真正来源就是知识应用。

在知识利用阶段，语境扮演着重要角色。比如，知识使用者是否有足够的业务背景去利用那些已被创造、获取、共享和存储的知识？语境还包括与版权、保密要求及其他可能适用的限制相关的规则。在这一阶段，知识真正表现出它对于企业的价值，比如支持决策或解决问题流程。正是在这些流程中，知识转化为企业资产。在这一阶段，不同的商业决策利用知识的方式不同。常规性和标准化任务的相关决策使用的通常是汇编知识，决策者几乎可以无意识地或是自动地访问和使用这些知识，比如运营层面的大多数决策。但是，艰难的决策通常以一种更深思熟虑和有意识的方式做出，因为当情境无法预料（比如战略决策和应急决策等）时，决策者无法使用自动化知识。本书第四部分将会详细讨论商业决策的知识支持。

批判性思考与反思

知识重复使用

最宝贵的知识不会只使用一次就被丢弃，而是会被反复使用。你认为知识重复使用的主要益处是什么？知识重复使用对管理有何启示？

知识管理的生命周期模型

前面我们了解了知识管理的主要阶段，本节将会在此基础上把知识管理的各个阶段先后串联或并联起来，构建知识管理流程，并着重讨论反馈循环。反馈循环把知识管理生命周期与线性知识管理流程区别开来。然后，我将介绍一些著名的知识管理生命周期模型，并对照上一节讨论的知识管理四阶段加以解析。大多数生命周期模型含有上节提到的四个主要阶段，但是使用的术语可能略有不同。此外，某些模型还包括其他阶段或步骤。

维格的知识管理生命周期模型

维格提出了最早的知识管理生命周期模型之一，其在 20 世纪 90 年代得到广泛引用。该模型界定了知识管理的四个阶段：构建知识、保有知识、汇集知识和使用知识（见图 3–3）。所构建的知识可能源自个人经验、正规教育和培训、情报来源，以及媒体、书籍和同伴。知识持有者可以是人（隐性知识），也可以是书籍和组织记忆等有形体（显性知识）。知识可应用于工作语境，并嵌入工作流程。

从图 3–3 可以看出，维格模型中有三个阶段与本书定义的阶段是相同的，另一个则不同：维格使用的术语不是知识动员，而是“汇集

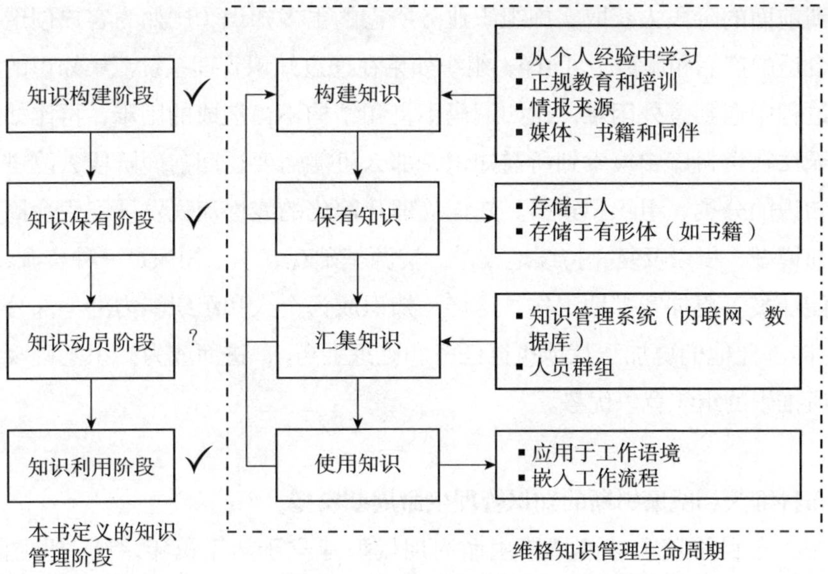

图 3-3 维格模型注释

知识”（pool knowledge）。组织汇集知识的方式有很多种。显然，组织既可以从内联网和数据库等知识管理系统中汇集显性知识，也可以通过头脑风暴等方式从人员群组中汇集隐性知识。当某个员工意识到自己不具备决策或解决特定问题所需的必要知识时，他可以通过专家定位网络找到组织中的专家，从而联系到组织中曾遇到类似问题的其他人。因此，在这一阶段，维格强调的是协调知识。这通常需要组建协作团队来处理特定工作内容，以及建立一个“谁掌握什么知识”的网络。

十分重要的一点是，每当需要返回到前面阶段，再次执行此前可能执行过的功能和活动时，反馈循环都是可能的。不过，再次执行时的重点或细节程度会与此前有所不同。例如，在知识保有阶段，我们有必要验证知识构建阶段获取的知识内容，确保积累并存储在组织记忆和资料库中的知识都是潜在有用的或有价值的。我们还可能需要回到前面的阶段去获取实施组织业务所需的更多知识（比如为客户创造合适的产品和服务）。同样，组织如果在通过知识管理系统汇集知识的过程中遇到意外困难，比如编码不良和结构不当造成的困难，再比如无法在资料库中检索到所需知识，那么可能需要返回前面阶段去改进知识的分类、组织和索引。知识管理从简化的线性流程发展到生命周期模型，得以反复、持续地改进。资源基础观表明，知识是一种资源，能让员工更加智慧地工作。这样，知识成为个人和组织能力的一部分（能够让他们更加智慧地执行任务和处理业务），进而成为知识基础观所推崇的组织竞争优势。

布科维茨和威廉姆斯的知识管理生命周期模型

布科维茨和威廉姆斯生命周期模型建立于新千禧年之初，见图 3–4 中虚线矩形包围的部分。从图 3–4 中可以看出，布科维茨和威廉姆斯将知识管理分为两个不同周期：一个属于战术或运营层面（左侧周期），另一个属于战略层面（右侧周期）。他们认为，“获得—使用—学习—贡献”周期在本质上偏向于战术或运营，这表示该周期由市场驱动的机会或需求触发，通常会因响应需求而导致短期或日常的知识使用；“评估—构建或维持—剥离”周期更具战略性质，由宏观环境的变迁触发，更加侧重于智力资本匹配战略需求的长期过程。

显然，战略周期中的构建或维持阶段与本书所讲的是相同的（知识构建和知识保有），而战术或运营周期中的使用阶段对应的是本书所讲的知识利用阶段。获得阶段寻求知识以支持决策、解决问题或创新，因此我们可以把它看作知识动员（来自本书）或汇集知识（来自维格模型）的一部分。学习阶段十分有趣，该模型给出了明确定义。布科维茨和威廉姆斯认为，组织学习十分重要，因为它是思想应用和新思想创造之间的过渡阶段。同样重要的是，让员工分享他们学到的知识，并将其贡献到公共知识库中去。这两个阶段对于探讨成功和失败的知

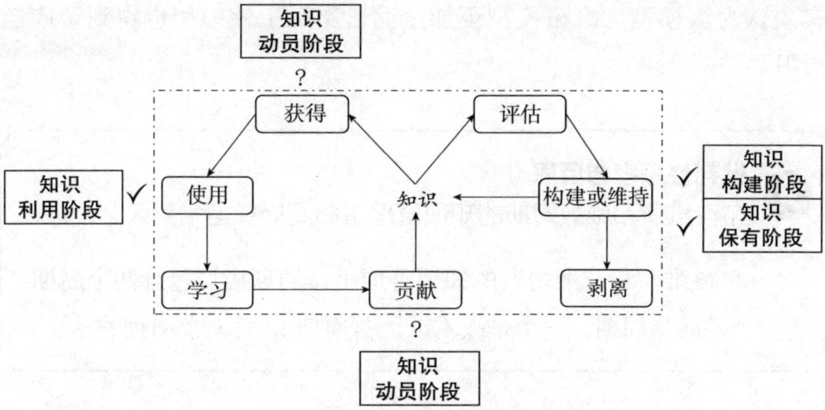

图 3-4　布科维茨和威廉姆斯模型注释

识活动（比如最佳实践和经验教训）具有重要意义。从这个意义上看，我们可以把贡献看作知识动员的一部分。

战略周期中的评估和剥离两个阶段同样值得关注。评估指的是评价智力资本，以确保其相关性、准确性、有用性和前沿性。这就要求组织定义任务的关键知识，并针对未来知识需求组织当前的智力资本。组织还需要制定度量指标，证明其知识库正在增长，且投资智力资本有利可图。布科维茨和威廉姆斯的知识管理生命周期模型的最后阶段是剥离，即如果资产不再创造价值，组织就不应保留该资产。在此阶段，组织需要明确维护其智力资本所需的资源，并思考把这些资源投向别处是否更加明智。这需要理解正式剥离部分知识库的原因、时间、地点和方式。传统的剥离决策包括获得专利、衍生企业、外包业务、终止培训计划或员工雇用、更换或升级技术，以及终止合作伙伴关系、联盟关系或合同，目的是区分可利用的与用处有限的知识形式。消耗资源但又无法转化为价值的知识，组织就应该将其剥离。

布科维茨和威廉姆斯模型清楚地区分了知识管理的战略周期与战术或运营周期，并引入了学习、贡献、评估和剥离等创新阶段。因此，有人认为该模型比维格模型更加全面，实际上该模型也得到了广泛引用。

> **批判性思考与反思**
> 布科维茨和威廉姆斯的知识管理生命周期模型
>
> 布科维茨和威廉姆斯的知识管理生命周期模型包含两个周期（一个是战略周期，一个是战术或运营周期），你对此有何看法？

埃文斯、达尔基尔和比迪安的知识管理生命周期模型

埃文斯、达尔基尔和比迪安建立的知识管理生命周期模型相对较新，包含七个阶段，如图 3–5 虚线矩形部分所示。

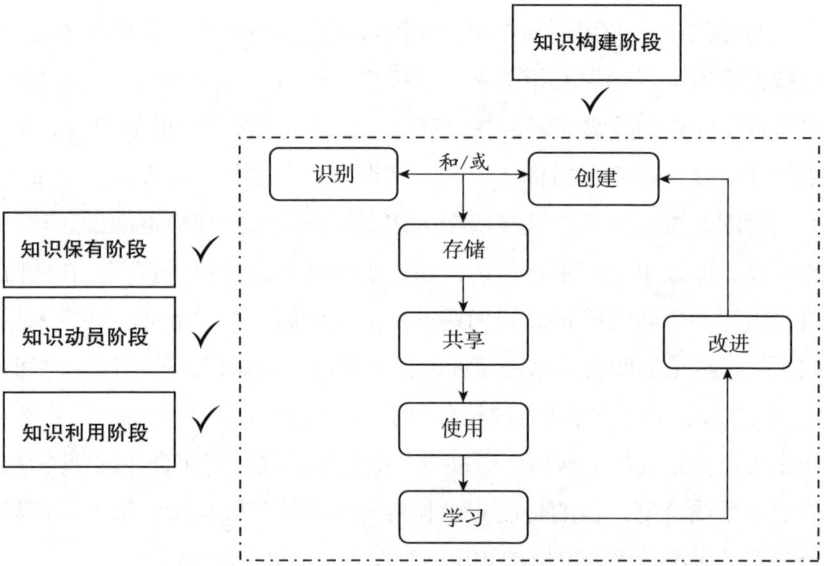

图 3–5　埃文斯、达尔基尔和比迪安知识管理生命周期模型

从图 3–5 中可以看出，这一知识管理生命周期模型中有四个阶段与本书定义的四个阶段基本是一一对应的关系（图中用对钩标注）。其中，创建对应知识构建阶段，存储对应知识保有阶段，共享对应知识动员阶段，使用对应知识利用阶段。此外，该模型还包括另外三个阶段，即识别、学习和改进，我们可以把这三个阶段视为该模型的主要贡献。

该知识管理生命周期模型的第一个阶段是识别，主要任务是判断是否存在知识，或者是否需要创建知识。如果组织记忆中已经存在某些知识，那么组织不应浪费资源做不必要的重复工作。许多知识管理流程往往忽略了学习阶段。埃文斯、达尔基尔和比迪安的知识管理生命周期模型提及双环学习。与单环学习（增量改进）相比，双环学习能够更好地对知识进行整体回顾。学习和改进阶段的任务是元数据记录、更新、优化，并根据需要纠正、添加或扩展现有知识，然后将改进情况反馈回知识管理生命周期。

本节讨论了三个全面的知识管理生命周期模型，选自不同时期，颇具代表性：20 世纪 90 年代初期的维格模型，新千禧年之初的布科维茨和威廉姆斯模型以及近期的埃文斯、达尔基尔和比迪安模型。过去数年里，学者们建立了许许多多的知识管理生命周期模型。达尔基尔综合了 7 个知识管理生命周期模型。贾亚维克拉马在他的博士论文中比较了 16 个知识管理生命周期模型，发现阶段数量从 3 个到 7 个不等，但大多数模型的共有阶段都符合本书提出的四个主要阶段。

批判性思考与反思

知识管理生命周期模型：学习

你认为知识管理生命周期模型包含“学习”阶段有多重要？

学习要点

- 文献中存在数百种知识管理流程。不同知识管理流程适合不同的业务（创造并交付给客户的产品和服务）、环境或业务语境以及可用资源（实现知识管理的技术和人员）。
- 不同知识管理流程所含阶段的数量不同，但我们可以从中发现一些共有阶段，分别是知识构建、知识保有、知识动员和知识利用。
- 我们不应把知识管理流程理解为简单、直接的线性活动，某些阶段和步骤往往是并列关系，而不是按先后顺序发生的。此外，我们应加入反馈循环来构建知识管理生命周期模型。
- 文献中存在多种不同的知识管理生命周期模型，比如维格模型、布科维茨和威廉姆斯模型以及埃文斯、达尔基尔和比迪安模型。
- 除了知识管理流程的四个核心阶段，知识管理生命周期模型还应基于组织业务目标来考虑、评价或评估知识内容的价值，将知识内容语境化以更好地匹配不同的使用者。组织应该根据需要持续学习和改进、更新或修订内容，进而决定是继续持有、保留还是剥离某些知识。

复习题

- 创建、保存、共享和应用等知识管理活动是许多知识管理流程与生命周期模型的核心。不过，如果你查看一个组织的业务流程描述（比如销售、市场、生产、分销、零售），你就会发现其中并没有提到知识管理活动。你认为业务流程描述为什么会省略知识管理活动呢？
- 想象你被任命为一个知识管理项目的负责人，带领着一个由数人组成的知识管理团队（既有计算机科学专业的，也有企业管理专业的）。你需要分配工作任务，任命小组组长负责知识管理流程的各个阶段。你会为知识管理流程的各个特定阶段挑选计算机科学专业毕业生还是企业管理专业毕业生？为什么？

- 组织内部以及跨组织边界的知识动员存在哪些主要障碍？
- 你认为知识重复使用的优缺点主要是什么？
- 举例说明知识管理流程中的创建、编码、共享和应用阶段分别是怎样为知识增值和提高知识资产的战略价值的？
- 知识管理流程与知识管理生命周期的主要区别是什么？
- “通过或否决”决策处于知识管理生命周期中的哪个位置？你需要哪些信息才能判断下一步是否需要特定知识内容？

参考文献

1. Appleyard, M M and Kalsow, G A(1999) Knowledge diffusion in the semiconductor industry, *Journal of Knowledge Management*, 3(4), pp 288–295.
2. Becerra-Fernandez, I and Sabherwal, R(2015) *Knowledge Management: Systems and processes*, 2nd edn, Routledge, Abingdon.
3. Bhosale, V A, Kant, R and Shankar, R(2018) Investigating the impact of knowledge flow enablers on SC performance in Indian manufacturing organizations, *Benchmarking: An International Journal*, 25(2), pp 426–439.
4. Bukowitz, W and Williams, R(2000) *The Knowledge Management Field-book*, Prentice Hall, London.
5. Candra, S(2014) Knowledge management and enterprise resource planning implementation: a conceptual model, *Journal of Computer Science*, 10(3), pp 499–507.
6. Castro, G, Lopez-Saez, P and Delgado-Verde, M(2011) Towards a knowledge-

based view of firm innovation, *Journal of Knowledge Management*, 15(6), pp 871–874.

7. Dalkir, K(2017) *Knowledge Management in Theory and Practice*, 3rd edn, MIT Press, Cambridge, MA.
8. Evans, M, Dalkir, K and Bidian, C(2015) A holistic view of the knowledge life cycle: the knowledge management cycle(KMC) model, in *Leading Issues in Knowledge Management*, ed K Grant and J Dumay, vol 2, pp 85–97, Academic References and Publishing International, Reading.
9. Ferraris, A, Santoro, G and Dezi, L(2017) How MNC's subsidiaries may improve their innovative performance? The role of external sources and knowledge management capabilities, *Journal of Knowledge Management*, 21(3), pp 540–552.
10. Gottschalk, P(2007) Predictors of police investigation performance: an empirical study of Norwegian police as value shop, *International Journal of Information Management*, 27(1), pp 36–48.
11. Guechtouli, W, Rouchier, J and Orillard, M(2013) Structuring knowledge transfer from experts to newcomers, *Journal of Knowledge Management*, 17(1), pp 47–68.
12. Heisig, P(2009) Harmonization of knowledge management-comparing 160 KM frameworks around the globe, *Journal of Knowledge Management*, 13(4), pp 4–31.
13. Holsapple, C W and Joshi, K D(2002) Knowledge management: a threefold framework, *The Information Society*, 18, pp 47–64.
14. Huber, G P(1991) Organizational learning: the contributing processes and the literatures, *Organizational Science*, 12(1), pp 88–115.
15. Jashapara, A(2011) *Knowledge Management: An integrated approach*, 2nd edn, Pearson Education, Harlow.
16. Jayawickrama, U(2015) Knowledge management competence for ERP

implementation success, PhD thesis, University of Plymouth, UK.

17. Jayawickrama, U *et al* (2019) Knowledge retention in ERP implementations: the context of UK SMEs, *Production Planning and Control*, 30(10–12), pp 1032–1047.
18. Lages, C R *et al* (2013) Knowledge dissemination in the global service marketing community, *Managing Service Quality: An International Journal*, 23(4), pp 272–290.
19. Levy, M(2011) Knowledge retention: minimising organizational business loss, *Journal of Knowledge Management*, 15(4), pp 582–600.
20. Liu, S *et al* (2014) A knowledge chain management framework for global supply chain integration decisions, *Production Planning and Control*, 25(8), pp 639–649.
21. Mejri, K, MacVaugh, J A and Tsagdis, M(2018) Knowledge configurations of small and medium-sized knowledge-intensive firms in a developing economy: a knowledge-based view of business-to-business internationalization, *Industrial Marketing Management*, 71, pp 160–170.
22. Nesheim, T, Olsen, K M and Tobiassen, A E(2011) Knowledge communities in matrix-like organizations: managing knowledge towards application, *Journal of Knowledge Management*, 15(5), pp 836–850.
23. Nonaka, I and Takeuchi, H(1995) *The Knowledge Creating Company*, Oxford University Press, New York.
24. North, K and Kumta, G(2018) *Knowledge Management: Value creation through organizational learning*, 2nd edn, Springer, Cham, Switzerland.
25. Oyemomi, O(2016) The Impact of Organizational Factors on Knowledge Sharing Performance, PhD Thesis, University of Plymouth, UK.
26. Oyemomi, O *et al* (2019) How cultural impact on knowledge sharing contributes to organizational performance: using the fsQCA approach, *Journal of Business Research*, 94, pp 313–319.

27. Pacharapha, T and Ractham, V(2012) Knowledge acquisition: the roles of perceived value of knowledge content and source, *Journal of Knowledge Management*, 16(5), pp 724–739.
28. Phelps, C, Heidl, R and Wadhwa, A(2012) Knowledge, networks and knowledge networks: a review and research agenda, *Journal of Management*, 38(4), pp 1115–1166.
29. Roy, S and Mitra, J(2018) Tacit and explicit knowledge and assessment of quality performance of public R&D in emerging economies: an Indian perspective, *Journal of Organizational Change Management*, 31(1), pp 188–214.
30. Sedighi, M *et al* (2018) Multi-level knowledge sharing: the role of perceived benefits in different visibility levels of knowledge exchange, *Journal of Knowledge Management*, 22(6), pp 1264–1287.
31. Shongwe, M(2017) An analysis of knowledge management lifecycle frameworks: towards a unified framework, *The Electronic Journal of Knowledge Management*, 14(3), pp 140–153.
32. Song, M, van der Bij, H and Weggeman, M(2005) Determinants of the level of knowledge application: a knowledge-based and information-processing perspective, *Journal of Product Innovation Management*, 22, pp 430–444.
33. Venkitachalam, K and Bosua, B(2014) Roles enabling the mobilization of organizational knowledge, *Journal of Knowledge Management*, 18(2), pp 396–410.
34. Wiig, K(1993) *Knowledge Management Foundations*, Schema Press, Arlington, TX.

第二部分

培养组织的知识力

为了便于读者理解基于知识的活动是如何提升企业整体绩效的，这一部分将会集中讨论怎样通过组织层面的知识管理来培养知识力。这部分将会分三章分别详细讨论三个重要议题：第四章专门讲述组织学习，组织学习被视作更新组织知识的关键；组织学习的理想结果是打造学习型组织，这是第五章的中心话题；第六章专门讲述组织文化，组织文化是知识管理（特别是知识共享）和组织学习的关键推动因素或主要障碍，这一点已得到普遍认可和接受。

第四章　组织学习

学习目标

完成本章学习后，读者应该能够：

- 了解个人、小组和组织学习之间的关联。
- 分析主要的组织学习框架。
- 描述单环、双环和多环学习的主要特征。
- 领会组织记忆在组织学习中的重要性。

组织学习（organizational learning，缩写为 OL）相关文献中有一个基本假设：学习能够改变知识的状态，提高组织绩效。从前面章节可知，知识类型有多种划分方法，知识管理也有多种方式，可以按照不同的知识管理流程和生命周期模型来实施。知识管理的一个重要目标是建立组织的竞争力，将知识内嵌于组织流程和例行程序，不断改进实践和行为以实现组织目标。从这一角度来看，我们可以把组织学习视作建立持久竞争力的重要方式之一。组织从自身的成功（最佳实践和创新）和失败（经验教训）中学习，实现长时间持续改进，特别是在捉摸不定、瞬息万变的商业环境中。为了实现学习，组织需要捕获和记录里程碑事件及相关知识，也许是最佳实践，也许是经验教训，并借助组织记忆来“记住”它们。

学者发现，组织学习对知识创造和组织绩效存在积极影响，因此我们有必要专门拿出一章来讨论这个话题。本章首先讨论学习流，从个人学习到小组或团队学习，再到组织学习，然后介绍几种学习循环，最后探讨组织记忆管理。

从个人学习到小组或团队学习，再到组织学习

由于知识可以存在于个人的头脑中，可以在工作小组或团队的参与者之间共享，也可以被整个组织识别和使用，所以学习也可以相应地发生在这三个不同层面。图 4–1 显示了这三个层面之间的关联，从个人学习到小组或团队学习，再到组织学习，然后又回到个人学习。

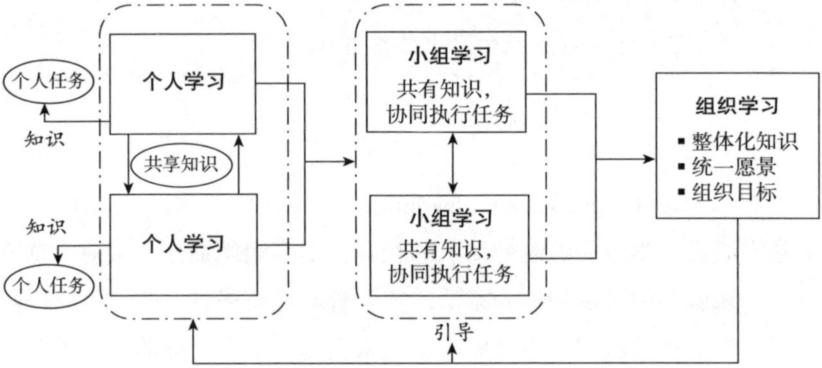

图 4–1　个人、小组或团队和组织三个层面的学习

当然，你可以将在个人学习中获得的知识直接应用于执行个人任务，也可以与小组或团队中其他成员分享，同时接收同事或团队成员分享的知识，比如通过 SECI 模型界定的社会化过程，或者通过使用场理论定义的知识空间。在小组或团队学习层面，共有知识可用于成员协同执行任务。小组或团队学习的结果包括多种知识类型，比如能

够帮助小组或团队更好地执行任务的知识（知道“怎样做”），培养决策能力和分析决策依据的知识（知道“为什么做”），或者创造新思想或小组可以做的新事情的知识（知道“做什么”）。在小组间的互动中，组织学习发生了，随后形成整体化知识。这些知识帮助整个组织形成统一愿景，旨在实现组织目标。

个人学习

个人是组织活动的决策者和参与者，他们的学习成果部分决定着组织的决策方式和运作方式。因此，了解个人是如何学习的，非常有必要。个人学习是小组或团队学习以及组织学习的起点。

个人学习可以定义为“提高个人采取有效行动的能力”。关于个人学习的当前理论主要源自三个主要流派：行为主义、信息加工和社会学习。

- 行为主义理论指出，个人学习基于刺激–反应行为模式。例如：为了鼓励学习，表扬和奖励等正面强化可能导致预期的行为结果；而惩罚等负面强化会削弱某些行为，从而起到阻碍学习的效果。研究表明，这种刺激–反应模式短期内往往是有效的。
- 第二个个人学习理论流派是信息加工。这一流派把学习看作知识状态的变化，而不是反应概率的变化。这一视角强调理解个人经验、意图和洞见的不同层面，使计算机建模和学习过程模拟得到广泛接受。
- 在建构主义看来，学习发生在个人围绕共同任务和问题参与社会活动及对话的过程中。社会学习理论将人类行为解释为认知、行为和环境因素三者之间的持续互动。一些学者甚至进一步扩展了这一理论，认为所有学习都处于活动、语境和文化中。

与学习理论三大流派相平行的是三大学习机制，学者们对其进行了广泛研究：通过正规教育和培训进行学习，通过工作过程进行干预式学习，以及内嵌于日常工作活动的学习。首先，学习与正规教育和培训密切相关。也就是说，员工参加正规教育和培训（比如职业认证培训课程和高管培训项目）能够促使学习发生。其次，学习也可以在工作流程的有意识干预下发生在一系列实践和活动中。其中，许多学习活动依赖于先进的信息通信技术的赋能和支持，比如使用物联网等网络系统可以打造"学习型文化"，并将学习机会"植入"业务流程，从而达到促进学习的效果。最后，实践基础观认为，学习发生在日常工作活动中，这与社会学习理论彼此相容。这种学习机制通常被称为"干中学"，使用最广泛的名称是"体验式学习"，主要与个人隐性知识相关。

批判性思考与反思

个人学习

学习者的学习动机极为重要。没有动机，没有"心中之火"，个人的学习热情可能十分有限。你认为组织该如何点燃个人的"心中之火"，促进学习呢？

小组或团队学习

小组或团队学习可以被视为小组或团队以恰当的方式彼此互动和相互学习的能力，例如，人们与小组或团队中其他成员分享知识并从他们那里接收知识。相比个人学习，有效的小组或团队学习的主要特征包括如下三点。

- 小组或团队的集体智慧。
- 群体决策和协同行动。

- 共享知识和实践。

推动小组或团队成员有效参与和学习的常见机制包括对话与讨论。在组织内部，小组或团队学习的最大障碍是惯性防卫。表 4–1 总结了推动因素和阻碍因素的一些主要特点，以及它们对小组或团队学习的影响。

表 4–1　小组或团队学习的推动因素和阻碍因素

因　素	机　制	影　响	怎样发生的
推动因素	对话	发散思维	■ 暂时搁置自己的观点和假设 ■ 倾听小组或团队成员 ■ 反复斟酌不同的想法
	讨论	辐合思维	■ 各自表达不同的观点并为之辩护 ■ 寻找最佳观点和论据 ■ 达成一致意见和群体决策
	合作活动	合作实践	■ 使用人工制品、例行程序和故事 ■ 构建“此时此刻”的意义 ■ 构建社会化意义和寻求理解
阻碍因素	惯性防卫	阻止有效学习	■ 造成小组或团队冲突 ■ 导致固执己见 ■ 阻碍小组或团队中的能量流动

学习是导致知识发生变化的过程。首先，同一小组或团队的成员必须具有一定的共享知识（共有知识），以便以协同方式执行小组任务，这样他们也能进一步发展共享知识。成员们可以在执行小组任务的过程中“干中学”或通过分析来学习。小组或团队学习流程输出的可能是以下几种知识形式。

- “知道怎样做”：以一致的方式执行任务的知识，这种知识是通过“干中学”获得的一手实践经验。这种以例行程序为基础的知识形式对于提高团队工作效率至关重要，比如以逻辑清晰、一致且可预测的方式执行基本相同的工作。

- “知道为什么”：通过分析式学习来了解为什么要做某些事。“知道为什么”知识对于解释决策依据至关重要，包括何时做完全不同的事情或者为什么以新的方式去做熟悉的事情。
- “知道做什么”：了解小组或团队在执行任务方面有什么可用资源和面临的任何限制，根据小组或团队偏好首先需要完成什么工作，以及当情况发生变化时可以做什么新的事情。
- “知道谁有知识”：这是通过参与小组或团队对话和讨论获得的知识。这种知识让组织明确谁具备哪些技能、专业知识和经验，以便将合适的资源分配给合适的任务团队，并让团队成员在协同工作中取长补短。

组织学习

为了扩大个人学习的影响力，组织必须让知识流动起来，必须把获得的知识转移到小组或团队层面。同样，小组或团队成员必须与其他群体交流他们在学习中获得的“知道怎样做”“知道为什么”“知道做什么”知识，以便获得将其所学知识付诸行动所需的其他资源或支持。从这个意义上说，知识在各个学习层面间向上流动：首先，个人的知识得到小组或团队的理解和采用；其次，小组或团队与其他群体共享知识；最后，经过评估和选择，知识被整合到组织中（这是组织学习层面）。管理者在组织学习中占据着优势地位，极大地影响着这一过程中的决定，即最终接受、采用及内嵌哪些知识到组织业务流程中。但是，应该注意的是，组织学习不仅是组织高层应该关注的问题，工作小组甚至是高层之外的核心人员都应在其中发挥自己的作用。

组织学习相关文献具有碎片性，于是产生了不同的定义。表 4–2 收集了来自不同时期的一些定义，以及它们给管理者带来的启示。

表 4-2 组织学习的部分定义

来 源	定 义	给管理者的启示
休伯，1991 年	如果一个行为实体在加工信息的过程中改变了其潜在行为范畴，那么这个实体就是在学习	组织学习带来变化
克罗森、莱恩、怀特，1999 年	组织学习是企业实现战略更新的主要手段	组织学习导致战略层面的更新
施万德、马夸特，2000 年	组织学习是一个由行动、参与者、符号和流程构成的体系，它推动组织将信息转化为新知识，而新知识又将增强组织的长期适应能力	组织学习带来新知识和适应变化的能力
加文、埃德蒙森、吉诺，2008 年	当组织基于新知识或新洞见进行思考，并且思考的结果是调整其行动时，可以说该组织在学习	组织学习带来新知识和行为变化
贾夏帕拉，2011 年	通过优化的知识和理解来改进行动的过程	组织学习增进知识，带来改进
周、胡、石，2015 年	组织学习是组织适应环境的能力	组织学习的内容应包括改变和应对捉摸不定的商业环境
吉诺特、奇瓦、塔特，2016 年	组织学习是组织赢得和维持可持续性竞争优势的重要干预措施	组织学习在获取、传播和使用知识以适应不断变化的外部环境方面，发挥着重大作用
达尔基尔，2017 年	组织学习是了解过去哪些实践有效、哪些实践无效，并把在这种经验式学习中得到的知识有效转移给当前和未来的知识工作者	根据这一观点，组织学习的主要副产品是最佳实践和经验教训。因此，组织学习的主要目的是随着时间的推移而改进，途径是利用曾经证明有效且可重复使用的最佳实践，同时避免犯同样的错误或重复过去的劳动
吴，2019 年	组织学习是一种组织能力，能够说明组织如何应对动态环境	组织学习应该能培养组织适应动态环境的能力

尽管组织学习相关研究文献的数量在呈指数级增长，但学者们的

意见并不一致。组织学习的定义多种多样，以至管理者也没有基于研究的清晰指南可用。这导致了组织学习概念的千差万别和模棱两可，且人们难以基于这些概念构建可度量的结构。简而言之，虽然组织学习这一概念广受关注，但是它难以捉摸。

组织学习的研究方法主要有三种：基于行为、基于认知和基于实践。行为派不直接研究组织学习的“黑匣子”，而是考察其前身，比如结构、例行程序、系统和技术。这一方式的主要关注点在于，环境变化是如何影响组织的战略、流程和结构的。相比之下，认知派更加关注组织学习的“黑匣子”，强调组织如何反思其假设和价值观，因为假设和价值观影响着个人和集体学习。实践派说明了管理者需要做什么，比如对不一致信息持开放态度和切勿失去关键知识等，但对于管理者该如何实现这些目标，实践派的指导则较少。

显然，组织学习是一个持续的过程，具有个人层面、小组或团队层面和组织层面三者动态相互作用和相互依存的特点。脱离了在其中工作的人员，组织就无法“思考”、“行动”和“学习”，这既包括作为个人的人员，也包括由人员构成的小组或团队。相反，组织学习就是把个人学习和小组或团队学习内嵌于组织流程、例行程序、结构和系统的过程。换言之，当个人和小组或团队所获得的洞见影响到组织层面的流程和结构，进而系统地改变组织的工作实践和价值观时，组织学习就发生了。学者强调，组织学习不是简单地把个人和小组或团队的学习过程累加在一起。

批判性思考与反思

个人、小组或团队和组织三者间的学习流动

1. 对于从个人经小组或团队到组织层面的前馈学习流，文献已有广泛讨论。你认为从组织学习经小组或团队学习到个人学习的反馈学习流，性质如何？

2. 你在何种程度上同意“脱离了在其中工作的人员，组织就无法‘思考’、‘行动’和‘学习’”这句话？为什么？用你熟悉的案例来支持你的论点。

组织学习框架

学界在过去几十年里提出了许多组织学习框架，每个框架都从不同视角关注着不同的焦点。克罗森、莱恩和怀特全面回顾了 20 世纪 70 年代至 90 年代中期提出的组织学习框架。克罗森等人根据其批评性综述得出结论，现有框架未能说明组织学习为什么被视为实现组织战略更新的主要手段。此外，现有框架极少能够解释探索（吸纳新知识）和利用（使用所学）之间的张力，但这恰恰是战略更新的核心。于是，为解释战略更新现象，克罗森等人开发了新的组织学习框架：4I 框架。自此，4I 框架成为组织学习相关文献中被引用最为广泛的框架之一。

该框架提出了学习的四个先后过程，表示为 4I，如图 4–2 左侧所示。4I 分别代表：直觉感知（intuiting）、解释说明（interpreting）、归纳整合（integrating）和制度化（institutionalizing）。

直觉感知是新学习的最初阶段，大体上是一个潜意识过程。直觉感知有很多定义，大多包含模式识别。与 4I 框架关联最密切的是专家直觉感知和企业家直觉感知。专家直觉感知涉及（过去的）模式识别。专家基于多年经验和渊博知识，往往能感知到新手无法感知的模式。由于专家曾多次经历相同和类似情境，所以他们几乎能够立即做出模式识别，无须有意识地思考就知道该如何行动。在这个意义上，直觉

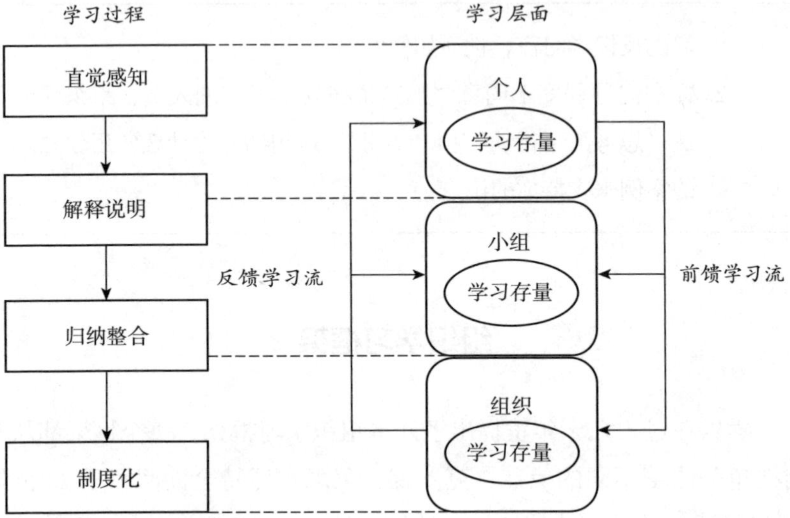

图 4-2　四个学习过程（4I）、三级学习层面、两类学习流和学习存量

感知就是隐性知识。如果有人请专家解释其行动背后的原因，那么他们可能说不清。专家直觉感知让我们得以洞见模式识别过程，而企业家直觉感知则更多地涉及创新和变化。在现实中，严格来说，没有两个情境是完全相同的，因此两个模式可能会相近，但绝不会完全相同。我们可以说，比模式识别更重要的其实是建立两个情境之间的新关联和洞悉其中的可能性。企业家直觉感知让人们得以建立这样的新关联，感知到新发的和萌芽中的关联，并洞悉此前未被发现的可能性。简而言之，专家直觉感知偏向于过去的模式，而企业家直觉感知偏向于未来的可能性。

解释说明涉及个人学习中意识层面的元素。每个人都会构建其对各领域的认知地图，而这些认知地图各不相同，因此人们对同一刺激的解释是不同的。语言在认知地图的构建中发挥着关键作用，因为语言让个人能够说出事物名称，建立事物之间的显性关联，把那些曾经只有自己能够体会的感觉、预感解释说明出来。在小组或团队层面，解释说明也是一种社会活动，能够创造和优化共同语言，澄清意象，构建共同的意义和理解。在小组或团队层面，对于当前领域和最佳行动方案，成员们或许会有多种甚至可能相互冲突的解释。

归纳整合的重点是协同一致的集体行动。在组织、社区乃至社会成员间的持续对话中建立共同理解和集体思维，在协商中形成共同利益并进行调整，共享实践就是这样发生的。在学习过程中，对话不仅可以传递既定意义，而且能演绎新意义。小组或团队、社区或社会都能够通过持续对话演绎更加深入的新共享意义。这一共享意义可能会让参与者或多或少自发地调整其行动和实践。学者们注意到，现实中的实践不是手册规定的，也不一定是课堂教授的做法；相反，它是从组织、社区或社会成员讲述的故事中捕捉而来并传播开的。因此，讲故事在学习过程中发挥着重要作用。

制度化把组织学习与个人和小组或团队学习区别开来。这一学习过程确保成功的行动被嵌入组织的规则、程序和流程，这些规则、程序和流程将会随着时间的推移影响组织的系统、结构、战略、价值观和规范。结构、系统和流程提供了互动的语境。当之前的学习结果已渐渐内嵌于组织并开始指导行动和实践时，自发的个人学习和临时的小组或团队学习将会减少。制度化的特点之一是，行为和文化能够持续一定时间。组织自然地放弃了完全依靠自发的临时互动来进行解释说明、归纳整合和采取一致行动的能力。随着时间的推移，当使用形式化系统实现一致行动后，如果行动产生了有利结果，规则就会成为“最佳实践”，存储于组织记忆中。

4I 框架定义的四个学习过程可以映射到图 4–1 定义的三个学习层面：个人、小组和组织。直觉感知和解释说明主要发生在个人层面，解释说明和归纳整合发生在小组层面，归纳整合和制度化发生在组织层面。应当指出的是，解释说明和归纳整合等学习过程不止发生在一个层面。这三个学习层面界定了组织学习的结构，而学习过程是黏合剂，把结构固定在一起。图 4–2 说明了学习过程和学习层面之间相互依存的关系。

为了突出学习过程产生的学习成果，“学习存量”和“学习流”两个术语被提出。学习存量与学习流的区别在于：学习存量是学习者在每个层面不同语境下的互动中积累起来的知识形式，可能是显性知识，也可能是隐性知识；而学习流指的是共享和评估知识以便详述或具体化知识意义的过程。学习流分两个类型：前馈学习流和反馈学习流。前馈学习流发生在从个人到小组或团队再到组织层面的知识转移过程中，这是组织持续探索新可能性的创新能力，因此偏向于学习的探索方面。而反馈学习流偏向于利用，是通过选择、适应和优化来提升现有竞争力的能力，发生在组织将其积累的知识分配给小组或团队和个人层面的过程中。图 4–2 从整体上演示了四个学习过程、三级学习层面、两类学习流及学习存量之间相互依存的关系。

当克罗森、莱恩和怀特提出的 4I 框架传播渐广时，许多学者将其与别的相关框架进行比较，进一步审视这一框架。其中一个也叫 4I 框架，提出者是艾伦·芒福德（Alan Mumford）。芒福德的 4I 框架早在 1991 年就已提出，是行动学习领域的著名模型。芒福德模型中的 4I 代表交互（interaction）、整合（integration）、执行（implementation）和迭代（iteration）。两个 4I 框架之间似乎存在明确关联：芒福德模型中的交互与克罗森、莱恩和怀特模型中的解释说明十分类似；两个模型中都有整合；迭代可以看作一种反馈循环，而反馈循环带来制度化。

一些学者认为，克罗森、莱恩和怀特的 4I 框架是之前由休伯开发的另一个组织学习模式的延伸。在休伯模型中，组织学习也由四个构件组成：知识获取、信息分布、信息解释和组织记忆。知识获取指的是通过经验、观察和嫁接来学习。信息分布侧重于组织中各单元共享各种来源的信息，让信息需求单元和信息源能够快速匹配，从而创造新信息或新理解。信息解释指的是绘制认知地图和构建框架，并赋予信息意义的组织过程，同时考虑过载和忘却两种情形。组织记忆涉及在技术流程的支持下存储和检索信息并制定组织层面的决策。显然，休伯模型偏向于从信息加工角度看待组织学习，而克罗森、莱恩和怀特模型结合了流程导向和组织结构视角。

我们可以看出，芒福德模型和休伯模型的开发时间都早于克罗森、莱恩和怀特的4I框架。克罗森、莱恩和怀特的4I框架自20世纪末提出以来，已得到研究领域的广泛认可，被引用次数超过5 000次。其卓越成就促使《美国管理学会评论》(*The Academy of Management Review*) 期刊设立了"十年奖"，以表彰4I框架的贡献。克罗森、怀特及毛雷尔借此机会进一步反思了4I框架，包括4I过程、多个层面及其对组织学习兴趣的战略提振。他们得出的结论是，部分后继研究虽然丰富了原框架的价值，但是仍然没有解决建立公认的组织学习理论这一难题，因此其应继续被称为4I框架。也许是因为4I框架影响十分广泛，所以直到最近，我们几乎没有听说有人提出新的组织学习框架。

为了把组织学习与组织绩效连接起来，周、胡和石提出了新的组织学习框架。新框架由三个组件构成：学习导向、学习过程和学习型领导。

学习导向指的是全组织从事知识创造和知识使用活动以提升竞争优势。学习导向有助于培养支持学习的组织环境。学习导向的三个构件是：对新思想持开放态度、心理安全感和团队导向。首先，学习不仅是解决问题或纠正错误，同时还应该吸收融合新方式、敢于承担风险以及探索未知和未测试过的事物。其次，员工应该有心理安全感，敢于反对同伴或权威人物，勇于提出幼稚问题、承认错误或提出少数派意见。最后，团队需要能够以创新方式解决问题，建立协同效应，把集体知识与技能用于解决问题或构建新思想和创新思想。团队导向可以这样加以界定：员工在执行活动和制定决策的过程中要强调协同和合作的程度。这三个构件都是创新和组织持续进步不可或缺的。具有明显学习导向的组织不仅是知识收集者或知识仓库，而且是知识处理器。比如，它们必须利用好客户、销售渠道和竞争对手的反馈以增强组织的核心竞争力。因此，对于组织能够在多大程度上把生成式学习作为长期核心竞争力和创新能力，学习导向可以产生积极影响。

在周、胡、石的定义中，**学习过程**是体验式学习，由四个子过程构成：信息收集、知识共享和整合、教育和培训以及实验。信息收集是了解客户、竞争对手和监管机构的第一步，提高了组织觉察市场事件和趋势并采取行动的可能性。知识共享和整合是同时发生且密切相关的两类活动。知识共享指的是在动态交流、对话和辩论中交换知识。知识整合的结果是创造集体知识体系，为组织记忆增添内容，而集体知识体系植根于工作流程和组织文化。有人认为，教育和培训与员工绩效和组织绩效呈正相关。因此，学习能力强的组织非常重视员工教育和培训。实验是生成式学习的一个重要方面，指的是为当前和未来问题寻找创新、灵活的解决方案的过程。组织学习应该鼓励和奖励员工测试新知识，鼓励个人尝试新的工作方法和问题解决方法，提高员工的创造力和从错误中学习的能力。重要的一点是，组织应确保在实验结果错误甚至失败时不进行惩罚，而是将其作为应当吸取的教训。

学习型领导能够大大促进组织学习，因为他们乐于容纳不同观点，会激励员工积极提出新的想法和贡献备选方案。如果领导者指出学习过程的重要性，学习活动很可能就会盛行起来，并且员工也会因受到鼓励而积极学习。有证据表明，变革型领导对组织学习有积极影响。

表 4–3 总结比较了克罗森、莱恩和怀特的 4I 框架与周、胡、石的三组件框架。两个框架都包含学习过程，不过实际的学习活动有所不同。克罗森、莱恩和怀特的 4I 框架侧重于组织内部各层面之间的学习过程，但周、胡和石的三组件框架没有明确探讨不同学习层面，而是

强调领导和学习导向对组织学习的重要性。

表 4-3　克罗森、莱恩和怀特的 4I 框架与周、胡和石的三组件框架的比较

因　素	克罗森、莱恩和怀特的 4I 框架	周、胡和石的三组件框架
学习导向	否	是 ■ 对新思想持开放态度 ■ 心理安全感 ■ 团队导向
学习过程	是 ■ 直觉感知 ■ 解释说明 ■ 归纳整合 ■ 制度化	是 ■ 信息收集 ■ 知识共享和整合 ■ 教育和培训 ■ 实验
学习型领导	否	是
多层面	是 ■ 个人层面 ■ 小组或团队层面 ■ 组织层面	否

本节讨论了几个组织学习框架，让我们总览了组织学习的各个相关维度：学习过程、学习流和各个学习层面的反馈。下一节将深入探讨学习反馈的重要性，以及如何基于反馈信息建立几种不同的学习环。

学习周期——单环、双环和三环学习

组织学习被界定为在多层面（学习广度）上剖析行动、假设、价值观和规则的迭代过程。具有反馈循环的此类迭代过程通常被称为学习周期。本节讨论学习的深度，即每个学习周期结束时组织所达到的学习程度。我们将侧重于介绍多循环学习，包括单环、双环和三环学习。

单环学习

单环学习指的是在不质疑或不改变系统基础价值观的条件下，在现有规则和规范内追踪和纠正错误的学习周期。因此，单环学习是重复和例行程序的产物。这意味着，不管遇到什么问题，组织多半会以同样的传统方式行动并遵循相同的模式。此类学习的成功例子包括决策规则。在组织能够很好地控制运营环境的情况下，预定义的决策规则对于运营层面的重复性例行程序会非常有用。尽管单环学习也可能会产生深远影响，但它主要侧重于具有直接或短期影响的具体活动。单环学习不把问题和错误放在整个组织语境下去分析根源，而是自成一个孤立的问题解决周期，其基础是过去获取的关于简单问题的知识以及未来类似情境的行为变化。单环学习被视作适应性学习。在这类学习中，个人要适应所要执行的工作。相应的经验教训会被记录下来并存储在组织记忆中，以供将来重复使用。

让我们以企业管理语境下的质量管理为例来探讨单环学习（见图 4–3）。我们从图 4–3 中可以看出，单环学习包含四个步骤。质量管理周期的起点是质量绩效评估（生产系统的产出，比如工厂生产线的缺陷数量或呼叫中心的电话响应时间）。第二步是对照指定的质量标准来比较实际绩效。如果实际绩效偏离规定标准（就生产线而言，如果采用的是著名的六西格玛质量标准，则意味着每 100 万个产品的缺陷数量应少于 3.4 个），那么就有新的洞见和能力可供学习。然后工厂利用新的洞见和能力进行改进，比如改变投入条件，包括更加严格地把控供应商质量、生产一致性及人员培训，从而提高产出质量。每次检测到的质量问题都会得到纠正或解决，该流程相关知识也因此有所增加。不过，单环学习周期不会质疑或改变这一流程背后的基本价值观和目标。随着时间的推移，这会产生一种惯性，阻碍它适应不断变化的环境。

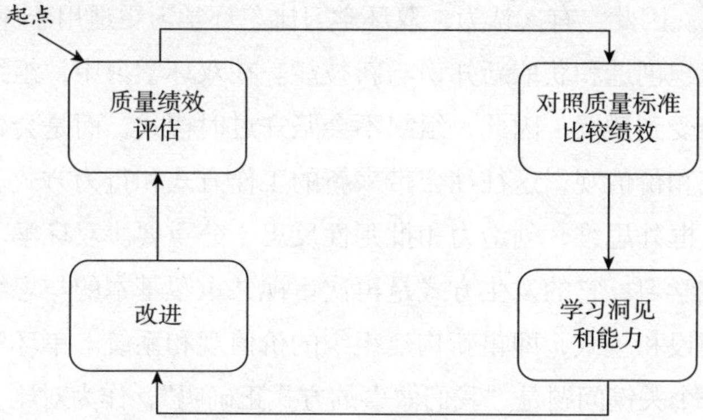

图 4–3　单环学习，以质量管理为例

批判性思考与反思

单环学习

如果请你绘制流程图并演示项目管理的单环学习周期，那么你绘制的流程图会包含几个步骤？为什么？如果你的流程图多于或少于四个步骤，那么你认为，从根本上说，你设计的周期与图 4–3 所示的质量管理学习周期是类似的还是截然不同的？

双环学习

双环学习指的是反思式学习过程，在此过程中，组织利用集体经验、失败和成功，不断修正基本管理变量，从而实现整个组织的持续学习和进步。这意味着，汲取的经验教训不仅用于今后类似情境的问题解决，而且用于重新评估并修正整个组织的基本标准、政策、程序和目标。换句话说，个人和小组或团队不仅要考虑是否发生了偏差以及如何纠正偏差，还要反思是否应更改“规则”。如有必要，组织可能需要“打破规则”，优化或修正指导行动的框架，以避免问题或事件再次发生。因此，有人认为，双环学习比单环学习更适用于深度挖掘，从而为组织创造和获取新知识与新技能。在双环学习中，组织的规范和假设会受到质疑。因此，组织不会坚守过时模式，而是会建立一套新的规范和价值观，这往往会带来新的工作方式和行为方式。在双环学习中，框外思维、创造力和批判性反思十分重要。双环学习也被称为生成式学习，它的发生方式是再次审视并重塑基本的与思维和行为相关的假设和模式，即重新构建组织的价值观和系统。单环学习经常问到的一个关键问题是“我们做事的方式正确吗”，作为对比，双环学习应该提出的关键问题是“我们做的事情对吗”。与单环学习相比，双环学习的影响一般更加深远。双环学习的语境更加复杂、更具不确定性。在现实中，危机局面往往会带来双环学习机会。

让我们来看一个例子。如果组织的某个产品销售额急剧下降，而竞争对手的相同或类似产品销售额不降反增，那么组织对此的一种简单反应是假定市场和销售部门工作方式不正确或不够努力。继而，组织可能会决定增加市场和销售的资源投入，或者降薪甚至解雇员工以惩罚销售团队，这样组织将落入单环学习的陷阱。双环学习的处理方式是，分析销售额的下降并挖掘出根本原因。组织可能会发现，真正的原因在于产品设计，例如产品外观过时或丑陋、产品功能不足，或者产品定价过高——与竞品相比，它在客户眼中性价比不高。当组织发现真正原因在于产品设计和定价策略不当后，正确的决策应该是改进产品设计或定价策略，例如在产品开发过程的早期阶段就邀请潜在客户参与。这就是当前的“感知和响应”战略，即早期邀请客户参与以感知市场，并生产出客户愿意为之付费的合适产品，而不是采取“生产和销售”的旧战略。图 4–4 是以产品销售为例的双环学习演示，我们可以看出，双环学习包括两个循环。循环 1 由四个步骤组成，与单环学习中的步骤类似。多出的循环 2 表示的是质疑当前绩效目标（本例中的销售目标）的相关性，以及制定新的规则和绩效目标。

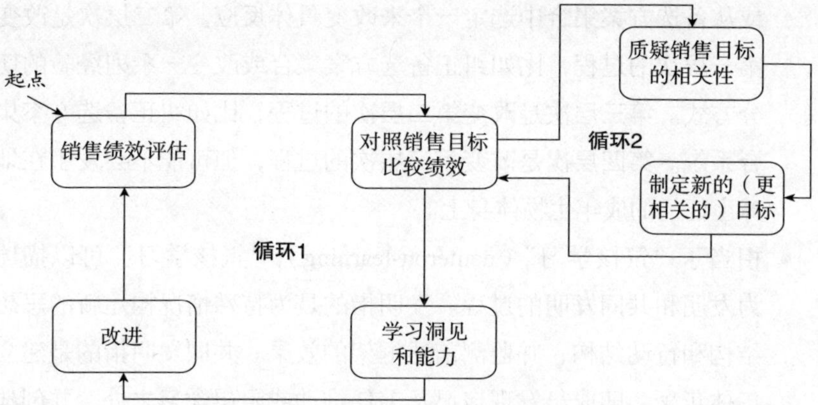

图 4-4 双环学习，以产品销售为例

三环学习

三环学习一般被视为对单环学习和双环学习这对孪生概念的细化、扩展或者说重组。从前几节中可以看出，单环学习带来的是适应行为和纠正行为，双环学习带来的是重构事件和问题的框架。三环学习带来的是新流程和新方法，从而让重构框架成为可能。因此，三环学习是对单环学习和双环学习过程的反思，即学会学习的过程，包括如何学习，为什么个人和小组或团队采用了这样的学习方式，以及是哪些规范、价值观和范式在指导他们的学习。三环学习可能涉及一个转变过程，即改变语境或视角。这类学习最终可能导致组织重新设计现有的控制规范、协议、体制结构和决策流程。

托西、维瑟和桑德斯在其文献综述中总结了三环学习的若干不同概念。他们将三环学习定义划分为如下三种类型。

- 三环学习超越并优于双环学习和单环学习。
- 这是保罗·贝特森（Paul Bateson）学习层面体系中的第三层次学习。贝特森共界定了学习的四个层次。第一层次是通过纠正错误或从备选方案集合中选定一个来改变具体反应。第二层次是改变第一层次的过程，比如纠正备选方案集合或改变一系列经验的切分方式。第三层次是改变第二层次的过程，比如纠正备选方案集合系统。第四层次是改变第三层次的过程，但可能不会发生在地球上任何的成年生物体身上。

- 相当于“氘核学习”（deuteron-learning）。“氘核学习”可以描述为发明和共同发明的过程。发明指的是为特殊情况构建新的思想结构和行动结构，并监测前述框架的效果。共同发明指的是建立集体正念，即成员发现自己及前任推动或阻碍学习之处，并创建新的学习结构和学习策略。

我们可以在文献中发现许多三环学习案例。在一项针对秘鲁境内亚马孙河上游地区土地治理的行动研究项目中，阿雷瓦洛斯、永格和斯里斯坎达拉贾发现了三环学习。他们探讨三环学习这一概念的目的是推动非政府组织参与者反思其工作背后的基本价值观和假设。梅达玛、沃尔斯和阿达莫夫斯基讨论了可持续土地治理和水治理中的三环学习，其中包括通过吸引社会生态系统成员的参与来进行土地变化管理。麦克洛里、里德和拉比卜建立了项目管理的三环学习框架，将经验教训概念化在框架中（请参见案例研究：“项目管理中的单环、双环和三环学习”）。

总而言之，单环、双环和三环学习是非常重要的学习过程，它们共同构成了组织的多环学习。虽然就层级而言，双环学习高于单环学习，三环学习高于双环学习，但是与此同时，三环学习需要以双环学习为基础，类似地，双环学习又需要以单环学习为基础。我们由此可以得出结论，三环或双环学习必须与其之下的学习层次并存。不过，三环、双环和单环学习又各具特点。表 4–4 从整体上比较了这三种学习类型。

表 4-4　单环、双环与三环学习的比较

比较项目	单环学习	双环学习	三环学习
定义	增量学习，偏重于纠正偏差和错误	审视组织系统中的基本价值观和政策，从而促进错误的纠正	元学习支配着单环和双环学习的设计规范与协议
导致的变化性质	改变常规行为	改变规则和假设	改变制度结构和决策流程
影响层次	适应式	生成式	变革式、创造式
背后的思维	我们做事的方式正确吗	我们做的事情正确吗	怎样判断什么是正确的

案例研究
项目管理中的单环、双环和三环学习

项目管理（project management，缩写为 PM）在企业管理中占据着重要地位，因为所有管理人员都会在某个时段参与项目管理。市场要求项目按照指定时间、指定质量和指定成本运营，而组织需要按时、按规格、按预算范围交付项目。人们尚未找到确保项目管理成功的普适秘诀，唯一最佳解决方案可能并不存在。解决方案可能取决于许多因素，而这些因素又因项目而异、因组织而异。用企业运营管理术语来讲，项目具有少容量、多品种的特点。例如：大型项目错综复杂，实施过程中需要消耗大量资源，还需要很长时间（可能几个月或几年）才能完成，并且通常涉及组织中不同部门的交互。此外，某个项目可能是独一无二的，这意味着管理人员或组织在制定决策和解决问题时无法大量借用和重复使用类似案例的现有知识或经验。因此，身处瞬息万变的环境中，个人、项目团队甚至整个组织都必须有效学习以获取新知识。

在知识管理和学习方面，经验教训是许多组织的关注焦点。大多数项目管理专业人士按照如下的三阶段流程来维护经验教训知识库。

- 在项目规划和交付阶段，了解并吸取之前的经验教训。
- 在整个项目运行期间，项目团队记录项目日志，尤其是经验教训。
- 在项目运行期间和项目结束时，撰写经验教训报告。

麦克洛里、里德和拉卜比提出了包含三种学习类型的学习框架：单环、双环和三环学习。这个学习框架能够捕获经验教训并在项目间重复利用它们，以支持三个不同层面的决策：个人、流程和组织。

项目学习的每个循环都包含六个步骤：行动、测量、评估、决策、响应和学习。在单环、双环和三环学习中，前三个步骤（行动、测量和评估）是类似活动，但后三个步骤（决策、响应和学习）却大不相同。表 4–5 总览了三类学习环的全部步骤。

表 4–5　总览三类学习环的所有步骤

学习类型	行动	测量	评估	决策	响应	学习
单环学习	项目管理	结果	经验教训日志或报告	对照项目参数进行比较	调整项目行动方案以达成目标	个人学习 = 经验
双环学习	项目管理	结果	经验教训日志或报告	回顾项目流程和参数	更新流程和参数	项目学习 = 流程
三环学习	项目管理	结果	经验教训日志或报告	制订学习行动计划	设定学习目标和文化	组织学习 = 气质

单环学习通过项目里程碑或在阶段结束时定期测量的结果来管理项目。项目团队要在整个项目期间的日志或周志中记录经验教训，并且在项目结束时撰写经验教训报告，这就是结果评估。将结果与项目参数相对照，项目团队就可以决定需要采取哪些必要行动让项

目保持正轨或使其回归正轨。我们从表 4–5 中可以看出，单环学习不改变项目参数，而是调整项目行动方案以尽可能达成目标。这个过程有助于项目进度跟踪，让资源管理者准确预测现金流和人员分配，并让利益相关者及时了解重要变化或重要问题。通过测量项目输出，继而做出相应调整和再次循环，项目管理者从其个人层面的经验中学习了许多技能。在项目计划规定的每个测量期间，该过程持续循环，直至项目结束。

双环学习扩展了评估范围，不仅分析测量结果，而且分析作为测量标准的对照值。这里的决策包括参数评估和流程评估，以确保决策能够实现更高层面的项目和组织目标。项目团队要采取行动改变项目层面的参数，更新组织政策。需要注意的是，当项目参数发生变化时，项目团队要根据最新参数值重新评估测量结果，这一过程与单环学习是并行关系。这就是项目基本假设发挥作用的地方：基本假设既不是测量值，也不是主导变量，但它们的值会影响两者中一个或全部数据集的结果。双环学习不是发生在个人层面，而是项目层面，学习内嵌在组织流程中。

三环学习包含了组织作为学习型组织的文化价值观和目标。评估步骤为项目管理办公室定义了其在各个层面扮演的角色：在项目层面，收集绩效数据、完结报告和经验教训日志，以供审查和报告之用；在流程层面，与项目发起人一起修订项目目标，并在必要时更新程序；在组织层面，生成新项目的学习行动计划并将信息传递给董事会。

问　题

仔细审视三类学习环中的后三个步骤（决策、响应和学习）。从这个项目管理案例中，你发现三环、双环和单环学习在学习深度方面有哪些不同？

组织记忆管理

虽然个人和小组或团队是在代表组织学习，但随着时间的推移，组织会“记住”并形成自己的机构或记忆。这种组织记忆（organizational memory，缩写为 OM）可以看作大型存储库，存储着组织所有的存档经验、决策、行动、规则和流程，以及内嵌在人脑中的知识。如果员工不能获得和编码宝贵的经验并通过组织记忆来存取它，那么他们就无法从组织积累的经验中获益。因此，组织学习和组织记忆是知识管理不可或缺的组成部分，有助于存取、使用和再利用宝贵的知识资源。

图 4–5 显示了组织记忆和组织学习在知识管理流程中所处的位置。组织记忆为组织持有知识（推动知识管理流程中的知识保有阶段），供知识动员阶段和知识利用阶段前往存取。通过组织学习获得的新知识被保存并存储在组织记忆中。图 4–5 还展示了组织学习、组织记忆和知识管理之间的密切联系。正因为如此，我们在讨论知识管理时需要把组织学习和组织记忆包括在内。

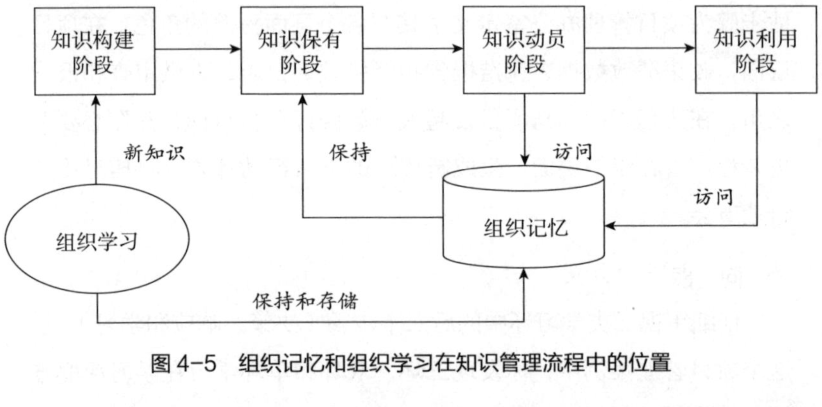

图 4–5　组织记忆和组织学习在知识管理流程中的位置

组织记忆实质上是个技术性容器，里面盛放着组织曾经证明有效或无效的东西——它们是组织学习的副产品，主要由最佳实践和经验教训组成。组织记忆的作用是多方面的。首先，组织记忆是积累和保存有价值知识的设施，供更多人在需要时存取和再利用知识。其次，组织记忆是共享知识的设施。组织记忆中的知识已被显性化，它能增强组织的智能，成为交流和学习的基础。例如，共享最佳实践可以避免重复劳动，分享经验教训可以避免重复过去的错误。从这个意义上说，组织记忆是组织知识从一个员工转移给许多员工的一种手段。最后，有经验的员工离开组织时，组织从他们那里提取的知识可以由加入组织的新员工重复利用。因此，组织记忆也被视为把组织知识从过去转移到现在和未来的手段。

组织记忆的内容

已有大量知识管理文献讨论填充组织记忆以及从组织记忆中检索有价值知识以供重复利用所需的复杂流程。虽然组织记忆可以存储多种知识形式，但其中最常见的内容是具有高度概括性的关键性成功举措（通常称为最佳实践）和重大失败（经验教训）。如果某项成功、创新或失败的特定性过强，那么它通常会留在小组记忆中，也可能是在项目数据库或实践社区的归档文件中。但是，组织的最佳实践和经验教训实用性更加广泛——不限于特定语境或特定事件，有被整个组织的受众重复使用的可能性。

一些学者把最佳实践与经验教训明确区分开来。最佳实践这一术语与正面经验相关（比如成功、创新性发现或久经考验的任务实施方法等），而经验教训一词通常指的是负面经验（比如严重的错误或失败），利用它们可以避免再犯。不过，也有许多学者经常用经验教训这个词同时指正面和负面经验，比如下面的经验教训定义。

- 经验教训可定义为从创新或负面经验中获得的知识，这些知识能让工作者或组织改进流程或活动，以提高工作的安全性、效率或质量。

- 经验教训指的是从经验中获得的知识或认知。这一经验可能是正面的（比如成功的试验或任务），也可能是负面的（比如事故或失败）。成功也被视为经验教训的来源。

尽管不同学者对经验教训的定义有所不同，但他们也存在共识，即经验教训必须是从未遇到过的新事物，可以是正面的，也可以是负面的。如果一切运行顺利，那么所得的经验教训很可能被归类为最佳实践。如果发生了意料之外的事情，那么不管结果如何，都有其积极的一面：个人、小组或团队以及组织都可以从这一意外事件中学到东西。他们可以按照经验教训流程分析发生了什么事、为什么会发生，以及下次可以采取哪些不同行动。

有学者将经验教训的部分关键属性概括如下。

- 可从成功或失败事件中获得。
- 需要以某种方式进行验证，以确保其可用性。
- 运营、战术和战略层面均可。
- 未来应用它的人应该是与原始事件无直接关系的人。
- 意义足够重大，能够通过成本效益分析。换句话说，应该能对组织产生足够的影响，值得记录和共享。

一般来说，可从中吸取经验教训的基本问题有两类：新问题（α 问题）和组织中其他人已经知道的问题（β 问题）。当 α 问题发生并得到解决时，新知识通常会产生。如果组织已建立起经验教训形式化流程，那么所得的经验教训就能被纳入组织流程，以避免 α 问题将来以 β 问题形式再次出现。

经验教训流程

严格地说，经验教训本质上是一种在组织学习过程中产生的、值得存储到组织记忆中的新知识。因此，经验教训流程应以第三章介绍的知识管理一般流程为指导。不过，由于经验教训对组织十分重要，因此人们又提出了许多专有流程，而它们包含的阶段数量各有不同。

美国审计总署（United States General Accounting Office，缩写为US GAO）提出的经验教训流程包含四个阶段，与知识管理一般流程非常相似。这四个阶段分别是收集、验证、存储和传播。

收集的要素包括将会纳入组织记忆的经验教训（内容）。可能的经验教训收集方法共有如下六种。

- 被动收集：提供者通过纸质或网络形式提交经验教训。
- 响应收集：第三方为获取经验教训而采访提供者，然后代替提供者提交经验教训。
- 主动收集：基于计算机的系统扫描文档，通过特定关键字或短语识别其中的经验教训。
- 前瞻性收集：专家系统自动收集经验教训，基于对特定内容的分析，判断其中是否存在经验教训。
- 交互式收集：基于计算机系统与经验教训的作者合作，生成清晰且具相关性的经验教训。
- 行动后收集：在任务汇报中收集经验教训，比如在军事组织中。

验证经验教训的目的是确保其正确性和可用性。一般来说，领域内的专家团队会验证内容的正确性、冗余性、一致性和相关性。验证阶段至关重要，但是由于它非常耗时，有时可能会成为将经验教训纳入组织记忆的瓶颈。

存储是指确定经验教训的表现形式，包括设置经验教训的格式、制作索引和将其纳入组织记忆等几项任务。通过验证后，经验教训会被存储在组织记忆中，且存储格式便于日后搜索和检索。除了文本格式，音频和视频等相关多媒体资料可能有助于说明重要的经验教训。

传播指的是以某种方式共享所获经验教训，以促进重复使用。根据其主动或被动程度，传播方式可分为以下几类。

- 被动传播：寻找经验教训的用户访问组织记忆并检索。
- 响应性传播：当用户发出请求时，加以响应。例如，当用户请求帮助时，在特定软件语境下，经验教训系统启动“帮助”功能。
- 主动传播：提醒用户查看与其工作语境具有相关性的经验教训。例如，软件的帮助向导向用户发送相关的自助提醒。
- 主动投递：把经验教训发送给个人信息设置与特定经验教训相关的用户。
- 前瞻性传播：系统预见到具有预测意义的事件，这些事件能够预测用户何时需要经验教训所能提供的帮助。
- 广播：在整个组织中传播经验教训。

该经验教训流程招致的主要批评之一是，它结束于传播阶段，不保证经验教训能够得到应用。如果没有得到共享、访问和重复使用，经验教训就不能带来什么实际益处。美国审计总署所建流程的局限性似乎被韦伯、阿哈和贝塞拉－费尔南德斯克服了。他们界定的流程包括如下五个阶段。

- 收集经验教训。
- 验证经验教训。
- 存储经验教训。
- 传播经验教训。

- 应用经验教训。

韦伯等人提出的五阶段流程增加了应用经验教训阶段，扩展了美国审计总署构建的流程，形成了一个闭环：从收集到验证、存储、传播，再到应用。这样，组织将经验教训纳入组织记忆就不只是为了捕获和存储，而是为了利用和重复使用它们，进而通过决策和行动影响组织行为。

扩展美国审计总署所建流程的另一方式是在前端（在收集经验教训之前）添加新阶段。米尔顿采用这种方式提出了他的五阶段流程。这个经验教训流程中的五个阶段与知识管理一般流程十分不同。

- 反思这一经验，并讨论已发生的事件。
- 识别关键学习主题（正面和负面）。
- 分析并尝试确定造成事件与原计划存在偏差的根本原因。
- 根据分析进行概括，即提出这一问题：它是否适用于组织中的其他情境？
- 把得到的经验教训应用于改变决策、指南或程序。

米尔顿提出的流程包括重要的反思阶段和识别关键学习主题阶段，这意味着为了确保待收集的经验教训与关键学习主题的相关性，以便将来索引和重复使用，流程需要评估和再评估行动与经验以图改进。我们可以认为这两个阶段与美国审计总署流程中的“验证”阶段功能类似。米尔顿流程可能招致的一个批评是，它没有明确探讨组织记忆“存储”经验教训的技术问题。另外，米尔顿流程是否仅限于处理从单一事件中获得的经验教训尚不明确。一个近期提出的流程明确回答了这一问题，提出者是美国陆军经验教训学习中心（Center for Army Lessons Learned，缩写为 CALL）。该流程包含收集、资料库、转移、实施及分析和数据挖掘五个阶段。

该流程中的前四个阶段与美国审计总署和韦伯等人提出的流程类似，但是第五个阶段做出了重要贡献。它包含一个二级分析过程，即将多个事件集合在一起进行整体分析，从而识别出原本并不显著的模式。数据挖掘技术使得人们能够随着时间的推移找出组织单元之间的趋势，最终发现知识空白并将其作为学习机会。

组织记忆管理的障碍

虽然管理经验教训以及广泛使用组织记忆的益处十分明显，但是组织记忆管理仍然面临着诸多障碍。这些障碍可以分为两大类：技术障碍和文化障碍。

技术障碍主要包括如下四个方面。

- 如何让知识捕获更加简单透明。
- 如何让知识检索和重复使用更加简单透明。
- 如何确保检索到的知识的相关性和可理解性，即要提供足够的语境信息。
- 如何让知识共享更加简单透明。

文化障碍也主要包括四个方面。

- 强调人工制品和结果，不强调过程。
- 抵制知识捕获，原因是这需要付出努力，而且可能有诉讼风险。
- 抵制知识共享，害怕失去工作。
- 抵制知识重复使用，原因是这要耗费精力，而且发现相关知识的可能性低。

由于知识共享的技术和文化因素既重要又复杂，本书后面章节将会更加深入地讨论这些问题。第六章将专门讲述组织文化及其对知识共享和组织学习的影响。第十章探讨跨界知识共享所需的技术支持。

批判性思考与反思

组织记忆

- 以你在其中工作或学习过的一个组织为例，说一说你认为建立和管理组织记忆的两大最主要技术障碍是什么？你会如何克服这些障碍？
- 以你在其中工作或学习过的一个组织为例，说一说你认为建立和管理组织记忆的两大最主要文化障碍是什么？你会如何克服这些障碍？

学习要点

- 组织学习是构建组织持久竞争力的重要过程。它生成新知识，并将其嵌入组织的业务流程、程序和规则，帮助组织持续改进实践和绩效。
- 学习发生在多层面：个人层面、小组或团队层面和组织层面。
- 在组织学习相关文献中，有三类学习环得到了广泛认可。单环学习是一种适应式学习过程，侧重于对照现有规则和规范追踪和纠正错误，不质疑也不改变系统基本值。双环学习是一种反思式、生成式学习过程，组织在此过程中重新评估和修订整个组织的基本标准、政策、程序和目标，从而实现持续学习和演变。三环学习是一种变革式、创造式学习过程，带来新流程和新方法，从而让双环学习和单环学习成为可能，换句话说，学会学习。
- 虽然双环学习始于学习者的心理模式，而心理模式建立在基本规范、价值观、策略和假设的基础之上，但它通常意味着批判性反思，目的是挑战、推翻或证实“现行理论”，即基本规范、价值观、策略和假设。双环学习还鼓励真正地探究和检验自身的行动，需要进行自我批评，即质疑自身“现行理论”和勇于改变的能力。这种能力是学习的功能之一。反思、探究、检验和自我批评应导致一个人根据新环境重构自身规范和价值观，以及策略和假设。

- 克罗森、莱恩和怀特提出的 4I 框架定义了四个学习过程：直觉感知、解释说明、归纳整合和制度化。
- 后来，周、胡和石提出了一个新的组织学习框架，包含三个部分：学习导向、学习过程和学习型领导。与克罗森、莱恩和怀特的 4I 框架相比，周、胡和石的框架突出了领导在学习中的重要性，认为领导是塑造支持性组织文化及促进知识共享和学习的关键要素。
- 学习流可分为两种类型：前馈学习流和反馈学习流。前馈学习流发生在知识从个人转移到小组再到组织层面的过程中，与学习的“探索”方面相关。反馈学习流发生在组织将其积累的知识分配给小组和个人层面的过程中，与学习的“利用”方面最为相关。
- 组织记忆系统是存储箱，功能是识别、保存和提供有价值的经验教训与最佳实践。经验教训和最佳实践是同一枚硬币的两面，代表着组织在试错经验中累积的结果和知识。
- 经验教训流程由数个阶段构成，包括识别、收集、分析和选择经验教训，并将其保存在组织记忆中以供未来访问和利用。学习的一个重要先决条件是，员工必须意识到经验教训的存在，积极寻求经验教训并从中学习。
- 组织学习面临的主要挑战包括鼓励人员参与，赢得管理层的支持，将隐性经验性知识转化为易于发现和重复使用的显性知识。

复习题

- 知识管理、组织学习和组织记忆的区别是什么？三者又存在哪些关联？
- 对组织学习理论（如模型和框架）进行文献综述，并比较其中的几个理论。你觉得为什么会有这么多理论，且它们之间几乎没有交集——你认为导致这种碎片化现状的可能原因是什么？为了更好地理解组织学习，你会尝试怎样将碎片拼接起来？
- 大多数个人学习理论往往侧重于如何改变外部环境以促进学习。我们该如何综合认知主义观点和行为主义观点，更好地了解我们的内在学习机制？
- 在小组或团队学习中，有些成员天生善辩，而另一些成员则是更具反思能力的深刻思想者。在需要讨论和对话的特定情境下，如何管理小组或团队学习才不会形成惯性防卫？
- 以你工作或学习过的组织为例，就学习深度而言，你能从中识别出哪种或哪几种学习类型（单环、双环或三环学习）？有何证据能支持你的发现？
- 你可以根据哪些标准来判定经验教训或最佳实践是否值得存储在组织记忆中？
- 探讨如何从失败的项目中学习。
- 经验教训流程的主要阶段有哪些？
- 如果让你负责发起一个覆盖全组织的经验教训计划，找出每个人的错误并从中学习，那么你会如何策划这一“错误收集”计划，找出并讨论错误以总结“经验教训”呢？你预计实施此类方案会遇到哪些主要困难？

参考文献

1. Abubakar, A M *et al* (2019) Knowledge management, decision making style and organizational performance, *Journal of Innovation and Knowledge*, 4, pp 104–114.
2. Amman, E(2012) Organizational learning cycles by means of knowledge dynamics, in *Proceedings of the International Multi-conference of Engineers and Computer Scientists(IMECS)*, vol 1, pp 14–16, March, Hong Kong, China.
3. Arevalo, K M, Ljung, M & Sriskandarajah, N(2010) Learning through feedback in the field: reflective learning in a NGO in the Peruvian Amazon, *Action Research*, 8(1), pp 29–51.
4. Argyris, C(1978) *Organizational Learning: A theory of action perspective*, Addison-Wesley, Reading, MA.
5. Argyris, C(1999) *On Organizational Learning*, 2nd edn, Blackwell, Oxford
6. Argyris, C and Schön, D A(1996) *Organizational Learning II: Theory, method and practice*, Addison-Wesley, Reading, MA.
7. Bateson, P(2006) Bateson's levels of learning: a framework for transformative learning? Universities' Forum for Human Resource Development conference, University of Tilburg, May.
8. Becerra-Fernandez, I & Sabherwal, R(2015) *Knowledge Management: Systems and processes*, 2nd edn, Routledge, Abingdon.
9. Crossan, M M, Lane, H W & White, R E(1999) An organizational learning framework: from intuition to institution, *Academy of Management Review*, 24(3), pp 522–537.
10. Crossan, M M, Maurer, C C & White, R E(2011) Reflections on the 2009 AMR decade award: do we have a theory of organizational learning? *Academy of Management Review*, 36(3), pp 446–460.
11. Dalkir, K(2017) *Knowledge Management in Theory and Practice*, 3rd edn, MIT

Press, Cambridge, MA.

12. Doyle, L, Kelliher, F & Harrington, D(2016) How multi-levels of individual and team learning interact in a public healthcare organization: a conceptual framework, *Action Learning: Research and Practice*, 13(1), pp 10–22.
13. Flood, R L & Romm, N R A(2018) A systemic approach to processes of power in learning organizations: part 1 - literature, theory and methodology of triple loop learning, *The Learning Organization*, 25(4), pp 260–272.
14. Garvin, D A, Edmondson, A C & Gino, F(2008) Is yours a learning organization? *Harvard Business Review*, 86(3), pp 109–116.
15. Guinot, J, Chiva, R & Tarter, C J(2016) Linking altruism and organizational learning capability: a study from excellent human resources management organizations in Spain, *Journal of Business Ethics*, 138(2), pp 349–364.
16. Haight, V D and Marquardt, M J(2018) How chief learning officers build learning organizations, *The Learning Organization*, 25(5), pp 331–343.
17. Herbst, A S(2017) Capturing knowledge from lessons learned at the work package level in project engineering teams, *Journal of Knowledge Management*, 21(4), pp 765–778.
18. Hislop, D, Bosua, R & Helms, R(2018) *Knowledge Management in Organizations: A critical introduction*, 4th edn, Oxford University Press, Oxford.
19. Hortovanyi, L & Ferincz, A(2015) The impact of ICT on learning on-the-job, *The Learning Organization*, 22(1), pp 2–13.
20. Huber, G(1991) Organizational learning: the contributing processes and a review of the literature, *Organizational Science*, 2(1), pp 88–115.
21. Jashapara, A(2011) *Knowledge Management: An integrated approach*, 2nd edn, Pearson Education, Harlow.
22. Kantamara, P & Vathanophas, V(2014) Single loop and double loop learning: an obstacle or a success factor for organizational learning, *International Journal*

of Education and Research, 2(7), pp 55–62.

23. Kim, D H(1993) The link between individual and organizational learning, *Sloan Management Review*, Fall, pp 37–50.
24. Kitimbo, I(2015) Lessons learned: theory and practice, in *Utilizing Evidenced-Based Lessons Learned for Enhanced Organizational Innovation and Change*, ed S McIntyre *et al* , pp 1–23, IGI Global, Hershey, PA.
25. Kloss-Grote, B & Moss, M A(2008) How to measure the effectiveness of risk management in engineering design projects? Presentation of RMPASS: a new method for assessing risk management performance and the impact of knowledge management - including a few results, *Research in Engineering Design*, 19(2–3), pp 71–100.
26. Kolb, D A(1984) *Experiential Learning: Experience as the source of learning and development*, Prentice Hall, Englewood Cliffs, NJ.
27. Matties, B & Coners, A(2018) Double loop learning in project environments: an implementation approach, *Expert Systems With Applications*, 96, pp 330–346.
28. McClory, S, Read, M & Labib, A(2017) Conceptualizing the lessons-learned process in project management: towards a triple-loop learning framework, *International Journal of Project Management*, 35, pp 1322–1335.
29. Medama, W, Wals, A & Adamowski, J(2014) Multi-loop social learning for sustainable land and water governance: towards a research agenda on the potential virtual learning platforms, *NJAS - Wageningen Journal of Life Sciences*, 69, pp 23–38.
30. Milton, N(2010) *The Lessons Learned Handbook: Practical approaches to learning from experience*, Elsevier Science and Technology, Oxford.
31. Mumford, A(1991) Learning in action, *Personnel Management*, July, pp 34–37.
32. Nonaka, I & Konno, N(1998) The concept of 'Ba': building a foundation for knowledge creation, *California Management Review,* 40(3), pp 40–54.
33. Nonaka, I & Takeuchi, H(1995) *The Knowledge Creating Company*, Oxford

University Press, New York.

34. Nugroho, M A(2018) The effects of collaborative cultures and knowledge sharing on organizational learning, *Journal of Organizational Change Management*, 31(5), pp 1138–1152.
35. Oh, S Y(2019) Effects of organizational learning on performance: the moderating roles of trust in leaders and organizational justice, *Journal of Knowledge Management*, 23(2), pp 313–331.
36. Oyemomi, O(2016) The Impact of Organizational Factors on Knowledge Sharing Performance, PhD Thesis, University of Plymouth, UK.
37. Park, S and Kim, E J(2018) Fostering organizational learning through leadership and knowledge sharing, *Journal of Knowledge Management*, 22(6), pp 1408–1423.
38. Perrin, A, Rolland, N & Stanley, T(2007) Achieving best practices transfer across countries, *Journal of Knowledge Management*, 11(3), pp 156–166.
39. Prieto, I M & Revilla, E(2006) Learning capability and business performance: a nonfinancial and financial assessment, *The Learning Organization*, 13(2), pp 299–331.
40. Sanchez, R(2003) Managing knowledge into competence: the five learning cycles of the competent organization, in *Knowledge Management and Organizational Competence*, ed R Sanchez', pp 3–37, Oxford University Press. Oxford.
41. Schwandt, D R & Marquardt, M J(2000) Organizational Learning: from World-class Theories to Global Best Practices, CRC Press, Boca Raton, FL.
42. Tosey, P, Visser, M and Saunders, M N K(2011) The origins and conceptualizations of 'triple-loop' learning: a critical review, *Management Learning*, 43(3), pp 291–307.
43. United States General Accounting Office(US GAO)(2002) [accessed 3 September 2019] NASA: Better Mechanisms Needed for Sharing Lessons

Learned, GAO-02–195 [Online] www.gao.gov/new.items/d02195.pdf(archived at https://perma.cc/VXT9-B9YL).

44. Weber, R, Aha, D W & Becerra-Fernandez, I(2001) Intelligent lessons learned systems, *Expert Systems Research and Applications*, 20(1), pp 17–34.
45. Zhou, W, Hu, H & Shi, X(2015) Does organizational learning lead to higher firm performance? An investigation of Chinese listing companies, *The Learning Organization*, 22(5), pp 271–288.

第五章　学习型组织

学习目标

完成本章学习后，读者应该能够：

- 了解学习型组织的概念。
- 比较美国与英国建立的不同学习型组织理论模型。
- 识别不同学习型组织理论模型之间存在的交叉主题。
- 说明学习型组织、组织学习和知识管理三者之间的关系。

自彼得·圣吉（Peter Senge）的开创性著作《第五项修炼：学习型组织的艺术与实践》出版以来，学习型组织（learning organization，缩写为 LO）相关研究蓬勃发展。同时，学习型组织定义及学习型组织模型层出叠见。专业期刊《学习型组织》自 1994 年创刊以来已连续发行 25 年。学界已有多篇学习型组织全面综述性论文发表，这表明针对该话题的研究已高度成熟。本章首先描述学习型组织的定义，然后讨论美国和英国提出的不同学习型组织理论模型，接着寻找不同学习型组织理论模型之间的交叉主题，最后探讨学习型组织、组织学习和知识管理三者之间的关联。

学习型组织的定义

学习型组织指的是已成功实施组织学习流程的组织。从这个意义上讲，我们可以把学习型组织看作组织学习的产品或最终状态。有人认为，在瞬息万变的全球化商业环境中，学习型组织能够为组织提供制胜优势。相关文献中存在学习型组织的许多定义，近期的一篇综述性论文列出了 29 个定义。下面将会摘录一些被广泛引用的定义，其中部分与桑塔论文中所列相同。

- 在学习型组织中，人们不断扩展自身创造期望结果的能力，培养新的全面思维模式，释放集体抱负，不断共同学习以全局观看待组织。
- 学习型组织是对于可能性的愿景，仅仅依赖个人培训无法实现，而是整个组织层面的学习结果。学习型组织推动其所有成员进行学习，从而实现持续的自我变革。
- 学习型组织善于创造、获取、解释、转移和保留知识，并根据获得的新知识和新洞见有意识地修正其行为。
- 学习型组织是一个有生命的有机体，能够通过学习来提高组织绩效。
- 学习型组织是包括结构、流程和人员能力在内的内部变革机制与持续的环境评估两者辩证结合的产物，旨在维持或提高绩效。
- 学习型组织能够有效地进行集体学习并不断自我变革以更好地管理和使用知识，授权组织内外人员在工作中学习并利用技术实现学习和生产的最大化。
- 学习型组织是一个持续自适应型企业，把学习焦点放在特定时期的主要竞争力上，从而不断调整自己以适应环境。
- 学习型组织指的是具备持续学习特点或机制，能够满足不断变化的自身需求的组织。

- 学习型组织意味着整个组织所有层面都在学习，以适应不断变化的环境并取得成功。

尽管学习型组织尚无统一定义，但我们可以看出上述定义均在强调如下几个共同特征。

- 学习特征：学习型组织在多个层面（组织、小组和个人）学习，存在两种学习流（反馈流和前馈流），学习深度不一（三环学习、双环学习和单环学习）。
- 结果特征：在学习型组织中，人们通过学习获得的新知识和新洞见（通过经验教训或最佳实践）经生成、整合后，被应用于产品和服务的开发与交付，并在此过程中提升组织的学习力、能力、竞争力和绩效。
- 变革特征：学习型组织应允许适度改变，进行自我适应、调整和变革，以满足内部业务需求，适应外部商业环境。
- 战略特征：学习型组织的学习和变革侧重于整个组织的战略层面，即涉及组织所有成员，而不是侧重于个人或小组层面。学习型组织眼中应有组织长期利益和持续改进的愿景。在理想情况下，学习型组织不应被视为学习的终结状态，而是通往“圣杯”的持续旅程。
- 文化特征：要建立学习型组织，组织就应鼓励所有人员学习，鼓励他们不要害怕在变革过程中犯错，防止指责文化的形成。员工重视知识共享和深度学习，可以随意揭露、分析和吸取经验教训。组织应对发展学习型文化的员工予以奖励。

上述定义还表明，学习型组织的概念与前面章节中讨论的其他两个概念密切相关：组织学习——有意识地通过学习过程来实现组织的持续变革；知识创造——正如知识基础观的主张一样，知识是能够代表组织竞争优势的核心资产。在当今的知识经济下，变革脚步日益加快。在不到 10 年的时间里，曾经位列财富 500 强的企业已有半数从榜单上消失。这一事实就是快速变革的例证。因此，组织必须在持续不断的破坏性变化中运营下去。为了能够在新的动态环境中蓬勃发展，组织的愿景和战略焦点正在转变。过去，它们把人员和其他资源视为有形资源，根据业务需求对其进行转移、替换和淘汰；现在，它们把组织看作知识资产组合，通过人员、流程和技术进行部署。加快“组织学习—知识管理—学习型组织”周期运转速度的能力，已经变得极为重要。正如前面指出的，隐性知识主要化现于人，虽然有时人们能够将其表达化、显性化，但与此同时很少有人能做到不丧失其丰富性和适用性。

批判性思考与反思

学习型组织的定义

- 大多数学习型组织定义都强调了“变革”特征。你认为定义的作者强调“变革”特征的主要原因是什么？
- 你是怎样理解学习型组织、组织学习和知识管理三者之间的关联的？

下一节介绍美国和英国在不同时期开发的若干学习型组织模型。应当指出的是，知识管理与组织学习发生的语境和文化可能有所不同。

学习型组织塑造理论模型

本节将会考察几个重要的学习型组织模型。这些理论模型主要来自西方国家，特别是美国和英国，但是它们已应用于世界各地。通过分析来自不同文化和业务语境的模型，我们可以比较不同观点，从而更加全面地了解学习型组织理论及实践。

学习型组织模型——美国的贡献

除了科学定义学习型组织概念，许多美国学者还开发了学习型组织模型，以指导组织日益接近完美状态。很多学者及其代表作已闻名世界学习型组织及组织学习领域，其中具有代表性的有如下几个。

- 彼得·圣吉，代表作为《第五项修炼：学习型组织的艺术与实践》。
- 凯伦·沃特金斯（Karen Watkins）和维多利亚·马斯克（Victoria Marsick），代表作为“学习型组织调查问卷表”。
- 大卫·加文（David Garvin）、埃米·埃德蒙森（Amy Edmondson）和弗朗切斯科·吉诺（Francesco Gino），代表性贡献是学习型组织的三组件。
- 迈克尔·马夸特（Michael Marguardt），代表作为《构建学习型组织》，书中介绍了系统思考理论。

鉴于上述作品影响十分广泛，本节将详细讨论这四个模型。

五项修炼

彼得·圣吉的著作《第五项修炼：学习型组织的艺术与实践》被视作20世纪90年代学习型组织领域最具影响力的作品之一。圣吉在书中明确指出了学习型组织的五项重要修炼：自我超越、团队学习、系统思考、心智模式和共同愿景。表5–1总结了这五项修炼的含义及其被纳入模型的主要原因。

表 5–1 学习型组织的五项修炼

构 件	含 义	纳入原因
自我超越	培养个人的明辨能力，认清就个人愿景和目标而言什么对个人和组织最为重要	突出当前现实和未来愿景之间的“创造性张力”，同时强调个人致力于自身成长与组织内部支持性环境之间的重要联系
团队学习	培养团队对话能力，在对话（鼓励成员发散思维）和讨论（鼓励成员辐合思维）之间找到平衡点	发现团队中的新观点，鼓励成员接受新的异己观点，并且为达成共识愿意改变自身观点
系统思考	培养把各个部分整合起来，从整体而非局部视角看待组织的能力	提供激励和手段，将各项修炼整合起来以认识整体，从而理解组织中复杂、动态的系统和流程
心智模式	培养反思内部情况的能力，例如通过情景规划迫使管理者讨论如何管理未来的不同情境	平衡质疑和辩护技能，并理解心智模式是如何影响行动的
共同愿景	在组织中建立一种共识，明确人们渴望共同创造什么。这一共同愿景应该能够反映个人愿景和团队愿景	个人目标与组织目标相一致

这五项修炼不应被视为学习型组织相互独立的几个组成部分，它们是彼此相关的。图 5–1 联系组织的三个层面（个人、小组或团队和组织）说明了五项修炼之间的关系。个人层面良好的自我超越将会推动小组或团队层面的团队学习，进而促进组织层面共同愿景的形成。系统思考作为一种哲学，可以指导三个层面的三项修炼。心智模式是手段，支持三个层面的能力培养。

圣吉的五项修炼模型涵盖了组织内部的全部三个层面。该模型强调个人的全心投入，以及团队学习对于构建组织共同愿景的重要性。有人认为这是对学习型组织研究的重大贡献。该模型还认识到了系统思考对于理解由组织结构、流程和系统造成的复杂、动态情境的重要性。该模型为学习型组织研究奠定了坚实基础，影响了许多其他学者，

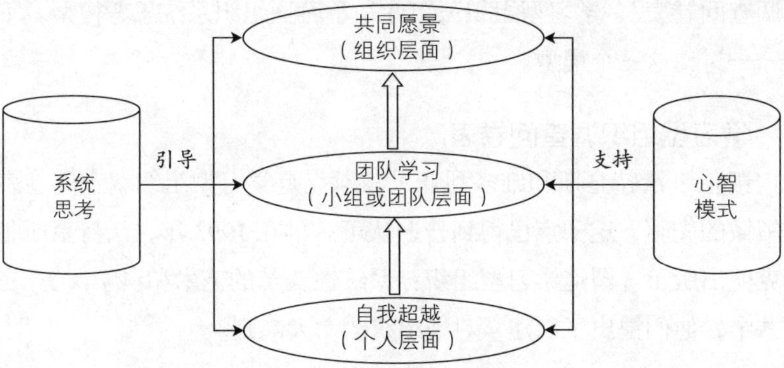

图 5-1　五项修炼关系图

包括后来扩展了圣吉模型的迈克尔·马夸特。

不过，五项修炼模型也遭到一些批评。批评主要集中于这五项修炼的合理性（为什么是这五项，而不是其他项目）以及模型的可实施性（模型看起来是概念性的、指定性的，缺少真实案例的具体支撑）。一些批评者认为，这五项修炼过于抽象，组织在实际操作中很难识别它们。还有人认为，彼得·圣吉模型的最大问题之一不在于理论的正确性，也不在于理论的呈现方式，而在于该理论的受众不具备相应的思维模式来利用它。这在很大程度上是个哲学问题和文化问题。

批判性思考与反思

圣吉的五项修炼学习型组织模型

如果请你来扩展圣吉的五项修炼学习型组织模型，你最想添加哪项或哪几项修炼？为什么？

为克服圣吉五项修炼模型的不足，美国此后建立的学习型组织模型更加注重可付诸管理实践的测量工具。其中最著名的是“学习型组织调查问卷表”、学习型组织三组件和学习型组织系统思考模型。下面将一一讨论这三个模型。

学习型组织调查问卷表

凯伦·沃特金斯和维多利亚·马斯克是学习型组织调查问卷表研究领域的先驱，这一点已得到普遍认可。早在 1993 年，沃特金斯和马斯克就出版了《塑造学习型组织：系统性变革的艺术和科学课》。在这本书中，他们提出了创建学习型组织的六大准则。

- 授权人员构建集体愿景。
- 促进询问和对话。
- 鼓励协同和团队学习。
- 创造持续学习的机会。
- 把组织与环境连接起来。
- 建立系统以捕获和共享知识。

该书最初把支持学习的领导排除在行动准则之外，只把领导比作塑造学习型组织的“雕塑家”，以此来凸显领导发挥的基础作用。沃特金斯和马斯克认为，作为雕塑家的领导发挥着关键作用，他们授予人员共同愿景，授权人员参与打造新产品过程中的对话。这强调的是领导在学习型组织中的关键作用，于是三年后，领导作为第七准则被纳入进来。

为使组织具备持续学习和变革的能力，七大准则应发生在组织的四个不同层面：个人、小组或团队、组织和社会层面（与环境相接）。图 5–2 演示了七大准则与组织四层面之间的关系。

我们从图 5–2 中可以看出，大多数准则同时适用于不止一个层面。对于个人层面而言，询问极为重要，而对话更多针对的是小组层面。在小组和组织这两个层面，投资技术系统捕获知识至关重要。类似地，支持学习的领导在小组和组织层面是必要的，而且体现在社会层面。图 5–2 不是为了描述各项准则与组织相关层面之间的关系，而是为了展示它们之间关系的复杂性和重叠性，即不是简单的一对一关系，而是多对一或一对多的双向关系。

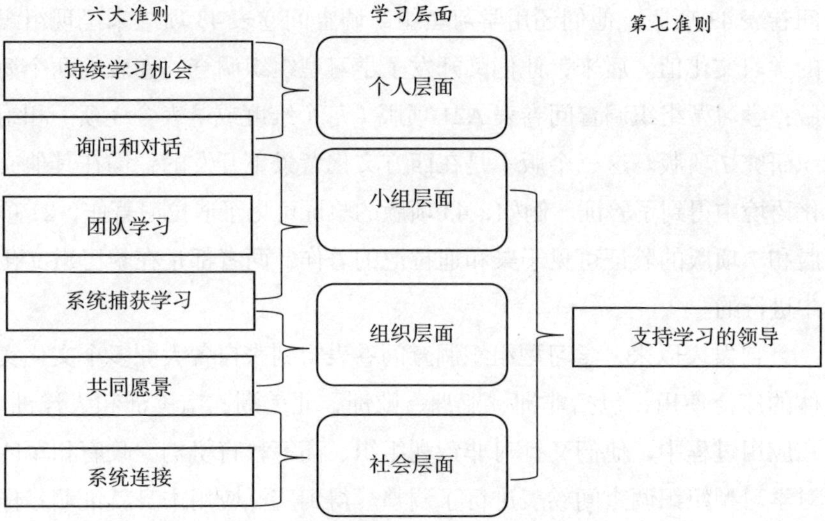

图 5–2　七大准则与组织四层面

批判性思考与反思

沃特金斯和马斯克提出的学习型组织七大准则

你认为把“支持学习的领导”作为第七准则是否明智？你希望把它从行动准则中剔除吗？理由是什么？

沃特金斯、杨和马斯克以其旧作中的七大行动准则为基础构建了七个维度，发表了他们的学习型组织调查问卷表。学习型组织调查问卷表旨在评价学习型组织的七大维度。这七大维度的正式名称分别是：持续学习、对话和询问、团队学习、授权、系统捕获学习、系统连接以及支持学习的领导。他们开发的最初版本李克特量表（Likert-type）工具共包含 42 项，每个维度 6 项。后来，马斯克和沃特金斯于 2003 年把持续学习量表中的一项拆分为两项，于是就有了学习型组织调查问卷表 43 项版。他们还用学习型组织调查问卷表 43 项版来呈现组织的学习文化值。后来，他们又开发了学习型组织调查问卷表的两个简版：学习型组织调查问卷表 A21 项版（每个维度或量表含 3 项）和组织研究 7 项版。这三个版本是在西方文化背景下开发的，均在其他文化语境中得到了验证。例如，43 项版的验证可见于迪拉尼著作，21 项版和 7 项版的验证可见于柴和迪拉尼的著作，两者都是在黎巴嫩文化中进行的。

自发表以来，学习型组织调查问卷表得到来自各大洲多个文化实体的广泛使用，包括非洲、亚洲、欧洲、北美洲、南美洲和大洋洲。在应用过程中，他们又针对非营利组织、高等教育机构、政府和军队对学习型组织调查问卷表进行了调整。得到广泛应用本身就证明：作为测量工具，学习型组织调查问卷表的总体效度是令人满意的。它不仅为学习型组织相关研究和理论构建做出了贡献，而且有益于人力资源开发实践的框架和评估。

学习型组织调查问卷表受到的批评主要涉及问卷表（包括完整版和简版）构建效度的统计学局限性，如多重共线性和单因素提取。另一受争议的焦点是，把领导作为第七准则是否明智。在沃特金斯和马斯克的早期著作中，领导并未被纳入组织演变为学习型组织需要遵循的六大准则。相反，支持学习的领导被假定为基本特征，支持着整个组织的学习文化。这意味着，支持学习的领导是一个支撑总体的构件，可能已经囊括了学习型组织调查问卷表的其他六个维度，或者说它是其他六大准则的主要驱动因子。也就是说，领导促成持续学习机会、对话与询问、团队学习、共同愿景、系统捕获学习和系统连接。因此，领导似乎能够把另外六个维度连接在一起。把领导变为与另外六个维度平行的第七维度，实际上抹杀了学习型组织框架的多维特征。

学习型组织三组件

此前发表的学习型组织模型缺乏相关标准和工具，因此实施这些模型时管理者难以评估个人学习和团队学习对整个组织的贡献。同样是为了解决这一困境，加文、埃德蒙森和吉诺开发了一个全面、具体的测量工具，它可用来评定和评估企业的学习能力及灵活地优化组织战略和组织流程的能力。

这个测量工具是围绕三个组件来构建的：支持学习的环境、具体的学习流程和实践与强化学习的领导。每个组件有自己的分立构成要素。这些组件及其构成要素对于整体都至关重要，同时它们又是彼此独立的、可分别测量的，这让组织能够以极高的灵活性评估其学习能力。例如，三个组件表现不一致或同一组件中各构成要素表现不一致的组织，仍然可以接受测量。图 5–3 表示的是三个组件及其构成要素。

第一个组件是支持学习的环境，旨在打造学习文化，显著特征有如下四个。

- 心理安全感：员工表达意见时感到安全放松，包括不同意同事或权威人物观点，提出天真的问题，承认错误或提出少数派意见。
- 欣赏差异：学习就发生在人员珍视对立观念和相互竞争的功能性观点的时候。差异性观点能够注入新能量，激发新思考。
- 对新观点持开放态度：应鼓励员工冒险，探索未经测试的和未知的事物。
- 反思时间：支持学习的环境会有暂停时间，鼓励深思式回顾和反思。

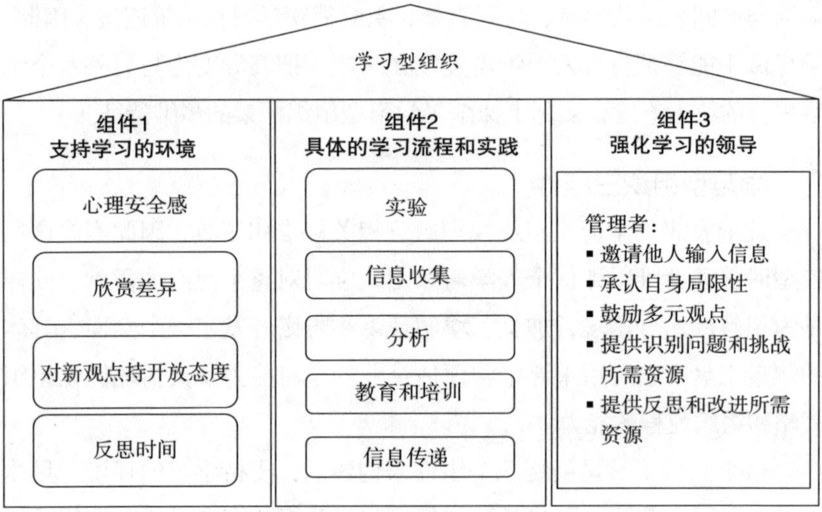

图 5-3　学习型组织的三个组件及其构成要素

第二个组件是具体的学习流程和实践，包括五个重要方面。

- 实验：经常实验新的工作方式、产品、服务、想法和原型。
- 信息收集：系统地收集与客户、竞争对手、技术趋势、经济趋势和社会趋势相关的信息，拿组织自身绩效与竞争对手和顶尖组织的绩效相比较。
- 分析：经常识别和评估影响关键决策的基本假设。
- 教育和培训：定期更新教育和培训机制，教育和培训新员工，并且在转岗或推出新举措时教育和培训老员工。
- 信息传递：提供访问专家网络的条件，共享信息和知识以便能够向所有利益相关方学习。

第三个组件是强化学习的领导，用于评估领导促进组织学习的能力。具备领导素质（如开放态度）的管理者有能力激励他人，并为他们注入信心。领导可以做的事情有很多，包括如下几项。

- 邀请他人输入信息。
- 承认自身局限性。
- 鼓励多元观点。
- 提供识别问题和挑战所需的资源。
- 提供反思和改进所需的资源。

虽然学习型组织三组件貌似彼此独立、界线分明，但实际上它们是相互强化的关系，而且在一定程度上存在重叠之处。领导（第三个组件）有助于创造和维护支持学习的环境（第一个组件），而这一环境利于管理者和员工顺利而高效地执行具体的学习流程和实践（第二个组件）。

学习型组织三组件模型实用性强，因此已应用于各种语境。在美国以外，博格等人在挪威四个警区的改革早期，成功实施了这一模型。当时的特定需求是把警察队伍塑造为学习型组织，改革目标之一是把警察队伍建设成为一个为适应动态经济和社会环境而以知识为基础、有能力学习和变革的组织。这一项目探讨了人员在组织层级中所占位置和组织规模是如何影响人员对学习型组织的认知的。博格等人基于包括 750 多名受访者在内的大规模调查经验数据发现，对于学习型组织这一概念，高层管理者比中层管理者更加积极，而中层管理者比普通员工更加积极。研究还显示，大型警区各层级受访者对其组织学习的评价高于小型警区。由此可以得出结论，人员在层级中所占位置和组织规模的确会对学习型组织的三个组件及其构成要素产生影响。

系统思考模型

马夸特用 20 年左右的时间建立了系统思考模型。他对学习型组织的界定源自在乔治华盛顿大学期间的研究工作，这项工作早在 1991 年就已开始了。在这所大学工作期间，他与组织学习领域的著名学者戴维·施万特（David Schwandt）共同从事研究工作。约 10 年后，二人发表了合著《组织学习：从世界级理论到全球最佳实践》。马夸特以一般理论和施万特的组织学习研究为基础，综述了以学习型组织为焦点的现存文献并以此为基础开始构建模型。从圣吉的五项修炼模型中，他借鉴了系统思考的重要性。他还认识来自国际人力资源开发学会（Academy of Human Resource Development）的维多利亚·马斯克和凯伦·沃特金斯，熟知她们的“学习型组织调查问卷表”。马夸特认为这个工具十分有用，组织可以借此进行自我评估。他借鉴同事们的论著，结合自身广泛的企业咨询背景，将他们的研究结果扩展到更加广泛的语境中，致力于开发工具型学习型组织模型，帮助组织了解顶尖组织应具备哪些素质，并于 2011 年发表了著名的系统思考模型。

马夸特的系统思考模型包含五个子系统，分别是学习动态、组织变革、人员授权、知识管理和技术应用。这五个子系统结合在一起可以用作评估工具，供管理层生成学习型组织概况，然后对照既定最佳活动清单进行组织自我评估。马夸特清楚地看到，最佳结构有助于确立目标，而评估能够找出目标差距区域。管理团队可以利用找出的差距，界定后续步骤。因此，该模型能够帮助组织领导者不断靠近学习型组织这一目标。

学习动态子系统强调，学习终归是一种社会现象。这意味着组织的学习力以及它关联的质量和开放度决定着员工的知识与组织的学习速度。学习动态通常包含如下三个方面。

- 学习的多级层面：个人学习、小组或团队学习和组织学习。
- 学习的多种类型：适应式（单环）学习、生成式（双环）学习以及变革式和创造式（三环）学习。
- 学习型组织的重要技能：系统思考和心智模式。

组织变革子系统指的是实现学习型组织的转变所需的学习场景和

实体。这一子系统包括四个核心维度：愿景、文化、结构和战略。

- 愿景：把共同学习愿景作为坚实基础，为组织学习提供重心和能量。
- 文化：成功学习文化的价值观体系应是支持学习的，鼓励冒险，鼓励尝试新方法和知识共享。
- 结构：学习型组织的结构特点应以学习需求为基础，首要原则是给予人员必要的自由、支持和资源。组织结构应有助于避免边界僵化、规模大而不当、项目及任务间脱节以及官僚主义的束缚。
- 战略：高管层支持组织成长为学习型组织，使学习成为组织政策和程序的一部分。

人员授权子系统旨在激励组织和价值链中所有人员（包括员工、管理者和领导者、客户、业务合作伙伴以及社区成员）学习。

- 授权员工：把员工当作成熟且有能力的工作者和学习者，激发员工的自主性、能量和热情；让员工参与决策流程；在组织需求与个人生产力和幸福感之间找到平衡点。
- 授权管理者和领导者：培养管理层的技能，使其从控制型转变为授权型，从发号施令者转变为服务者，从事务性管理者转变为变革型领导者。
- 授权客户：邀请客户全程参与售前对话，这不仅是为了收集客户信息和情报，还是为了在产品和服务设计与规划的早期阶段就利用客户的知识及专业技能，以达到打造和交付最佳客户体验的目的。
- 授权业务合作伙伴：在当前的商业全球化环境中，组织的成功很大程度取决于整个价值链的成功，而不仅仅是组织自身。因此，授权计划应把业务合作伙伴包括在内，这一点十分重要。

知识管理子系统指的是有效管理获取和生成的知识，以支持组织做出有效决策。马夸特的知识管理子系统分为六个阶段：获取、创造、存储、分析（数据挖掘）、传递或传播和应用或验证。第三章已经详细讨论了知识的获取、创造、存储、传递或传播和应用或验证，因此本节不再一一解释，而是侧重于知识的分析阶段，也是马夸特知识管理模型新增加的一个阶段。如前所述，在从事咨询工作期间，马夸特投入大量精力进行企业案例研究。对于如何把知识从书斋型学者手中传递给整个组织，从而实现创建学习型组织这一目标，他已经有了清晰的认识。案例研究工作让他受益匪浅，比如 3M 公司是把知识从科学研究转化为管理实践的杰出典范。马夸特从中看到了技术的重要性，即技术有助于把隐性知识转化为显性知识以供全组织学习；与此同时，他也看到了借助数据挖掘等先进技术进行分析的重要性，这能让获取或创造的初始知识生成更深刻的业务洞见。例如，数据挖掘有助于生成商业智能，比如市场趋势和销售模式。在支持高层决策方面，这比初始的客户知识、市场知识或产品销售知识更具价值。当范围较大时，比如在组织层面，通过数据挖掘进行知识分析的好处尤其明显，因为大范围能够为数据挖掘提供足量的初始知识、信息和数据。因此，知识分析这一话题适合本章讨论的学习型组织这一语境。这就是为什么本书第三章在讨论知识管理一般流程时，没有明确地把知识分析作为一个独立阶段。

技术应用子系统指的是支持学习和知识管理并使其顺利运行的技术网络和技术工具，包括支持合作、辅导、协调和决策的技术流程、系统与结构。在过去的几十年里，技术发展突飞猛进，极大地改变了商业环境。为应对这一变革后的环境，组织必须应用新型技术，改进组织学习和知识管理。技术应用子系统中的重要元素包括 IT 技术、基于技术的学习和基于知识的决策支持系统。

- IT 技术：作为发展最快的技术之一，互联网等 IT 技术几乎已经改变了组织的方方面面，不仅为人员之间、人机之间及组织之间提供了通信工具和系统，使得知识获取、访问、存储、分析和转移或传播能力达到前所未有的高度，而且为决策提供了强大的分析支持。采用前沿 IT 技术，把员工的个人隐性知识转化为组织记忆和组织学习所需的显性知识这一过程，也取得了长足进步。
- 基于技术的学习：今天，随处可见使用视频、音频和电子学习平台等进行的多媒体培训，为人们提供和分享知识、经验、专长与技能。组织中的所有人都可以通过基于技术的学习来提高自身技能水平，改进灵活性和适应性，以应对高度动态和快速变化的工作岗位。当工作内容复杂化时，基于技术的学习可以为所有人员提供学习资源，帮助他们获取更多便携、可转移的基于模块的多感官知识和技能。
- 基于知识的决策支持系统：指的是基于计算机的交互系统，旨在通过知识库和推理、推理机制和学习机制支持决策。知识库是组织记忆的一种，其中存储着供组织中所有人员访问和使用的显性知识。知识库建立在专家的专业知识基础之上，为复杂的决策和解决问题流程提供高质量的建议。基于知识的决策支持系统将人类决策流程中的组织记忆（如知识库）、决策分析（如大数据分析和数据挖掘）以及人机界面（如可视化界面）有机地融为一体。因此，它能够支持全组织范围的决策，以实现组织的总体目标。第十三章将会详细讨论基于知识的决策支持系统。

建立学习型组织需要五个子系统的协同运行。海特和马夸特进一步探讨了组织如何通过任命首席学习官来更好地利用系统思考模型领导变革并建立学习型组织。马夸特的学习型组织模型做出了几项重要贡献。首先，他的模型建立在组织咨询工作基础之上，并且一边观察组织在通往学习型组织道路上取得的成功和遭遇的失败，一边不断地调整模型。因此，他的模型不是纯理论的，而是能够付诸实践的。其次，马夸特模型强调人员和领导在学习中的重要性。无论是塑造组织的学习价值观和学习文化，还是打造组织在战略、结构和系统方面的共同愿景，最核心的元素都是人。而对于组织的发展方向和愿景而言，领导至关重要。没有强有力的领导，内部的学习热情和能量就无法被转化为变革和转型的集体力量，而要求组织变革的外部环境也会被忽略或者无法被纳入学习。再次，马夸特模型包含两个非常重要的子系统——支持学习的技术应用和知识管理。技术是媒介，让组织各个层面均能进行学习。技术还是知识管理平台，搭建起知识获取与知识应用之间的桥梁。马夸特模型极力强调技术及其与知识管理的相互作用。最后，马夸特模型对该领域的影响是前所未有的。短短八年内（从 2011 年模型发表，到本书出版的 2019 年），《构建学习型组织》一书被引用次数竟多达 2 000 多次。来自各种文化语境的组织都把系统思考模型当作工具，不仅包括欧美等西方文化，还包括东方文化，比如新加坡、印度尼西亚和中国。该模型和影响之广泛体现的不仅是它的有用性，还有它的易用性，即组织能够在多层面快速实施系统思考模型。

使用马夸特模型，人们可以基于 5 个子系统构建一个学习型组织的概况。每个子系统包含 10 个问题，5 个子系统共 50 个问题。每个问题的得分范围从 1 到 4，其中 1 表示基本或完全不符合，4 表示完全符合。每个子系统的最高分数是 40，5 个子系统合在一起总分最高是 200——200 分表示完美的学习型组织。

批判性思考与反思

马夸特的系统思考模型

对马夸特系统思考模型的批判性意见之一是，它没有明确五个子系统之间的关系。如果让你来批评该模型，你还能找出什么其他局限性？

学习型组织模型——英国的贡献

在美国研究人员探讨学习型组织概念并开发可付诸实践的相关模型的时候，这一课题的相关研究也吸引了众多英国学者。本节将会讨论过去 30 年里英国在学习型组织模型开发方面做出的一些最突出贡献，包括三级层级模型、实验质量模型和学习型企业模型。

鲍勃·加勒特（Bob Garratt）是为这一领域带来重大影响的早期研究人员之一。他的早期代表作是三级层级模型。他将组织学习分为三个级别：政策级别、战略级别和运营级别。该模型强调双环学习的重要性，包括来自信息流、定向和监测环境变化的多个反馈循环。加勒特虽然受到行动学习法的影响，但是对于许多组织中存在的“固执于行动的非学习周期”持批评态度。在加勒特看来，反思阶段是学习的关键阶段。他认为学习是“更聪明地思考”，而不是“更努力地工作”。10 多年后，加勒特反思他在学习型组织方面的研究，探讨了组织政策、战略和运营这三个层级的相互动态影响，并据此改进了最初的三级层级模型，构建了学习型组织的三环学习模型：政策制定、战略思考和整合与运营学习。然后，他得出结论，学习型组织不是一个结果，而是能量源泉，为人们提供长时间的激励。它是愿景，长期激励和扩展着组织，充分发挥组织的杠杆作用。

伊斯特比–史密斯（Easterby-Smith）的实验质量模型采用了不同的视角，高度重视实验在组织学习中的作用。该模型提出了推动实验的多种方法，其中包括：

- 以人员为实验，培养创造力和创新。
- 以组织结构为实验，培养柔性。
- 以奖励制度为实验，使冒险者免于不利处境。
- 以信息系统为实验，关注异常变化。

无论实验是否成功，新的学习材料无疑都会生成，也许是最佳实践，也许是经验教训。在条件允许的情况下，特别是财力和时间允许的情况下，组织应当鼓励实验。不过实际困难是实验成本可能很高，尤其是当它没有带来任何明显的创造力或创新迹象时。在这种情况下，吸取的经验教训可能不会在组织中传播，那么投入的努力将会从组织学习流程中消失。

批判性思考与反思

实验质量模型

尽管实验质量模型在理论上广受认可，但是有人认为，现实中实验的成本高且风险大。你对实验质量模型持何种看法？假设你是主管此事的高层管理人员，你会在何种程度上支持或反对在你的组织中实施该模型？

英国在学习型组织领域最广为人知的贡献之一，是迈克·佩德勒（Mike Pedler）及同事开发的学习型企业模型。在他们看来，学习型企业是关于未来可能性的愿景，仅仅依靠培训个人是无法实现的，它只能是在整个组织层面进行学习的结果。学习型企业的集体目标应该是组织转型，通过生命周期螺旋来构建企业身份——通过生命周期阶段实现企业身份的不断演变，且这一过程永远不会结束，因为这些阶段会在更高层次上不断重复下去。该模型界定了学习型企业如下五个核心元素。

- 战略：一种通过小规模实验和反馈回路进行战略学习的方法，以实现持续改进和参与性决策。
- 结构：柔性结构，允许实验、适应和成长。
- 内部审查：包括使用 IT 系统等技术帮助个人了解情况，使用形式化机制、流程和系统来协助学习。此外，它还包括打造小组间、团队间、部门间和职能单元间相互协作的环境。审查内部系统、流程和机制，可以把整个组织整合为一体，使其拥有统一的企业身份。
- 外部审查：定期探查和回顾外部环境，与其他利益相关者（包括竞争对手）开展联合学习，以实现“双赢”局面。环境适宜非常重要，特别是把在西方文化中构建的学习型组织理论应用于其他文化和语境的时候。这一观点得到埃尔金、科恩和廖的强烈支持。
- 学习机会：一种持续改进的气氛，允许错误，鼓励学习，并且组织中所有人员都拥有自我发展机会。

佩德勒、伯戈因和博伊德尔在著作中明确表述了学习型企业的 11 个特点。其中不仅包括与人相关的“软”元素，还包括 IT 系统、会计和营销系统等“硬”元素。

为了把各种元素整合在一起，使得企业做好组织转型准备，佩德勒等人进一步提出了能量流模型（简称 e 流模型）。能量在组织的四个维度间流动：个人、集体、内部和外部。这四个维度都由双环学习连接在一起。在近期出版的著作中，佩德勒、伯戈因回顾了他们的能量流模型和学习型企业的 11 个特点相关研究。他们得出结论，近期调查发现了类似特点，而且许多管理者仍然十分喜爱这些想法。论文提出了未来研究的方向建议：一是学习导向与组织绩效之间的关系还需要更多经验证据的支持；二是学习型组织如何使用在组织学习、知识管理和动态能力中学到的知识。

贯穿各个学习型组织模型的交叉主题

上一节分别详细讨论了七个学习型组织模型。本节将综合七个模型，找出贯穿各个模型的交叉主题。在上一节讨论的七个模型中，四个来自美国，三个来自英国。四个美国模型分别是圣吉的五项修炼模型，马斯克和沃特金斯提出的学习型组织调查问卷表，加文、埃德蒙森和吉诺的三组件模型及马夸特的系统思考模型。英国学者建立的三个模型分别是加勒特的三级层级模型，伊斯特比–史密斯提出的实验质量模型和佩德勒及其同事开发的学习型企业模型。比较上述模型，我们能够看到它们的相似点，也能看到差异。表 5–2 总结了七个模型中的交叉主题。

表 5–2　贯穿七大学习型组织模型的交叉主题

模　型	来　源	内　容
三级层级模型	加勒特，1987 年	政策、战略、运营
五项修炼模型	圣吉，1990 年	共同愿景、系统思考、团队学习、自我超越、心智模式
实验质量模型	伊斯特比–史密斯，1990 年	人员、组织结构、奖励体系、信息系统
学习型企业模型	佩德勒、伯戈因和博伊德尔，1991 年	战略、结构、内部审查、外部审查、学习机会
学习型组织调查问卷表（七大准则）	沃特金斯和马斯克，2003 年	持续学习机会、询问和对话、团队学习、系统捕获学习、共同愿景、系统连接、支持学习的领导
三组件模型	加文、埃德蒙森和吉诺，2008 年	支持学习的环境、学习流程、领导

（续表）

模　型	来　源	内　容
系统思考模型（五大子系统）	马夸特，2011 年	学习动态、组织转型、人员授权、知识管理、技术应用

这些模型的核心元素数量可能不同，甚至在表达相同或相似含义时使用的术语也不同，但它们仍然存在如下交叉主题。

- 主题 1——共同愿景、战略、系统思考和组织变革：这些是衡量组织的高级标准，存在于七个模型中的四个。
- 主题 2——人员、授权和领导：这些重要因素与组织中投入学习、掌握学习和领导学习的人员有关，存在于七个模型中的五个。
- 主题 3——结构、系统和技术：这些是推动学习所需的基础结构和平台，存在于七个模型中的五个。
- 主题 4——学习环境和学习机会：其中三个模型（学习型企业、学习型组织调查问卷表和三组件）强调了这两个因素，它们与创造学习机会和提供学习环境有关。

其他因素可能无法构成贯穿多个模型的交叉主题，但也表明特定模型之间存在重叠。例如，五项修炼和学习型组织调查问卷表中都包含团队学习。此外，一些模型用不同术语表示类似含义。例如，马夸特的系统思考模型用学习动态表示各种类型的学习，但它也表示批判性思维，比如使用心智模式进行批判性思维，而心智模式是圣吉五项修炼中的核心修炼之一。只有少数几个因素是某个模型所特有的，比如知识管理是系统思考模型独有的子系统。

批判性思考与反思

学习型组织模型的交叉主题

把各个学习型组织模型放在一起进行分析，我们可以找出它们之间的交叉主题。如本节所示，我们从七大学习型组织模型中发现了四个交叉主题。如果你对学习型组织模型进行全面性文献综述，比如同时分析十几个学习型组织模型，那么你很可能会发现新的交叉主题。到底会是哪些新主题，取决于你综合的是哪些模型。讨论你发现的新主题，说明这些主题是怎样浮现出来的，以及可以在哪些学习型组织模型中找到它们。

本章小结

从学习型组织在过去三十年里的演变中，我们可以观察到如下模式。

- 传统上人们把学习型组织视为结果（仅作为学习过程的产物），但近来人们已把它更多地视为支持学习的战略、结构、人员、流程、技术和环境的组合。各种学习型组织模型的普及将焦点转移到组织变革、重构和最佳实践上。尽管文献显示，对于什么是学习型组织以及是否可以跨文化、跨领域比较学习型组织，学界仍然存在分歧，但是对于学习型组织的核心构件（比如交叉主题），大家已达成普遍共识。
- 尽管学习型组织模型主要是在美国和英国构建的，但是它的应用已遍布全球各地，如中国、芬兰、伊朗、约旦、黎巴嫩、马来西亚、挪威和新加坡。在应用过程中，人们逐渐认识到必须采用更加广阔、更具文化敏感性的视角，也认识到了以欧美为中心的概念及其实践所固有的局限性和偏见性。一些学者甚至不再满足于“跨文化方式”，认为问题不仅在于采用文化适宜的方式实施，还在于要认识到学习型组织理论是在西方语境下开发的，离开西方语境则需要重新思考。

- 学习型组织不应是教学型组织。在致力于成为学习型组织的组织中，管理团队在推广学习计划时，应避免组织沦为教学型组织，避免让管理人员、领导者和首席学习官成为“教师”。学习应是各个层面所有员工参与各种类型的学习。学习不应只是高级管理人员、组织战略师或人力资源部门的责任。学习能量应自上而下和自下而上地双向流动，而不只是运营层面的员工执行高层管理团队的指示。静态的教学型组织不是学习型组织。学习型组织只能通过动态学习来实现，这是文献始终在强调的一点。
- 学习型组织是一种长远志向，不应被解释为对组织的快速修补。像新的基本思维方式和互动方式这样的技能，需要数年的积累才能获得。对商业世界新的感悟力和感知力，是长期发展和变革的副产品。深刻的信念和观点不同于电灯开关，并不是可以瞬间开启或关闭的。学习型组织更多是对一个持续不断的过程的激励，而不是单个产品。学习型组织不是一个结果，而是激励人们很长一段时间的灵感。它是愿景，长期激励和扩展着组织，充分发挥组织的杠杆作用。
- 学习型组织、组织学习和知识管理三者之间是相互作用、相互促进的关系。学习型组织、组织学习与知识管理应该彼此共存。学习型组织概念指的是构建学习能力和知识创造能力，这不仅指个人和小组，还涉及在整个组织中有效传播知识。从本质上讲，学习型组织不仅包括含结构、流程和人员的能力等在内的内部变革机制，还包括旨在维持和提高绩效的持续环境审查，是两者的批判性结合。从根本上说，学习型组织的有效性依赖于深度学习周期时间。深度学习有助于学习型组织持续生成新知识，而新知识则会随着时间的推移提高组织的竞争力。学习型组织、组织学习和知识管理之间是三赢关系。

学习要点

- 尽管学习型组织尚无统一定义，但是得到一致认可的是：学习型组织在多个层面进行持续学习，涉及反馈流和前馈流，可能混合使用单环、双环和三环学习周期。学习的结果是生成新知识和新洞见，并在整合后应用于业务流程和系统，从而使组织得以进行适当程度的变革、适应、调整和转型。
- 彼得·圣吉突出强调学习型组织的五项修炼，分别是自我超越、团队学习、系统思考、心智模式和共同愿景。
- 沃特金斯和马斯克开发的学习型组织调查问卷表是一个有用的工具，供组织评估和评价其在多大程度上符合学习型组织的特点。支持学习的领导也跻身于核心维度行列，另几个维度分别是：授权人员构建集体愿景，促进询问和对话，鼓励协作和团队学习，创造持续学习的机会，把组织与环境连接起来，以及建立系统以捕获和共享知识。学习型组织调查问卷表完整版共 43 项。
- 加文、埃德蒙森和吉诺的学习型组织三组件模型包括支持学习的环境、具体的学习流程和实践以及支持学习的领导。每个组件又由若干核心元素组成。
- 马夸特的系统思考模型以其丰富的企业咨询经验为基础，包含五个子系统。除了学习动态、组织变革和人员授权外，另两个子系统是知识管理和技术应用。
- 在英国，佩德勒、伯戈因和博伊德尔开发的学习型企业模型强调内部审查、外部审查，以及战略、结构和学习机会。

- 学习型组织不是教学型组织。
- 学习型组织是一种长远志向，不应被解释为对组织的快速修补。
- 学习型组织、组织学习和知识管理是相互作用、相互促进、相互关联的三个概念。

复习题

- 学习型组织、组织学习和知识管理三者之间的主要区别和主要联系分别是什么？
- 学习型组织这一话题在顾问、从业者及学者之间引发了大量争议和激烈讨论。参与讨论者大致可以分为两个阵营：支持者和怀疑者。你会加入哪个阵营呢？为什么？
- 学习型组织这个理想化概念如何在现实中帮助组织获得成功？
- 从本章概述的学习型组织定义中选择三个并进行比较。你最赞同哪一个？为什么？
- 如果请你在你学习或工作过的大学或学院语境下审视彼得·圣吉的五项修炼模型，你会在多大程度上得出如下结论：这所大学或学院具备学习型组织的典型特征？在你看来，五项修炼中的哪项或哪几项会被评估为“绩效最佳”，哪项或哪几项会被评估为“绩效最差”？你是根据哪些论据得出这一结论的？
- 你认为沃特金斯和马斯克设计的学习型组织调查问卷表有哪些优点，又有哪些局限？
- 你在多大程度上支持马夸特把“知识管理”纳入学习型组织系统思考模型的五个子系统行列？
- 你认为把内部审查和外部审查作为两个重要组成元素列入学习型企业模型，有多重要？

- 大多数学习型组织模型，比如本章讨论的几个模型，都是在西方文化（美国和英国）中开发的。你认为把这些模型应用于东方文化语境时，可能会遇到哪些困难？
- 学习型组织的指定性模型分别有什么优缺点？
- 如何实现组织的共同愿景？

参考文献

1. Ali, A K(2012) Academic staff's perceptions of characteristics of learning organization in a higher learning institution, *International Journal of Educational Management*, 26(1), pp 55–82.
2. Borge, B H *et al* (2018) Diverging assessments of learning organizations during reform implementation, *The Learning Organization*, 25(6), pp 399–409.
3. Castro, G M, Saez, P L & Verde, M D(2011) Towards a knowledge-based view of firm innovation, *Journal of Knowledge Management*, 15(6), pp 871–874.
4. Chai, D S & Dirani, K(2018) The dimensions of the learning organization questionnaire(DLOQ): a validation study in the Lebanese context, *The Learning Organization*, 25(5), pp 320–330.
5. Dirani, K(2013) Does theory travel? Dimensions of the learning organization culture relevant to the Lebanese culture, *Advances in Developing Human Resources*, 15(2), pp 177–192.
6. Easterby-Smith, M(1990) Creating a learning organization, *Personnel Review*, 19(5), pp 24–28.
7. Elkin, G, Cone, M H & Liao, J(2009) Chinese pragmatism and the learning organization, *The Learning Organization*, 16(1), pp 69–83.
8. Garratt, B(1987) *The Learning Organization*, Gower, Aldershot.
9. Garratt, B(1999) The learning organization 15 years on: some personal

reflections, *The Learning Organization*, 6(5), pp 202–206.

10. Garvin, D A(2000) *Learning in Action: A guide to putting the learning organization to work*, Harvard Business Press, Boston, MA.
11. Garvin, D A, Edmondson, A C & Gino, F(2008) Is yours a learning organization? *Harvard Business Review*, 86(3), pp 109–116.
12. Gorelick, C(2005) Organizational learning vs the learning organization: a conversation with a practitioner, *The Learning Organization*, 12(4), pp 383–388.
13. Haight, V D & Marquardt, M J(2018) How chief learning officers build learning organizations, *The Learning Organization*, 25(5), pp 331–343.
14. Jashapara, A(2011) *Knowledge Management: An integrated approach*, 2nd edn, Pearson Education, Harlow.
15. Khadra, M F A & Rawabdeh, I A(2006) Assessment of development of the learning organization concept in Jordanian industrial companies, *The Learning Organization*, 13(5), pp 455–474.
16. Kim, J, Egan, T & Tolson, H(2015) Examining the dimensions of the learning organization questionnaire: a review and critique of research utilising the DLOQ, *Human Resource Development Review*, 14(1), pp 1–22.
17. Lee, J C, Shiue, Y C & Chen, C Y(2016) Examining the impacts of organizational culture and top management support of knowledge sharing on the success of software process improvement, *Computers in Human Behaviour*, 54, pp 462–474.
18. Marquardt, M J(2011) *Building the Learning Organization: Achieving strategic advantage through a commitment to learning*, 3rd edn, Nicholas Brealey, Boston, MA.
19. Marsick, V J(2013) The dimensions of a learning organizations questionnaire(DLOQ): introduction to the special issue examining DLOQ use over a decade, *Advances in Developing Human Resources*, 15, pp 127–132.

20. Marsick, V J & Watkins, K E(2003) Demonstrating the value of an organization's learning culture: the dimensions of the learning organization questionnaire, *Advances in Developing Human Resources*, 5(2), pp 132–151.
21. Moilanen, R(2005) Diagnosing and measuring learning organizations, *The Learning Organization*, 12(1), pp 71–89.
22. Pedler, M, Burgoyne, J & Boydell, T(1991) The Learning Company: *A strategy for sustainable development*, McGraw-Hill, London.
23. Pedler, M & Burgoyne, J(2017) Is the learning organization still alive? *The Learning Organization*, 24(2), pp 119–126.
24. Phillips, J J, Watkins, K E & Marsick, V J(1996) *Action Creating the Learning Organization*, vol 1, ASTD, Alexandria, VA.
25. Reese, S & Sidani, Y(2018) A view of the learning organization from a practical perspective: interview with Michael Marquardt, *The Learning Organization*, 25(5), pp 353–361.
26. Retna, K S & Jones, D(2013) The learning organization and Singapore culture, *The Learning Organization*, 20(4–5), pp 338–351.
27. Santa, M(2015) Learning organization review: a 'good' theory perspective, *The Learning Organization*, 22(5), pp 242–270.
28. Sanz-Valle, R *et al* (2011) Linking organizational learning with technical innovation and organizational culture, *Journal of Knowledge Management*, 15(6), pp 997–1015.
29. Schwandt, D R & Marquardt, M J(2000) *Organizational Learning: From world-class theories to global best practices*, CRC Press, Boca Raton, FL.
30. Senge, P M(1990) *The Fifth Discipline: The art and practice of the learning organization*, Doubleday Currency, New York.
31. Thomas, K & Allen, S(2006) The learning organization: a meta-analysis of themes in literature, *The Learning Organization*, 13(2), pp 123–139.
32. Tseng, S M(2017) Investigating the moderating effects of organizational culture

and leadership style on IT: adoption and knowledge sharing intention, *Journal of Enterprise Information Management*, 30(4), pp 583–604.

33. Vatankhah, M *et al* (2011) Surveying of learning organization indices and academic quality improvement in Islamic Azad universities, *Interdisciplinary Journal of Contemporary Research in Business*, 3(5), pp 861–875.
34. Watkins, K E & Dirani, K M(2013) A meta-analysis of the dimensions of a learning organization questionnaire: looking across cultures, ranks and industries, *Advances in Developing Human Resources*, 15(2), pp 148–162.
35. Watkins, K E & Marsick, V J(1993) *Sculpting the Learning Organization: Lessons in the art and science of systemic change*, Jossey-Bass, San Francisco, CA.
36. Watkins, K E & O'Neil, J(2013) The dimensions of the learning organization questionnaire(the DLOQ): a nontechnical manual, *Advances in Developing Human Resources*, 15(2), pp 133–147.
37. Watkins, K E, Yang, B & Marsick, V J(1997) Measuring dimensions of the learning organization, in 1997 *Conference Proceedings of the Academy of Human Resource Development*, ed R J Torraco, pp 543–546, The AHRD, Baton Rouge, LA
38. Yang, B, Watkins, K E & Marsick, V J(2004) The construct of the learning organization: dimensions, measurement and validation, *Human Resource Development Quarterly*, 15, pp 31–55.

第六章　支持知识共享和学习的组织文化

学习目标

完成本章学习后，读者应该能够：

- 了解组织文化的概念。
- 比较不同类型的组织文化。
- 分析组织文化对知识共享和学习的影响。
- 了解打造适宜的组织文化以促进知识共享和学习的方法。

根据分析单位的不同，文化可以存在于许多语境中：一组人为共同目标一起工作时，可能会打造独特的“群体文化”；一个国家或政权层面的文化，被称为“国家文化”；民族层面的是“民族文化”；职业层面也可以观察到或发展出文化，即“职业文化”——每个职业都会造就某些特定行为并表现在从业者身上。本章的分析单位是“组织”，因此讨论的是“组织文化”。

组织文化（organizational culture，缩写为 OC）可能会促进，也可能会妨碍知识共享和学习活动。因此，组织必须打造并维护适宜的文化，为知识管理和学习提供条件才能最终获得成功，即获得创新性和变革性，以此进一步发展或维持其市场竞争优势。本章首先阐明组织文化的概念并讨论各种类型的组织文化，然后明确组织文化对知识共享和学习的影响，最后探讨如何打造支持性组织文化，以促进知识共享和学习。

组织文化的概念

文化是一种人际互动模式，它往往是根深蒂固的，被称为组织的基因。尤其值得一提的是，文化可以影响自上而下的知识共享活动，包括知识共享的程度和内容。由此，组织文化可能会对相关的知识活动产生重大影响，尤其是对组织学习。因此一个颇具挑战性的问题是，怎样打造或管理组织文化才能达到促进知识分享和学习的目的。

组织文化通常是指使一个组织呈现当前面貌的那些基本价值观、信仰和行为准则。管理学理论研究人员早已将文化列入研究日程。文化变革指的是改变那些影响决策、行动和管理流程的企业精神、形象和价值观。不足为奇的是，组织文化有很多定义。

- 企业文化是组织成员共享的一系列认知（通常是心照不宣的），包括规范、价值观、态度、信仰和范式。
- 组织文化可以被定义为一个共享的价值观和规范体系。它为成员界定了什么样的态度和行为才是适宜的。类似地定义是，组织文化是规则、价值观、信仰、假设和态度的一种模式，影响着组织内部的行为。
- 组织文化是共享的基本假设中存在的某种模式。组织在解决外部适应和内部整合问题的过程中学习这一模式。这一模式运行良好，就会被认为是有效的，进而作为理解、思考和感受相关问题的正确方法传授给新成员。
- 组织文化是组织成员共享的一系列价值观，它设定了工作方式的标准和规则。

- 组织文化由四个动态的、循环的元素构成：假设、价值观、人工制品和符号。
- 组织文化是基本假设中存在的模式。这些基本假设模式是特定群体在学习解决外部适应和内部整合问题的过程中发明、发现或构建的，并且可以帮助领导者培养新人的价值观体系。
- 组织文化可以定义为一种明显的行为模式，或是跨越个体间的行为一致性，或是一个组织约定俗成的做事方式。

从组织文化的诸多定义中，我们可以总结出它在一些核心层面的含义。

- 评价层面：被人们奉为核心且将组织中的各部分整合在一起的社会期待、标准、价值观和信仰。
- 材料或人工制品层面：不仅包括作为组织标识的标志、比喻、符号和图像，还包括事件、行为和社会互动。
- 结果层面：组织文化可被传授给新成员，作为开展组织工作和解决问题等的"正确"或可接受的思维、认知和感受方式。
- 流程层面：组织执行任务、解决问题、化解冲突、对待客户和员工的一致方式。
- 社会层面：人际互动中的氛围和感受。

我们由定义的多样化和概念的多层面，可以看出组织文化的广度。可想而知，这种广度会对管理者理解组织文化的结构带来巨大挑战。如组织文化的人工制品层面相对容易认识，而其他层面则难以感知，比如处于组织文化核心的价值观。价值观被定义为"对于善恶、美丑、正常与异常、理性与非理性的非特定的总体感受"，它往往是非意识层面的，人们很少讨论它。一方面，组织文化在结构方面的丰富性为研究人员阐释社会群体行为提供了多种方法；另一方面，这种丰富性常常给组织文化研究带来很多混乱和误解。为了界定这一概念同时又不影响其丰富性，沙因用三层结构来解析组织文化（见图 6–1）：底层是基本假设，中层是明言的价值观，表层是可见的人工制品。假设是基础的、抽象的或无意识的、约定俗成的信仰、认知、思想和感受，它们共同构成了组织文化的基础层面。中层价值观表明了基本假设的主要内涵。价值观通常是管理层强加的，形式多样，包括战略、目标、哲学理念及正当性论证。表层是可见的人工制品，如规范、行为、标志、组织结构和流程。

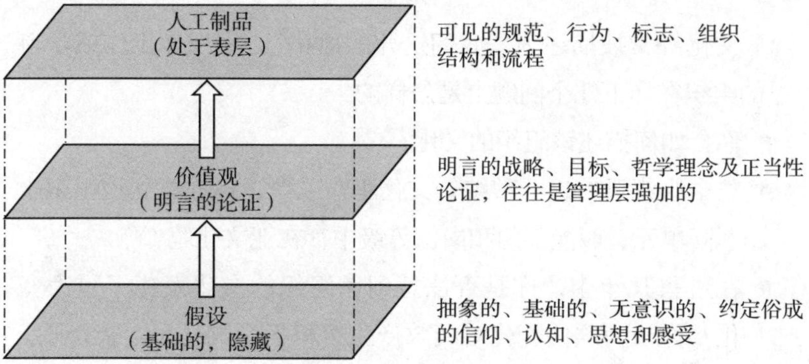

图 6–1　组织文化的三个层次

总之，组织文化具有许多功能，主要包括如下几点。

- 设立一系列具有社会身份的角色。
- 设定一系列期望，如每个身份的相关特质、能力和价值观。
- 设定每个身份的参考组的状态或值（价值）。
- 提供价值观、认知图式和心理模式，影响个人在其参与的各个小组和社区（小文化）中以及组织大文化中的行为方式。

最后，组织文化如果有一个大家公认的定义，就会变得不容易理解，因为它不是一个你可以指出来的分立“事物”或静态物体。相反，我们更应该把组织文化想象为组织赖以存在的介质。这个介质不仅是复杂的，而且是动态的，换句话说，它时刻处于变化之中，是个移动目标。此外，一个特定组织中还可能存在一系列代表不同工作组或职能部门的小文化。因此，组织文化是个复杂、动态、不断变化着的实体。

批判性思考与反思

你眼中的组织文化

文化经常被描述为“我们这儿的风格”。审视你工作或学习过的组织在如下几个问题上是怎样的。

- 你会如何描述该组织的文化？
- 整个组织只有这一种统一文化吗？或者，你注意到该组织中不同单元、职能部门和岗位等级中存在亚文化吗？
- 在过去几年中，你是否注意到该组织的文化发生了重大变化？你认为这些变化对绩效产生了积极影响还是消极影响？为什么？
- 促成这些变化的驱动力是什么？你认为这些变化的效果如何？

组织文化分类

虽然可以认为一个组织作为整体具有某种文化，但我们其实还能在一个组织中找到许多其他类型的文化或亚文化。组织文化的探讨方式之一是根据适当的标准或维度将其划分为不同类型。表 6–1 概述了文献中七种广为人知的分类方法，本节将会详细讨论这七种分类方案以及相应的文化类型。

表 6-1 组织文化七种分类方法概述

来 源	标准或维度	文化类型数量	内 容
迪尔、肯尼迪（1982 年）	风险等级和反馈速度	4	硬汉型文化、工作娱乐型文化、赌注型文化、流程型文化
汉迪（1985 年）	僵化度或自主度	4	权力型文化、角色型文化、任务型文化、人员型文化
丹尼森、米什拉（1995 年）	灵活性与稳定性，内部关注与外部关注	4	使命型文化、适应型文化、参与型文化、一致型文化
戈菲、琼斯（2000 年）	社会性、团结性	4	社区型文化、网络型文化、图利型文化、破碎型文化
卡梅伦、奎因（2011 年）	灵活性与稳定性，内部导向与外部导向	4	活力型文化、家族型文化、市场型文化、层级型文化
常、林（2015 年）	导向、控制性、开放性	10（5 对）	严格控制型与松散控制型、封闭系统型与开放系统型、过程导向型与结果导向型、工作导向型与员工导向型、专业文化型与本土文化型
卡瓦列雷、隆巴尔迪（2015 年）	流程灵活性、内部导向与外部导向	4	社区型文化、创新型文化、竞争型文化、官僚型文化

基于风险等级和反馈速度分类

迪尔和肯尼迪提出了最早的组织文化分类方法之一，这一分类方法基于两大准则：企业活动的风险等级，以及从反馈到决策和行动的速度。据此划分的四种组织文化类型分别是：硬汉型、工作娱乐型、赌注型和流程型。表 6–2 总结了这四种组织文化类型与两大标准相关的特点。

表 6-2 基于风险等级和反馈速度的组织文化分类

风险等级	反馈速度	
	慢	快
高	赌博型文化 ▪ 风险高、反馈慢 ▪ 更愿意合作，有创新倾向	硬汉型文化 ▪ 风险高、反馈快 ▪ 大多数时候不愿意合作，可能导致员工流失率高
低	流程型文化 ▪ 风险低、反馈慢 ▪ 显著特点是遵循程序、规则和层级 ▪ 无法快速响应，在处于瞬息万变的环境中时，这种文化可能面临危险	工作娱乐型文化 ▪ 风险低、反馈快 ▪ 可能以娱乐和行动为导向 ▪ 遭遇困境可能采用“权宜之计”的解决方案，缺少反思

批评性思考与反思

迪尔和肯尼迪的组织文化分类法

审视迪尔和肯尼迪提出的四个组织文化类型的关键特征。以你熟悉的组织和企业为例，说明特定组织和企业会采用哪种类型的组织文化，以及该文化为什么适合这个组织和企业。

基于人员组织方式的僵化度或自主度分类

在迪尔和肯尼迪的四种组织文化类型发表后不久，汉迪分析了组织人员执行任务时的僵化度或者说自主度，并据此将组织文化划分为四种类型。图 6–2 展示了汉迪的组织文化四类型。

汉迪对四种文化类型界定如下。

- 权力型文化：特点是最高决策者居于权力网络最中央，其他人员围绕在四周。明文规则极少，拥有决策权的人可适时制定规则。

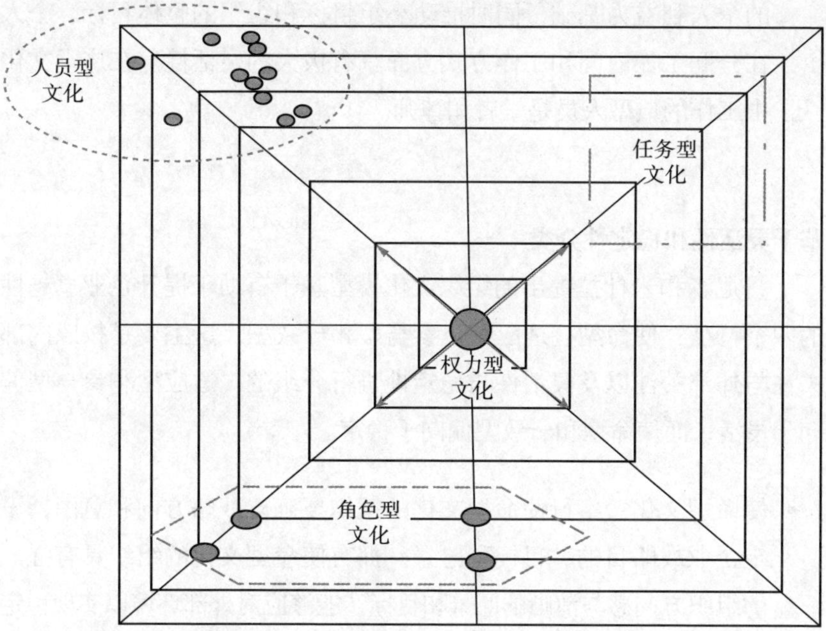

图 6-2　汉迪提出的组织文化四类型：权力型、角色型、任务型和人员型

在不断变化的商业环境中，这种文化类型能够做到快速响应。但是，远离权力中心的人员没有热情进行知识共享和学习。如果管理者或领导者权力过大，独裁专制，那么人员流失率可能很高。

- 角色型文化：为人员分配明确的组织角色，占主导地位的往往是规则、程序和岗位描述。在稳定的商业环境中，这类文化运行效果良好。但是，这类组织可能难以适应动荡的环境。
- 任务型文化：特点是项目式组织或矩阵式组织。为完成任务，汇集团队有效运行所需的相应资源和能力。彼此尊重的基础是个人能力，而非地位、身份、权力或角色。这种文化类型对于创新项目可能非常有效，但在成本合理化和规模经济方面可能不太成功。
- 人员型文化：赋予人员最高程度的自主权。集体行动以实现员工的个人利益为基础，同时推动小组目标和组织的整体目标。个人在分配工作时间和工作方式方面享有极大的灵活性。在这类文化中工作的典型人员是学者和律师。

基于灵活性和稳定性分类

丹尼森和米什拉提出的组织文化模型基于有助于提升企业卓越性的四个特征：使命型、适应型、参与型和一致型。这主要是按照内部关注与外部关注以及灵活性与稳定性进行分组的。适应型和参与型偏向于灵活，而使命型和一致型偏向于稳定。

- 使命型文化：奉行使命型文化的组织要确立战略方向和意图，设定企业战略目的、目标和愿景。拥有使命型文化的组织具有强烈的组织方向感与清晰的愿景和目标，能够应对外部环境以实现稳定性。使命型文化有三个重要标志：战略方向——使命需要长期愿景相伴，并且清晰地传达给所有员工；目标和目的——组织的领导者制定一套与使命和宗旨直接相关、虽具挑战性但可以实现的统一目标，并确定一套长效机制来测量目标完成情况；愿景——领导者和员工对未来形成的共识，能够激发员工的热情和灵感。
- 适应型文化：适应型文化需要感知和探查外部环境中的信号，然后作为回应，变革或重组内部行为和流程，以图适应、改进和发展。外部环境主要是指客户、消费者和竞争对手。组织还应当响应员工的需求，因为员工是内部客户。适应型文化也有三个重要指标：主动变革——组织应明确表现出具有预测未来情形、分析行业环境以及快速采取应对行动的能力；客户至上——服务客户，方法是倾听和理解客户的期望与要求，并根据客户反馈做出必要改革；组织学习——激励创新，支持获取组织知识的行为，鼓励员工投入学习并敢于冒险。

- 参与型文化：这种文化鼓励员工更多地参与他们的工作，更多地与同事互动，并以主人翁精神承担更多责任，员工自愿承担更多工作。组织认为，决策应该是一个集体过程，应在员工的参与下进行，组织内几乎不存在官僚主义习气。参与型文化的三个重要标志是授权、团队导向和能力发展。
- 一致型文化：一致型文化的属性包括价值观、意见一致、协调和整合。一致型文化中的员工拥有清晰的工作指示、界定分明的角色、明确的指导和行为准则。当员工遇到不熟悉的情况时，他们会以可预测方式做出响应。拥有此类文化的组织关注内部，能够保持员工队伍稳定性。一致型文化有三个重要标志：高度协调与整合，一致意见与共识，以及能够树立鲜明组织形象的核心价值观。

丹尼森和米什拉模型表明，绩效最佳的组织是那些各大特征完整且平衡的组织，或者四大特征表现水平都很高的组织。特别值得一提的是，顶级组织有办法调动员工的自主性和参与度，能够实现协同行动，支持能够体现组织核心价值观的一致行为。此类组织有能力应对商业环境的变化，并为员工提供清晰的愿景和未来方向。这个模型与其他组织文化模型十分不同。大多数组织文化模型都建立在文化效益理论基础之上，但是丹尼森和米什拉模型的基础是描述组织层面各种行为的场域理论。

基于社会性和团结性分类

同样地，戈菲和琼斯基于两大准则划分出四种组织文化类型。这两大准则是社会性和团结性。社会性测量的是友好程度，高社会性文化是指该文化中的人员彼此友好。团结性测量的是任务导向的程度，高团结性文化意味着尽管该文化中可能存在个人争端和冲突，但人们仍然能够为共同目标精诚合作。基于这两大准则划分的四种组织文化类型分别是：社区型文化（高社会性、高团结性），网络型文化（高社会性、低团结性），图利型文化（低社会性、高团结性）以及破碎型文化（低社会性、低团结性）（见图6–3）。

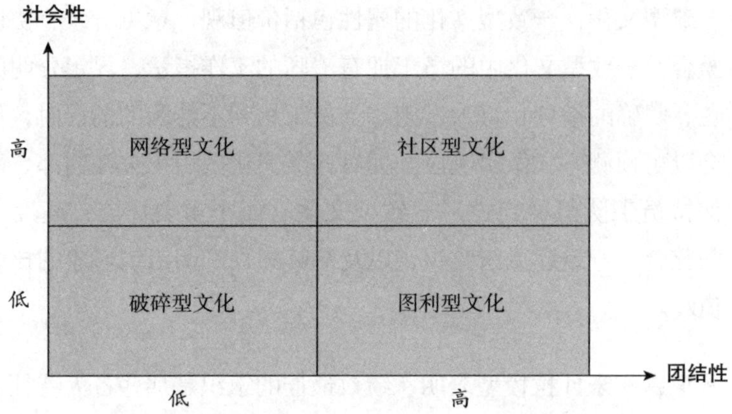

图6–3　基于社会性和团结性划分的四种组织文化类型

表6–3总结了这四种组织文化类型的优缺点。

表6–3　基于社会性和团结性的四种组织文化类型的优缺点

组织文化类型	优　点	缺　点
社区型文化	成员有归属感；任务驱动	领导影响力过大，很少能听到其他成员的声音
网络型文化	成员之间能友好相处，乐于共享知识	成员不愿意指出和批评不良表现
图利型文化	聚焦于严格的目标和快速完成任务	可能会残酷对待不良表现
破碎型文化	—	缺乏合作；归属感弱，缺乏组织认同感

竞争价值框架分类法

在组织文化分类方法中，最广为人知、覆盖最广的方法之一可能是由卡梅伦和奎因界定的竞争价值框架（competing values framework，缩写为 CVF）。卡梅伦和奎因的竞争价值框架中有四种组织文化类型，分别是活力型文化、家族型文化、市场型文化和层级型文化。这四种文化类型的划分基于两个维度：灵活性和自主性（稳定性和控制性）及内部导向与外部导向。

- 活力型文化：灵活性高，外部导向。这类文化的核心价值观是创造力、创业精神和冒险精神。它是一种高度活跃的文化，具有较高的风险承受能力以及激发员工积极性和创新力的能力。
- 家族型文化：同样强调灵活性，但属于内部导向。这类文化鼓励团队合作、员工参以及组织对员工做出承诺，换句话说，这种文化类型以人为本，强调人际分享，注重团队合作、忠诚、承诺和员工参与，有助于人力资源开发。
- 市场型文化：灵活性低，外部导向。这种文化的核心价值观是通过管理外部事物来实现目标，并获得一致性和竞争力。有人认为，这种文化以结果为导向，以客户为基础。市场型文化有助于提高组织效力，实现市场化运行。
- 层级型文化：关注组织内部问题，旨在建立稳定的环境以提高生产力，或是通过严格控制规则、政策或具体规定来生成高效、可靠的产品或服务。效率、协调、可预测性和严格遵守规范与规定是其主要特征。有人认为，这是最早成形且得到形式化、结构化工作场所认可的组织文化类型。

批判性思考与反思

组织文化竞争价值框架

- 把竞争价值框架中的四类组织文化（活力型文化、家族型文化、市场型文化和层级型文化）与汉迪以及迪尔和肯尼迪提出的组织文化类型相比较。你能找出竞争价值框架中四种文化类型与另外两种分类方式中的任何文化类型存在什么联系吗？
- 培养类似家族型文化中的“员工关怀”，可能对组织造成何种损害？

基于流程灵活性和内部与外部导向分类

最近，卡瓦列雷和隆巴尔迪基于两个准则提出了四种组织文化类型：一是组织流程的灵活性（有机的或机械的），二是组织更侧重于内部工作环境（如整合与磨合活动）还是自身在外部环境中的定位（如竞争和差异化）。这两个准则与卡梅伦和奎因使用的两大维度十分相似。他们由此划分的四种文化类型分别是：社区型文化、创新型文化、竞争型文化和官僚型文化。图 6–4 说明了这四种文化类型与其他文化类型之间的联系。

卡瓦列雷和隆巴尔迪对四种文化类型的界定如下。

- **社区型文化**：它的特点是流程具有高度灵活性和自主性，同时集中关注内部工作整合与磨合，而不是外部导向。这种文化强调员工的凝聚力和参与决策。这类文化十分关注员工的工作满意度和对组织的忠诚度，以及雇主与员工之间的信任和相互尊重。这与戈菲和琼斯模型中的“社区型文化”以及卡梅隆和奎因模型中的“家族型文化”类似。

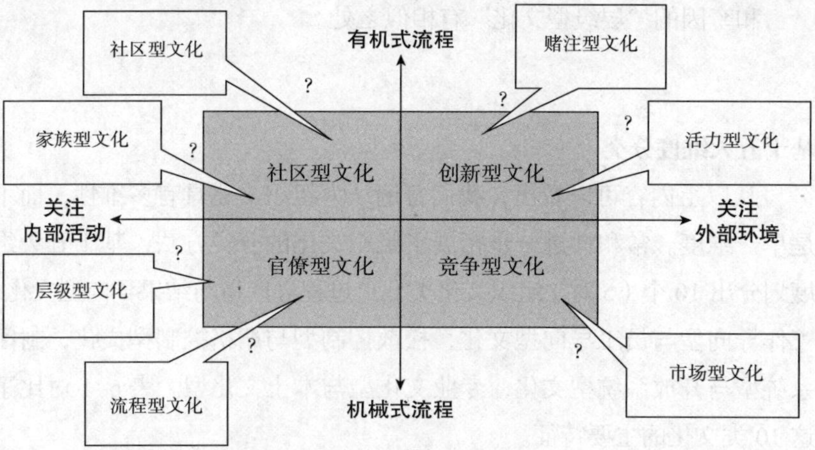

图 6-4 基于流程灵活性和内部与外部导向的四种文化类型及其与其他文化类型之间的联系

- **创新型文化**：这种文化也包括有机式流程，但侧重点放在外部环境上，即竞争和差异化。这种文化鼓励创业精神和创造力，鼓励组织寻找新机会谋求发展。员工的风险导向和快速适应变化的能力，是这类组织文化的核心。拥有创新型文化的公司更有可能支持社交互动，鼓励知识共享，促进学习。这类文化与赌注型文化和活力型文化有许多共同之处。
- **竞争型文化**：强调用机械式的理性方式获取竞争优势，战胜竞争对手。在这种文化中，工作实践和任务时间安排旨在激励员工努力工作，以实现组织的市场优势。这与卡梅伦和奎因的“市场型文化”类似。
- **官僚型文化**：其特点是机械式流程和内部导向，即侧重于程序和规则，因此决策流程又慢又长。这种文化通常强调通过层级系统来协调决策和行动。这种文化适合追求稳定、效率和形式化的组织。这种文化类型与迪尔和肯尼迪的“流程型文化”以及卡梅伦和奎因的“层级型文化”有相似之处。

基于五大维度分类

从以上内容可以看出，我们普遍认为组织文化具有多维性，而不是单一维度。常和林进一步拓展了组织文化的分类方法，基于五大维度划分出 10 个（5 对）组织文化类型：过程导向型与结果导向型文化，工作导向型与员工导向型文化，松散控制型与严格控制型文化，封闭系统型与开放系统型文化，专业文化型与本土文化型。表 6–4 对比了这 10 类文化的主要特征。

表 6–4　基于五个维度的 10 种文化类型比较

过程导向型文化 ■ 强调实施工作的方法和过程 ■ 遵守规章制度 ■ 规避风险 ■ 机械式的稳定组织	**结果导向型文化** ■ 强调目标的达成 ■ 鼓励为完成任务而冒险 ■ 乐于创新和迎接挑战 ■ 有机式的柔性组织
工作导向型文化 ■ 强调工作绩效 ■ 强调工作流程最优化和生产力 ■ 对员工个人或家庭福祉关怀有限 ■ 忽略个人感受	**员工导向型文化** ■ 十分关怀个人福祉，包括关心、家庭、信任、爱心和互相扶持的精神 ■ 决策者往往是委员会和个人
松散控制型文化 ■ 几乎没有成文或不成文的行为准则 ■ 以随意态度对待截止日期和成本 ■ 对个人的形式化和约束性控制较少	**严格控制型文化** ■ 有严格的成文和不成文政策 ■ 更重视成本意识和守时意识 ■ 以约束性方式和官方态度控制个人 ■ 遵守规则和法律 ■ 强调精确、严肃、不开玩笑的态度
封闭系统型文化 ■ 有神秘性 ■ 对外部和内部人员均持怀疑态度 ■ 少数几个人组成“内部圈子” ■ 新员工需要较长时间才能融入	**开放系统型文化** ■ 强调清晰透明的沟通渠道 ■ 对外部人员和新员工持开放态度 ■ 鼓励员工互动

（续表）

专业文化型	本土文化型
■ 确保成员的思维和行为方式符合职业需要，从而塑造一个社区 ■ 个人从其工作类型（医生、律师、教师等职业）中获得身份认同感 ■ 招聘时强调个人的专业能力	■ 个人从其任职的公司中获得身份认同感，公司的社会价值观、信仰和规范与其自身类似 ■ 倾向于招聘个性和信仰与组织文化相符的新员工

总之，研究人员已经界定了许多类型的组织文化，每种文化都有自己的特点和适用性。每种组织文化都是该组织所特有的，是组织特有经历和历史的产物，并随着时间的推移而逐渐演变，塑造着组织的身份。有效的诊断组织文化，有助于解释用其他方式无法预料的员工行为模式。此外，学者指出，组织绩效取决于员工接受和共享组织文化价值观的程度和方式，特别是，强文化与组织学习和知识共享存在关联。一般而言，组织的价值取向更具开放性和支持性，往往就更容易产生建设性的知识行为。信任和协作等价值取向，会使员工更愿意彼此分享见解和专业知识。

批判性思考与反思

从不同分类方案中分析组织文化

图 6–4 分析了四种不同的组织文化分类方案。通过比较坐标系中各个象限里的文化类型，比如左上角中的社区型文化和家族型文化，你能得出哪些深层洞见？对每个象限里的几种文化类型进行比较。

作为对比，强调公司成员个人权力和竞争的价值体系，会导致知识隐藏（指的是一人向另一人请求知识时，对方故意隐瞒的二元关系）和知识囤积（在没有具体个人请求知识的情况下，把知识控制在自己手里）。因此，组织应设法强化和塑造最有利于知识共享和学习行为的文化价值观。

示 例

组织文化——整合与差异化

围绕组织文化的主要争议之一是，企业是否有统一的、占主导地位的企业文化在推动知识管理决策、实践和结果，或者说是否有多种各具独特价值观的局部文化在并行发挥作用。

阿拉维、凯沃斯和莱德纳概述了争论双方的论点，分别表示为整合观点和差异化观点。表 6–5 对比了两种观点的主要特征、优点和缺点。

表 6–5 整合视角和差异化视角的组织文化比较

	整合视角	差异化视角
主要特点	▪ 把组织文化看作一个同类价值观的集合，起到整合机制、社交或规范黏合剂的作用，把各个潜在的形形色色的组织成员群体凝聚在一起 ▪ 特点是文化的一致性以及组织文化成员间的共识性，领导通常被视为文化塑造者	▪ 把组织文化描述为由各具独特价值观的多种局部文化构成的混合体 ▪ 虽然可能会有基本的主流组织文化，但企业中可能同时存在多种其他文化 ▪ 这一观点可能更加实际，特别是在复杂的大型组织中
优点	▪ 制定战略，塑造统一的组织文化，鼓励人员采用共同的行动原则 ▪ 文化是可以管理的，而且也应该加以管理	▪ 组织是多种子文化的综合体 ▪ 不仅仅只有领导在生成价值观。价值观是联合力量的结果，比如任务本身、员工使用的技术，组织所处生命周期发展阶段的束缚，以及商业环境的重大变化等外部因素

（续表）

	整合视角	差异化视角
缺点	▪ 无法解释文化冲突和价值观的模糊之处 ▪ 只有在组织中得到广泛共享的价值观才是有效的	▪ 组织是各具独特价值观的小社会，因此可能会形成相互竞争甚至是彼此冲突的局部文化，比如各个职能线、专业性职业、种族背景或岗位级别 ▪ 难以在组织层面进行管理

问　题

1. 你最赞同哪种观点，是整合观点还是差异化观点？为什么？
2. 你认为为什么对于复杂的大型组织而言，组织文化的差异化观点更加实际？

组织文化对知识共享和组织学习的影响

在过去四十多年里，研究人员在组织文化定义和分类方面做了大量工作，但是在探讨组织文化对以知识为基础的活动和流程的影响方面，起步则要晚得多。尤其是集中关注组织文化对知识共享和学习行为影响的经验性研究，大多是近年才开展起来的。

组织文化对知识共享的影响

知识共享具有促进组织学习和创新的价值，因此备受关注。员工间共享知识是组织充满竞争的关键驱动力。但是，组织面临的一个根本性问题是，员工可能缺乏与其他组织成员分享其知识的意愿，这取决于组织文化类型及其影响。为探讨如何塑造一个促进知识共享的组织文化，本节将会介绍不同组织文化类型和文化因素对知识共享的影响。

方和郭以竞争价值框架中界定的四种文化类型为例——活力型、家族型、市场型和层级型文化，研究了文化如何影响组织中的知识流和知识共享。其研究语境是建筑行业中的承包公司。在这四种文化类型中，家族型文化的知识共享效力在项目层面和组织层面均是最高的。这意味着承包公司的文化很大程度上取决于诚恳交流、尊重、信任和紧密的人际关系。这一发现表明，对于承包公司而言，团队合作和网络或人员十分重要。它还表明，除了项目为本，建筑业还是以人为本的行业。家族型文化对知识共享在这方面的影响得到了李、修和陈的支持。他们的研究揭示了家族型文化和层级型文化对知识共享具有积极影响，而在拥有市场型和活力型文化的组织中，员工知识共享行为较少。方和郭进一步得出结论，在建立知识管理系统和实施知识管理解决方案时，应考虑高管层和组织文化的其他因素，特别是通过组织记忆进行跨项目知识共享的时候。

卡瓦列雷和隆巴尔迪的研究针对的是来自跨国公司的 6 家制造型子公司的 389 名员工。研究表明，四种文化类型（社区型文化、创新型文化、竞争型文化和官僚型文化）在以知识为基础的流程中都发挥了重要作用。研究还发现，社区型文化、创新型文化和官僚型文化对员工贡献知识有积极影响，但竞争型文化对员工贡献知识的影响则是负面的，同时，官僚型文化和竞争型文化对知识收集具有积极影响。此外，高管层的大力支持，对知识贡献和知识收集行为都具有尤为重要的影响。卡瓦列雷和隆巴尔迪的主要贡献之一是，他们的研究同时涉及知识共享的两个方面：来自知识发送者的知识贡献，以及来自知识接收者的知识收集。

根据常和林的研究，特定的组织文化类型对知识共享的影响也很明显。调查结果来自台湾 15 家 IT 公司，共包含 326 份有效问卷。图 6–5 对调查结果进行了总结，概述了不同的文化类型是如何影响知识转移和知识共享的。请从左到右阅读该表。例如，相比过程导向文化，结果导向文化对个人知识共享意愿的影响更加积极。需要注意的是，该调查未能提供足够的证据支持表中关于知识共享意愿的最后两项陈述：一是封闭系统型与开放系统型文化之间的影响程度比较，二是专业文化型与本土文化型之间的影响程度比较。

协作型文化与知识共享有效性之间的正相关关系，也得到了杨的支持。他的研究发现，特定组织或文化因素与知识共享之间存在正相关的关系，包括信任、沟通、高管层的支持、使用信息系统、奖励制度和领导风格。帕克、里比耶和舒尔特识别出 44 个能够支持知识管理和促进知识共享的组织文化属性，并将其一一排名。总之，组织文化不仅能够影响知识拥有者与其他组织成员分享知识的意愿和行为，而且鼓励学习的组织文化还能打造有利的环境，通过技术支持和社交互动可以将知识共享简单化、易行化。

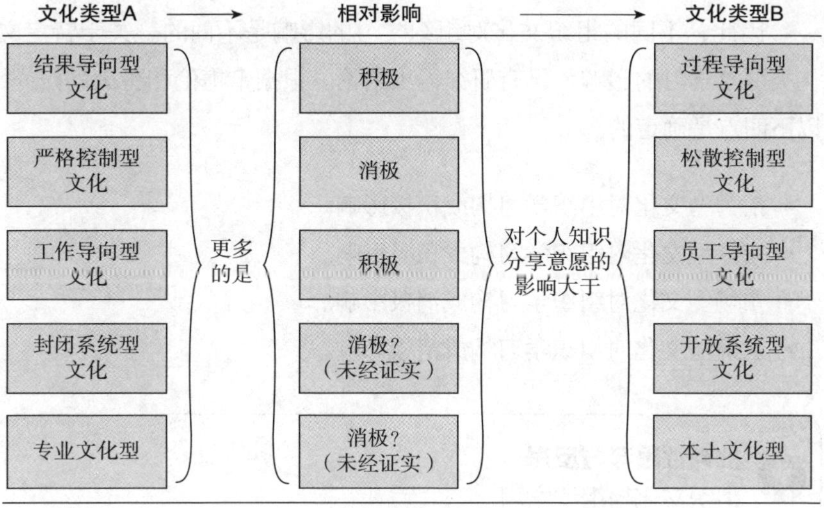

图 6-5　组织文化类型对知识共享影响的相对性质

组织文化对组织学习的影响

研究表明，文化是组织学习流程中的一个重要因素，因为文化极大地影响着员工的行为。因此，组织文化既可能促进学习，也可能对学习构成重大障碍，这取决于该组织倡导的价值观。总的来说，有必要塑造一种强调改进和学习愿望的文化。对于这一点，学界已有共识。组织文化对组织学习的影响主要有以下四种。

- 组织文化塑造着员工的知识相关假设，包括知识的重要性大小以及哪些知识值得管理。
- 组织文化使个人知识得以成为组织知识，即组织文化影响着组织学习流程。
- 组织文化塑造着新知识的创造、合法化和分布流程。
- 组织文化设定了社会互动的环境，而这一环境最终决定着组织创造、共享和应用知识的成效。

因此，不同的组织文化对组织学习的影响是不同的。关于特定文化类型对学习的影响，已有研究得出结论。根据卡梅伦和奎因的研究，以下四点是确定的。

- 活力型文化对组织学习构成积极影响。
- 家族型文化对组织学习构成积极影响。
- 市场型文化对组织学习构成消极影响。
- 层级型文化对组织学习构成消极影响。

批判性思考与反思

组织文化与组织学习

把组织文化（本章主题）和组织学习（第四章主题）联系起来，

> 你认为双环学习是否会要求文化变革，因为其原则是质疑组织中的基本假设和价值观？

既然了解了组织文化对知识共享和组织学习的影响，组织应该塑造并维护适宜的文化，使知识共享和学习成为员工日常工作中的一项自然活动。

塑造组织文化，促进知识共享和组织学习

虽然每个组织都有自己或强或弱的文化，但许多组织并未有意识地塑造知识共享和学习的文化，而是在无意识中创造了自己的文化并让它融入员工的生活和工作中。除非采取特别措施，否则员工不会认识到一贯被视为理所当然的那些态度、信仰和愿景其实是可以传给后来人的标准化假设。

要培养并保持创新能力和竞争能力，组织必须塑造和管理文化。特别值得一提的是，组织文化可能促进或阻碍知识共享和学习活动。例如：某些组织文化象征会严重抑制组织中的知识共享和学习，比如失败忧虑、知识囤积及“非由我创，不为我用”的立场。企业成功的基本先决条件之一是塑造能够促进而不是阻碍知识共享和学习的组织文化。有利于知识共享和学习的文化能够帮助组织适应周围环境。如前文所述，学者们已经归纳出数十种组织文化和文化因素。这部分将着重介绍排名靠前且得到广泛认可的因素，从而塑造促进知识共享和学习的组织文化。

塑造充满信任的组织文化

要打造有利于知识共享的学习型文化，信任被认为是最重要的因

素之一，特别是就社会交互而言。显然，不管是知识拥有者的知识贡献，还是接收方的知识收集，信任都是先决条件。打造知识共享文化的一个关键方面是人际信任，这指的是一个人对他人的信心，以及能够在多大程度基于他人的言语、决策和行为而采取行动，即人与人之间的信任。文献还提到其他类型的信任，但那些超出了本节讨论的范畴，比如组织之间的信任以及组织与客户之间的信任。

人际信任可以概念化为两个维度：基于认知的信任和基于感情的信任。基于认知的信任以组织中个人的现有知识、能力和责任为基础。基于感情的信任以个人之间的情感纽带为基础，这更多地与自愿知识共享相关，因为情感信任能降低脆弱感，减轻对方利用自己或投机的恐惧。

许多研究报告称，信任与知识共享之间存在正相关的关系。例如，卢卡斯发现，同事间的人际信任与同事声誉对组织内部员工知识转移的影响是不同的。斯梅德隆德指出，组织中具备特定特征的社交网络能够促进隐性知识共享；这类社交网络中，人际联结的基础是同事间以互惠互利为常态的人际关系和长期工作关系。霍尔斯特和菲尔茨探讨了基于认知的信任和基于感情的信任对员工共享和使用隐性知识意愿的影响。结果表明，隐性知识共享和使用取决于同事间的感情信任和认知信任。这说明，在诊断组织知识交流相关流程时，应仔细分析员工间的信任类型和信任程度。研究还进一步发现，基于感情的信任对隐性知识共享意愿的影响更大，而基于认知的信任对隐性知识使用意愿的影响更大。

莱文和克罗斯的研究证实，基于认知的信任对知识共享具有重大积极影响。这可能是专业人士把在工作中积累的隐性知识视为宝贵资产的缘故，因此他们只愿把这些知识分享给声誉好的同事（基于认知的信任）。关于隐性知识共享的建议是，最重要的可能是以感情信任为基础的人际关系，并通过社交倾向和友谊等内在动机促成此类人际关系。

在显性知识共享方面，巴克等人发现，基于认知的信任对团队知识共享具有重大消极影响。这可能是因为，高度的认知信任意味着当事人认为同事在该领域能力很强，已经拥有很多知识。结果是，同事不愿意与他们眼中的能干同事分享知识，因为他们认为这是多此一举。我们由此可以得出结论，高度的认知信任妨碍知识共享。相比之下，斯威夫特和黄发现，认知信任对显性知识共享具有积极影响，但程度并不显著。戈也没有发现认知信任对显性知识共享具有显著影响。总之，关于认知信任对显性知识共享的影响，尚无定论。

当个人出于信任对同事怀有好感时，他不大会从经济角度看待同事，而是更多地从社会交互的角度看待，因此会更加乐于共享知识。

塑造得到高管支持的组织文化

在影响同事共享知识意愿的因素中，高管的支持被广泛认定为最相关的一个，因此它是知识共享和学习的一个关键驱动因素。由此而论，高管支持可以定义为，高层管理人员支持员工知识共享和鼓励员工学习的力度。我们可以从如下四个不同级别来理解高管支持。

- 高管认为，鼓励员工与同事共享知识和相互学习是有益的。
- 高管始终一致地支持和鼓励员工与同事共享知识并相互学习。
- 高管提供大部分必要帮助和资源以促成同事间的知识共享和学习。
- 高管渴望看到员工乐于与同事共享知识和相互学习。

当然，高管的支持应该是鼓励性质而不是强制的，也就是说，员工应该得到上级的建议和反馈，了解应该在组织内部共享哪些知识以及如何共享，以便更好地参与组织活动，更加积极地为组织绩效做出贡献。帕克、里比耶和舒尔特通过问卷调查从学者和行业专家处收集了软件流程改进背景下的数据，并基于数据分析得出一个重要结论：

高管支持对知识共享和学习具有积极影响。其他研究结果与上述结论一致。

高管层通常负责设定愿景和积极配置宝贵资源以培养组织文化。因此，有学者提出了以下几条建议。

- 在知识贡献方面，高管层需要重视和奖励的不仅是员工的工作成果，还包括他们贡献工作知识和参与学习。
- 高管层应定期举行颁奖仪式，表彰并补偿那些积极参与知识共享和学习的员工。
- 高管层应举办会议、研讨会和培训会等，通过此类教育手段创造知识共享机会。
- 高管层应以身作则，表现出积极共享知识和学习的期望行为。
- 在知识收集和接收方面，对员工而言，接收和收集不同知识通常不是一件容易的事，因此，高管层必须以身作则接受新知识和他人的意见，避免“小集团思想”。

达尔基尔认为，高管层仅仅提供支持是不够的，还必须打造知识共享和学习的强文化。因此，高管层构建组织的社会实体，塑造价值观，帮助设定和实现组织愿景，这些是极为重要的。

通过动员和激励塑造组织文化

要培养有利于知识共享活动和组织学习的文化氛围，激励措施至关重要。组织需要设计和提供激励措施，吸引员工积极参与知识共享和学习，从而培养适宜的组织文化类型。

个人知识共享和学习的驱动因素可分为两类：内在动机和外在动机。内在动机包括自我效能感和利他主义。当个人在知识共享和学习过程中寻求的是快乐、兴趣、满足或自我表达时，那么他们的驱动力是内在动机。常见的外在激励包括金钱奖励、认可和职位晋升。因为内在动机相对难以左右，而且结果更具不确定性，所以这些内在缺陷往往会导致管理团队望而却步，不在实践中实施内在动员措施。因此，组织广泛采用的是外在激励手段。

就知识共享而言，激励措施的有效性取决于知识形式：是编码知识，还是人性化的知识。存储于组织记忆中的编码知识更容易获取，因此更容易共享；而人性化的知识则与知识创造者紧紧捆绑在一起，主要通过人际社会交互共享。研究表明，编码知识最适合外在激励，比如基于个人知识共享行为的金钱奖励制度。对于共享人性化的知识而言，外在激励的效果可能不及编码知识，因为记录和测量人际间共享的知识是内在激励[1]的必要前提，但这对于人性化的知识而言并非易事。但是，内在动员最适用于激励人们将团体中的知识共享付诸实践。

李和安研究了如何设计激励机制以实现有效的组织内部知识共享。研究情境是借助形式化组织记忆进行显性编码知识共享。他们讨论了两种类型的奖励制度：个人奖励制度和团队奖励制度。研究人员指出，基于每个知识工作者的知识共享贡献实行个人奖励，成本可能很高。如果奖励团队绩效，个人可能会认为他们分享的知识能够提升他人表现，从而反过来增加个人所获奖励。结果是，个人的知识共享动机可能会更高。这样的话，企业就可以根据整个团队或组织的绩效来实行奖励。李和安的研究结果还表明，一般来说，就编码知识共享而言，团队奖励的有效性不如个人奖励。对于编码知识，组织可以实行简单的线性奖励制度，根据知识共享的数量和生产力进行奖励，以便有效利用知识资产。但是对于人性化的知识，由于组织很难测量个人贡献大小，基于团队绩效进行奖励会更加实际。此外，调查结果显

1　原文是 intrinsic incentives（内在激励），但是根据上下文判断，这里应该是 extrinsic incentives（外在激励）。——译者注

示，在团队奖励制度下，拥有生产性知识的工作者可能不会分享他们的知识。不过李和安认为，建立组织主人翁规范也许可以缓解这一潜在问题。

我们从李和安的研究中可以得出一个有趣的启示：可以用其他组织因素（比如工作安全感、信任、关怀和组织荣誉感）补充奖励制度。类似地，投资 IT 系统也可以补充知识共享奖励制度。这一建议得到吕和张的赞同，以及曾的支持。这几位研究人员进一步探讨了奖励措施与信息技术相结合对知识共享和学习的影响并得出了以下七个结论。

- 激励知识共享的措施能够促使知识工作者自愿与同事分享知识。
- 知识管理系统将会捕获共享的知识，并存储在组织记忆（知识库）中，增加组织记忆的存储量。
- 知识库的存储量越大，尚不适应组织文化的工作者越有可能获得深入学习所需的知识。
- 从知识库中学习能使尚不适应组织文化的工作者成为适应文化的工作者，从而提高组织的整体文化契合度（适应组织文化的工作者总人数）。
- 当组织具有较高文化契合度时，更多工作者将会加入知识共享活动中，进而增加知识库的存储量。
- 信息技术为工作者提供了有用工具，让他们能够更加轻松地分享宝贵的知识。
- 信息技术让员工能够更轻松地搜索知识库并找到他们想要学习的知识。

以良好的领导力和沟通力来塑造组织文化

领导风格通常决定着团队和组织内部的沟通风格，因此，要塑造有利于推动知识共享和学习的文化，具备良好沟通能力的恰当领导必不可少。领导指的是统筹协调一群人完成任务的个人行为。领导行为就是通过沟通流程来施加人际影响，从而达成特定目的或目标。有些领导者能够获得下属的支持和承诺，有些领导者则不能，其中的差距源于不同的领导风格。

得到普遍认可的领导风格有四种：魅力型领导、交易型领导、变革型领导和服务型领导。

- 魅力型领导：通过对未来和目标的乐观表述来激励他人，鼓舞下属对团队共同目标充满积极感受。
- 交易型领导：给予奖励和施加惩罚，通过沟通流程鼓励下属，例如在完成任务时给予奖励或认可。
- 变革型领导：通过与下属的沟通和互动来建立组织的集体观念，了解下属实现目标需要什么。变革型领导在实现预期目标方面通常更加灵活，必要时对变化持更加开放的态度。
- 服务型领导：渴望为他人服务，满足他们的需求、愿望和利益，用利他的态度来影响下属为组织或他人做出牺牲的意愿。

文献表明，不同领导风格对知识共享有着直接和间接的影响。具体而言，曾发现，领导风格与组织内部员工知识共享意向之间具有相关性。不同领导风格的影响力从高到低排列如下：服务型领导、魅力型领导、变革型领导和交易型领导。曾进一步探讨了四种不同文化类型（活力型文化、家族型文化、市场型文化和层级型文化）与知识共享之间的关系。研究结果表明，组织文化的影响力按照从高到低排列如下：家族型文化、层级型文化、市场型文化和活力型文化。基于以上发现，该研究总结了一个矩阵表，用来说明组织文化类型和领导风格在知识共享中扮演的角色。研究得出结论：要最大程度地影响知识共享，家族型文化应采用服务型领导风格；相反，交易型领导风格和活力型文化应避免相互搭配，因为这一组合对知识共享意向的影响最弱。

批判性思考与反思

实践中的组织文化

你是否曾有过这样的经历，需要共享知识，但是公司同事或大学同学之间存在文化误解或冲突？回想此类情境。当时你是如何管理该情境的？你得出了哪些经验教训？怎样才能避免当时的误解和冲突并改善组织内部文化理解，以促进知识分享和学习？

本章小结

需要强调的是，关于组织文化——特别是特定组织文化类型和文化因素对知识共享和组织学习的影响，相关研究尚处于起步阶段。现有研究既没有覆盖全部已界定的文化类型，也没有覆盖全部已界定的组织文化因素，尚未穷尽它们对知识共享或广义的知识管理的影响。此外，商业环境是高度动态、瞬息万变的，因此可以预期的是，随时可能出现新的文化类型和新的组织文化因素。本章的主要目的不是列举全部的组织文化类型，也不是指出组织文化类型与知识共享和组织学习两者之间的所有可能关联。本章的目的是通过几个例子来说明组织文化、知识管理和组织学习之间存在密切联系。一个重要意图是让对这一主题感兴趣的学习者以本章为知识基础，继续关注最新研究。还需要记住的重要一点是，关于组织文化对知识共享和学习的积极或消极影响，可能会有不同甚至是相互冲突的发现，因为现有研究都有各自的具体环境（如行业、地理区域、研究方法、样本规模限制及被调查者的文化背景等）。我们在解释它们之间的关联时必须要考虑具体环境，将现有发现应用于实践，特别是应用于不同文化环境时，需要审慎思考。

学习要点

- 文化深入组织的本质——文化之于组织，几乎相当于人性之于个人。一个组织是怎样的组织（包括其使命和核心价值观），对这一点的清晰认识已成为现代企业的一项必要资产。
- 组织文化是指对组织成员的共同价值观、规范、信仰和人工制品的一系列领悟。组织文化为现有员工工作方式和新员工培训设定了标准和规则。
- 组织文化的定义有很多。这些定义可能来自不同环境，覆盖不同层面，如评估层面、材料或人工制品层面、结果层面、流程层面和社交层面。
- 我们可以把组织文化理解为一个三层结构：处于底层的是假设，中间层是明言的价值观，表层是可见的人工制品。
- 学界存在多种分类方案，并依此界定出许多组织文化类型。很多分类方案用的是自己的分类标准和维度，因此所界定的文化类型名称迥异。尽管术语各不相同，分类标准多种多样，但是许多组织文化类型之间仍有重叠。我们观察到一个有趣现象，大多数分类方案使用了两个标准或维度并据此划分出四种组织文化类型。
- 根据单一标准，即为了完成工作任务而导致组织人员的僵化度或自主度，我们可划分出四种文化类型：权力型文化、角色型文化、任务型文化和人员型文化。
- 根据两大标准（风险等级和反馈速度），我们可将组织文化划分为硬汉型文化、赌注型文化、工作娱乐型文化和流程型文化。

- 竞争价值框架将组织文化划分为活力型文化、家族型文化、市场型文化和层级型文化。
- 社区型文化、网络型文化、图利型文化和破碎型文化的分类标准是社会性和团结性。
- 从流程灵活性和组织导向（内部或外部环境）这两个维度来审视组织文化，我们可以划分出创新型文化、社区型文化、竞争型文化和官僚型文化。
- 通过多元维度，我们可以把组织文化划分为几组彼此对立的文化类型：过程导向与结果导向、工作导向与员工导向、松散控制与严格控制、封闭系统与开放系统、专业文化与本地文化。
- 组织文化可能会促进或阻碍知识共享和组织学习。影响性质（积极或消极）和影响程度（重大或微弱）取决于特定文化类型和所共享的知识类型（隐性或显性）。
- 在塑造支持性组织文化以促进知识共享和学习方面，许多因素都发挥着至关重要的作用，包括信任、高管的支持、动员和激励以及领导和沟通。

复习题

- 为什么说对于知识管理，尤其是知识共享而言，组织文化十分重要？
- 组织文化对学习有直接或间接的影响吗？你为什么这样认为？
- 在你看来，组织文化是可见的还是不可见的？
- 如果你把本章讨论的六种组织文化分类方案（包含四种文化类型）放在一起审视，你能观察到哪些模式或趋势？
- 在制造业中，根据所生产产品的数量和种类，业务流程通常可以分为五类，基于数量和种类按升序排列分别是：项目流程、零工流程、批量流程、大众流程和连续流程。对使用五种制造流程的组织，你会推荐哪种类型的组织文化？为什么？

- 在服务行业，根据所提供服务的数量和种类，业务流程通常分为三类，分别是：专业服务（与客户密切沟通，具有高度定制性，即多品种少批量）、服务商店和大众服务。如果你正在运营一家提供上述不同服务类型的组织，你希望塑造哪种类型的组织文化？为什么？
- 哪种类型的文化适合中小企业或初创公司？在中小企业或初创公司中培养这种类型的文化有哪些优缺点？如何打造和维护这种文化？
- 有些企业是市场领导者，有些企业是追随者。哪种文化类型有利于市场领导者，为什么？哪种文化类型有利于追随者，为什么？
- 为什么建立一个员工间高度信任的组织文化对于促进知识共享和组织学习十分重要？
- 激励措施促进知识共享和学习的效果如何？用你熟悉的例子说明，这些激励措施在鼓励知识共享和学习方面效果如何？可以用你工作经历中的例子，也可以用你在媒体上或在其他地方听说的案例。如果效果不佳，你有什么建议来改善这一状况？
- 根据你的个人经验，你认为信任是影响知识共享和学习的重要因素吗？你是否有过因为缺乏信任而阻碍知识共享和学习的经历，或者因为存在信任而推动知识共享和学习的经历？
- 研究组织文化对知识共享的影响。试着从文献中找出一些相互矛盾的结论。例如，有人可能声称，基于认知的信任与知识共享之间存在正相关；也有人声称，它们之间呈负相关。当你从不同文献中得到相互矛盾甚至是完全相反的结论时，你会怎么做？
- 在哪种类型的组织文化中，领导发挥着重大作用？在哪种文化类型中，领导的影响是非常有限的？

- 就领导风格及其与知识共享和学习之间的关系进行文献综述。大部分文献观点基本一致，还是基本上都不一致？
- 基于你的个人经验，同事们对知识共享持何种态度？你发现他们乐于分享，还是更具知识藏匿或知识囤积特性？你认为同事们分享、隐藏或囤积知识的主要原因是什么？
- 如果你被任命为一家跨国公司的知识官，使命是促进知识共享，你认为在推动来自不同文化的人员共享知识的过程中，可能会遇到什么困难？从管理的角度来看，跨国公司管理层有什么办法解决此类问题？

参考文献

1. Al-Alawi, A I, Al-Marzooqi, N Y & Mohammed, Y F(2007) Organizational culture and knowledge sharing: critical success factors, *Journal of Knowledge Management*, 11(2), pp 2–42.
2. Alavi, M, Kayworth, T R & Leidner, D E(2005–6) An empirical examination of the influence of organizational culture on knowledge management practices, *Journal of Management Information Systems*, 22(3), pp 191–224.
3. Bai, Y, Lin, L & Li, P P(2016) How to enable employee creativity in a team context: a cross-level mediating process of transformational leadership, *Journal of Business Research*, 69(9), pp 3240–3250.
4. Bakker, M *et al* (2006) Is trust really social capital? Knowledge sharing in product development projects, *The Learning Organization*, 13(6), pp 594–605.
5. Bartol, K M & Srivastava, A(2002) Encouraging knowledge sharing: the role of organizational reward systems, *Journal of Leadership and Organization Studies*, 9(1), pp 64–76.

6. Cameron, K & Quinn, R(2011) *Diagnosing and Changing Organizational Culture: Based on the Competing Values Framework*, 3rd edn, Addison-Wesley, Boston, MA.
7. Casimir, G, Lee, K & Loon, M(2012) Knowledge sharing: influences of trust, commitment and cost, *Journal of Knowledge Management*, 16(5), pp 740–753.
8. Cavaliere, V & Lombardi, S(2015) Exploring different cultural configurations: how do they affect subsidiaries' knowledge sharing behaviours? *Journal of Knowledge Management*, 19(2), pp 141–163.
9. Chang, C L & Lin, T C(2015) The role of organizational culture in the knowledge management process, *Journal of Knowledge Management*, 19(3), pp 433–455.
10. Chang, W J, Liao, S H & Wu, T T(2017) Relationships among organizational culture, knowledge sharing and innovation capacity, *Knowledge Management Research and Practice*, 15, pp 47–90.
11. Dalkir, K(2017) *Knowledge Management in Theory and Practice*, 3rd edn, MIT Press, Cambridge, MA.
12. Deal, T E & Kennedy, A A(1982) *Corporate Culture: The rites and rituals of corporate life*, Addison-Wesley, Reading, MA.
13. De Long, D and Fahey, L(2000) Diagnosing cultural barriers to knowledge management, *Academy of Management Executive*, 14(4), pp 113–127.
14. Denison, D R & Mishra, A K(1995) Toward a theory of organizational culture and effectiveness, *Organization Science*, 6(2), pp 204–223.
15. Denison, D R, Nieminen, L & Kotrba, L(2014) Diagnosing organizational cultures: a conceptual and empirical review of culture effectiveness surveys, *European Journal of Work and Organizational Psychology*, 23(1), pp 145–161.
16. Dietz, G & Hartog, D J D(2006) Measuring trust inside organizations, *Personnel Review*, 35(5), pp 557–588.
17. Eaves, S(2014) Middle management knowledge by possession and position: a

panoptic examination of individual knowledge sharing influences, *Electronic Journal of Knowledge Management*, 12(1), pp 6–86.

18. Evans, M M, Wensley, A K P & Frissen, I(2015) The mediating effects of trustworthiness on social-cognitive factors and knowledge sharing in a large professional service firm, *Electronic Journal of Knowledge Management*, 13(3), pp 240–254.
19. Fey, C F & Denison, D R(2003) Organizational culture and effectiveness: can American theory be applied in Russia? *Organization Science*, 14(6), pp 686–706.
20. Fong, P S W & Kwok, C W C(2009) Organizational culture and knowledge management success at project and organizational levels in contracting firms, *Journal of Construction Engineering and Management*, 135(12), pp 1348–1356.
21. Ghazali, R, Ahmad, M N & Zakaria, N H(2015) The mediating role of knowledge integration in effect of leadership styles on enterprise systems success: the post-implementation stage, *Journal of Enterprise Information Management*, 28(4), pp 531–555.
22. Goffee, R & Jones, G(2000) *The Character of a Corporation: How your company's culture can make or break your business*, Harper Business, New York.
23. Handy, C B(1985) *Understanding Organizations*, Penguin, Harmondsworth 166 Building Knowledge Competence in Organizations.
24. Hislop, D, Bosua, R & Helms, R(2018) *Knowledge Management in Organizations: A critical introduction*, 4th edn, Oxford University Press, Oxford.
25. Hofstede, G *et al* (1990) Measuring organization cultures: a qualitative and quantitative study across twenty cases, *Administrative Science Quarterly*, 35, pp 286–316.

26. Holste, J S & Fields, D(2010) Trust and tacit knowledge sharing and use, *Journal of Knowledge Management*, 14(1), pp 128–140.
27. Holten, A L *et al* (2016) Knowledge hoarding: antecedent or consequent of negative acts? The mediating role of trust and justice, *Journal of Knowledge Management*, 20(2), pp 215–229.
28. Hung, W H *et al* (2012) Relationship bonding for a better knowledge transfer climate: an ERP implementation research, *Decision Support Systems*, 52, pp 406–414.
29. Jashapara, A(2011) *Knowledge Management: An integrated approach*, 2nd edn, Pearson Education, Harlow.
30. Javenpaa, S L & Staples, S D(2003) Exploring perceptions of organizational ownership of information and expertise, *Journal of Management Information Systems*, 18(1), pp 151–183.
31. Jayawickrama, U(2015) Knowledge management competence for ERP implementation success, PhD thesis, University of Plymouth, UK.
32. Kassem, R *et al* (2019) Assessing the impact of organizational culture on achieving business excellence with a moderating role of ICT: an SEM approach, *Benchmarking: An International Journal*, 26(1), pp 117–146.
33. Ke, W & Wei, K K(2008) Organizational culture and leadership in ERP implementation, *Decision Support Systems*, 45(2), pp 208–218.
34. Ko, D G(2010) Consultant competence trust doesn't pay off, but benevolent trust does! Managing knowledge with care, *Journal of Knowledge Management*, 14(2), pp 202–213.
35. Lee, C and Chen, W J(2005) The effects of internal marketing and organizational culture on knowledge management in the information technology industry, *International Journal of Management*, 22(4), pp 661–672.
36. Lee, D J & Ahn, J H(2007) Reward systems for intra-organizational knowledge sharing, *European Journal of Operational Research*, 180, pp 938–56.

37. Lee, J C, Shiue, Y C & Chen, C Y(2016) Examining the impacts of organizational culture and top management support of knowledge sharing on the success of software process improvement, *Computers in Human Behaviour*, 54, pp 462–474.
38. Levin, D Z & Cross, R(2004) The strengths of weak ties you can trust: the mediating role of trust in effective knowledge transfer, *Management Science*, 59(11), pp 1477–1490.
39. Li, G *et al* (2014) Differentiated transformational leadership and knowledge sharing: a cross-level investigation, *European Management Journal*, 32(4), pp 554–563.
40. Lin, H F(2007) Effects of intrinsic and extrinsic motivation on employee knowledge sharing intentions, *Journal of Information Sciences*, 33(2), pp 135–149.
41. Lucas, L(2005) The impact of trust and reputation on the transfer of best practices, *Journal of Knowledge Management*, 9(4), pp 8–101.
42. Lyu, H & Zhang, Z(2017) Incentives of knowledge sharing: impact of organizational culture and information technology, *Enterprise Information Systems*, 11(9), pp 1416–1435.
43. Madjar, N & Ortiz-Walters, R(2009) Trust in supervisors and trust in customers: their independent, relative and joint effects on employee performance and creativity, *Human Performance*, 22, pp 128–142.
44. Ortiz, J P & Arnborg, L(2005) Making high performance last: reflections on involvement, culture and power in organizations, *Performance Improvement,* 44(6), pp 31–37.
45. Oyemomi, O(2016). The Impact of Organizational Factors on Knowledge Sharing Performance, PhD Thesis, University of Plymouth, UK.
46. Oyemomi, O *et al* (2019) How cultural impact on knowledge sharing contributes to organizational performance: using the fsQCA approach, *Journal*

of Business Research, 94, pp 313–319.

47. Park, H, Ribiere, V & Schulte, J W D(2004) Critical attributes of organizational culture that promote knowledge management technology implementation success, *Journal of Knowledge Management*, 8(3), pp 106–117.
48. Rasmussen, L & Hall, H(2016) The adoption process in management innovation: a knowledge management case study, *Journal of Information Science*, 42(3), pp 356–368.
49. Rutten, W, Blaas-Franken, J & Martin, H(2016) The impact of(low) trust on knowledge sharing, *Journal of Knowledge Management,* 20(2), pp 199–214.
50. Sackmann S A & Friesl, M(2007) Exploring cultural impacts on knowledge sharing behaviour in project teams: results from a simulation study, *Journal of Knowledge Management*, 11(6), pp 142–156.
51. Sanz-Valle, R *et al* (2011) Linking organizational learning with technical innovation and organizational culture, *Journal of Knowledge Management*, 15(6), pp 997–1015.
52. Sathe, V(1985) *Culture and Related Corporate Realities*, 1st edn, Richard D. Irwin, Homewood, IL.
53. Schein, E H(2004) *Organizational Culture and Leadership*, 3rd edn, Jossey-Bass, San Francisco, CA.
54. Smedlund, A(2008) The knowledge system of a firm: social capital for explicit, tacit and potential knowledge, *Journal of Knowledge Management*, 12(10), pp 63–77.
55. Swift, P E & Hwang, A(2012) The impact of affective and cognitive trust on knowledge sharing and organizational learning, *The Learning Organization*, 20(1), pp 20–37.
56. Tseng, S M(2017) Investigating the moderating effects of organizational culture and leadership style on IT: adoption and knowledge sharing intention, *Journal of Enterprise Information Management*, 30(4), pp 583–604.

57. Tushman, M L & O'Reilly, C A(2002) *Winning through Innovation: A practical guide to learning organizational change and renewal*, Harvard Business School Press, Cambridge, MA.
58. Yang, S C & Farn, C K(2009) Social capital, behavioural control and tacit knowledge sharing: a multi-informant design, *International Journal of Information Management*, 29(3), pp 210–218.
59. Yang, J T(2007) Knowledge sharing: investigate appropriate leadership roles and collaborative culture, *Tourism Management*, 28(2), pp 530–543.

第三部分

跨越知识边界

本书这一部分扩展了知识管理的讨论范围，跨越了知识的边界，不仅仅局限于单个组织的知识管理。本部分共有四章。

偏重于隐性知识共享的实践社区可以跨越组织边界，因此实践社区相关内容被收入第七章。不把实践社区放在第二部分讨论的另一个原因是，第二部分旨在集中讨论组织结构对知识管理和学习的影响，而在实践社区中，个人超越了形式化组织结构和组织关系（科室、部门等），选择与其他人共同“实践”，建立了非形式化网络，这一网络与形式化网络可能有交集，也可能没有。考虑到边界问题以及实践社区的非形式化程度，作者决定把第七章放在第三部分而不是第二部分。

第八章首先讨论形式化组织结构的内外可能存在的不同类型的知识边界，然后阐释几种经典和新兴的跨界机制，让读者得以仔细考察这些机制及其在相应类型知识边界上的应用。最后，本章将会列举几个不同行业的跨界知识活动案例。

第九章和第十章从另一个侧重点出发讨论跨界知识共享和学习的推动因素。第九章主要从社会维度讨论知识网络推动跨界知识活动，主要借助的是知识网络中的社会交互，从而进行隐性知识共享和学习；而第十章主要从信息通信技术维度讨论，更多的是借助物联网和大数据分析等技术进行显性知识共享。由于显性知识和隐性知识之间往往没有清晰的分界线（如第二章所述，用“显性度”这个词来讨论知识的这一特性也许会更加恰当），所以我们不应该把第九章和第十章理解为彼此完全独立的两个维度。相反，我们应该把它们视作同一枚硬币的两面，把两章放在一起进行整体研究。

第七章　实践社区

学习目标

完成本章学习后，读者应该能够：

- 了解实践社区的概念。
- 区分不同类型的实践社区。
- 对实践社区的管理方式进行批评式分析。
- 讨论成功的实践社区是怎样的，以及如何创建成功的实践社区。

人们普遍认为，实践社区（community of practice，缩写为 CoP）能够促进知识共享和学习，特别是在社会交互过程中发生的隐性知识共享和学习，因为实践社区提供了“场”，即人们在实践或工作中进行社会交往和互动并借此实现知识共享的知识空间。本章首先讨论实践社区的定义和主要特征，然后讨论不同类型的实践社区。由于实践社区往往是非正式的，具有人际性，所以实践社区内的知识活动和学习活动与正式项目团队、业务单元或组织学习可能有所不同。本章还提出了一个问题：实践社区是可以管理的吗？最后，本章将会探讨成功的实践社区是怎样的，以及如何创建成功的实践社区。

实践社区的定义、特征和生命周期

定 义

“实践社区”这一术语最初是由人类学家珍·拉夫和艾蒂安·温格于20世纪90年代初期提出的，出现于她们从社会维度反思学习的概念框架中。当时，拉夫和温格正在研究学徒制这一知识共享方式。她们注意到，学习不仅涉及学徒与师傅之间的一对一关系，而且涉及整个社区以及不同层级中的学徒。她们从研究中得出了这样的主要结论：学习是个社会因子，加入和参与实践能够促进学习。事实上，自从人们通过学徒制、导师制甚至讲故事等活动来进行学习和经验分享以来，这类合作型群体就始终存在着。在许多领域，实践社区这一概念已广为人知并得到了广泛应用，比如商业、创新、产品开发和公共卫生。自20世纪90年代以来，许许多多的实践社区定义被提出。

- 实践社区被界定为拥有共同兴趣、面临同类问题或对某个主题怀有同样热情并寻求通过持续互动来增进知识和专业技能的一个群体。
- 实践社区是非正式的、自我选择的群体，由志同道合的若干人组成，他们有着类似的兴趣、问题和观点。
- 一个因从事相同的特定活动而有着某些共同知识、群体认同感及某些共同语言和价值观的群体。

与知识管理中的其他概念一样，实践社区也很难被统一定义。不过，学者们已经在某种程度上达成共识，一致认为实践社区由如下三大要素构成。

- 领域：共同的兴趣领域构成了成员间的共同基础，促成了群体认同感的形成。共同的兴趣领域让这个群体走到一起。

- 社区：与某领域相关的一群人、成员间的关系以及边界。这是一个社会性学习工厂，一群人在其中相互交流，共同学习并在此过程中建立关系，形成群体归属感和相互帮助的责任感。
- 实践：共享的能力库和公共资源库，即成员共同创造的知识、规则、方法、工具、风格、文档、符号和语言综合体。过去创造和共享的知识促成了未来的学习、信任关系，以及显性和隐性知识的传递。

我们可以把每个实践社区都看作由这三个基本要素构成的不同组合，在由其成员主导的持续再定义中，根据社区所处的环境不断演变。构成社区的群体通常是在自愿的基础上自我组织起来的，但有的是由赞助组织发起并得到其支持而有意构建的。社区一旦形成，这些群体可能会在物理环境中会面，比如在咖啡机旁和食堂里。他们也可能会在虚拟环境中聚会，比如在互联网论坛上讨论他们共同关心的问题或实践。实践社区中的互动往往能够激发创新实践，而不是简单地重复日常流程。实践社区非常善于创造出嵌入社交活动的隐性知识，且其“黏性”极大，也就是说，竞争对手很难复制这种嵌入社交活动的知识。获得此类知识的最佳方式是加入社区，并在社区学习中不断实践。实践社区概念来自社会学习理论，被一些学者视为知识创造和知识共享的理想环境。

批判性思考与反思

实践社区的定义

你认为非形式化实践社区与正式的工作组织或团队，两者在形成、结构、成员、关注焦点、治理、管理和时间框架方面的主要差异是什么？

重要特征

实践社区的重要特征包括如下几点。

- 共同活动或相互参与：成员间经常进行与实践相关的互动，并在此过程中建立起“社区”和“实践”。
- 共享知识：由社区成员开发，并由社区成员拥有。
- 共同的价值观和态度：在社区中形成，换句话说，实践社区具有自己的文化或“小文化”。
- 共同的身份：社区成员共有的身份认同感。
- 领导者和学习者的动态角色：为管理实践社区的活动而提出了新的组织角色，比如社区领导者、拥护者、主持者和学习者。与典型的正式部门、官僚机构、运营团队和项目团队不同，这些角色不是经任命产生的。实践社区的活动形式包括扩展组织知识、建立知识共享和个人学习机制；实践社区中的角色在某种程度上是根据成员的领域或与主题相关的专业知识、热情或承诺自愿选择的。实践社区的边界通常是动态的，以有机方式不断地演变着，因此，实践社区中的领导者、拥护者、主持者等角色也是动态的、多变的。
- 合法访问：这让我们回想起“场”的重要性，即知识创造和学习发生的空间。持续的知识互动可以带来成员之间的互利关系、思想共识和对彼此的责任感。合法成员的身份是通过持续参与来获得的，而不是官方认可的地位。
- 边缘性参与：新成员或远离“核心群体”的广大成员，要想获得个人成长并为社区贡献自己的知识，就必须合法参与社区活动。温格等人将社区参与划分为四个主要层级：核心群、活跃群、边缘群和外部人士。一个小型核心群构成了社区的中心，其成员积极主动地参与讨论和辩论，通常负责着社区的领导和协调工作。第二层级参与者构成了活跃群，他们的参与相当有规律且频繁，但与核心群相比要稍逊一筹。第三个群体处于边缘地带，这个群体的成员不经常参加社区活动，却是实践社区的一个重要维度。第四个群体包括社区周围的人，他们不是该实践社区成员，但是关注实践社区的主题和使命，这一群体可能包括核心业务的客户或供应商。

被人们视为理所当然的那些有关实践社区的假设和价值观，是以上述特征为基础的。此外，这些特征的存在可以增进社区中以信任为基础的关系，创造有利于知识共享和学习的社会条件。成功的实践社区通常对分享挑战、失败和成功表现出透明和非批评态度，从而能够建立信任、开放和合作的氛围，使得成员勇于提出挑战性问题并在遇到棘手问题时有能力处理不同意见。

参与实践社区的益处

参与实践社区既包括有形益处，也包括无形益处。有形益处包括通过学习其他社区成员的已有经验（最佳实践或经验教训）来解决问题；无形益处则主要是指在遭遇类似问题的群体中找到认同感，体验归属感。实践社区的益处体现在多个层面：个人层面、组织层面和社区层面。具体而言，参与实践社区对成员个人的益处包括如下几个方面。

- 帮助人员建立各种关系，借此为他们提供社会支持和乐趣并证明个人价值。
- 促进持续学习和职业发展。
- 获得专业知识。
- 增进与同事的交流。

- 提高生产力和工作质量。
- 通过关系网络来了解该领域的最新发展。
- 获得职业认同感。
- 提升职业声誉。
- 成员相互合作，互相提供建设性意见，互帮互助，共同努力探索相关主题。

参与实践社区对组织有如下益处。

- 作为知识转化手段，把本地技能转化为全球性的集体知识。
- 帮助员工交流思想、彼此合作和学习，从而以更快的速度和更低的成本来检索知识，缩短学习曲线。
- 跨越工作流程、业务功能、地理和时间造成的边界，进行知识共享和分发。
- 跨组织单元的协调、标准化和协同增效。
- 减少重复劳动和重复创造。
- 实现确保市场领先地位所需的速度和创新。
- 对照行业标准进行自我测量，并影响行业标准。
- 可以融入组织的核心工作和价值链结构。
- 建立联盟。
- 与正式的治理结构相结合。

参与实践社区对社区本身有如下益处。

- 有助于揭示和优化社区中的最佳实践。
- 确保沟通和报告的一致性。
- 提升分析能力。
- 推广标杆。

- 支持和推广重要的国内或国际倡议。
- 提升领域特有能力。
- 让地理上分散的从业人士联系起来。
- 提高治理效率。

在社区层面，参与实践社区还能为领域内的专业人士提供统一的、优化的、更具影响力的声音，便于他们与其他群体和利益相关方进行交往。马布里、吉布斯－沙夫和巴拉的研究进一步表明，如果实践社区由成员发起并由成员共同确定知识范围、关注焦点和工作内容，那么这样的实践社区的影响力最大，因为成员能够自主选择其工作、学习和要解决的重要领域问题。相反，如果实践社区由组织组建，关注和研究焦点是该组织认为重要的主题，那么这样的实践社区就难以构建必要的关系，难以围绕组织认为重要的工作建立网络。此类实践社区需要极大支持才能为个人及其组织带来若干持续的益处。

批判性思考与反思

对实践社区的批评性观点

相关文献大多对实践社区持积极观点，认为在知识流程方面，实践社区对于个人、组织和社区三个层面而言大体上或完全是有益的。你对实践社区有任何批评性意见吗，例如其模糊性、难题、困难以及敌视或无视实践社区之外生成的思想？

实践社区的生命周期

虽然实践社区会随着时间的推移而不断发展演变，但我们还是能够观察到它们的生命周期，包括诞生、发展和消亡。科尔索、贾科布和马蒂尼介绍了社区的五个发展阶段：潜能、凝聚、成熟、管理和转变。科尔索、贾科布和马蒂尼的五阶段模型也被看作是对温格研究成果的适应性调整和演变。温格在此前曾界定了实践社区的五个类似发展阶段：潜能、凝聚、活跃、离散和怀念。表 7–1 总结了温格界定的实践社区发展的五个阶段以及每个阶段从事的主要活动。

表 7–1　实践社区的五个发展阶段

序号	阶段	含义	典型活动
1	潜能	人们面临类似情境，却未能享有共同实践的益处	找到彼此，发现共同点
2	凝聚	人们凝聚到一起，认识到群体的潜能	探讨彼此间的联系，界定共同事业，商讨建立社区
3	活跃	成员积极参与发展实践	参与联合行动，创造人工制品，适应不断变化的环境，更新兴趣点、承诺和关系
4	离散	成员不再大量参与活动，但是社区作为一股知识力量和中心仍处于活跃状态	彼此保持联络，沟通交流，举行聚会，寻求彼此的意见
5	怀念	社区不再是中心，但人们仍然记得它，它是成员身份认同感中的一个重要部分	讲述故事，保存人工制品，收集纪念物

从表 7–1 中我们可以看出，在实践社区的每个发展阶段，成员间的互动程度和活动类型都有所不同。

社区发展通常始于松散的社交网络。这一社交网络往往会吸引非形式化的群体，他们随后开始构建网络，而网络具有把人员密切联系在一起的潜能，从而对组织、行业或业务部门产生更加重要的影响。

在建立社会网络的过程中，人员凝聚在一起形成社区。凝聚力十分重要，它让社区得以发挥作用，因为它不仅能建立人际联系，而且能建立信任，并让人员认识到彼此间的共同兴趣和共同需求。社区形成后，成员数量和成员间共享的知识深度往往就会随之增长。当成员获得参与带来的附加值时，社区就会蓬勃发展。

跟其他所有生物一样，实践社区在逐渐走向成熟的过程中也会经历高活跃和低活跃周期。在成熟阶段，最重要的任务是从组建社区转向明确社区的关注焦点、角色和边界。对于社区的协调者和支持人员而言，这是一个非常活跃的阶段，他们经常会在适当的时候拆分和重组社区。

在鼎盛时期，实践社区往往会积极管理成员共享的知识和实践，并有意识地进行自我转变。随着时间的流逝，如果由于环境变化等各种因素，成员间的共同兴趣点已经消失，那么实践社区可能会解散并最终走向消亡。社区的极端转变或消亡，是生命周期中的一个自然阶段，跟诞生、成长等生命过程中的任何其他阶段一样。在这次蜕变中，如果社区失去其有用性，那么人员就会离开社区。

案例研究

"eCars-Now!"案例：实践社区生命周期分析

波赫约拉和普萨分析了社区发展过程中的生命周期阶段，其研究关注的是芬兰"电动汽车"的发展情况。他们把生命周期分成三个主要阶段：早期阶段、成熟阶段和（活跃）社区末期。

1. 早期阶段——动机和期待

波赫约拉和普萨试图揭示社区是如何形成的，他们尤其关注最初是什么动机促使个人参与其中。他们基于访谈资料揭示了四大动机。

- 共同的兴趣对象：一些受访者说，电动汽车这个想法十分吸引他们。他们用"新奇、有创意和新鲜"来描绘电动汽车这一概念。以下是源自访谈中的两段话："我们最初邀请大家加入邮件地址名单，通过群组邮件来激发想法。它把兴趣点相似的人员汇集起来，把因为电动汽车这个概念而激动的人们联系在一起。”“在早期阶段，这种能相互感染的兴奋和热情是整个社区的驱动力，对共同事业的激情和斗志会在社区内扩散。”

- 集体性：结识他人并与其交朋友，即进行社会交往。“人员是推动力。当然，这背后确实有技术支持，但主要还是我能遇到除此之外无法认识的一类人。”
- 有志于共同行动，有动力建立网络：受访者提到，他们感知到有机会与怀有共同兴趣的新朋友建立联系。
- 个人技能的发展：可能实现协同增效，从而学习互补性技能并提高自身能力。

确定了成员加入实践社区的动机后，波赫约拉和普萨还发现，参与者对实践社区的未来和成就期待可分为如下四类。

- 思想动机：目的是为电动汽车贡献自己的力量，因为电动汽车会让世界变得更加美好。
- 技术产品：一些成员参与社区的动因是他们有志于创造一种创新型的有形产品——电动汽车。
- 顾问：有些人认为他们能够助社区一臂之力，但是出于各种原因选择做局外人，担当起顾问角色。
- 观察者：一些成员的主要目标是观察这个群组，随时掌握其动态。

波赫约拉和普萨发现，最初，共同兴趣足以将群组凝聚在一起，但是人们的不同参与动机和不同期待很快显现出来。结果是，开始时显得很有黏性的社区开始离散，人员逐渐分化为积极参与者和被动参与者。积极参与者逐渐熟知彼此的技能，人际关系开始发挥更加关键的作用。

2. 成熟阶段——角色分化

在走向成熟阶段的过程中，这一群体开始分化成担当不同角色的子群。首先，随着一些成员彼此会面并进行面对面的交流，核心小组在真实物理空间聚会并逐渐形成。那些不能参加此类会议和电动汽车创造的成员流入边缘群体。他们不再积极参加群组活动，而是通过虚拟途径来关注社区活动。活跃成员处于核心小组和边缘群体之间，保持着一定的社区活动参与度。

在成熟阶段，人际关系开始发挥更加重要的作用，影响着群体内部动态。随着情况的发展，群动态不断变化，群体内部标准随之形成，成为整个社区的准则体系，于是有了分配角色和责任的必要。这是一项重大变化，因为在社区组建之初，基本上每个成员都在以自我认知为基础承担自认为最适合的事情，但现在的角色和责任划分基础不同了。特别是在核心小组中，人员彼此熟悉，熟知彼此的长处和局限，同时他们对于实践社区的关注焦点和目标有了共识。于是，社区参与的"新标准"应运而生。在这个阶段，社区更加清晰地认识到自身的"技能资本"；他们了解到自己缺乏哪类专业知识，然后有的放矢地寻求相应专家的指导，以提供社区缺乏的技能。

核心小组成员开始组织起来，引导最佳专业知识，向前推进电动汽车项目。虽然实践社区的行为方式开始更具组织性，但是值得注意的是，核心小组继续以非正式方式来集体领导社区，并没有建立层级型管理体系。

与社区生命周期的早期阶段不同，在成熟阶段，从群组动态的角度来看，参与者的协同努力变得更加重要。随着开放状态以及信息和知识的自由获取开始发生变化，即开放度降低，社区开始明确区分供全体共享与只供少数人共享的信息或知识。不过，成熟阶段的参与者范围扩大，覆盖芬兰各地。随着信息通信技术的发展，该群组知名度进一步扩大，参与者范围扩大到全球各地。这就需要

“新的活动形式”，比如信息通信技术和虚拟世界。参与波赫约拉和普萨研究的受访者提到，他们很高兴社区活动存在于不同空间，既包括互联网，也包括车库等物理场所。事实上，互联网上的开放式创新平台令社区成员十分自豪，他们能够在那里发布社区中发生的各种有趣和重要的事情。

3.（活跃）社区末期

到了实践社区的后期阶段，在某个时刻，群组的一项关键决定彻底改变了这个社区的动态：邀请外部利益相关者参与以寻求外部资金支持。外部投资者的参与导致一些始料未及的后果：对获取结果的期望和需求增加了，而且产生了监测和报告需要。这严重影响了社区的最初动机：社区的行动自由和非正式性。同时，社区的透明度更具选择性——社区成员开始有意识地或无意识地思考哪些信息和知识在投资者眼中是有金钱价值的。也就是说，每个人都可以通过社区网络来获得信息和知识的时代已经不复存在。成员意识到社区离散度越来越高，于是社区里出现大量猜疑、相互竞争和技能短板。核心小组成员试图改变这种不利状况，但是没有成功。

失去群组动力后，社区成员不再在物理场所会面，而是变为被动参与，支撑者通常是在社区发展早期阶段和成熟阶段结交的朋友。

尽管社区仍然存在，但它的宗旨和性质已经发生改变。现在，它变成了相关方的论坛，不再是朝着具体项目共同努力的社区。在这个末期阶段，社区成员间再次平等起来，回到社区发展早期阶段的状态，因为他们都在通过虚拟渠道参与社区。

在实践社区的生命周期末期，信息通信技术发挥了“生命支持系统”的作用，它提供了联络平台，使人员能够保持联系。信息通信技术还有助于保留社区迄今收集的信息。社区的初衷是生产实体产品（电动汽车），此时社区已经停止开发改装套件和电动汽车产品，但社区仍在虚拟空间中存活着。现在，社区的优势在于最初参与者仍通过网络保持着联系。他们的知识资本上升到国际层面，“eCars-Now!”已经是全球社区。有关“eCars-Now!”在线社区的更多详细信息，请登录 http://ecars-now.wikidot.com/。

问　题

1. 你认为信息通信技术在实践社区的早期阶段、成熟阶段和（活跃）社区末期分别可以扮演什么角色？
2. 你认为信息通信技术的使用是否让社区避免了“消亡”，从而改变了电动汽车社区的生命周期？

实践社区类型

根据不同的分类标准，我们可以将实践社区划分为许多类型。实践社区的分类标准繁多，包括正式化程度、社区规模、成员的地理分布、成员间的互动方式和边界。表 7–2 总结了基于上述分类标准划分的不同实践社区类型。

表 7–2　实践社区类型及相关分类标准

分类标准	实践社区类型
正式化程度	▪ 自我选择，基于自愿原则 ▪ 由赞助组织发起和协助，具有明确意图
规模	▪ 成员数量少 ▪ 成员成千上万
地理分布	▪ 所有人都位于同一地点 ▪ 遍布全球，基于虚拟空间和互联网
互动方式	▪ 面对面 ▪ 虚拟或线上

（续表）

分类标准	实践社区类型
边界	■ 某一个组织内部 ■ 跨组织、跨行业或业务部门

在实践社区的概念发展和演化的最初几年里（主要是 20 世纪 90 年代），有学者认为，实践社区大体上是自愿形成的，以非正式方式运行，没有正式的控制或系统支持。因此，那时的人们没有把实践社区看作一种新的组织形式，而是将其视为组织中的一个不同视角。这一视角强调的是积极参与的学习动态、超越所属组织单元或工作项目的范围。但是，组织逐渐意识到了实践社区的益处和作用，开始把实践社区与其商业战略目标联系起来，创建了战略社区或为此类社区提供战略支持。于是正式的战略实践社区开始出现并迅速蔓延开来，特别是在东方文化环境下，比如韩国。

圣－翁热和华莱士将实践社区划分为三个类型：非正式化实践社区、组织支持的实践社区和结构化实践社区。组织支持的实践社区或结构化实践社区得到了企业的正式授权和支持，比如战略社区。非正式化实践社区的作用是供参与者共享知识，目的在于社区本身；组织支持的实践社区的作用是培养特定业务或领域的能力；而结构化实践社区是为组织解决问题提供跨职能的平台。非正式化实践社区的成员主要来自自我选择或同伴邀请；但结构化实践社区的成员主要是由赞助人根据严格遴选标准邀请加入的；而组织支持的实践社区，其成员可能是自我选择加入和同伴邀请，也可能是管理人员推荐加入的。非正式化实践社区是自然形成的，其成员在社区中的工作大多是自愿的；但组织支持的实践社区的创建带有明确意图，创建人主要是赞助人和实践社区成员；而结构化实践社区是组织建立的，其宗旨与组织的商业目标相一致。

大型组织有可能赞助甚至组建组织内部的结构化实践社区，但是对于中小企业而言，构建此类实践社区困难重重。中小企业不大可能拨出构建实践社区所需的资源，这既包括时间资源也包括财力资源，它们用于投资实践社区、培养社区领导者以及提供 IT 工具便于社区参与。相比大型组织，中小企业的可用资源相对较少，因此，中小企业往往会参与跨组织实践社区以获取必要知识来支持自身的创新活动。

林林总总的实践社区分类标准可以归为几组。例如，希斯洛普、伯苏阿和赫尔姆斯将其归为两组：第一组名为“邻近性”，指的是成员间的互动及地理分布；第二组名为“体制化”，指的是正式化程度和组织对社区的支持程度。

费尔伯格和安德里森利用经验数据，以这两组标准为基础对实践社区进行了分类。他们分析了来自大型组织的 38 个网络，然后将这些网络分为四大组（见表 7–3）。

表 7–3　基于邻近性和体制化程度划分的网络类型

邻近性	体制化（正式化和支持程度）低	体制化（正式化和支持程度）高
高（近）	**非正式化网络** ▪ 邻近性高，体制化程度低 ▪ 成员类似实践 ▪ 大量实体互动 ▪ 自发出现	**战略网络** ▪ 邻近性高，体制化程度高 ▪ 把专家聚集在一起为组织执行战略任务 ▪ 得到组织资源的支持
低（远）	**问答网络** ▪ 邻近性低，体制化程度低 ▪ 联结松散 ▪ 成员背景多样的庞大网络 ▪ 成员在线发布问题和答案	**在线战略网络** ▪ 邻近性低，体制化程度高 ▪ 通过电子产品互动 ▪ 与战略网络类似

- **非正式化网络**：特点是邻近性高，体制化程度低；网络成员彼此

邻近，因此实体互动较多。不过，由于正式化程度低，组织支持度低，这类网络是出于知识共享和学习需要而自发组建的。

- **问答网络**：特点是邻近性低，体制化程度低，联结松散，人员背景多样，网络庞大。成员互动方式是在线发布和解答问题，比如使用在线论坛。
- **战略网络**：特点是邻近性高，体制化程度高。组建这类网络的目的十分明确，即为执行组织的战略任务而把专家聚集在一起。这类网络可能会得到组织资源的大力支持，以确保其能够实现相关战略目的。
- **在线战略网络**：特点是邻近性低，体制化程度高。这类网络与战略网络类似，但由于邻近性低，社区成员以电子方式互动。

实践社区是否可以管理

实践社区的传播日益广泛，导致这一概念的定义陷入混乱。对于什么是实践社区以及应该怎样应用实践社区，学者们并没有达成共识。不过，知识管理研究中的主流观点是，实践社区，尤其是正式化实践社区（组织支持的实践社区和结构化实践社区）不仅可以对知识共享和学习活动产生重大影响，而且会影响到组织绩效，甚至整个商业部门的绩效。因此，组织应当培育实践社区，并尽可能利用它为知识管理战略提供信息。了解实践社区的概念及其主要特征，有助于识别现有实践社区和区分不同的实践社区。

然而，实践社区最初是自我组织实体，管理层可以鼓励和支持它，从而在不完全拥有或控制它的情况下获得巨大优势。在组织和管理层面管理实践社区将会面临一大挑战：管理层应该在多大程度上“抑制”其影响或干预，以免扼杀实践社区的动力。要应对这一挑战，一是要了解哪些因素会影响实践社区中的知识共享和学习，二是确定这些因素与知识共享和学习两者间的实质关系。

科尔索、贾科布和马蒂尼从组织承诺和成员参与两个维度探讨了如何设计和管理业务实践社区。在这种情况下，社区边界在组织内部，而不是跨越不同组织。研究的经验性证据来自七个案例（主要数据源），同时分析了三个最佳实践（次要数据源），涵盖业务范围广泛，从结构化较强的呼叫中心运营业务到复杂的新产品开发业务。研究基于分析得出了赢得组织承诺的三个关键因素，以及吸引成员参与的四个关键因素（见表 7–4）。研究发现，社区的诞生需要同时具备组织承诺及个体成员的加入和参与。研究进一步得出结论：组织的高度承诺及个人的积极加入和参与，与社区支持组织学习和知识管理流程的效能存在正相关的关系。

表 7–4　赢得组织承诺和成员参与的因素

类　别	因　素	含　义
赢得组织承诺	提升社区的可见性	社区作为实在的、组织良好的实体必须是可见的
	文化	社区的文化基础不能与组织的核心价值观相悖
	实现目标	社区交付的结果必须符合组织的目标，特别是能够表明其活动对企业绩效的影响
吸引成员加入和参与	提高个人价值观和认同感方面的参与度	如果个人利益与社区利益间存在重叠，那么个人会参与他们认为有用的活动
	改善社会关系	个人的加入必须通过社会环境下的参与来实现
	加强成员间的联系	提供更多机会让成员间彼此接触和建立联系，这取决于物理和虚拟互动所需空间的可得性和质量
	提高共同性	共同之处的存在能够促进社区成员间的知识共享

全、金和高从动因角度出发围绕三个方面进行了综合研究：明确影响实践社区的内在和外在相关动因；这些因素如何影响成员对知识

共享的态度、意向和行为；实践社区类型对知识共享态度的调节效应。该研究基于四家韩国公司经验性调查的数据，共包含 282 个有效回答，并从中识别出可能影响实践社区中知识共享态度、意向和行为的外在与内在动因。形象和互惠是两个重要的外在动因，内在动因则包括助人为乐精神（利他主义）及归属感需要。在影响关系和调节效应方面，该研究提出了 10 个假设，并用经验性数据进行验证，其结果（假设是否得到支持）总结如表 7–5 所示。

表 7–5 知识共享态度、意向和行为的动因及其影响

序号	假 设	结果
H1	形象对实践社区成员在知识共享方面的态度具有积极影响	支持
H2	互惠对实践社区成员在知识共享方面的态度具有积极影响	支持
H3	助人为乐精神对实践社区成员在知识共享方面的态度具有积极影响	支持
H4	归属感需要对实践社区成员在知识共享方面的态度具有积极影响	支持
H5	态度对实践社区成员的知识共享意向具有积极影响	支持
H6	感知的行为控制对实践社区成员的知识共享意向具有积极影响	支持
H7	主观规范对实践社区成员的知识共享意向具有积极影响	支持
H8	意向对实践社区成员的知识共享行为具有积极影响	支持
H9	有利条件对实践社区成员的知识共享行为具有积极影响	支持
H10	驱动因素与知识共享态度之间的关系强弱因实践社区类型而异	支持
H10–1	在正式化实践社区中，外在动因（形象和互惠）对知识共享态度的影响，比在非正式化实践社区中更大	支持
H10–2	在非正式化实践社区中，内在动因（助人为乐精神和归属感需要）对知识共享态度的影响，比在正式化实践社区中更大	支持

从表 7–5 中可以看出，外在动因（形象和互惠）和内在动因（助人为乐精神和归属感需要）对知识共享态度、意向和行为都有积极影响。实践社区类型不同，则影响程度有所不同。具体而言，外在动因

（形象和互惠）对正式化实践社区的影响比对非正式化实践社区的影响更大，而内在动因对非正式化实践社区的影响比对正式化实践社区的影响更大。

至于实践社区与组织绩效之间的关系，文献中存在来自经验性研究的证据。在一项基于价值数百万美元的某瑞典建筑项目的案例研究中，研究人员通过定性和定量数据发现，实践社区活动与绩效之间存在正相关的关系，这里的绩效是指社区学习曲线改善。作者研究了在项目中发现的四个实践社区与一个绩效指标——学习曲线之间的关系。这四个实践社区是在追求共同事业的过程中通过交往、叙述、合作和社会构建的方式而创立的，已经发展出包含社区的累积记忆以及工作方式的共享知识库。研究人员每月计算和绘制累计偏差总数，然后除以所生产具体物的累计总数，从而得出这四个实践社区的学习曲线。研究结果为实践社区与绩效渐进改善之间的正相关关系提供了初步证据。此前关于该课题的研究也有类似发现，这表明在正式化实践社区或战略社区中，实践社区会带来新员工学习曲线缩短、客户响应速度加快、重复工作减少、重复劳动得以避免以及激发新的产品和服务点子等一系列益处。

尽管实践社区表现出公共社区的特征，但它与企业内部利益冲突存在关联。一些实践社区成员感知到失去专有知识产权的风险。可想而知，这种感知风险会妨碍实践社区活动。张和高的研究把线上实践社区与线下实践社区（传统的面对面互动）区分开来，确定了可能影响实践社区活动的五个因素：正面效应、社会规范、感知期望（包括感知的有用性、形象和互惠）、感知风险和组织支持。该研究还探讨了实践社区活动与成员承诺之间的关系，以及成员承诺与个人绩效之间的关系。该研究的数据来自一项针对线上和线下实践社区成员的调查，涵盖 100 多家韩国企业，共包含 268 份有效问卷。研究得出以下结论。

- 实践社区的正面效应对线下实践社区活动具有积极影响，但是对线上实践社区活动的影响并不显著。
- 社会规范对线上实践社区活动具有积极影响，但对线下实践社区活动的影响并不显著。
- 感知期望对线下和线上实践社区活动均有积极影响。
- 感知风险对线上实践社区活动具有消极影响，但对线下实践社区活动的影响并不显著。
- 组织支持对线下和线上实践社区活动均有积极影响。
- 线下和线上实践社区活动对成员承诺均有积极影响。
- 线下和线上实践社区活动对个人绩效均有积极影响。

近年来，学者们发表了数篇有关实践社区作用的文章，比如在商业领域和公共卫生领域。这些文章详尽地分析了从 20 世纪 80 年代至今的文献，全面描绘了实践社区概念的演变过程。推动和阻碍实践社区实施的因素分类如表 7–6 所示。从表 7–6 中可以看出，实践社区结构既可以是实施实践社区的推动因素，也可以是障碍因素。因此，要推动实践社区的实施，十分重要的一点是，构建一个能够促进知识共享和学习的结构，同时避免消极影响因素。

表 7–6　实践社区实施的推动因素和障碍因素分类

因素类型	具体类别	重要因素
推动因素	实践社区结构	网络开发建设，安全的学习环境和结构化的反思时间，清晰明了的成员学习计划，成员多样性
	主持	创造有意义、有乐趣的能力培养机会，建立与主持者之间的信任关系
	活动	频繁互动，团队解决问题的方式，量身定制的知识转移活动以满足子群体的需求，结构一致且目标和角色描述明确的互动

（续表）

因素类型	具体类别	重要因素
障碍因素	实践社区结构	实践社区持续时间不足，讨论机会不足，协助不足
	互动不足	不够重视成员个人的需求，缺乏及时响应，网络密度（成员间持续至今的长期关系）较小，其他成员互动有限，缺乏互动时间

批判性思考与反思

实践社区管理

很多研究人员认为，管理层尽量不要命令和控制实践社区，而应该着力培育它们。协助实践社区的方式之一是，让员工用部分工作时间来参与社区活动并在其中担当积极角色。你对“合适”的管理程度持何种意见？管理层还可以通过哪些方式来培育实践社区？

成功实践社区的特征及构建方法

就知识共享和学习而言，不是所有实践社区都是成功的。成功的实践社区是怎样的？奥德尔和休伯特总结了成功的实践社区的如下特征。

- 为所有参与者提供一个令人信服的明确价值主张。
- 一个竭诚服务、经验丰富的主持者或领导者。
- 为社区核心内容绘制逻辑清晰、内容全面的知识地图。
- 简明扼要、易于操作的知识共享流程。
- 一个合适的技术媒介，促进知识交流、检索和协作。

- 沟通和培训计划，服务于成员和感兴趣的利益相关方。
- 一份动态的最新社区成员花名册。
- 几个能展现成果的关键成功指标。
- 用于奖励参与者的表彰计划。
- 一份涵盖第一次会议及社区存在的未来 3~6 个月的议程。

为了创建和维护具有这些特征的实践社区，奥德尔和休伯特进一步提出了实践社区成功的 10 个关键因素。应当指出的是，与下面这些成功因素相关的不是非正式化实践社区，而是正式化实践社区，比如作为组织知识管理战略一部分的结构化实践社区和组织支持的实践社区。

- 建立一致的事业方针，并在已有网络基础上尽可能继续构建网络。
- 确保社区符合组织需求，实现外显目标。区分正式化社区和临时的短期合作。制定正式化社区的标准和基本要求。
- 获得并保持管理人员和该领域专家的支持。确保参与社区的合法性。
- 专注于把来自不同汇报线、地域和业务职能部门的员工连接在一起。
- 合理利用技术。新工具应当能够增强联系、提升价值。
- 明确阐明社区领导者的角色和责任，并确保他们得到分布式资源网络的支持。
- 确保每个社区都有逻辑清晰、内容全面的核心内容知识地图，以及易于操作的知识共享流程。
- 让社区为创造和管理关键知识负责。
- 度量社区向组织交付的价值，并以有意义的方式在全组织范围内传递这一价值。度量标准可能包括维持社区所需的投资和资源、活跃程度以及知识和实践转移水平，具体取决于社区目标。

- 取消存在竞争关系的优先事项，不断调整社区目标使其符合持续变化的组织需求，以确保长期成功。

学习要点

- 实践社区是由个人组成的一个群体，他们有着共同的兴趣点，面临着同样的一系列问题，并且寻求在持续互动中增进其知识和专业技能。
- 实践社区由三大要素构成：领域、社区和实践。
- 实践社区的主要特征包括共同活动、知识共享、共同的身份、价值重叠、领导者和学习者的动态角色、合法访问和边缘参与。
- 实践社区有其生命周期，包括几个不同的阶段，比如潜能、凝聚、活跃、离散和怀念。
- 参与实践社区的益处存在于多个层面：个人层面、组织层面和社区层面。
- 实践社区有不同类型，比如非正式化社区、结构化社区和组织支持的社区。
- 外在和内在动因都可能影响成员对实践社区的态度、意向和行为，从而影响社区中的知识共享和学习情况。
- 实践社区结构可能促进也可能妨碍实践社区的实施。

复习题

- 为什么了解知识管理中的实践社区十分重要？
- 从20世纪90年代初到21世纪初，拉夫和温格对实践社区概念的界定发生了怎样的演变？可能是什么改变了他们的观点？
- 实践社区大多是非正式化的还是正式化的组织形式？

- 在实践社区中，核心群组、活跃群组、边缘群组和外部人士之间的区别是什么？
- 实践社区的生命周期包括哪些主要阶段？其中哪个或哪几个阶段的知识活动最为活跃？
- 对于个人而言，参与实践社区的益处主要有哪些？
- 对于组织而言，参与实践社区的益处主要有哪些？
- 线上实践社区的主要特征是什么？
- 为什么有些组织会投资支持或构建实践社区？
- 你认为应该在多大程度上管理实践社区？
- 你认为成功实践社区的主要特征有哪些？
- 为什么界定实践社区的成功因素十分重要？

参考文献

1. Adams, E C & Freeman, C(2000) Communities of practice: bridging technology and knowledge assessment, *Journal of Knowledge Management*, 4(1), pp 38–44.
2. Aljuwaiber, A(2016) Communities of practice as an initiative for knowledge sharing in business organizations: a literature review, *Journal of Knowledge Management*, 20, pp 731–748.
3. Barbour, L *et al* (2018) Communities of practice to improve public health outcomes: a systematic review, *Journal of Knowledge Management*, 22(2), pp 326–433.
4. Bolisani E & Scarso, E(2014) The place of communities of practice in knowledge management studies: a critical review, *Journal of Knowledge Management*, 18(2), pp 366–381.

5. Corso, M, Giacobbe, A & Martini, A(2009) Designing and managing business communities of practice, *Journal of Knowledge Management*, 13(3), pp 73–89.
6. Hislop, D, Bosua, R & Helms, R(2018) *Knowledge Management in Organizations: A critical introduction*, 4th edn, Oxford University Press, Oxford.
7. Jang, H & Ko, I(2014) The factors influencing CoP activities and their impact on relationship commitment and individual performance, *Journal of Knowledge Management*, 18(1), pp 75–91.
8. Jashapara, A(2011) *Knowledge Management: An integrated approach*, 2nd edn, Pearson Education, Harlow.
9. Jeon, S, Kim, Y G & Koh, J(2011) An integrative model for knowledge sharing in communities of practice, *Journal of Knowledge Management*, 15(2), pp 251–269.
10. Lave, J & Wenger, E(1991) *Situated Learning: Legitimate peripheral participation*, Cambridge University Press, Cambridge, MA.
11. Lesser, E & Storck, J(2001) Communities of practice and organizational performance, *IBM System Journal*, 40, pp 831–841.
12. Mabery, M J, Gibbs–Scharf, L & Bara, D(2013) Communities of practice foster collaboration across public health, *Journal of Knowledge Management*, 17(2), pp 226–236.
13. O'Dell, C & Hubert, C(2011) *The New Edge in Knowledge: How knowledge management is changing the way we do business*, Wiley, Hoboken, NJ.
14. Pattinson, S & Preece, D(2014) Communities of practice, knowledge acquisition and innovation: a case study of science–based SMEs, *Journal of Knowledge Management*, 18(1), pp 107–120.
15. Pohjola, I & Puusa, A(2016) Group dynamics and the role of ICT in the life cycle analysis of community of practice of practice–based product development: a case study, *Journal of Knowledge Management*, 20(3), pp

465–483.

16. Saint–Onge, H & Wallace, D(2003) *Leveraging Communities of Practice for Strategic Advantage*, Butterworth–Heinemann, Burlington, MA.
17. Schenkel, A & Teigland, R(2008) Improved organizational performance through communities of practice, *Journal of Knowledge Management*, 12(1), pp 106–118.
18. Schiavone, F & Borzillo, B(2014) Creating technological knowledge in vintage communities of practice, *Journal of Knowledge Management*, 18(5), pp 991–1003.
19. Verburg, R M & Andriessen, E J H(2011) A typology of knowledge sharing networks in practice, *Knowledge and Process Management*, 18(1), pp 34–44.
20. Wenger, E(1998) Communities of practice: learning as a social system, *Systems Thinker*, 9(5), pp 2–3.
21. Wenger, E, McDermott, R & Snyder, W(2002), *Cultivating Communities of Practice*, Harvard Business School Press, Boston, MA.

第八章　知识边界与跨界机制

学习目标

完成本章学习后，读者应该能够：

- 区分可能阻碍知识动员和学习的不同类型的知识边界。
- 比较不同的跨界机制。
- 识别知识边界，理解跨界机制在产业背景下的运用。

知识边界被视为知识动员和学习的一个主要障碍。在寻求适当的跨界机制以解决这个问题之前，我们有必要先来了解可能存在的不同类型的知识边界。本章首先介绍不同类型的知识边界，然后详细探讨几种特定跨界机制，最后讨论如何识别知识边界以及如何利用跨界机制来促进知识动员和学习。本章的侧重点与讨论实践社区的第七章有所不同。在实践社区中，虽然人们可以跨越组织边界或地理区域，但是他们拥有相同的身份认同感、价值观和部分共同实践，因此知识动员和学习是在相对同质的群组中发生的。而在本章中，跨界知识动员和学习涉及的人员更具多样性和异质性，可能拥有不同身份、知识基础，且共同的知识兴趣十分有限，有时甚至可能存在冲突。一般而言，共同知识越少，认知差异度越高，知识动员和学习流程就越复杂、越困难。

知识边界

一般来说，边界可以定义为“标识一个地区所涉范围的线”，这是牛津词典给出的定义，即地区之间或群组之间划分边界的线。边界的类型多种多样，比如下面这些边界。

- 地理边界：把若干地区或人员群体从物理上划分开来。
- 社会边界：把拥有不同身份的群组划分开来，包括职业背景、组织地位或社会地位。
- 文化边界：把价值观和假设体系存在根本性不同的群体划分开来。
- 组织边界：界定组织的分界。
- 活动边界：划分不同的活动，比如采购、设计、制造、生产、分销、零售和售后服务。

所有类型的边界都可能导致人员知识库上的差异，从而为知识动员和学习活动设置藩篱。换句话说，它们会制造一种知识边界。但是，知识边界不仅仅是地理、社会、文化、组织或活动边界。例如，企业把部分生产活动外包，从而打破活动边界，这一现象广为人知，但是了解如何打破知识边界的人则相对较少。这一话题的确值得深入探讨，因为整合来自外部的知识往往十分困难，特别是当外部知识迥异于企业当前知识领域的时候。

知识边界

知识边界表示的是一个实体的知识库与另一知识领域之间的界线或分界线。知识边界不是静态的，而是在结构化学习环境（比如培训项目）中不断进行调整并随着个人的持续社会交互和物质交互而波动。个人的知识库可能极大地影响着他的诠释框架，而诠释框架则决定着这个人怎样诠释（来自他人的或共享的）信息以及是否视其为重要信息，并据此来决定是否将其整合到现有知识库。知识边界形成的原因有很多，比如知识库、工作方式、知识共享、专业知识和组织文化的不同。最具影响力的知识边界相关著作之一可能来自保罗·卡莱尔。他根据所承担集体任务新颖程度的高低构建了知识边界的拓扑结构，并将知识边界划分为三个类型，它们已得到其他学者和研究人员的广泛引用。这三类知识边界分别是语法边界、语义边界和语用边界。

- 语法边界：这类边界所承担的集体任务新颖程度低，最容易跨越，因为在此类环境下，人员的逻辑、价值观和世界观体系相同。在语法边界上，发送者和接受者之间的知识转移遵循一定的流程。为此，人们可以开发通用“词典”来协助跨语法边界的知识转移。大多数基于技术的传统知识动员方案转移的是显性知识，它们遵循此类信息加工假设。
- 语义边界：在此类知识边界上，人员没有共同的逻辑或价值观体系，相反，人们对同一知识可能会有不同的理解和诠释。相比语法边界，语义边界所承担的集体任务新颖度更高。为了跨越语义边界，人们需要明白他人的理解和诠释，并对他人的理解和诠释保持敏感。在跨越语义边界时，重点在于知识翻译和构建共同意义（针对诠释差异）。在这个层级上，学者们已经认识到了知识动员中的意义差异和语境特异性，特别是就隐性知识动员而言。但是软件系统等技术仍然非常重要，因为技术网络为公开讨论提供了空间，有助于在职能部门、组织和社区内部以及它们之间构建共同意义并促进知识动员。
- 语用边界：当集体任务的新颖度进一步增加时，人们不仅对问题或事件的诠释和理解不同，而且他们的利益也有所不同，最终导致各参与方或相关方（个人、小组或团队、组织或社区）之间的冲突。因此，语用边界最复杂，最难以成功跨越。为了应对不同利益诉求和冲突（有时还需要考虑依赖关系），各参与者或相关方需要愿意并准备好在现有实践中磋商并转化现有知识，从而达成共同利益。个人、小组或团队、组织或社区曾投资并奉献于自身的知识和实践，这种投资和贡献意识复杂且程度较深。因此，一般而言，跨越这类知识边界绝不会是简单直接的事。这一视角将知识流程视为“创造性摩擦”，侧重于实践中的磋商。有人认为，在语用边界上，知识共享是在各种知识的转化过程中实现的。在此过程中，各参与者或相关方一起构建共同基础和共同理解，并由此创造新的实践。

表 8–1 总结了这三类知识边界的主要特点。

表 8–1　三类知识边界的主要特点

项目	语法边界	语义边界	语用边界
集体任务的新颖程度	低	中	高
知识加工方式	转移	翻译	转化
跨界知识类型	显性为主	隐性为主，也有显性	隐性为主，也有显性
设施或协议	技术（文档、信息系统）	社会交互（讨论和论坛）	社会交互（磋商、创造共同基础）
与知识动员相关的主要问题	信息质量、技术问题（有用性和易用性）	讨论的感知价值、错误解释、语言、自身形象、负面评论、要求别人澄清的偏好	谈判技巧、妥协意愿
知识动员频率	偶尔发生	很少发生	最少发生

我们从表 8–1 中可以看出，从语法边界到语义边界，再到语用边界，集体任务的新颖度呈递增趋势，除此之外，加工的知识类型也可

能有所不同。例如，成功跨越语法边界就可以有效共享显性知识，但只有在成功跨越语义边界和语用边界时才能有效共享隐性知识。就跨界所需的设施或协议而言，使用文档和信息系统等技术就足以跨越语法边界，但对于跨越语义边界和语用边界而言，重要的是社会交互。因此，与跨越语法边界相关的主要问题是文档所载信息的质量，以及信息系统的有用性和易用性等技术问题。而在跨越语义边界时，讨论的感知价值和使用的语言等问题极为重要，它们决定着人们是否能够达成共同的理解和诠释。在语用边界上，主要问题包括谈判技巧和妥协意愿，因为解决冲突是跨越这一边界的关键。跨越不同边界的固有难度各不相同，其中跨越语法边界最为容易，因此在三者中它的发生频率最高。跨越语用边界最难，因此现实中它的发生频率最低。

上述知识边界可能会为知识动员设置巨大的障碍，从而阻碍个人、小组或团队、组织或社区之间的协调配合和问题解决。但是，由于现代企业越来越多地依赖于集合多样化的个人、小组或团队、组织甚至社区，跨界知识管理已成为持续性活动。全球化压力要求企业管理者快速响应、迅速行动，而这更加需要制定能快速跨越知识边界的战略。由于知识可以被描述为本地化于实践、内嵌于实践和投资于实践，所以“融于实践的知识”的特异性使得跨界工作和在另一实践中调整知识变得尤其困难。为解决这一问题，下一节将会讨论跨界机制。

批判性思考与反思

跨国公司中的知识边界

你认为，在跨国公司中，总部与子公司之间的哪种知识边界会对知识动员和学习流程构成重大挑战？为什么？

跨界机制

尽管知识边界是商业和开放式创新的中心话题，但是可渗透边界这一假设仍被认为理所当然，而且人们对它的理解存在不足。本节将会介绍四种具体的跨界机制，它们能够促进个人、小组或团队、组织或社区之间的协作和问题解决。这四种机制分别是边界管理者、边界对象、边界实践和边界话语。边界管理者和边界对象是两个成熟的机制，而边界实践和边界话语则相对新颖，仍在发展过程中。

边界管理者

边界管理者这个概念曾被用于多种环境，含义各不相同。“边界管理者”这一术语首次出现于迈克尔·塔什曼讨论创新过程中特殊边界角色的文章中。早年间，边界管理者往往被界定为环境条件的解释者和决策信息的提供者，今天我们仍重点关注边界管理者的信息交换角色。但是这一概念适用的环境已经得到延展，可以是组织中的小组或团队之间，可以是组织与环境之间，也可以是不同实践社区之间。

边界管理者是一般性术语，可用来描述组织内外的不同功能。其定义有很多，以下是几个来自不同年代的代表性定义。

- 在组织边缘或边界工作、执行与组织相关任务并将组织与外部元素联系起来的人员。
- 负责联系其所在群体外部人员的个人。
- 担任组织与其环境之间中介角色的企业成员。
- 组织单元与其环境之间的联系人，发挥不同功能，包括交流信息、访问资源和代表群组。
- 在组织边缘工作，是组织与其外部环境之间的交流中介。

从本质上讲，边界管理者是代理人，其任务是构建一个领域的知识框架，然后将其嫁接到另一个领域中，从而促进知识动员和学习，并进一步推动来自不同领域的个人、小组或团队、组织或社区之间的协作和问题解决。有关边界管理者的研究侧重于如何运用语言及其认知能力来协调知识转移，因此，有人认为这一机制对于显性知识转移而言最为有效。在这种情况下，代理人在社区、组织、小组或团队中的地位和社会关系是重要因素。

边界管理者的替代术语有很多，包括桥梁、核心连接者、联结者、守门人、联结角色和知识经纪人。根据管理者的成员身份，边界管理者常被划分为以下类型。

- 边界翻译：只拥有一个社区、组织、小组或团队成员身份的个人。
- 边界经纪人或跨界者：布朗和杜吉德把在知识动员过程中同时拥有两个社区、组织、小组或团队成员身份的个人称为知识经纪人，而哈耶斯和菲茨杰拉德称之为跨界者。
- 边缘人：拥有多个社区成员身份的个人。

对于边界管理者而言，拥有某个社区、组织、小组或团队的成员身份，不意味着一定能够成功弥合各方之间的鸿沟，因为不同类型的边界管理者拥有不同的成员身份。有人认为，边界管理者在翻译知识时可能会不由自主地偏袒其中一个社区、组织、小组或团队；边界翻译尤其如此，因为他们归属于一个社区、组织、小组或团队。对于具有双重成员身份的边界经纪人或跨界者，研究发现，跨越组织和职业边界这项工作十分困难，要求很高，而且从职业发展角度来看存在潜在危险。至于边缘人，虽然拥有多个社区、组织、小组或团队的成员身份，但他们可能还是会觉得在所有社区、组织、小组或团队中都没有得到接纳，正如他们的称呼所暗示的那样。这是因为成员身份只能给予他们合法性和一定程度的信任。边界管理者还需要具备适当的特质、技巧和能力（如个性、政治技巧和认知能力），才能成功弥合各方之间的认知鸿沟。

这一跨界机制不是调整个人的知识库，而是调整信息以适应个人的知识库。边界管理者翻译和重新表述知识，将其从一个领域转移到另一个领域。这一知识动员过程在先前知识基础上继续扩展，从而促进各方的学习。边界管理者扮演的角色如图 8–1 所示。在此种情形下，领域 1 和领域 2 中的语境化知识能够得到共享，是因为边界管理者正在履行翻译角色，有时他们还会为参与知识动员过程的各方重新表述知识。

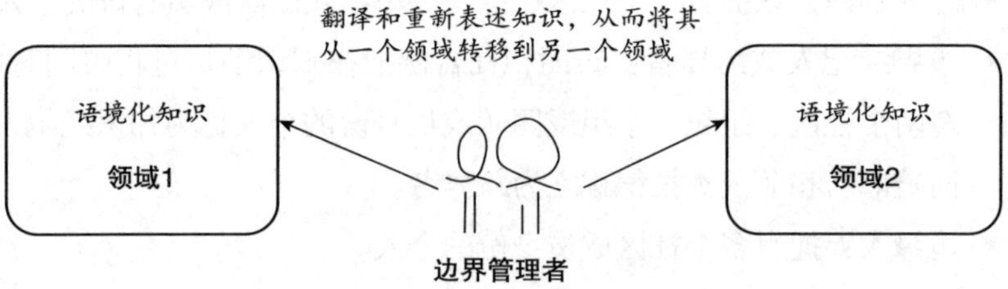

图 8–1　边界管理者在知识动员中的角色

> **批判性思考与反思**
>
> 跨国公司中的边界管理者
>
> 你认为在跨国公司的知识动员中，侨民在多大程度上担任着边界管理者的角色？

边界对象

边界对象这一概念的提出者是利·斯塔。最初，他把边界对象描述为不同的问题解决环境中所共享的且可以共享的那些物品。换句话说，这些物品的作用是构建两者之间的共享环境。许多学者对这一概念进行了扩展。后来，边界对象指的是多个领域共有的实体、抽象或心理的存在或人工制品，是各方协作的中心点，它让各方得以表示、转化和共享知识。边界对象可能是实体形式、数字形式或语言（符号）形式。数字边界对象如工程设计项目中用于推动知识动员的三维虚拟工作空间；而语言（符号）边界对象则如把遗传学知识和遗传学科学转化为治病救人的医学实践的那些对象。边界对象的概念广受关注，越来越多的分析师借用这一概念来理解各种知识过程和某一领域特有知识的动员过程。

边界对象的作用在于知识的去环境化和去个人化，从而把知识从一个领域转移到另一领域。图 8–2 说明了边界对象在跨界知识动员中的作用。边界对象具有足够的柔性，能够让来自不同领域的个人、小组或团队、组织或社区在其上附着本地化意义。但是，不同领域之间又存在足够多的共同意义，让边界对象得以弥合其间的认知鸿沟。边界对象如组装图和软件原型，组装图是制造业中的人工制品之一，被广泛用于（设计、制造或生产）工程师和组装（测试线）工人之间的知识动员。类似地，软件原型这种人工制品用于弥合客户和软件开发者之间的认知鸿沟。

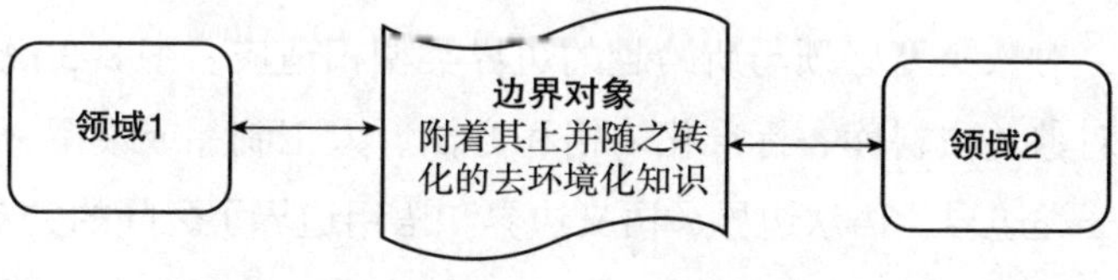

图 8–2　边界对象附着和转化去环境化知识

卡莱尔更加系统地分析了边界对象的概念。他研究探讨的是新产品开发工作中存在的知识边界，共涉及四个业务职能（销售或市场、设计工程、制造工程、生产）。卡莱尔改进了斯塔的研究结果，把边界对象划分为如下四类。

- 资料库：如成本数据库、CAD（计算机辅助设计）或 CAM（计算机辅助制造）数据库和零件库。它们为拥有共同定义和价值观的不同业务职能，提供了数据、度量和标签的共同参考点。
- 标准化表格和方法：如报告情况的标准表格和工程变更表。它们为跨职能问题的解决提供了统一格式。如果表格使用的是各方都能理解的结构和语言，那么在界定和归纳差异与潜在后果时，不同职能之间的共享性会更强，问题会更少。
- 人工制品或模型：如草图、组装图、零件、样品组装、模型和计算机模拟。不同职能部门都能观察和使用这些或简单或复杂的表示形式，它们描述或展示了边界上的差异性和相关性在当前以及潜在的形式、匹配情况和功能。
- 边界地图：如甘特图、流程图和工作流矩阵。边界地图更加系统地表示了不同小组或职能之间存在的相关性和边界。地图有助于揭示不同职能间的工作存在着怎样的相关性，它们有着共同的资源、可交付成果和最后期限。

使用边界对象能够推动知识跨界过程。但是，要保证边界对象的有效性，对象类型必须与所跨越的边界类型相适应。图 8–3 说明了四类边界对象（资料库、标准化表格和方法、人工制品或模型、边界地图）与三类边界（语法边界、语义边界和语用边界）之间的关系。

我们从图 8–3 中可以看出，使用资料库这种边界对象足以跨越语法边界，因为当人们使用相同的语法和语言时（具体是指资料库提供的共同数据和信息），他们就能有效地跨界工作。跨越语法边界的主要知识过程是知识转移，在此过程中，组织建立资料库作为共同的知识

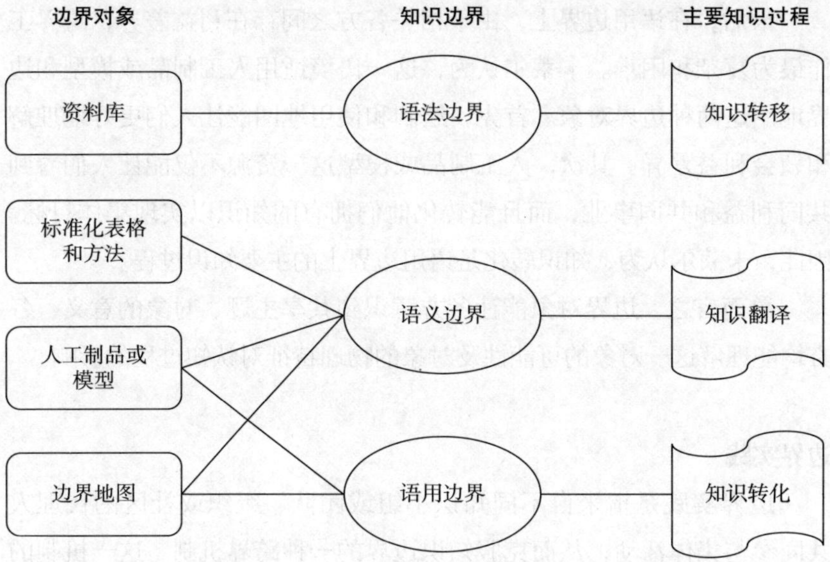

图 8-3　边界对象与边界类型之间的关系

库，各方均同意并理解这一知识库，于是就消除了知识转移和共享的藩篱。

在语义边界上，人们不使用相同的语法或语言，因此可能会有不同的阐释和理解。跨语义边界工作比跨语法边界工作更加复杂：需要开发和使用边界对象，因为边界对象有助于更好地构建和采用不同的视角，也就是说，人们需要更好地理解他人的视角。卡莱尔提出，跨语义边界可使用三类边界对象：标准化表格和方法、人工制品或模型、边界地图。标准化表格和方法为相互理解提供了统一的工具；统一的图纸等人工制品或模型让人们得以沟通和讨论视角差异；边界地图则勾勒出个人、小组或团队、组织或社区之间的相互依存关系，让各方能够理解个人、小组或团队、组织或社区的利益和相关性是如何塑造人们的视角的。在卡莱尔看来，跨语义边界中的主要知识过程是知识翻译。

最后，在语用边界上，由于相关各方之间存在利益差异，跨界工作最为复杂和困难。卡莱尔认为，这一语境适用人工制品或模型和边界地图这两种边界对象。首先，绘制和使用地图能让人们更好地理解和领会利益差异。其次，人工制品或模型这一资源不仅能让人们看到共同利益和共同事业，而且能转化他们拥有的知识以实现集体目标。因此，卡莱尔认为，知识转化是语用边界上的主要知识过程。

总而言之，边界对象能让各方意识到共享主题、对象的意义、各方均能理解这一对象的可能性及对象的物理特征对认知过程的影响。

边界实践

边界实践是指来自不同知识小组或团队、组织或社区的代理人共同参与集体活动，从而克服知识边界的一种跨界机制。这一机制的核心分析单位是实践——通过参与集体活动，新的知识从中产生。边界实践中的跨界知识功能不仅有助于边界上的知识共享，而且还能改善一方、两方或所有相关方的知识理解。除知识本身之外，参与集体实践可能还有助于更好地理解对方的诠释框架。所有这些都可能激发富有洞见的知识联结，从而弥合认知鸿沟。边界实践把不同领域的知识汇集在同一个知识场所，当人员在不同知识领域间的边界上从事集体实践时，所创造的情境有助于构建新知识，换句话说，能够一起生成新知识。如第二章讨论的那样，场理论强调知识空间（场）在知识创造中的重要性。边界实践在跨界知识动员和学习中的作用如图 8–4 所示。

边界实践对于在边界上通过“干中学”进行的隐性知识共享，最为有效。但是怎样的实践才算是边界实践呢？要回答这个问题，我们需要考虑以下两个重要方面。

- 首先，相比边界工作这种既有的常规实践，边界实践对于来自不

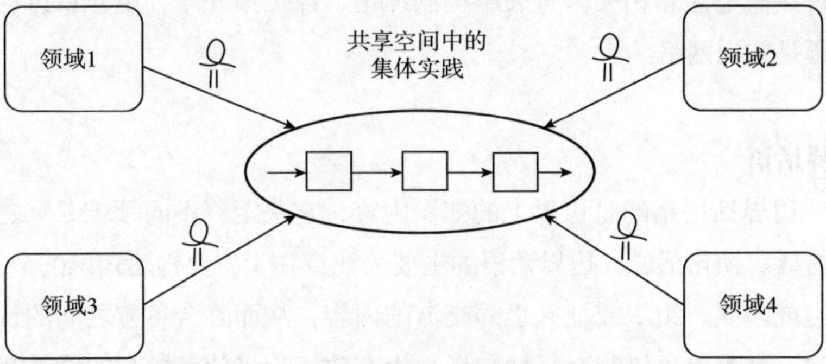

图 8-4　边界实践在跨界知识动员和学习中的作用

同领域的专家来说非常新鲜。在边界实践中，不同知识者一起从事一系列情境化活动，这为新知识创造提供了一个可能性区域，而且可能带来创新。当然，边界工作也涉及跨界互动，比如组织或社区成员得以接触外部人士。例如，律师和一线员工经常从事边界工作，他们会与客户和消费者对话。由于特定边界实践源自环境和参与各方代理人的集体活动，所以虽然边界实践中不同代理人的活动存在重叠，但是边界实践本身没有专化到特定的个人、小组或团队、组织或社区。

- 其次，相比专业实践，边界实践应该是无法分配的，不能分割成若干子任务后分别委派给每个细分领域的专家。这一集体活动应在不同专业知识领域之间的柔性空间里共同执行。

作为跨界机制，边界实践是一个相对较新的概念，相关研究仍处于初级阶段。人们常把它和边界对象等其他跨界机制放在一起讨论，因为实施边界实践需要使用某些物品形式，反之亦然。例如，边界对象概念的创始人斯塔和格里塞默意识到，使用边界对象的个人有时需要学习如何正确使用它，比如在实践中学习。

边界实践这一概念旨在弥合鸿沟，与网络理论提出的结构洞理论的桥接隐喻息息相关。有关结构洞理论，详见第九章，第九章讨论的主题是知识网络。

边界话语

边界话语指的是边界上的知识内容，它决定着不同领域专家之间的对话。换句话说，边界话语的主要关注点在于将要构建知识的个人、小组或团队、组织或社区之间交流的内容，从而弥合各方之间的认知鸿沟，这类跨界机制对显性知识最为有效。为了使各参与方能够调动不同领域的专家进行有效对话并获取所需知识，对话中的思想和问题等内容与所涉专家的认知模式应有一定程度的概念重叠（中间性）。因此，边界话语与各个领域中的主流话语存在一定区别。在实施边界话语机制时，非常重要的一点是如何基于语法和语义知识的相似性使用语言和词汇，帮助各方克服知识边界。

与边界实践类似，边界话语往往与其他跨界机制相互关联，特别是边界管理者和边界对象，因为这些都可能涉及语言（口头或书面）且都对显性知识有效。不过，这三种机制之间存在显著差异。为了让参与知识动员和学习的其他各方能够理解其意义，边界管理者可能使用口头或书面语言及词汇来翻译和重新表述知识。边界管理者的主要关注点是调整信息以适应个人的知识库。边界对象可以是书面形式（如叙述和口号），是各方附着和转化知识的中心点，使得各方能够相互理解。这里的关键是将知识对象化。对话中的边界话语侧重于识别和调整参与者的知识库。与其相反，边界对象将知识对象化，而知识管理者的关注焦点不在于调整个人知识库。参与各方在自身实践中均使用边界对象，但边界话语源自共同知识，在这一点上它与边界实践类似。

表 8–2 总结了四种跨界机制之间的异同，从以下五个角度进行比较。

- 分析单位：代理人是边界管理者中的分析单位，人工制品是边界对象中的分析单位，实践（集体活动）是边界实践中的分析单位，知识内容是边界话语中的分析单位。人工制品和代理人均可作为知识内容的传递载体，且人和人工制品均可参与实践。
- 分析单位的重要属性：要想让作为边界管理者的代理人能够有效弥合各方的鸿沟，跨界机制需要具备的重要属性包括：成员身份、个性、技能、认知能力及各种关系，如社会、政治和权力关系。边界对象的重要属性包括共同意义、物质性、物理性、抽象或精神存在。对于边界实践而言，参与和集体活动至关重要。边界话语则需要思想、知识领域和认知相近性。
- 在边界上有效的知识类型：在这四种跨界机制中，边界实践主要对于隐性知识最为有效，而其他三种机制（边界管理者、边界对象和边界话语）对于显性知识最为有效。
- 知识跨界功能：边界管理者在不同领域间翻译知识，构建知识框架并重新表述知识；但是个人仍置于特定语境中，因此，他们的地位和社会合法性（如有）或促进或妨碍知识跨界过程。相比而言，边界对象的主要知识功能是知识转化。通过将概念对象化、去语境化和去个人化，知识转化使得各方从中发现共同主题。如果没有边界对象，各方可能难以留意到这些知识。边界实践通过共同活动创造新知识，从而弥合不同知识领域间的鸿沟。与边界对象不同，边界实践将难题和知识语境化，将其置于特定的知识语境中，使各方得以学习和更好地理解知识。你不妨回顾第二章介绍的 SECI 模型，边界实践可能涉及知识内部化，即 SECI 模型中的“I”。最后，边界话语增加知识构建机会。它能够帮助各相关方觉察到思想和主题，选择特定主题的对话并设置情境，表达和阐明一方知识，从而将其转移给另一方。
- 改变参与方知识库的可能性：边界管理者和边界对象不会改变个

人知识库，但是边界管理者可以调整信息来适应个人知识库，而边界对象将知识对象化，从而消除或弥合认知鸿沟，扩充个人知识库。边界实践和边界话语创造新知识，因此能增加个人知识库的存储量。

表 8–2　四种跨界机制的异同比较

角　度	边界管理者	边界对象	边界实践	边界话语
分析单位	代理人	人工制品的存在	实践	知识内容
分析单位的重要属性	认知能力和社会、政治、权力关系，技巧和个性，成员身份，信任	共同意义、物质性、物理性、抽象或精神存在	参与、集体活动	知识、思想、知识领域、认知相近性
最有效的知识类型	显性	显性	隐性	显性
知识跨界功能	翻译、构建框架或重新表述、合法化	转化、对象化、提醒、去语境化、去个人化	共同创造、学习、理解、内部化、语境化	构建知识、使觉察、表达、阐明
改变参与方知识库的可能性	不调整个人知识库，而是调整信息以适应个人知识库	知识对象化，不改变个人知识库	共同创造新知识，扩展知识库	构建知识，扩展知识库

综上所述，在四种跨界机制中，边界管理者和边界对象的相关理论已经相当成熟，而边界实践和边界话语理论则相对较新。四个机制相互依存，但差异十分明显。同一知识跨界过程中会出现几种跨界机制。随着时间的推移，组织专家会用到它们。换言之，边界上的知识动员和学习过程往往会组合使用几种跨界机制。研究表明，组合使用跨界机制可产生复合效应。事实上，可以认为，四种跨界机制为探讨跨界知识过程提供了四个互补的视角，如图 8–5 所示。这四个视角分别是：边界管理者提供的参与者视角，边界对象提供的人工制品视角，

边界实践提供的活动视角，以及边界话语提供的内容视角。边界管理者指的是代理人，他们组织、推动和协调边界实践中固有的集体活动。边界管理者和边界实践可能都需要使用合适的边界对象才能促进知识动员和学习活动。在任何跨界知识过程中，对于边界管理者和边界实践而言，知识话语提供的知识内容都极为重要，包括实际上交流了什么或做了什么。因此，我们可以肯定地说，当我们和谐共用数种跨界机制时，跨界知识过程会更加有效和完整。

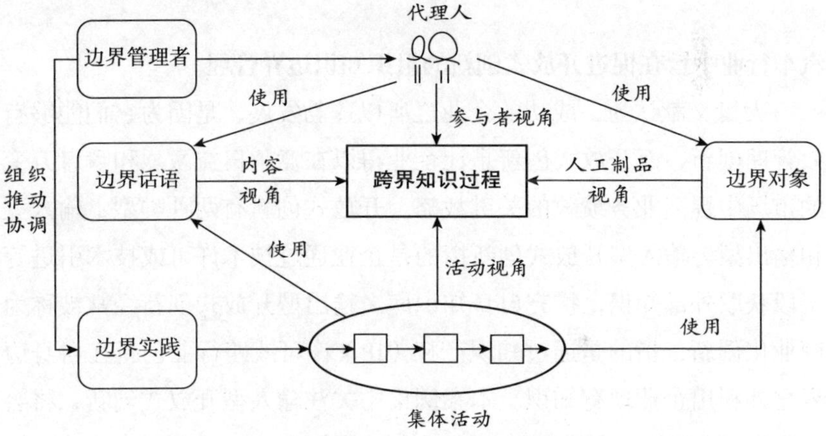

图 8-5　跨界知识过程中的互补要素

批判性思考与反思

跨界机制

如果一个新项目接受委托为商业客户开发一个新软件，而你被任命为项目负责人，那么你预计哪些主要障碍会阻挠项目团队内部与外部各方合作过程中的知识动员？你会考虑使用哪几种跨界机制来推动知识动员过程？

行业应用中的跨界知识活动

前面两节分别讨论了知识边界类型和几种跨界机制，本节将会在此基础上进一步探讨它们在真实行业环境中的应用。不同层面都存在知识边界，比如个人层面、小组或团队层面、组织层面或网络层面，且所有层面都可能发生跨界知识活动。本节将会通过三个案例分析说明如何识别和跨越不同层面的知识边界。三个案例对应的三个应用语境分别是：汽车行业、国防工业和农业。

汽车行业中旨在促进开放式创新的组织知识边界管理

大量文献认为，成功的企业之所以蓬勃发展，是因为它们能够有效管理创新，而开放式创新是让企业得以在竞争日益激烈和瞬息万变的市场中提高业务绩效的关键战略。开放式创新有两种类型：输入型和输出型。输入型开放式创新指的是企业通过技术许可或技术引进等手段获取外部知识，扩充自身知识库。输出型开放式创新经常被称为商业化创新，指的是通过知识产权（IP）许可或跨行业创新在自身边界之外利用企业现有知识。本案例集中关注输入型开放式创新，将会审视德国主要汽车制造商组织层面的知识边界。

汽车行业是一个知识密集型的大型成熟行业。对于汽车企业而言，开放自身知识边界的过程可能尤其具有挑战性，因为相比服务业等许多新兴行业，汽车企业在改变既定内部流程方面相对更加僵化。但是，消费者的要求和对新产品特性的渴望在不断增长，例如，消费者对轻型、节能、减排汽车的需求日益强烈。因此，在企业内部实现全部创新的可行性降低，这不仅包括融资，还包括知识提供。作为对上述趋势的回应，汽车制造商加强了与一级供应商之间的合作。在把外部环境进一步引入企业方面，供应商可以成为产品创新和工艺创新的主要来源，在电动汽车开发和组装方面发挥关键作用，因为这些活动需要大量特殊能力和专业知识。虽然汽车行业在管理与汽车零部件供应商之间的边界方面可谓十分先进，但是与行业外部其他参与者之间的整合经验仍处于非常初级的阶段。这可能造成一定问题，因为功能创新越来越需要整合来自陌生领域的知识，这是现有供应商无法提供的。开放式创新并不意味着组织与其环境之间的知识边界将会轻松消失。相反，开放程度提高意味着可能出现新的边界，而跨界进行有效知识动员则需要越过这些边界。

本案例研究探讨了卡莱尔界定的全部三种知识边界（语法边界、语义边界和语用边界），但是使用的术语略有不同：信息加工边界（对应语法边界）、诠释边界（对应语义边界）和政治边界（对应语用边界）。维尔黑尔姆和多尔夫斯马认为，为了构建稳定的共同语法，需要首先确定信息加工边界。只有当知识发送者和接收者使用的是相同的语法时，他们才能意识到知识的相关性和潜在的价值性并开始交换知识。但是，即使存在相同的语法，来自不同领域的人员仍然会有诠释差异。第二种边界就是诠释边界，强调不同领域的参与者对共享知识意义解释一致的重要性。第三类是政治边界，它存在的原因是，在开发电动汽车方面，不同参与者的兴趣和偏好是不同的。例如，一些参与者可能根本没有意识到供应链上的其他参与者需要某些知识。知识越陌生、越新颖，跨界动员这一知识的难度就越高。

该案例研究考察了把关人（gatekeeper）作为边界管理者的作用，以及他们在开放式创新中扮演的角色。开放式创新主张超越组织边界建立网络的重要性。把关人在跨界知识过程中承担着三项任务：获取外部知识、翻译外部知识和传播内部知识。首先，把关人扫描外部世界寻找组织所需的相关知识，并在发现后根据需要获取知识。其次，他们把这种外部知识翻译为以本地为导向的、同事们能够理解知识意义和有用性的语言。翻译任务不仅需要根据一方世界观对另一方世界观的要素进行框架化和重新表述，而且需要评估和诠释这一知识对于接收方工作实践的相关性与重要性。最后，把关人把外部知识传播给他们认为能够使用所获取知识的目标同事。把关人可以是专职员工，也可以是同时在组织中承担其他角色的员工。在这一案例研究中，担当把关人角色的是汽车制造商的创新经理。

该研究选择的独特案例是德国汽车行业中的开放式创新计划，是“汽车创新网络”（automotive innovation network，缩写为 AIN）的一部分。汽车创新网络是基于项目的网络，范围更广，拥有 60 多家正式企业会员，包括德国汽车行业中的很大一部分企业。其活跃会员有宝马、保时捷和戴姆勒等汽车制造商，还有一线供应商、工程服务公司及咨询和研究机构。这一案例研究使用了三种数据收集方法：档案数据、访谈和实地观察。这一纵向案例研究从 2006 年持续至 2011 年，时间跨度是 5 年，对于单项研究而言时间颇长。案例研究结果为开放式创新中的知识边界管理提供了有趣的洞见。

信息加工边界（语法边界）管理

案例研究发现，对于小型创新者的创意，信息加工边界的可渗透性不足。个人创新者和初创企业很难在汽车制造商组织中找到合适的联系人，只有汽车制造商和现有供应商之间才存在沟通渠道。外部创新者很难——如果不是不可能的话——找到技术开发职能部门中的合适联系人。此外，即使创新者成功与适当的部门取得了联系，向原始设备制造商（original equipment manufacturer，缩写为 OEM）演示他们的创意时，方式往往也无法打动人。

为了克服这些障碍，汽车创新网络于 2007 年 1 月举办了创新竞赛，该竞赛针对医疗、制药、卫生、电信、娱乐和航空航天等外部行业中的现有创意。竞赛设计了标准格式，提交材料最多两页，内容包括创新的简短描述、成熟程度、既往使用情况、图片或绘图以及该项创作在汽车行业的潜在用途说明。竞赛的目标搜索范围十分广阔。创新可以是已经在其他行业中使用的产品、解决方案或原型，要求是具有转移至汽车行业的巨大潜力，或者能够为终端客户创造较大附加值，或者是可能改变车辆的使用性能（比如节能）。评审团由 20 名创新专家组成，第一年共评审了竞赛参与者提交的 150 个创新点子，并从中选出 30 个最佳创意，年度汽车峰会向公众展示了这些最佳创意。参会者包括汽车创新网络会员以及来自德国汽车行业的其他代表。

公开赛、标准化提交格式以及在年度汽车峰会上与发明者直接互动，这些措施帮助作为把关人的汽车制造企业创新经理找到了有发展前景的创意并在比赛结束后进一步跟进。因此可以说，信息加工边界被成功跨越了。

诠释边界（语义边界）管理

尽管在把关人（创新经理）的帮助下成功跨越了信息加工边界，但是由于个人发明者和汽车制造商经常用相同的术语表示不同的意义，所以诠释边界依然存在。一些创新经理不具备执行翻译职能所需的必要专业技能，创新经理需要依赖评审团评估所提交的创意并选出最佳创意。虽然评审团专家拥有丰富的技术性专业知识，但有时他们也无法诠释所提交创意的意义，因此也就难以评估这些创意。未经翻译的外部知识常以“原始”形式在内部传递，这个问题尤其显著，因为这会让人质疑对于外部知识的解释是否合理，质疑评审是否公平，或者质疑评审团的整体评审结果是否能保证足够的一致性。

在竞赛的第一年里，大多数评委无法招架各种创意的大量涌入，于是汽车制造商决定集中处理来自汽车行业内部的新知识并建立了主题簇。虽然有了主题簇（传统上代表着汽车行业当前的创新焦点），但竞赛再次回到汽车行业内部，提交的创意主要来自熟悉“面孔”，因此提交数量急剧下降。为解决这一问题，第二年，汽车制造商决定增加一个主题簇，结果提交量翻了近一番，但是并没有生成汽车制造商真正想要寻求的那类知识。使用主题簇，成功增加了提交数量，但是并没有成功激励所提交的心仪创意类型。本应履行把关人“翻译”职能的创新经理，似乎没有克服诠释边界。汽车制造商未能寻求与外部行业参与者直接互动，也没能在直接互动中构建共同意义从而跨越知识界限，而是退缩回他们熟悉的汽车行业知识领域。

政治边界（语用边界）管理

政治边界是最顽固的知识边界，这一点在德国汽车制造商案例中也有体现。汽车制造商技术开发部门的传统组织方式，围绕装配台、底盘、传动系统、电控系统等传统技术领域的专业化程度很高，这不利于吸收新创意。即便创新经理积极发挥把关作用，把有价值的创意传播给由各个技术开发部门构成的内部网络，他们也很难真正说服同事就选出的创意采取后续行动。创新竞赛开展六年后，并没有任何创意真正在车辆制造中得到实现，于是汽车制造商代表共同决定不再参与这项创新竞赛。可以说，作为把关人的创新经理未能克服企业内部的政治边界。

作为案例总结，表 8–3 概述了三种知识边界及其状况，即管理成功与否。我们从案例研究中可以明显看出，创新经理成功跨越了汽车制造商和外部发明者——尤其是处于汽车业务链外的小型个体发明者和初创企业——之间的信息加工边界。在标准化模板的帮助下，外部发明者能够提交创意，专家评审团能够评估和选择有价值的创意。

然而，发明者与汽车制造商之间的诠释边界或语义边界没有被成功跨越。尽管发明者提交了创意，但是由于提交材料中技术术语的缘故，创新经理无法理解这些创意的意义，不得不依赖技术专家的判断。评审团专家也难以理解部分创新，无法完全理解和领会收到的创意，这让评审过程的公正性和一致性受到质疑。此外，创新经理无法把选出的创新转化为技术同事能够理解的思想，因此无法说服技术部门对

表 8-3　德国汽车制造商案例中三种知识边界的管理状况

边界类型	边界上的相关方	鸿沟状态	使用的跨界机制
信息加工边界（语法）	汽车制造商与外部发明者之间	成功弥合	边界管理者（创新经理和评审团专家）、边界对象（提交创新的标准化表格）
诠释边界（语义）	发明者与汽车制造商之间、创新管理团队与技术开发部门之间	未成功弥合	边界管理者（创新经理和评审团专家）、边界对象（提交创新的标准化表格）、边界话语（创新经理、专家与技术开发同事之间的对话）
政治边界（语用）	传统组织方式的技术部门之间	未成功弥合	边界管理者（创新经理）、边界对象（提交创新的标准化表格）、边界话语（创新经理、专家与技术开发同事之间的对话）

遴选出来的外部创新采取后续行动。除了边界管理者（企业内部创新经理和专家）和边界对象（标准化提交表格）之外，围绕创新思想还存在大量对话。因此可以说，把关人在跨越诠释边界的工作中还使用了边界话语这一机制。

更糟糕的是，企业内部各个技术开发部门有着迥异的知识领域。这些部门对评审团选出、创新经理推荐的创新提不起真正的兴趣，特别是如果调整创新以应用于车辆，就需要同事获取大量新知识，这会强迫他们离开舒适区。组合使用几种跨界机制，依然未能跨越政治边界。

这一案例研究让我们深入了解了如何识别三类知识边界，以及把关人是如何尝试跨越这些知识边界的。案例显示，在竞赛开始前，各家汽车制造商的组织内部就存在信息加工边界。外部行业参与者提交创意时选错了表达方式，没有使用汽车制造商要求的术语。这一案例研究的主要发现可以总结为三点。

- 当把关人履行其获取外部知识的角色时，比如邀请外部参与者以标准化格式提交创意，他们在组织内外参与者之间建立了相同的语法，信息加工边界的可渗透性随之增加。

- 即便有了共同语法，如果把关人未能履行其翻译外部知识的职责，外部知识就无法得到有意义的诠释，结果是诠释边界的不可渗透。
- 如果未能打破诠释边界，即使把关人设法建立了新知识的外部合法性，政治边界很可能同样不可渗透。

国防工业网络化项目案例中的知识跨界

大型项目需要跨越边界，聚合多个组织，其中的各个组织推动其跨界团队贡献集体知识资产。该案例研究将为读者展示如何识别知识边界，以及在跨界项目中如何弥合组织和个人层面的知识鸿沟。

项目团队是由若干个人组成的临时性组织，团队成员的遴选标准应该是他们能够带入项目中的技能、知识和网络。项目团队成员可分为两组：可见成员和不可见成员。不可见成员是间接成员，比如项目的分包商或供应商。他们虽然不是直接成员，但也是项目的一部分。这意味着，项目团队的知识不仅包括可见成员掌握的知识，还包括团队可以使用的其他知识，如不可见成员和团队成员人脉网络中的知识，以及项目发起人愿意投入本项目的知识。

项目团队成员可能缺少共同的社会感知，缺乏对共同目标的承诺，没有共同的绩效标准，未能对结果承担同等责任。由于项目团队通常是临时性的，成员组之间以及组织之间的知识边界不是静态的，而是高度动态的，缺乏明确的知识动员和学习机制。但是，要发挥团队合作的本质，知识必须在项目团队中流动起来。在跨界团队中，这一点尤为重要，因为没有一个组织拥有生成该知识所需的全部资产或专业能力。

斯沃特和哈维的案例研究针对的是跨越英国国防部和国防工业之间边界的网络化项目。该研究同时采用多种方法收集个人（主要是项目领导和咨询师）和团队的数据，包括焦点小组访谈、半结构化访谈、调查和部门间比较法（cross-sector comparator）。

这一案例研究的主要发现包括如下五点。

- 项目知识之间是动态相关的：项目团队建立了知识类型图，其中包含案例中发现的不同类型知识之间的关联（许多直接关联和一些暗含关联）。为了开发和交付有效项目，项目团队需要识别整个知识集中的关联。缺乏对上述关联的认识可能会阻碍知识构建——在需要采用全局视角时，却孤立地考虑这些知识类型。
- 知识水平不同：参与每个跨界团队的各方，知识水平都有所不同。这应该被视作正面属性，因为各方都需要大量来自知识类型图另一端的知识，才能有效地参与整个团队的活动。此外，在项目周期的不同阶段，知识水平也有所不同——在不同阶段，所需的各种知识的相对权重有所不同。
- 在组织层面，边界两侧的知识形状是不同的：为便于理解案例研究中项目需要的知识，要用到 T 形知识这一概念。T 形知识模型是一个二维模型，它通过视觉来表现组织知识的相对深度和广度。T 形中的竖线表示知识深度，代表的是专业知识；而 T 形中的横线表示的是知识广度，代表不同领域共有的一般性知识。绘制 T 形知识模型能让组织看到知识的相互依赖关系和交叠程度。该模型能够创建对话，在组织内建构新的认知。如果两个组织的 T 形模型之间几乎没有任何重叠，则需要一个知识中介来翻译、诠释和联结人员及其知识。
- 个人层面的知识：该案例研究进一步探究了团队知识的具体位置，这就从组织层面下潜到了个人层面。在团队的每个组成部分中，个人的知识模型形状和知识类型分布都有所不同。在网络化项目这一案例中，相比项目经理的 T 形模型，设计工程师的 T 形模型更加狭长，因为设计工程师的知识广度不及项目经理，但是他们的技术、设计史和设计流程知识相对更加深入，且这类知识在其知识总量中所占比例相对较大。如果人员间的 T 形模型没有交叠，他们可能很难彼此互动。换句话说，他们之间的知识鸿沟更深。T 形模型十分不同的人员可能难以跨界工作，因为知识持有不同意味着他们解决问题的方式将会十分不同，他们需要不同的知识来弥合各自的知识鸿沟。理解了个人知识形状的不同及其背后原因，就为成功交接迈出了关键的第一步。如果个人的 T 形知识模型十分不同或跨界十分艰难，那么可能需要一个邻接层。个人如果能够意识到自己的知识形状以及它与周围人员知识形状的交叠情况，就能更好地与他人进行交流。

- 跨界项目团队构建新知识：人们发现，知识是在没有约束的使用和交互中构建的。与拥有同类知识的人员互动，以及与拥有不同知识的人员互动，都是有价值的。但是，人员需要具有足够的知识交叠才能拥有相同语言和参与欲望。总体而言，人们发现构建知识的速度十分缓慢，其中的障碍因素远远大于推动因素。但是，跨界团队构建新知识的速度远比传统团队更快，这要归功于边界上发生的知识活动。在边界上，人员花费更少的力气就能拥有和访问更多知识，因为在这里，相互关联的各类知识被作为一个整体来管理，且置于语境之下。跨界团队所固有的背景、网络和经验多样性，相互连接在一起，形成一个有价值、涵盖广的知识池。

总而言之，该案例研究表明，识别组织层面和个人层面的知识边界并构建其知识形状，这一点至关重要，因为网络化项目能够取得成功的关键就在于整合各种形状和形式的知识，以交付实际成果。

界定农业价值链中的跨界知识本体

这一案例研究探讨了农业价值链语境下的知识边界。首先，研究明确了农业食品在生产系统价值链上不同环节之间存在的潜在知识边界。其次，借助软件工具 OntoGen 生成知识本体。最后，基于知识本体建立决策支持系统，评估可能达到的跨界程度。

为价值链管理提供决策支持的困难之一在于，同一条价值链的不同环节之间以及同一环节中不同知识水平的人员之间（比如新手和老手）都存在知识边界。在价值链中，知识流动和动员需要在两个维度上进行。一是纵向维度，即在同一条价值链的不同环节之间，也就是从农场或者说生产商出发，经由食品加工商、分销商或批发商、零售商，最后到达消费者。二是横向维度，即价值链上同一环节中的不同组织之间，比如作为食品生产商的一个农场主集群。因此，这两个维度上都可能存在知识边界。纵向上，处于价值链上不同环节的组织有着不同的知识领域，比如农场主、合作社、食品加工商、分销商或批发商、零售商和消费者各自都处于他们自己的知识领域中。横向上，为保护其知识资产，组织可能会有意地借助法规等设置知识边界。一般认为，知识动员和学习活动是打破边界的正向方式；而就边界而言，法规是这枚硬币的反面，即它会关闭边界，保护组织知识，至少以审慎或可控风险进行知识共享。

除了卡莱尔提出的语法、语义和语用三种知识边界分类法，泰尔将知识边界划分为五种类型：个人、领域专有、任务导向、空间和时间。该案例研究基于对知识边界相关概念的理解，分析了 60 多篇知识边界相关文章，建立了农业价值链知识边界本体。图 8–6 简要地重新描述了这一本体，其中，矩形表示各种类型的跨界机制，外围是每种机制的举例。

基于论文样本分析，我们可以将农业价值链中最常使用的跨界机制划分为五类：跨界教育、组织和技术、知识共享和团队、创新和边

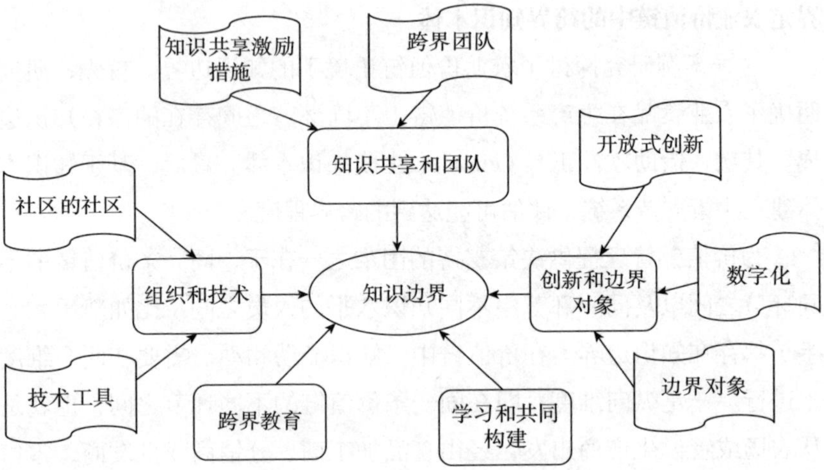

图 8-6　知识边界及跨界机制的本体

界对象以及学习和共同构建。组织和技术的例子包括社区的社区和技术工具。其他机制类型的例子包括知识共享激励措施、跨界团队、开放式创新战略、数字化和边界对象。与卡莱尔和泰尔等人的研究相比，这一案例研究指出了几种新的跨界机制，拓展了现有文献知识。

基于上面的知识本体，案例研究团队开发了决策支持系统，以帮助农业价值链上的决策者做出统筹协调的决策，继而用三种不同的农业食品价值链进一步评估了本体和决策系统：西红柿价值链、白菜价值链、菜花价值链。

学习要点

- 知识边界指的是一个主体的知识库与其他知识领域之间的界线或边境。知识边界通常被认作知识动员和学习的藩篱。
- 保罗・卡莱尔提出的三种知识边界得到广泛认可：语法边界、语义边界和语用边界。
- 一般认为，语法边界的集体任务新颖度最低，最容易跨越。在语法边界上，人员拥有同样的逻辑和价值观。跨越语法边界进行知识动员时，组织可以开发共用词典。语法边界也被称为信息加工边界。

- 在语义边界上，人们没有共同的逻辑或价值观。相反，人们对于同一知识可能有着不同的理解和诠释。为跨越语义边界，人们需要对他人的理解和诠释建构新的理解和敏感性，重点在于翻译知识和建立共同意义。语义边界也被称为诠释边界。
- 语用边界也被称为政治边界。在这类边界上，集体任务的新颖度最高。在这里，人们不仅对问题或事件有着不同的诠释和理解，而且利益也各不相同。这最终可能导致参与活动和事件的各方及各个参与者之间的冲突。
- 本章讨论了四种跨界机制：边界管理者、边界对象、边界实践和边界话语。在这些机制中，边界实践对隐性知识最为有效，另外三个机制对显性知识最为有效。实践中，人们往往会组合使用几种机制。
- 边界管理者指的是建构或重构知识框架并把知识从一个领域翻译到另一个领域的代理人，旨在促进知识动员和学习，进而推动协作和问题解决。这一跨界机制不调整个人知识库，而是调整信息以适应个人知识库。
- 边界对象指的是若干领域或社区共有的存在或人工制品，是各方合作的中心点，使得各方得以呈现、转化和分享知识。边界对象可以是实体的、抽象的或心理的。保罗·卡莱尔调整了利·斯塔的研究结果，界定了四种边界对象：资料库、标准表格和方法、人工制品或模型、边界地图。
- 边界实践邀请不同领域的代理人在共享知识的场所共同参与集体活动，并在参与过程中一起创造新知识，以此来跨越知识边界。作为跨界机制，相比边界管理者和边界对象，边界实践是相对较新的概念。

- 边界话语指的是塑造不同领域专家之间对话的知识内容。边界话语关注的焦点是各方交流的哪些内容将会构建知识。构建的新知识最终将会缩小各方的认知差距。
- 知识边界存在于各种应用领域和行业。跨越不同的边界时，人们应谨慎选择不同的跨界机制。

复习题

- 你认为知识边界存在的主要原因有哪些？你能想到人们制造知识边界而不自知以及有意制造边界的情境吗？用你工作或学习过的组织等熟悉的例子来支持你的回答。
- 关于三种知识边界（语法、语义和语用边界），你认为实践中它们是彼此明确独立的，还是相互混杂的？
- 为什么跨越语用边界比跨越语义或语法边界更难？
- 你认为在实施边界管理者这种知识跨界机制的过程中，成员身份的重要性有多大？拥有组织或社区内部成员身份，是否足以让跨界过程变得轻松？
- 在使用边界管理者机制的跨界过程中，个人知识库是否会发生变化？
- 你能否举几个非实体形式的边界对象例子？
- 为什么工作中常用标准化表格和模板作为有效边界对象来促进知识动员？
- 当涉及隐性知识而非显性知识时，为什么边界实践是跨越边界的最有效机制？
- 你能找出边界实践和场理论之间的关联吗？
- 什么样的实践是边界实践？比较边界实践和组织的现有和常规实

践，然后再比较边界实践和专业实践。

- 你认为边界话语这种跨界机制能单独实施，不与其他机制联合使用吗？
- 你认为边界管理者、边界对象、边界实践和边界话语这四种机制的主要知识跨界功能分别是什么？
- 关于使用跨界机制跨越知识边界，你从文中介绍的汽车行业案例研究中了解了什么？
- 为什么 T 形知识模型有助于跨越知识边界？

参考文献

1. Ajmal, M, Helo, P & Kekale, T(2010) Critical factors for knowledge management in project business, *Journal of Knowledge Management*, 14(1), pp 156–168.
2. Aldrich, H & Herker, D(1977) Boundary spanning roles and organization structure, *Academy of Management Review*, 2(2), pp 217–230.
3. Alin, P, Lorio, J & Taylor, J(2013) Digital boundary objects as negotiation facilitators: spanning boundaries in virtual engineering project networks, *Project Management Journal*, 44(3), pp 48–63.
4. Bechky, B A(2003) Sharing meaning across occupational communities: the transformation of understanding on a production floor, *Organization Science*, 14(3), pp 312–330.
5. Bengtesson, L *et al* (2016) Open innovation: managing knowledge integration across multiple boundaries, in *Managing Knowledge Integration Across Boundaries*, ed F Tell *et al* , pp 87–105, Oxford University Press, Oxford.
6. Boshkoska, B M, Liu, S & Chen, H(2018) Towards a knowledge management framework for crossing knowledge boundaries in agricultural value chain,

Journal of Decision Systems, 27(s1), pp 88–97.

7. Boshkoska, B M *et al* (2019, in review) A Decision support system for evaluation of the knowledge sharing crossing boundaries in agri–food value chains, *Computers in Industry*.
8. Brown, J S & Duguid, P(1998) Organizing knowledge, *California Management Review*, 40(3), pp 90–111.
9. Burt, R S(2004) Structural holes and good ideas, *American Journal of Sociology*, 110(2), pp 349–399.
10. Carlile, P(2002) A pragmatic view of knowledge and boundaries: boundary objects in new product development, *Organization Science*, 14(4), pp 442–455.
11. Carlile, P(2004) Transferring, translating and transforming: an integrative framework for managing knowledge across boundaries, *Organization Science*, 15(5), pp 555–568.
12. Chen, H, Liu, S & Oderanti, F(2017) A knowledge network and mobilization framework for lean supply chain decisions in agri-food industry, *International Journal of Decision Support System Technology*, 9(4), pp 37–48.
13. Cross, R L & Parker, A(2004) *The Hidden Power of Social Networks: Understanding how work really gets done in organizations*, Harvard Business School Press, Boston, MA.
14. Cross, R & Prusak, L(2002) The people who make organizations go or stop, *Harvard Business Review*, 80(6), pp 5–12.
15. Filstad, C, Simeonova, B & Visser, M(2018) Crossing power and knowledge boundaries in learning and knowledge sharing: The role of ESM, *The Learning Organization*, 25(3), pp 159–168.
16. Friedman, R A & Podolny, J(1992) Differentiation of boundary spanning roles: labour negotiations and implications for role conflict, *Administrative Science Quarterly*, 37(1), pp 28–47.
17. Haas, A(2015) Crowding at the frontier: boundary spanners, gatekeepers and

knowledge brokers, *Journal of Knowledge Management*, 19(5), pp 1029–1047.

18. Hansen, M & Oetinger, B(2001) Introducing T-shaped managers: knowledge management's next generation, *Harvard Business Review*, 79(3), pp 106–116.
19. Hawkins, M A & Rezazade, M H(2012) Knowledge boundary spanning process: synthesizing four spanning mechanisms, *Management Decisions*, 50(10), pp 1800–1815.
20. Hayes, K & Fitzgerald, J(2009) Managing occupational boundaries to improve innovation outcomes in industry-research organizations, *Journal of Management and Organization*, 15(4), pp 423–437.
21. Hislop, D, Bosua, R & Helms, R(2018) *Knowledge Management in Organizations: A critical introduction*, 4th edn, Oxford University Press, Oxford.
22. Jashapara, A(2011) *Knowledge Management: An integrated approach*, 2nd edn, Pearson Education, Harlow.
23. Keszey, T(2018) Boundary spanners' knowledge sharing for innovation success in turbulent times, *Journal of Knowledge Management*, 22(5), pp 1061–1081.
24. Koskinen, K U(2005) Metaphoric boundary objects as co-ordinating mechanisms in the knowledge sharing of innovation processes, *European Journal of Innovation Management*, 8(3), p 323.
25. Kusari, S *et al* (2005) Trust and control mechanisms in organizational boundary spanners' cognitions and behaviours, Academy of Management Best Conference Paper.
26. Lee, J, Min, J & Lee, H(2017) Setting a knowledge boundary across teams: knowledge protection regulation for inter-team co-ordination and team performance, *Journal of Knowledge Management*, 21(2), pp 254–274.
27. Leifer, R & Delbecq, A(1978) Organizational / environmental interchange: a model for boundary spanning activity, Academy of Management Review, 3(1), pp 40–51.

28. Leifer, R & Huber, G P(1977) Relations among perceived environmental uncertainty, organization structure and boundary-spanning behaviour, *Administrative Science Quarterly*, 22(2), pp 235–247.
29. Levina, N & Vaast, E(2005) The emergence of boundary spanning competence in practice: implications for implementation and use of information systems, *MIS Quarterly*, 29(2), pp 335–363.
30. McGivern, G & Dopson, S(2010) Inter-epistemic power and transforming knowledge objects in a biomedical network, *Organization Studies*, 31(12), pp 1667–1686.
31. Nicolini, D(2011) Practice as the site of knowing: insights from the field of telemedicine, *Organization Science*, 22(3), pp 602–620.
32. Nonaka, I & Takeuchi, H(1995) *The Knowledge Creating Company*, Oxford University Press, New York.
33. Nonaka, I, Toyama, R & Konno, N(2000) SECI, Ba and leadership: a unified model of dynamic knowledge creation, *Long Range Planning*, 33, pp 5–34.
34. Oxford Dictionary(2005) *The Oxford Dictionary*, Oxford University Press, Oxford.
35. Pawlowski, S D & Robey, D(2004) Bridging user organizations: knowledge brokering and the work of information technology professional, *MIS Quarterly*, 28(4), pp 645–672.
36. Star, S L(1989) The structure of ill-structured solutions: boundary objects and heterogeneous distributed problem solving, in *Reading in Distributed Artificial Intelligence*, ed M Huhns and L Gasser, Morgan Kaufman, Menlo Park, CA.
37. Star, S L(2010) This is not a boundary object: reflections on the origin of a concept, *Science, Technology and Human Values*, 35(5), pp 601–617.
38. Star, S L & Griesemer, J(1989) Institutional ecology, translations and boundary objects: amateurs and professionals in Berkeley's Museum of Vertebrate Zoology, *Social Studies of Science*, 19(3), pp 387–420.

39. Swart, J & Harvey, P(2011) Identifying knowledge boundaries: the case of networked projects, *Journal of Knowledge Management*, 15(5), pp 703–721.
40. Tell, F *et al* (2017) *Managing Knowledge Integration Across Boundaries*, Oxford University Press, Oxford.
41. Tushman, M(1977) Special boundary roles in the innovation process, *Administrative Science Quarterly*, 22(4), pp 587–605.
42. West, J & Bogers, M(2017) Open innovation: current status and research opportunities, *Innovation*, 19(1), pp 43–50.
43. West, J *et al* (2014) Open innovation: the next decade, *Research Policy*, 43(5), pp 805–811.
44. Whelan, E *et al* (2010) How Internet technologies impact information flows in R&D: reconsidering the technological gatekeeper, *R&D Management*, 40(4), pp 400–413.
45. Wilhelm, M & Dolfsma, W(2018) Managing knowledge boundaries for open innovation: lessons from the automotive industry, *International Journal of Operations and Production Management*, 38(1), pp 230–248.
46. Zhang, C, Wu, F & Henke, J W(2015) Leveraging boundary spanning capabilities to encourage supplier investment: a comparative study, *Industrial Marketing and Management*, 49(8), pp 84–94.

第九章　知识网络

学习目标

完成本章学习后，读者应该能够：

- 界定知识网络的概念。
- 说明知识网络的主要属性。
- 理解知识网络属性对知识共享和学习的影响。

从前面各章讨论的内容我们知道，显性知识可以通过各种技术间接转移或共享。例如，显性知识可通过计算机网络传输。隐性知识则需要两个或更多个人、小组、组织单元或组织之间的直接互动和经验共享。技术网络和社交网络对于跨界知识共享都十分重要。本章将会介绍知识网络的概念，从社会关系视角探讨知识网络的主要属性。第十章将会从技术视角探讨知识网络。

知识网络导论

知识网络可以界定为由若干节点构成的一个体系，其中的节点既是非均匀分布式知识库，也是搜索、采用、传递和创造知识的主体。节点可以是个人或更高层面的集体，比如小组、团队、组织单元、组织、社区甚至是国家。大多数知识节点都同时担当双重角色：既是知识来源也是知识接收者。知识网络的第二大构成元素是节点间的社会关系。这些社会关系将各个节点连接起来，不仅代表着知识组合的可能性和能力，同时也是知识流动路径，也就是说，社会关系为节点搜索知识提供了途径，为知识扩散和知识流动提供了媒介，并且为节点相互评估提供了参照。在理想情况下，当网络中的一个参与者触发连锁反应时，这种反应能够迅速到达每个节点，且每个特定节点承担的负荷都能达到最小。传统上，知识网络被视为面对面的互动网络。如今，这一概念涵盖范围已扩大，也包括电子平台使用，比如 DBLP 引文网络、GitHub[1] 协作网络和领英。知识网络可以是个人之间的网络、组织内部网络或组织间网络。

知识网络与社交网络相关，因为知识创造和共享往往被视为一种社会过程，这一点可见于 SECI 模型倡导的理念。但是，知识网络和社交网络之间不是同构的，而是解耦的，因为两者各有其独特结构特征和内容流。知识网络的基本组件即"节点"，是知识元素，比如技术知识，而知识是发明的基本要素。显性知识元素往往内嵌于独立的人工制品，比如专利、产品、流程或科学出版物。知识元素之间的联结或联系是在知识创造和发明过程中相互结合的结果。因此，知识网络中的联结代表了与各知识元素主题的相关度，而结合于发明中的元素之间相关度更高。每个知识元素在知识网络中的位置，反映了它的结合史或结合潜力。

基于上述知识网络定义，接下来的三个部分将会分别讨论知识网络的三类属性：网络结构属性、关系属性和节点属性。知识网络属性（包括知识属性）对知识共享和学习以及知识创造和创新的影响，也将

1　DBLP 原意为"数据库系统和逻辑编程"，现已扩展为"数字目录学和图书馆项目"；GitHub 是一个代码托管平台，因其只支持 Git 为唯一的版本库格式进行托管，故名 GitHub。——编者注

会整合在接下来的内容中。图 9–1 总结了本章讨论的知识网络的三类主要属性。

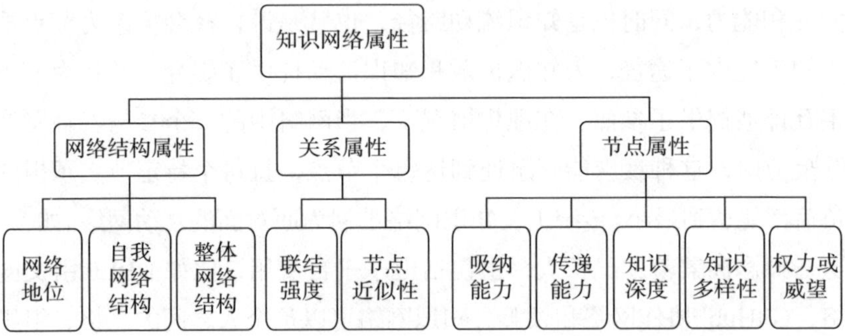

图 9–1　知识网络属性

本章下文首先将会讨论知识网络的网络结构属性，这类属性包括网络地位、自我网络结构和整体网络结构。接下来，本章将探讨关系属性，包括联结强度和节点近似性（比如节点间在竞争性、专业知识、身份和个性方面的相似性，以及节点间的地理距离）。最后将探讨节点属性，包括节点的吸纳能力、传递能力、知识深度和知识多样性，以及节点拥有的权力或威望。总体而言，本章全面介绍了知识网络属性及其对不同层面知识活动的影响，即从人际层面到组织内部，再到组织之间。

网络结构属性

学者们发现知识网络具有三个结构特征：网络地位——一个节点相对于其他节点所处的位置；自我网络结构——当前关注节点与直接相连节点集之间的联结模式；整体网络结构——网络中所有节点间的联结模式。人们可以在不同层面研究这些结构特征，即人际知识网络、组织内部知识网络、组织间知识网络，还可以跨层进行分析。

网络地位

个人网络地位描述的是个人与网络中其他人相比的社会相近性。我们可以从两个视角来解释这一相近性：社会凝聚力和结构对等性。社会凝聚力指的是连接个体的路径的数量、长度和强度。结构对等性指的是每一个体的网络关系基本情况的相近性。

凝聚力视角将联结视为知识流动通道，用中心度来描述网络地位特点。中心度指的是个人与网络中其他人之间存在直接和间接联系的程度。从广义上讲，中心度是指参与者与网络中其他参与者的联结数量。这些联结可以为参与者提供有利结构地位，促进学习和知识获取。在知识网络中占据中心地位与影响力和权力存在关联。我们可以把网络中心度作为衡量参与者知识获取能力的合理指标。但是，其中暗含的假定往往是，同一网络中所有参与者的专业知识水平相当。也就是说，在判断中心度时，知识联结被理解为二元性的（存在或不存在）。这样看来，中心度反映的是知识获取的广度，而不是其强度或频率。

有人认为，中心度使得个人能够及时地获得更多、更丰富、更多样化的知识，从而促进他们从网络中学习，增强其综合和整合知识进而形成新思想的潜力。除了访问知识，处于中心地位的个人对他人的影响力也更大，这可能会增强其采用和实施创新的能力和动机。不过，其他研究结果与最后一点相矛盾。例如，麦克法迪恩和坎内拉得出的结论是大量联结的成本最终可能超过其收益。此外，有人认为，网络地位的影响可能取决于个人拥有的联结是否跨越了组织边界。跨界联结让个人得以访问多样化知识，因为边缘参与者不受组织内部联结的束缚，能够基于多样化知识采取行动。

与凝聚力视角相反，结构对等视角把社会相近性定义为两个节点网络关系图的相似性。对等节点拥有可相互代替的社会角色，并争夺共同人脉所提供的资源，而这会激励他们争先模仿对方，以防对方占据优势。

人际知识网络研究侧重于组织单元中成员间的人际关系，如团队或业务部门中的个人之间，而组织内部知识网络研究侧重于集体之间的关系。在组织内部层面，占据中心地位的组织单元通向组织内部网络中其他知识来源的路径更多、更短。他们能够访问和获取数量更多、更高保真度的知识。换句话说，组织单元的网络中心地位能提升其知识活动。此外，如果组织内部单元保持跨组织边界联结，同一组织中的其他单元将会把它当作多样化知识的重要来源，从而增加它们与该单元共享知识和向它学习的动力。应该指出的是，保持直接联结需要消耗资源，特别是对于吸纳能力较弱的单元，因此维持众多联结的成本可能超出其知识收益。研究还表明，保持直接联结以转移编码显性知识的成本，通常会超过其收益，因为即便不维持这些社会联结，人们也能有效传递和吸纳这类知识。然而，直接联结能提高隐性知识共享的效能。

在组织间层面，中心度可以界定为企业所在位置与网络中心的距离。一般而言，企业距离网络中心越近，它与网络中合作伙伴的联系机会就越多，使它能够从多种来源中获取更多知识。企业占据靠近网络中心的位置，通常能够增强其整合和应用知识的能力，助力其吸纳、合并和利用所获取新知识的过程，从而赢得竞争优势。

然而，拥有更多直接联结是否会对企业知识共享和创新绩效产生积极影响，关于这一点尚无共识。一方面，拥有更多合作伙伴可能意味着企业能够获得更多知识来源；另一方面，可以说，企业更多地依赖于合作伙伴来获取知识，会对知识创造造成负面影响。此外，维持更大量的组织间联结，成本可能会很高。

不过，通过合作伙伴获得的知识深度和多样性，对组织是有益的，关于这一点似乎已达成共识。当我们考虑网络中心度带来的间接联结时，如果组织的直接联结能够为它带来更多间接联结，那么组织就可以更加及时地获取更加多样化的知识，而多样化的知识有助于组织的知识共享和学习。组织的网络地位还会影响它对其他组织进行决策的影响力。例如，中心度更高通常与组织的社会地位更高相关，而组织的社会地位越高，它对其他组织决策的影响就越大。

自我网络结构

自我网络结构指的是网络中的当前关注节点。这类网络结构属性描述的是当前关注节点的直接人脉间是否存在联结，即三元闭合。当自我的两个直接人脉间没有直接联结时，我们可以说它们之间存在"结构洞"；当三个节点（"自我"及其两个直接人脉）彼此间都存在联结时，我们就可以说三元组已关闭（"网络闭合"）。自我网络密度描述的是自我网络中三元组的闭合程度，而结构洞度量描述的则是三元组的开放程度。闭合理论和结构洞理论都自称能够创造社会资本。闭合理论认为，两个节点间均存在联结的网络，即密集网络或紧密联结是社会资本的主要来源，因为闭合能够提升信任，强化社会关系和维护更加可靠的沟通渠道。另一方面，结构洞理论则认为，薄弱联结筛选出非冗余知识来源，从而为节点间提供了拉拢更多知识流的机会。

在个人层面，关于自我网络结构对知识共享的影响，各项研究的结果和解释是一致的。一些研究表明，网络密度能够促进网络联系人之间的知识共享和学习。还有研究发现，结构洞对于个人知识创造存在积极影响。自我的联结强度越大，这一积极影响就越大。因为联结强度和网络密度通常能够互相增强，两者之间存在强相关，因此，人们需要权衡取舍自我网络的社会凝聚力和结构多样性（特征是结构洞）。联结强度和网络闭合带来的社会凝聚力能够增加知识流，存在结构洞的结构多样性则会减少知识流。在网络边界上，自我人脉间的密度能够促进知识共享和学习；而将结构洞延伸到网络外部的人脉能确保新颖知识流入网络，从而促进知识创造和学习。自我网络密度更大，且其人脉拥有更加多样化的专业知识或者更多的合作联结，两者兼备有助于促进个人的知识生产，因为网络密度能增加网络成员间的互信互惠，这让他们更乐于分享其多样化知识。

组织内部层面的分析单位是组织单元（小组和部门）。兼具内部密度大和成员组成多样化两个特点的小组，会表现出更加强大的知识创造力和知识流。这是因为小组成员多样化（就人口特征、专业知识以及临近结构洞而言）可能意味着多样化外部人脉和知识来源，因此在知识共享和学习过程中他们更有可能成功跨越组织边界。内部密度大能够增加内部知识流，提升小组成员间对于谁拥有什么知识的共同理解，因此在知识创造中能够更加有效地利用多样化的外部知识。

在组织间层面，关于自我网络结构对于参与者知识活动的影响，存在两种相互竞争的观点。早期研究发现，网络中的结构洞能够促进组织的知识创造。但是之后的研究显示，网络闭合有助于新颖实践的扩散，特别是就隐性知识共享而言。

整体网络结构

在个人层面，整个网络的密度和平均路径长度大大地影响着网络成员间的知识共享、学习甚至创新绩效。网络密度（连通性）提升网络中知识扩散的速度、程度和保真度，因此能够增加网络成员的创新性。路径长度指的是网络中任意两个成员彼此连接起来需要经过的联结数量中位数的平均测地距离。距离越短，知识转移就越快、越轻松。因此，网络平均路径长度缩短会增加网络密度，从而提高成员间的知识共享和创新绩效。换句话说，联结集中和路径长度较短应能改善网络中各部分和成员间的复杂知识共享，从而提高创新绩效。

在组织内部层面，网络集中指的是组织单元仅与公司总部等中央单元联结。网络高度集中妨碍组织内部知识转移，因为它降低了组织单元之间共享知识的自由裁决权和自主意愿。

在组织间层面，如果组织群组内部联结紧密，同时群与群之间也保持一定联结，从而缩短了整体网络的平均路径长度，那么这应该能够促进整体网络的组织创新。局部聚类能够增进社会凝聚力和知识共享，路径短能让来自不同群组的多样化知识得以跨越群组边界进行扩散。然而，过度聚类虽然可能造成社会凝聚力高，但群内多样化知识的可得性低，从而妨碍组织创新。

关系属性

在知识网络的各个层面中，关系属性是相关研究最充分的一个，包括人际、组织内部和组织间层面。影响知识过程的关系属性包含两大关键因素：联结强度和节点的近似性。

联结强度

在人际层面，学界普遍认为，需要建立紧密联结才能促进知识共享活动。因为紧密联结有助于在个人之间建立互信、互惠规范，这将减少个人对机会主义行为的担心，增加合作预期，从而让他们更好地觉察和访问他人知识，使他们乐于投资于知识转移、接收和吸纳。总体而言，人际联结更加紧密意味着沟通更加频繁，持续时间更久，情感联结更加密切。特别是，联结强度大能让复杂的个人隐性知识共享变得更加容易、更有效力，同时推动探索式学习。此外，如果某人与多样化知识拥有者之间存在结构洞，但他与其人脉联结紧密，且人脉与多样化知识拥有者之间联结紧密，那么这个人将会拥有较高的创新性。这表明，紧密联结带来了社会凝聚力，在个人与知识多样化合作伙伴的合作中，这将会增强他们的知识创造能力。

在组织内部层面，组织单元间的紧密联结有益于组织单元的知识活动。紧密联结意味着社会交互水平高，或者沟通频繁、感情密切。增加单元内部及单元之间的联结强度能够提高人们的知识共享效能，促进知识创造。增加联结强度能够缩小单元之间因地理距离、技术差异和竞争关系而造成的负面影响。与人际层面类似，特别值得一提的是，紧密联结有助于组织内部层面的复杂隐性知识共享。

在人际和组织内部这两个层面，紧密联结都是有成本的。增加某单元中的人际联结强度，往往会起到鼓励成员在小组中搜寻知识的效果，降低他们到小组外部搜寻知识的动机。同样，增加不同单元间的联结强度将会削减单元的自主权，减少其访问多样化知识的机会。当单元之间的联结强度达到较高水平时，维持联结的成本可能超过它的知识共享益处并压低单元绩效。

在组织间层面，紧密联结具有以下几个特征：关系持久、频繁密切合作、多次合作伙伴关系。关于组织间联结强度对组织知识活动的影响，大部分研究表明，紧密联结有助于促进知识共享、知识创造和创新采用。具体可以从以下几个角度来解释这一效应。首先，紧密联结带来社会凝聚力（互信、互惠和社会身份认同），而社会凝聚力能够增加组织的知识共享动机。这是因为关系持续时间越久，接收组织越能深入了解来源方的知识，从而提高组织调整来源方知识以适应本地运营和本地语境的能力。其次，开发关系资本及延长关系持续时间，对组织间知识共享和学习具有积极影响。再次，扩展组织间的交互范围和深度有助于实践扩散，从而促进内嵌于实践的复杂个人知识共享，即隐性知识共享。不过，也有少数研究人员持不同意见，他们认为，与同一合作伙伴有过既往合作（联结强度的测量标准之一）会降低组织的创新性，因为合作伙伴间互信水平较高，可能会使他们陷入与既往相同的关系，并因此失去从新合作伙伴那里获得多样化知识的机会。

我们从上面讨论可以看出，联结强度是一把双刃剑。表 9–1 总结了紧密联结的好处和成本的跨层面分析。紧密联结在三个层面的好处是相同的，包括信任度和知识共享意愿更高、交流更顺畅、协作更频繁、知识共享水平更高，特别是复杂的个人隐性知识共享。不过，联结强度过高也有坏处，即成本，比如削减个人、组织单元或组织的自主权，阻止其访问多样化知识，从而损及创新性和新产品或新服务的开发。

表 9-1　紧密联结对于知识共享和学习的双刃剑效应

层　面	主要好处	主要成本或坏处
人际层面	对三个层面的共同益处： ■ 信任度和知识共享意愿更高 ■ 交流更顺畅 ■ 协作更频繁 ■ 知识共享水平更高，特别是复杂的个人隐性知识共享	在小组内搜寻知识，降低到小组外部搜寻知识的动机
组织内部层面		削减组织单元的自主性，妨碍其访问多样化知识
组织间层面		使组织陷入与既往相同的合作伙伴关系，无法获得新合作伙伴带来的多样化知识

节点近似性

另一个关系属性是节点的近似性，包括节点间地理距离，以及节点在竞争利害关系、专业知识、身份和个性方面的相似性。

在人际层面，直接联结的两人之间具有社会相近性。在同一组织内，如果两人处于同一个竞争小组中，直接联结能够降低竞争利害关系，提高个人共享和吸纳知识的意愿。但是当个人的联结跨越组织内部小组边界或组织边界时，竞争的利害关系会抑制其分享知识的动机。

联结所系成员之间的地理距离，也会对其知识活动构成影响。地理相近性可以提高交流和知识共享的效率与效力。在一项针对一家大型信息技术服务公司的知识管理案例研究中，研究人员发现，面对面社交网络（地理距离最短）能够明显改进知识共享绩效。研究还发现，面对面的社会交互构成了有效的沟通渠道，让知识共享变得更容易，特别是隐性知识共享。但是，其中的共享知识新颖度往往较低，因此有用性也较低。这是因为地理上相近的人员之间共享的知识往往更具同质性，而不同地理区域之间的共享知识，往往更具多样性和异质性，因此可能更加新颖，更具学习价值。

两个成员在专业知识、地位和个性方面的相似性，还可能影响其知识的共享和学习。首先，知识相近性是知识维度之一，指的是同一知识网络中两个成员的专业知识相近性，且这一相近性可能影响知识的双向转移。个人之间的相近性是建立联结的最重要驱动因素之一。在同一知识网络中，与类似知识元素相联结可以促进人际交互，因为它能够提供共同基础和对周围世界的相同理解，提高参与者之间沟通和交换思想的效率。此外，类似成员看上去更易接近，且对知识请求的响应力更强。因此，向知识来源发送请求的成本更低，这将会增强彼此共享知识和相互学习的动力，而这一动力是吸纳知识和生成新知识的先决条件。然而，组织可能会鼓励个人积极向同事中的相异知识拥有者寻求知识，以补充自身知识存量。特别是，访问异质知识可以降低创新锁定风险，有利于提高创新绩效。

社会地位相似性可以增进人们彼此间的认同感、信任和尊重，从而增强个人共享知识和学习的动机。作为对比，社会地位差距可能增强地位较低的个人与地位较高者分享知识的动机，但是地位较高的个人往往会拒绝做出分享。

在组织内部层面，组织单元间的竞争性和地理空间相近性，也会影响它们之间的知识共享。组织单元间对组织资源的争夺，会降低其作为知识来源的知识分享动机。组织单元间的地理相近性会增加其知识共享效力，因为组织单元间的同地属性有助于促进其交流，这一点与人际层面类似。研究的另一发现是，如果组织单元间过去曾有过成功合作，那么这可以抵消地理距离对知识共享的负面效应。

在组织间层面，我们也应从两个互补角度来审视合作伙伴组织之间的相似性对于知识活动的影响。一方面，低知识相似度会降低合作伙伴组织之间的交流和知识共享能力，这加大了组织间互相学习的难度；另一方面，知识重叠度高的合作伙伴间需要共享和学习的内容很少。中等知识相似度或相异度似乎最有利于知识共享和组织学习。研究一致表明，与知识相似性或相异性相反，合作伙伴组织在产品市场方面的相似性可能阻碍组织间知识共享和知识创造，因为合作伙伴会严密保护其知识，防止市场竞争者获得。

我们可以得出结论，在所有三个层面，同一知识网络中节点间知识重叠度过低或过高都不是最理想的状态。一方面，相同点过少或缺失可能会阻碍知识活动，比如彼此难以沟通和交流；另一方面，当两个节点知识重叠过多时，它们之间值得共享和学习的东西就会非常少。这一效应如图 9–2 所示。

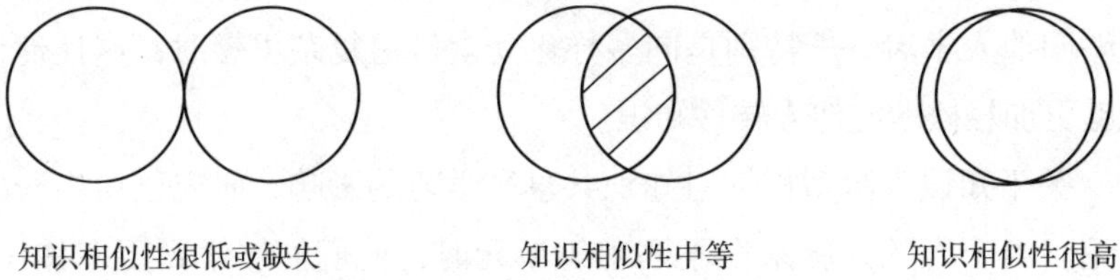

图 9–2　节点间知识相似性的不同程度

节点属性

节点的重要属性包括节点的权力或声望、吸纳能力、传递能力、知识深度和知识多样性（见图 9–3）。在知识网络中，被标记为当前关注节点的参与者，可能同时既是知识来源又是知识接收者。图 9–3 可以帮助我们理解节点属性是如何影响知识活动和学习的。

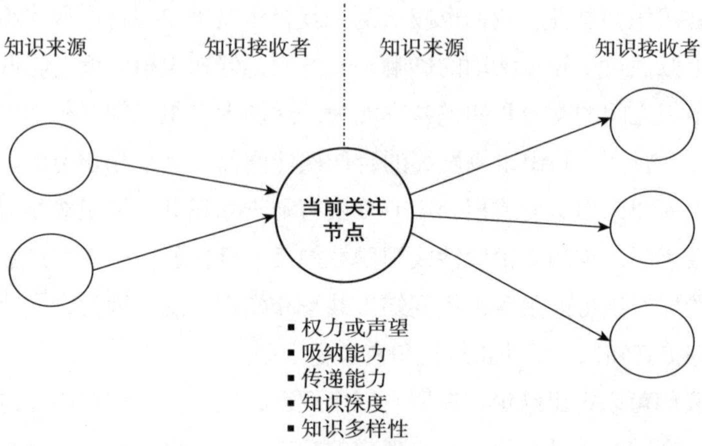

图 9-3　知识网络中的节点属性

在人际层面，因组织角色而拥有更大权力的个人有能力挑战现状和促成变革，因此他们更愿意共享知识，能够更加有效地采用和实施创新。类似地，吸纳和传递能力更强的个人，与人交流更加顺畅，且能够向他人学习——特别是向多样化受众传递复杂思想时，这让他们能够更加轻松地向他人转移知识。

关于知识人脉多样性对知识共享和学习的影响，研究已得出一致结论。当个人的人脉来自不同组织单元时，他们能够学到更多知识，因为这种社会关系可以为其提供更加多样化的知识，这一点与结构洞理论相吻合。就自我网络而言，一方面，知识多样性对个人知识创造具有积极影响；另一方面网络密度或联结强度带来社会凝聚力，社会凝聚力会进一步带来知识流的增加，而知识流的增加可以进一步提高知识多样性的积极影响。

批判性思考与反思

知识多样性

我们可以从不同视角来探讨知识多样性。在“关系属性”一节中，节点间在专业知识方面的相近性低，这意味着两个节点拥有的知识差异性可能很大。在“节点属性”一节中，如果当前关注节点的各个联结节点拥有不同技能或知识集合，那么当前关注节点可能享有访问更加多样化知识的优势。你认为，从这两个不同视角入手，知识多样性对知识共享和学习活动的影响是基本相同的，还是完全不同的？为什么？

拥有关键知识和独一无二知识的个人拥有更大的专业知识权威。作为知识的一个维度，独一无二性指的是节点拥有其他节点所没有的渊博的专业知识。那些拥有独一无二知识的权威人士往往能吸引更多同事来请教他们的知识和专长，在这种情况下，当前关注节点的角色是知识来源。社会网络理论长久以来一直强调，访问独一无二的知识来源对个人和组织而言具有重大价值。然而，独一无二知识的拥有者可能会全神贯注于探究这一知识，因此不会积极地向同事寻求新的输入。此外，独一无二性可能意味着该知识对企业创新活动的重要性或有用性不是很高。因此，其他人可能没有兴趣深入探究这些知识，这会对该知识节点在网络中的受欢迎程度产生负面影响，从而降低共拥有者的专业知识权威。知识的独一无二性确实具有双刃剑效应。为了从其拥有的独一无二知识中获益，个人应该努力与他人建立非正式联系，寻求重新组合并利用他们拥有的知识元素。

在组织内部层面，节点属性也会影响组织单元的知识共享和学习绩效。从图 9–3 可以看出，组织单元也是组织内部知识网络中的一个节点。从知识接收角度来看，节点的吸纳能力较强对知识共享构成积极影响。这主要是因为，节点的吸纳能力较强有助于其理解和消化所接收的知识。而知识深度较深的节点能够更好地识别和寻求合适的知识。知识来源能够给网络中的接收者提供知识深度，让接收者有更多机会以新的方式组合或整合知识，并将这一新知识应用在创新活动中。

从知识输出角度来看，节点发送知识的能力取决于其传播或传递能力（知识发送能力）。传播或传递能力不仅包括发送的知识量，还包括知识传播的效率和效能。知识发送能力的定义是，知识持有者有效率、有效能且令人信服地构建知识框架，使得他人能够精确理解其知识并将所学付诸实践。基于跨国公司的案例研究证实，在跨国公司中，要想成为成功的知识发送单元，三个维度的能力至关重要：在进行重大知识发送活动的工厂中，文化能力、结构能力和人际能力普遍较高。其中数项案例研究强调，人际能力，即不同工厂间的频繁社会交互，也许可以弥补其他传播能力的缺失。

知识多样性指的是网络节点所持有知识元素的多种多样。以传统汽车制造企业为例，根据组织的结构，特别是基于职能的层级结构，你通常可以找到分别负责车辆装配台、底盘、传动系统和电控系统的组织单元，这些组织单元已经发展出范围狭窄的高度专业化知识。在知识网络中，一些单元仅与少数几个知识元素联结。但是，另一些单元则可能与很多知识元素相联结，那么他们就能够访问不同领域的知识，从而在整合知识时做出更加明智的选择，并把这些知识与其自身思想整合在一起，进行知识创造和创新。

关于组织间层面的吸纳和传递能力，相关研究的结果一致。与人际层面和组织内部层面类似，吸纳能力较强的组织，利用知识提供方的多样化专业知识调整创新以适应自身需求的能力也更强。组织的吸纳能力影响它接收和使用知识的能力，而传递能力影响的是它向其他组织转移知识的能力。组织的传递能力较强有助于知识转移，并可能增加组织对合作伙伴的影响力。合作伙伴组织可以在合作过程中培养合作能力，合作能力可以提升组织从具有高效规程的合作伙伴关系中获益的能力，以便其从现有合作伙伴关系中搜寻新知识。

知识来源组织的声望（地位）可能会增加接收方组织对创新的采用，因为组织声望高，对合作伙伴采用决策的影响就越大。类似地，若有享誉盛名的研究机构与企业参与科研合作，那么其论文被引用的频率也会有所提高。

最后，知识来源组织创新能力的深度和多样性，对接收组织的知识活动和学习构成正面影响。评估异质知识能让企业创新和开发新颖产品和服务，从而获得建立创新优势的机会。组织创新能力的深度，能够减少潜在知识接收方对其知识质量的怀疑，让它成为更具吸引力的知识来源——特别是对于距离遥远的接收者，因为这些接收者可能缺乏其他评估潜在来源知识的途径。因此，知识来源者创新能力的深度，能够降低地理和文化距离对知识活动和学习的负面影响。

知识网络是由若干节点构成的网络，我们可以把节点视作知识提供者、拥有者、发送者或来源、知识接收者或接收方，以及知识经纪人。节点可以是个人、小组、组织单元或组织。以上是从参与者的视角看待知识网络。如果从知识属性角度来看，即网络中流动的内容，知识网络由显性知识和隐性知识构成。研究知识网络的主要目的是了解知识在组织成员间、组织单元间和组织边界间流动或阻滞的方式和位置，以便管理人员能够有效地支持组织内部及组织间的知识共享和学习。

学习要点

- 知识网络指的是由若干知识节点（资料库和主体）构成的网络，它们在其中搜寻、采用、传递和创造知识。节点可以是个人也可以是更高层面的集体，包括小组、团队、组织单元、组织、社团甚至国家。人们可以据此将知识网络划分为几种类型，即人际知识网络、组织内部知识网络和组织间网络。

- 除了节点，构成知识网络的第二大要素是节点间的社会关系。关系指的是节点间的联结。联结不仅代表着知识组合的可能性和能力，还代表着知识流动的通道。
- 知识网络和社会网络之间是相互关联的关系，因为知识创造和知识共享等活动往往被视为社会过程。但是两者不是同构关系，而是解耦的，有各自的独特属性和内容流。知识网络的基本组件（节点）是知识元素，比如作为创新基本要素的技术知识。
- 网络结构属性、关系属性和节点属性是知识网络的三种重要属性。网络结构属性的重要方面包括网络地位、自我网络结构和整体网络结构。关系属性的特征包括联结强度和节点近似性。典型的节点属性包括权力或声望、吸纳能力、传递能力、知识深度和知识多样性。
- 在知识网络中，社会凝聚力指的是个人节点间连接路径的数量、长度和强度。这一凝聚力把联结视作知识流经的通道，通常用中心度来描述网络地位。
- 自我网络结构探讨的是当前关注节点的人脉彼此间是否存在联结，换句话说，三元闭合。当自我的两个直接人脉间不存在联结时，那么它们之间就存在“结构洞”；当三个节点（自我及其两个直接人脉）之间两两相连时，则达成了“网络闭合”。

复习题

- 在人际、组织内部和组织间层面，中心度对知识共享分别会有什么影响？
- 知识深度和知识多样性是如何影响人际、组织内部和组织间知识网络中的知识共享的？举例支持你的回答。

- 你是否支持下面的说法：在知识网络中，结构洞对知识共享和学习有害，网络闭合对其有益？为什么？
- 网络密度对知识共享的影响总是积极的吗？比较网络密度在三个不同层面的效应：人际层面、组织内部层面和组织间层面。
- 知识网络中的联结强度大，一定是好事吗？
- 知识网络中节点间的地理距离相近，会有哪些优缺点？
- 节点的吸纳能力和传递能力是如何影响其知识共享绩效的？
- 你如何看待知识网络中的独一无二知识？

参考文献

1. Audia, P G & Goncalo, J A(2007) Past success and creativity over time: a study of inventors in the hard disc drive industry, *Management Science*, 53, pp 1–15.
2. Baum, J A C, Calabrese, T & Silverman, B S(2000) Don't get in alone: alliance network composition and start-ups' performance in Canadian biotechnology, *Strategic Management Journal*, 21, pp 267–294.
3. Bell, G G & Zaheer, A(2007) Geography, networks and knowledge flow, *Organization Science*, 18, pp 955–972
4. Black, L J, Carlile, P R & Repenning, N P(2004) A dynamic theory of expertise and occupational boundaries in new technology implementation: building on Barley's study of CT scanning, *Administrative Science Quarterly*, 49, pp 572–607.
5. Brennecke, J & Rank, O(2017) The firm's knowledge network and the transfer of advice among corporate inventors: a multilevel network study, *Research Policy*, 46, pp 768–783.

6. Burt, R S(2004) Structural holes and good ideas, *American Journal of Sociology*, 110, pp 349–399.
7. Capaldo, A(2007) Network structure and innovation: the leveraging of a dual network as a distinctive relational capability, *Strategic Management Journal*, 28, pp 585–568.
8. Centola, D & Macy, M(2007) Complex contagions and the weakness of long ties, *American Journal of Sociology*, 113, pp 702–734.
9. Chatti, M A(2012) Knowledge management: a personal knowledge network perspective, *Journal of Knowledge Management*, 16(5), pp 829–844.
10. Dong, J Q & Yang, C H(2016) Being central is a double-edged sword: knowledge network centrality and new product development in U.S. pharmaceutical industry, *Technological Forecasting and Social Change*, 113(Part B), pp 379–385.
11. Fleming, L, Mingo, S & Chen, D(2007) Collaborative brokerage, generative creativity and creative success, *Administrative Science Quarterly*, 52, pp 443–475.
12. Gittelman, M(2007) Does geography matter for science-based firms: epistemic communities and the geography of research and patenting in biotechnology, *Organization Science*, 18, pp 724–741.
13. Hansen, M T, Mors, M L & Lovas, B(2005) Knowledge sharing in organizations: multiple networks, multiple phases, *Academy of Management Journal*, 48, pp 776–793.
14. Hoegl, M & Wagner, S M(2005) Buyer-supplier collaboration in product development projects, *Journal of Management*, 31, pp 539–548.
15. Hulsheger, U R, Anderson, N & Salgado, J F(2009) Team level predictors of innovation at work: a comprehensive meta-analysis spanning three decades, *Journal of Applied Psychology*, 94, pp 1128–1145.
16. Kachra, A & White, R E(2008) Know-how transfer: the role of social, economic/

competitive and firm boundary factors, *Strategic Management Journal*, 29, pp 425–445.

17. Kim, Y G *et al* (2014) Trailing organizational knowledge paths through social network lens: integrating the multiple industry cases, *Journal of Knowledge Management*, 18(1), pp 38–51.
18. Kleinbaum, A M, Stuart, T E & Tushman, M L(2013) Discretion within constraint: homophily and structure in a formal organization, *Organization Science*, 24, pp 1316–1336.
19. Lee, J, Min, J & Lee, H(2017) Setting a knowledge boundary across teams: knowledge protection regulation for inter-team co-ordination and team performance, *Journal of Knowledge Management*, 21(2), pp 254–274.
20. Lichtenthaler, U & Lichtenthaler, E(2009) A capability-based framework for open innovation: complementing absorptive capacity, *Journal of Management Studies*, 46(8), pp 1315–1338.
21. McFadyen, M A & Cannella, A A(2004) Social capital and knowledge creation: diminishing returns of the number and strength of exchange, *Academy of Management Journal*, 47, pp 735–746.
22. McFadyen, M A, Semadeni, M & Cannella, A A(2009) Value of strong ties to disconnected others: examining knowledge creation in biomedicine, *Organization Science*, 20(3), pp 552–564.
23. Molina-Morales, F X & Martinez Fernandez, M T(2009) Too much love in the neighbourhood can hurt: how an excess of intensity and trust in relationships may produce negative effects on firms, *Strategic Management Journal*, 30, pp 1013–1023.
24. Noorderhaven, N & Harzing, A(2009) Knowledge sharing and social interaction within MNEs, *Journal of International Business Studies*, 40(5), pp 719–741.
25. Phelps, C, Heidl, R & Wadhwa, A(2012) Knowledge, networks and knowledge

networks: a review and research agenda, *Journal of Management*, 38(4), pp 1115–1166.

26. Podolny, J M(2001) Networks as the pipes and prisms of the market, *American Journal of Sociology*, 107, pp 33–60.
27. Rangachari, P(2009) Knowledge sharing networks in professional complex systems, *Journal of Knowledge Management*, 13(3), pp 132–145.
28. Saifi, S A, Dillon, S & McQueen, R(2016) The relationship between face to face social networks and knowledge sharing: an exploratory study of manufacturing firms, *Journal of Knowledge Management*, 20(2), pp 308–326.
29. Salomon, R & Martin, X(2008) Learning, knowledge transfer and technology implementation performance: a study of time-to-build in the global semiconductor industry, *Management Science*, 54, pp 1266–1280.
30. Sasidharan, S(2019) Reconceptualising knowledge networks for enterprise systems implementation: incorporating domain expertise of knowledge sources and knowledge flow intensity, *Information and Management*, 56, pp 364–476.
31. Schilling, M A & Phelps, C C(2007) Inter-firm collaboration networks: the impact of large-scale network structure on firm innovation, *Management Science*, 53, pp 1113–1126.
32. Shi, B, Yang, L & Weninger, T(2017) Forward backward similarity search in knowledge networks, *Knowledge-Based Systems*, 119, pp 20–31.
33. Singh, J(2005) Collaborative networks as determinants of knowledge diffusion patterns, *Management Science*, 51, pp 756–770.
34. Szasz, L *et al* (2019) Disseminative capabilities and manufacturing plant roles in the knowledge network of MNCs, *International Journal of Production Economics*, 208, pp 294–304.
35. Tallman, S & Phene, A(2007) Leveraging knowledge across geographic boundaries, *Organization Science*, 18, pp 252–260.
36. Tang, F(2011) Knowledge transfer in intra-organization networks, *Systems*

Research and Behavioural Science, 28(3), pp 270–282.

37. Tiwana, A(2008) Do bridging ties complement strong ties: an empirical examination of alliance ambidexterity, *Strategic Management Journal*, 29, pp 251–272.
38. Tsai, W(2001) Knowledge transfer in intra-organizational networks: effects of network position and absorptive capacity on business unit innovation and performance, *Academy of Management Journal*, 44, pp 996–1004.
39. Tsai, W(2002) Social structure of co-opetition within a multiunit organization: coordination, competition and intra-organizational knowledge sharing, *Organization Science*, 13, pp 179–190.
40. Wang, M C, Chen, P C & Fang, S C(2018) A critical view of knowledge networks and innovation performance: the mediation role of firm's knowledge integration capability, *Journal of Business Research*, 88, pp 222–233.
41. Weigelt, C & Sarkar, M B(2009) Learning from supply-side agents: the impact of technology solution providers' experiential diversity on client's innovation adoption, *Academy of Management Journal*, 52, pp 37–60.
42. Williams, C(2007) Transfer in context: replication and adaptation in knowledge transfer relationship, *Strategic Management Journal*, 28, pp 867–889.

第十章　信息通信技术赋能知识管理：物联网和大数据分析

学习目标

完成本章学习后，读者应该能够：

- 了解知识管理与信息通信技术之间的联系。
- 说明物联网等当前信息通信技术在边界内部及跨界知识管理中发挥的作用。
- 理解大数据和大数据分析对知识管理的影响。

第九章主要从社会交互角度讨论知识网络，本章则侧重于信息通信技术（information and communication technology，缩写为 ICT）在知识管理中发挥的作用，即从技术角度探讨边界内部及跨界知识活动。有人认为，信息通信技术在消除沟通边界和知识边界方面发挥着至关重要的作用，并把信息通信技术视作知识管理的赋能者。包括大量教科书在内的文献已从许多不同角度详细描述了信息通信技术是如何变革知识管理的，鉴于此，本章将侧重于颠覆性新兴技术带来的挑战和机会。本章讨论的两种技术彼此密切相关：物联网（internet of things，缩写为 IoT）和大数据分析（big data analytics，缩写为 BDA）。物联网技术通过跨平台通信，收集各个业务方面的实时数据或信息；大数据分析则分析所收集的数据或信息，生成新知识和商业智能，以支持明智的商业决策。

连接知识管理与信息通信技术

毫无疑问，信息通信技术在知识管理中发挥着至关重要的作用，并且未来还将继续为知识管理流程带来革命性变化。在知识管理整个生命周期的每个阶段（从知识构建、知识保有、知识动员再到知识利用，详见第三章），信息通信技术始终是知识管理系统中不可或缺的一个组成部分，不仅能助力显性知识管理，还能促进隐性知识的创造和共享。

信息通信技术的一大成功之处在于帮助组织建立知识管理系统（knowledge management systems，缩写为 KMS）。知识管理系统是指用于管理组织知识，改进知识创造、储存、动员和利用的信息系统。根据桑托罗等人的研究，有效的知识管理系统主要有如下三个组成部分。

- 信息通信技术基础设施：协助管理知识的器物性技术，如硬件组件和软件组件、内联网、外联网和局域网（LAN）。
- 协作技术，包括论坛、共享数据库、文档库和工作流程。
- 利用信息通信技术整合若干不同的协作技术，导向有所不同，实施目标主要有三个：信息提供导向、沟通交流导向和工作流导向。信息提供导向旨在跨越组织和职能边界向各利益相关方提供商业信息。沟通交流导向的目标是促成组织内外业务主体的成本节约和互动。工作流导向协助执行跨越组织内部业务单元的业务流程或跨越组织边界的协作流程。

希斯洛普、伯苏阿和赫尔姆斯将知识管理中的信息通信技术使用方式划分为以下六种类型。

- 基于资料库：利用信息通信技术协助知识存储和知识检索。
- 基于流程和领域：创建知识库，推动不同领域的知识管理流程。
- 协作工具：促进沟通和知识共享。
- 基于群众：利用信息通信技术获取群众智慧，包括合作伙伴、消费者、供应商和更大范围上的利益相关方等。
- 基于网络：在线社区中跨越层级和地理边界的知识共享。
- 基于传感器：利用物联网和大数据分析（包括实时数据和大数据）提高知识管理的效能。

关于前四种使用方式（将信息通信技术用于知识库存储、推动知识流程和构建领域系统、作为协作工具以及与群众取得联系），大量文献已有广泛讨论。第五种方式把信息通信技术用于人员和社区间沟通交流的技术平台，详见第七章（实践社区）和第九章（知识网络）。本章将探讨第六种使用方式：基于传感器。接下来的两部分内容将会分别讨论物联网和大数据分析。

物联网与知识管理

物联网

物联网是一种新兴范式，由一系列可唯一寻址的物品组成，这些物品能够彼此通信，共同构成一个全球动态网络。这种互联网络使用的是颠覆性数字技术，它既影响着企业的长期战略，也影响着日常业务运营。当今企业不仅面临着物联网带来的喧嚣，在全球化、技术融合和产业融合等趋势下，处于知识和技术驱动经济中的企业同时还面临着开发、采用和调整颠覆性技术——以便提高效率和创新能力——

的重大挑战。怎样利用物联网更好地管理知识，理顺组织内部及组织之间的知识流，已日益成为热门话题，因为组织已经意识到，充分利用企业的集体知识能够提供所需的竞争力，以便改进创新能力和应对瞬息万变环境的响应能力，并进一步实现企业的长期可持续发展。

“物联网”一词是由凯文·阿什顿1999年在宝洁公司的一次演讲中提出的，他同时还是麻省理工学院原自动化识别系统中心的创始人之一。麻省理工学院自动化识别系统中心是一个射频识别开发社区。在阿什顿的演讲中，物联网指的是基于互联网的全球新兴信息服务架构。他设想，通过能够提供实时数据与信息的传感器和执行器把物理世界连接到互联网上，而这些数据和信息（反馈）具有巨大潜力，可以让我们的生活更加舒适、安全和可控。在阿什顿的启发下，不同研究人员提出了各自的定义，他们的背景不同，对物联网概念的兴趣点不同，因此侧重点也各不相同。表10–1概述了其中部分著名定义。

表10–1　物联网定义概览

来　源	定　义	要　点
布罗克	通过计算机网络把物品、信息和人连接在一起的智能基础设施，射频识别技术是其实现基础	基础设施、计算机网络、射频识别
国际电信联盟	综合物品识别、传感器和无线传感器网络（感应物品）、嵌入系统（思考物品）和纳米技术（缩小物品）等领域的技术发展，把世界上的物品通过传感及智能手段连接在一起	不仅包括射频识别，还包括大量不同物品，可唯一寻址
阿佐里、丽拉和莫拉比托	物联网是三个愿景融合在一起的结果：物品导向（传感器）、互联网导向（中间件和网络范式）和语义导向（知识）	融合、物品导向、互联网导向和语义导向
韦伯	基于互联网的新兴全球信息服务架构，基于现有域名系统技术，促进全球供应链网络中的商品交换	信息服务架构、商品交换、域名系统

（续表）

来 源	定 义	要 点
乌珂曼、哈里森和米凯利斯	未来的物联网将唯一可识别的物品连接到其在互联网上对应的虚拟形式上，虚拟形式含有其身份、状态、位置及任何其他商业、社交或私人相关信息，或者提供上述信息的链接，这些信息的经济或非经济回报超过提供信息的成本，并为非预先确定的参与者提供信息。物联网所提供的准确及适宜信息，可以在准确的数量和恰当的条件下，并且时间、地点和价格都合适的情况下予以提供	Web 2.0 技术、简单的直觉式接口、“物”与用户的交互、物联网
凡梅斯等	欧洲研究项目组把物联网定义为一种动态的全球网络基础设施，具备基于标准可互操作通信协议的能力，其中的物理和虚拟“物品”具有身份、物理属性和虚拟个性，使用智能接口，并且无缝集成到信息网络中	全球网络、标准可互操作通信协议、智能接口、无缝集成
伽马、图索伊和登塞	麻省理工学院自动化识别系统中心开发了电子产品代码，这种通用标签（如射频识别）可用于任何特定物品，因此该中心把物联网定义为基于标准通信协议的并由唯一可寻址互联物品构成的全球网络	全球网络、互联物品、标准通信协议
古比等	传感器和执行器相互连通，使其能够在统一框架下跨平台共享信息，为创新提供统一运行图景。实现途径是云计算统一框架下无处不在的无缝传感、数据分析和信息表示	跨平台信息共享、数据分析、云计算
博尔吉亚	可以借助 6 个“任何”来了解物联网的完整概念，即任何时候、任何地点、任何人、任何物品、任何路径（网络）和任何服务	不仅可以在任何时候、任何地点把人和物连接到任何人或物，而且可以使用可用的任何网络和任何服务来实现

从表 10–1 中可以看出，除了个人提出的定义，一些有影响力的团体也在丰富着物联网的含义和解释，其中最著名的是麻省理工学院射频识别小组、国际电信联盟和欧洲研究项目组。最初，物联网中的“物”与射频识别有关。麻省理工学院自动化识别系统中心的想法很有创见：目标是通过浏览互联网地址或特定射频识别电子标签所对应的数据库条目，找到标记对象的相关信息。今天，“物”的概念更为泛化，不仅限于射频识别，范围已覆盖任何真实的物理对象（如射频识别传感器、执行器、智能物品）、“spime”数据对象以及任何能够在时空中移动的虚拟或数字系统。把这些实体连接到互联网并给它们分配编码、名称或地址等唯一标识，就可以通过互联网读取、识别、定位和控制它们。

此外，射频识别小组把焦点放在识别技术上，视其为跨越实现物联网道路中第一个障碍的根本性任务：识别连接到互联网的物品。该小组对识别的关注招致了批评，原因是其被动性，即被动地辨识。欧洲研究项目组希望“物”成为主动参与者（而不是被动识别），积极参与商业、信息和社会过程，并期待物联网为“物”赋能，使物与物、物与环境能够交换其感应到的对方的数据和信息，从而实现彼此间的互动和通信。“物”应该能够对真实或物理世界的事件做出自主反应，不管有无人类直接干预都能运行程序、触发操作和创建服务，从而影响世界。国际电信联盟补充了其他小组的工作，重点关注物联网实施中涉及的一系列问题，从标记物品、感应物品、思考物品到缩小物品（提高集成度）。这意味着新一代设备是智能的，因为嵌入其中的电子元件使其具备了无缝感知、计算、通信和集成的能力。

示 例

物联网在农业和养殖业中的应用

人们对于物联网技术在各行各业中的使用兴趣越来越浓。博尔吉亚综述了物联网在诸多领域中的应用，包括农业和养殖业、物流和产品生命周期管理、工业流程、智能移动和智能旅游、智能电网、智能家居和建筑、公共安全和环境监测、医疗卫生及（残障人士）独立生活等领域。本示例将重点介绍物联网在农业和养殖业管理中的应用，包括以下五个方面。

- 监测动物，以满足动物可追溯性的相关规定：使用射频识别和传感器等物联网识别系统发现患有任何疾病的动物，及时向相关权威部门报告，并将已感染动物与健康动物隔离开来，以切断传染病的传播。
- 防止动物相关欺诈：物联网通过微芯片来收集并存储动物的相关数据和信息，包括“人口”信息、兽医检查、疾病感染、疫苗接种、体温和健康状况，然后利用这些信息提高动物健康认证效率，控制贸易和进口，从而避免欺诈。通过分析所收集的数据，权威部门还可以核实当地饲养人报告的实际家畜数量，并据此提供适当数额的补贴。
- 监测与控制生产和饲料：使用物联网，先进的传感器系统能够检测到转基因生物和添加剂的存在，进一步确保人和动物所食用的植物和相关产品的安全性、健康性。
- 管理农场的注册、调整或关闭：物联网不仅可用于支持农场注册、调整和关闭，还可用于监测和确保组织健康。
- 建立农场与消费者之间的直接联系：物联网已得到农场主的广泛使用，它能绕过供应链的中间商环节直达消费者。例如，物联网可以为农场提供公共论坛，使其与消费者交流农场及其产品的相关信息，这样消费者可以直接向农场下订单，无须经过零售商、批发商、分销商和加工商这漫长的链条。

问 题

1. 你能想出农业和养殖业使用或可以使用物联网的其他方面吗？
2. 比较你想出的方面与上述的五个方面。就物联网使用方式而言，它们之间有什么不同或类似之处？比如技术使用规模或物联网使用的侧重点（物品导向、互联网导向或语义导向）。若有需要，请参考阿佐里、丽拉和莫拉比托的著作。

阿佐里、丽拉和莫拉比托的综述研究发现，物联网是融合三大构件的结果：物品导向，关注“物”并找到范型来识别和集成“物”；互联网导向，重点在于利用网络范型和互联网协议建立设备间的高效连接，同时简化互联网协议使得容量非常有限的设备也能使用它；语义导向，旨在使用语义技术来描述物品并管理数据，以便表示、存储、互连和管理日益增多的物联网物品所提供的海量信息。物联网仍在迅速积蓄势头，将数以百万计的设备和物品带入互联网世界。整合传感器、执行器、射频识别标签和通信技术，是物联网的基础，各种物品和设备可以通过互联网彼此连接，相互通信和合作，从而实现共同目标。一些技术因素加速了物联网的到来，包括传感器和执行器成本的快速下降，传感器和执行器的连接（通常是无线连接）能力以及生成海量数据的分析能力不断增强。

物联网对知识管理的直接及间接影响

物联网能够加强个人、小组、组织单元、组织和社区之间的连通性，通过边界内部或跨界知识动员，为组织提供利用知识的机会。研究发现，使用物联网主要有以下五大优势。

- 物联网能够改进、整合、优化和自动化整个组织的业务流程。
- 物联网可以促进创新和新产品开发，使企业转向以服务为先的理念，产生源源不断的收入，服务于能够带来新收入流的新市场。
- 物联网能够加强客户关系管理，增加企业的消费者接触点数量，加强企业与终端用户之间的关系。
- 物联网能够加强安全防护，监控火灾报警系统功能和逃生路线的通畅性，帮助企业确保员工和客户的安全。
- 物联网有助于资产管理，其手段包括创建更多资产接触点、监控资产状态和及时提供必要的维护。

我们可以从两个角度来探讨物联网对知识管理的具体影响。一是直接影响，即物联网提供了所需技术和途径，让所有利益相关者能够访问实时数据和大数据，之后再把数据和信息转化为实时知识并在利益相关者之间共享这些知识。因此，知识管理方式必须根据物联网的影响做出适当调整。二是通过影响业务绩效而施加的间接影响。从价值创造和价值交付到价值捕捉，物联网让整个商业世界都发生了革命性变化，这是不争的事实。我们还知道，知识管理的最终目标是为组织赢得竞争优势，提高企业的业务绩效。那么，在变革后的商业世界中，要想更好地支持决策，企业必须改进和变革知识管理。图 10–1 演示了物联网对知识管理的双重影响。

从本质上讲，物联网提供的技术网络平台能够推动知识管理流程中的以下所有阶段。

- 新知识创造：通过物理传感器与设备或是虚拟实体从各种来源收集数据和信息，收集到的数据和信息有助于新知识创造。
- 知识存储：使用云系统及其他系统存储知识。
- 知识动员：包括所有利益相关方和大环境之间、组织内部及跨越

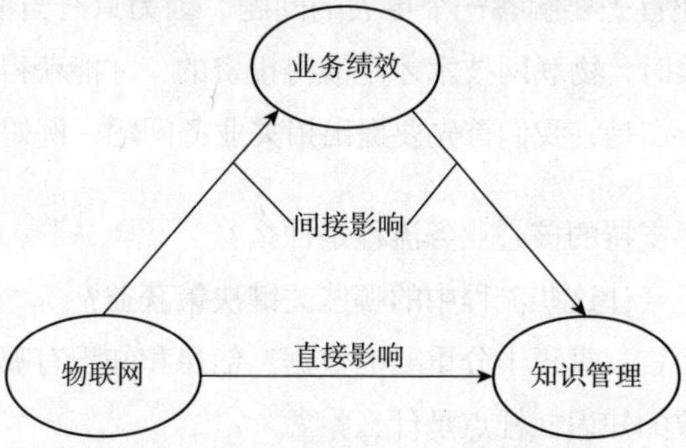

图 10-1 物联网对知识管理的直接和间接影响

由任何路径或网络连接在一起的边界。

- 知识利用：借助物联网赋能的服务来利用知识。

本章前文描述了传统信息通信技术支持下的传统知识管理系统的主要组成部分。在物联网时代，新一代知识管理系统应该能够提供更多功能，主要包括以下几个方面。

- 创造个性化体验，同时处理多个来源的数据。
- 转移和另存不同来源与渠道的数据和信息。
- 针对不同用途，优化数据、信息和知识。
- 为理性决策和紧急决策提供实时随选数据、信息和知识。
- 收集指令数据和机器数据。
- 帮助知识管理系统实现无缝性和可互操作性，且具备现实的连通性，从而降低成本、提高质量并驱动实现更高的生产率。

需要指出的是，物联网和知识管理之间的关系不是单向的，而是双向的。知识管理在设计有效物联网网络的战略决策中发挥着重要作用。例如，为了做出“物”和“网（互联网）”相关的正确决策，极其重要的一点是应该关注哪些数据以及如何分配分析资源。要解答这两个问题，企业首先要解答一个更大的问题。因为只有当物联网战略与企业目标一致时，物联网技术才是值得投资的，才能获得支持。因此，非常重要的一点是，我们首先要提出相关业务问题，例如：

- 物联网要支持的核心业务流程是什么？
- 分析洞见会让这些流程中的哪些关键决策获益？
- 对企业而言，真正十分重要的数据、信息和知识有哪些？
- 业务绩效的知识杠杆点是什么？

除了战略决策，知识管理在物联网的实施中也扮演着至关重要的角色，因为物联网的实现需要同时使用诸多技能和知识，特别是计算机科学（互联网、网络）和管理学（项目计划和监测、需求分析）。有效分析和开发物联网平台，对人的技能和经验提出了更高的要求，就连最先进的技术软件包也无法代替。如何收集数据，数据是如何在网络中流动的，如何分析数据，如何把数据转化为可付诸实践的信息和知识，如何把数据应用于变革业务，这些问题的答案往往来自个人经验——其中大部分是隐性知识。从需求分析、设计、开发再到实现，物联网系统的整个实施过程都需要有效的知识管理的支持，包括知识创造、保有、动员、利用和学习。其实，决定使用物联网就需要语境知识。知识管理确保物联网的采用和实施能够支持收集正确数据、分析数据，并把数据和信息转化为可付诸实践的知识，而可付诸实践的知识是商业决策的基础。

批判性思考与反思

物联网与知识管理

你认为在商业语境中，物联网对知识管理的影响主要是正面的还是负面的？为什么？举例证明你的论点。

大数据分析与知识管理

物联网和大数据两者密切相关，因为物联网中海量的联网“物品”将会生成大量可分析数据。数据不等于信息，信息也不等于知识，但是，分析原始数据时我们可以优化信息。收集和验证更多信息，则可以创造新知识。收集数据的真正价值在于数据分析和大数据聚合，从而发现或揭示新知识。物联网使得从无数传感器和设备收集大量数据成为可能，这些数据需要人们分类、挖掘、组织，然后将其用于生成新知识和商业智能，以便进行更好的商业决策。简而言之，大数据分析从海量数据中理解和提炼有价值的知识，从而将大数据与知识管理联系在一起，而且大数据分析生成的新知识可以用于提高业务绩效。

在当前高度动态且竞争激烈的商业环境中，组织面临的一个重大挑战是具备觉察和适应新趋势的“动态能力”，以及学习和创造新知识以取得可持续竞争优势的能力。企业领导人和高层希望能够快速决策，如果有可能，最好实时决策，比如在紧急决策场景下，或是发生地震、流行病、政治灾难或出现预期之外的竞争对手等干扰时。基于大数据的知识管理可以同时考虑更多因素，包括竞争对手相关知识，从消费者反馈中识别出的市场趋势知识以及不可抗力（如流行病、地震等）相关知识。从大数据和大数据分析中获取的有价值知识，能够提供备选方案和优势。

大数据

“大数据”一词由 META 公司分析师道格·莱尼（Doug Laney）首次使用。自诞生之日起，这一概念吸引了学术界和从业人士的巨大兴趣，但至今尚无权威定义。达文波特预测，这一术语寿命将会相对较短，其他学者也一致同意，大数据并没有严格定义。但它的确存在最基本的表述形式。早期研究用 3V 模型来描述大数据，3V 即体量（volume）、多样化（variety）和高速（velocity）；后来又加了第四个V，即准确性（veracity）。今天，大数据模型又有了第五个V，即价值（value）。

- 体量指的是数据量大（可以说是过大），即海量，以太字节（TB）和艾字节（EB）计算。技术创新永不停歇，每天创造的数据量也随之呈指数级增长。今天，互联网每秒生成的数据量比20年前整个互联网的总容量还要大。
- 多样化指的是数据存在形式多种多样，包括结构化、半结构化和非结构化，其中大多数不具备可用性结构。多样化同时意味着数据内容的复杂性，也就是说数据生成途径繁多，不仅来自常见的企业和政府，而且来自传感器及连入物联网的社交媒体。
- 高速指的是大数据生成和流动的速度极快（过快），可能远远超出了大多数传统数据库软件工具的分析能力。今天，人们可以实时或几近实时获取数据，这让组织得以更加敏捷和迅速地制定决策。
- 准确性指的是数据中可能含有干扰信息、数据不完整或是过时了，这些可能会影响人们所捕获数据的质量和有用性。人们所收集的数据必须有质量保障，原始来源必须具有一定的可信度。
- 价值是竞争优势的来源之一，这强调了大数据以及从大数据集中提炼隐藏价值的意义和重要性。福索·万巴的全面性文献综述讨论了价值的不同类型并举例予以说明。价值与组织制定更佳决策的能力两者间往往存在关联。

研究人员无法界定权威定义，于是寻求从不同维度来理解大数据，其中主要有三个维度：技术维度、组织维度和社会维度。

在技术维度上，要想达到当前所宣称的高度，大数据还有很长的路要走。不过，研究人员已经开发出许多对于大数据未来至关重要的技术，如Hadoop（海杜普）开源框架、NoSQL数据库和大规模平行分析数据库。在吸收和利用数据方面，云计算和社交媒体是两大普遍知识趋势。

“云”把互联网用作数据的收集、存储和加工平台（以及信息知识共享平台），它让企业能在需要时租赁计算能力，而不是必须购买昂贵的设备。鉴于大数据的体量、多样化和高速，大数据计算需要若干服务器集群和工具的支持，其价格可能十分昂贵。因此，组织越来越希望把云计算作为其大数据项目的基础设施。组织可以选择在内部处理最敏感的数据，比如价格和成本；但是可以把其他大量数据放在外部云上，比如来自社交媒体的数据。将大数据连接到云的主要驱动力是降低成本、减少常用成本、快速提供产品和服务、加快上市时间，以及提高灵活性和可扩缩性。

社交媒体既是一种技术现象，也是一种社会现象。来自世界各地的人们通过网站、应用等各类平台分享观点和信息，从而产生大量的复杂数据。脸书、推特及数以百计的其他社交网络系统正在提供有关消费者人口特征的大量信息，包括他们在产品、服务、生活方式及许多其他方面的好恶。许多组织已经通过社交媒体成功开展了各项业务活动，比如直销、线上线下相互整合的全渠道零售、顾客参与设计以及个性化服务。此类交易规模大且复杂度高，要求大数据的参与。在上述例子中，社交媒体和大数据技术的结合改善了业务成果，但应避免过分强调技术的作用。技术维度把技术视为平台，利用技术工具支持在线社区及其活动。在这一视角下，技术、行动和角色是自动产生的，彼此不可分割、共同演变。过度技术化视角则侧重于技术是什么和技术能做什么，而不是关注技术是如何与组织语境交织在一起并共同影响行为的。我们将在组织维度下探讨如何避免过度技术化。

大数据项目要取得成功，障碍不仅在于技术。基于分析的洞见还需要与企业战略紧密结合，易于终端用户理解并嵌入组织流程，让企业用户能够基于整个组织知识的协同杠杆效应，制定明智的决策。埃尔巴希尔等人强调了企业战略的重要性，他们认为，高层管理人员、首席知识官和 IT 经理三者间的知识协同效应，对于组织价值链上各环节的决策改进十分重要。获得大数据不等于创造价值，处理数据不仅要有技术和分析工具与技巧，还需要考虑更大范围中的组织维度。近年来，随着物联网技术的进步，数据可得性已不再是大问题了，如今的问题往往在于数据量过于庞大。特别是，不仅内部业务交易在生成数据，而且开放数据运动还在共享数据，这让海量数据不断涌入。人们越来越清楚地感受到“数据丰富、知识贫乏”的问题。

贫乏的往往是如何从数据中提炼智慧的知识，以及如何利用知识和智慧来支持正确的决策。例如，哪些数据需要加以保管，哪些数据可以丢弃，以及所保管数据与元数据的可靠性等问题该怎样决策。当可用数据信息量增大时，更需要依赖人的判断来做出决策。只有当大数据活动与组织业务知识相吻合时，大数据才能有效支持决策；把数据视为组织资产，才能够创造优势。另一方面，随着时间的推移，数据管理不善则可能变优势为威胁，导致组织知识资产的损失。大数据的广泛应用以及知识挖掘需求的日益增长，突出了将数据转化为可付诸实践的知识，进而支持组织商业决策的重要性。

批判性思考与反思

大数据概念

一位同事告诉你，大数据等于庞大的数据集。你知道这是错误概念，因此想帮助他正确理解大数据概念。你会怎样为同事解释大数据的真正内涵呢？

大数据分析

在当今的物联网时代，随着连入互联网的移动设备数量的持续增加，由此生成的海量数据导致的问题正日益扩大。智能汽车、智能家居、智能学习设备和智能城市等都属于物联网应用，它们能够监控、捕获、计算、协同处理和传输实时数据。从这些应用中收集的结构化或非结构化数据形式多样，如文本、图片、音频和视频。大数据的价值不在于数据本身，而在于通过大数据分析发现的知识。

正日益为人们熟知的数据科学和数据分析，被视为大数据成功的关键。数据科学和数据分析相互关联，但两者各有侧重。数据科学指的是对原始数据进行经验性综合，得到可付诸实践的知识，这一过程贯穿数据的整个生命周期，我们需要使用系统的方法从数据中提炼出有意义的信息和知识。数据分析是一项不可或缺的技术，涉及如何利用分析工具促进数据科学活动。数据分析处理的可能是高级业务分析层面的数据，而数据科学处理的是更具复杂性和不确定性的原始数据。物联网赋能设备在持续生成海量移动的、位置感知的、以个人为中心且与语境相关的数据，分析海量持续数据流，是大数据分析中仍有待探索的一个领域。

大数据分析是理解如何聚集数据以便提炼有用信息和生成新知识的过程，这样管理人员就可以通过大数据更加详尽地了解自身业务，并把生成的知识转化为高效决策。福索·万巴等人把大数据分析界定为管理、加工和分析数据 5V 维度（体量、多样化、高速、准确性和价值）的整体方法，旨在创造可付诸行动的洞见，以实现持续交付价值、测量绩效和建立竞争优势。针对电子商务领域大数据分析的综述研究，揭示了组织使用大数据分析的商业价值。综述不仅表明大数据分析使用范围广泛，比如用于个性化服务、改善客户服务以及预测性分析以展示新业务功能，而且人们还发现，组织中许多领域都有使用和应用大数据分析的巨大潜力。最值得注意的是，近 50% 的供应链专业人员已经在使用大数据分析，或者计划在不久后的将来使用它。在组织看来，时间是最宝贵的资源之一。因此，缩短决策时间，再加上通过预测性分析合理降低风险（准确预测销售、收入以及商品生产和服务提供），是大数据分析的一个重要因素。由于几乎所有组织都有大量几近未开发的数据，组织如果能够成功创造有时效性、可付诸实践的知识，就能获得明显的竞争优势。

大数据分析面临着许多挑战。行业分析师经常提及，数据的体量之大不是唯一的挑战，数据的多样化和高速也是挑战。只关注体量可能导致无法充分利用数据的价值。从大数据中生成价值的过程包括多个步骤，比如数据获取、信息提炼和信息清理、数据整合、建模和分析以及解释和运用。

大数据分析中的难题之一是，人们不确定需要数据帮助我们回答哪些“问题”，这导致人们只收集数据，不加以分析。对组织而言，极其重要的一点是把业务目标放在大数据活动和计划的中心位置。巴姆布劳斯卡斯等人提出，任何大数据分析活动或项目都应考虑五个具体的要素。

- 优化收入和总利润。
- 优化运营资本，优化有形及无形资本投资或资产投资。
- 优化支出结构或利润模型的支出部分。
- 与大数据分析活动或项目相关的可能机会或成本。
- 相关风险，既包括新风险，也包括现有内部控制的减少或调整。

成功实施大数据分析项目更具挑战性，因为组织及其供应链在持续生成新数据。而且，新增数据是以递归方式生成的，一旦生成新数据，此前数据生成的旧知识就可能会过时，这意味着需要更改或更新现有知识，组织的决策和行动可能也需要相应地改进。鉴于大数据固有的体量、多样化、高速和准确性等特点，组织可能需要永无休止地重新分析数据，并基于新数据生成的新知识制定决策和采取行动。在瞬息万变的商业世界里，为了给业务和管理提供价值，企业必须持续以新的视角重新评估数据。

图 10–2 显示了大数据分析应如何从瞬息万变的商业环境中获取反馈。从本质上讲，大数据分析是一个转化过程，数据在这一过程中被转化为新知识和可用信息。在组织语境下，如果不把生成的知识和信息用于支持商业决策，那么它的价值就相对较小。商业决策旨在提高业务绩效，新知识可能带来新的商业决策，新的商业决策可能带来新的业务绩效。当实际业务绩效偏离原定业务目标时，通常会触发新决策（希望也是改进的决策）。新决策可能需要新知识的支持，从而影响大数据分析流程和数据输入。如图 10–2 所示，正向和反向的连锁影响对于大数据分析项目至关重要，也就是说，人们应不断将大数据分析与商业决策和业务目标联系起来，而不是孤立地看待它们。本书的第四部分将会详细探讨商业决策。

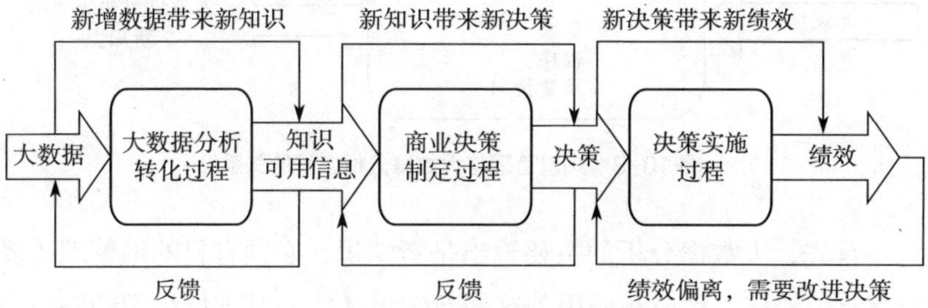

图 10–2　商业决策的大数据和知识支持

知识和知识管理与大数据和大数据分析之间的关系

我们已经知道，大数据分析从海量数据中生成新知识。但是，大数据和大数据分析日益增长的影响力对于知识管理而言意味着什么呢？有一点是肯定的：知识管理在大数据和大数据分析的管理和应用中发挥着举足轻重的作用。如果没有知识和知识管理，大数据和大数据分析就不会存在，因为正是人类知识开发了大数据和大数据分析的能力。如果我们详化图 10–2 的大数据分析部分，分析其中的知识和知识管理，就可以得出图 10–3。图 10–3 详细描述了交织在大数据分析中的知识和知识管理究竟在发挥着怎样的作用。

如图 10–3 所示，知识管理在大数据分析中发挥的重要作用来自两条主线：管理大数据分析生成的新知识内容，以及管理整个大数据分析转化过程中的语境知识。

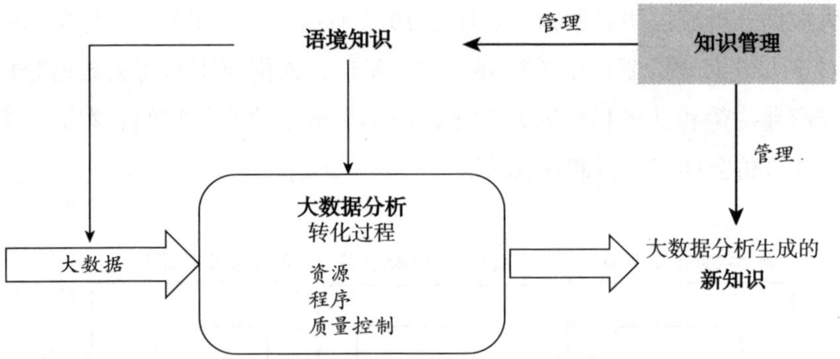

图 10–3　知识管理与大数据分析之间的关系

首先，大数据分析的主要输出是新知识，必须有目的地管理（妥善存储、转移、动员和使用）这些新知识才能使其支持组织的商业决策和绩效。换句话说，是人的知识在决定如何存储、动员和使用大数据和大数据分析生成的新知识。如何把大数据分析生成的新知识与组织知识集成并结合在一起，以实现更加有效的使用，对于这一课题人们还在不断研究之中。其次，大数据分析的方方面面——输入和转化过程本身，后者包括大数据分析所需的资源、大数据分析的实际程序以及质量控制——都需要语境知识。

语境知识指的是知识在组织语境中所处的场景。语境知识通常是隐性的，比如包含在组织流程和活动中的隐性知识，内嵌于产品和服务等组织产出中的隐性知识，供应链各个环节上的员工和利益相关者拥有的隐性知识，其中包括目标市场。具体如下。

- 就大数据分析这一转化过程的输入而言，相关决策完全依赖于人的知识和经验，包括收集哪些数据、去哪里收集以及如何收集等。即使在大数据分析项目的启动阶段，也是组织的语境知识在界定项目的目标、问题以及启动动机。因此，在讨论大数据和大数据分析所接受和施加的影响时，人们不可能否定知识和知识管理的影响作用。
- 有了语境知识才能决定需要哪些资源来支持大数据分析过程，比如购买哪些大数据分析工具、由哪些员工承担这项工作以及应为他们提供哪些培训。当然，这些决策取决于组织希望从大数据项目中得到什么，是支持日常业务，还是对业务流程进行剧烈变革？如果是后者，组织可能需要投入更多的财力和人力，更大规模地购买和使用大数据分析工具。
- 在组织环境中，管理人员和专业人员需要根据运营层面的语境知识，制定数据收集和分析的程序与步骤。例如，在企业系统环境中，通常必须先完成某些操作或步骤，然后才能进行其他事务和步骤。在这种情况下，语境知识将会采用并行和串行活动相结合的方式，指导大数据分析流程。
- 最后，组织必须通过质量控制机制来确保所生成新知识的质量。准确性是大数据的固有属性之一，因此，组织输入大数据分析转化流程的内容，必须符合通过语境知识解释的适当标准或规定。质量低下的知识（如过时、不精确、模糊、不完整、矛盾的知识）只能给商业决策造成负面影响。

总之，我们从上文了解了知识和知识管理在设计、实施以及使用大数据与大数据分析过程中发挥的作用，显然，知识管理应该主导组织情境下大数据和大数据分析项目的管理和治理工作。知识管理具有相应的理论基础和实践经验，能够帮助决策：组织有效率且有效能地运营需要哪些数据，如何分析数据才能提供最有用的信息和知识以支持组织流程与决策，以及如何建立基于知识的反馈循环。组织能够响应内外部业务环境的变化，并据此改变数据收集和分析，这一点非常重要。同样重要的是，组织应该把语境知识与从大数据和大数据分析中产生的新知识集成到虚拟的跨界语境中，比如在跨越同一组织的不同职能部门或跨越整个组织时。研究结果表明，大数据分析的技术能力和管理能力更强的组织，其绩效能得到提高；同时，知识管理导向在增强大数据分析能力的这一效应方面发挥着重要作用。

为了充分发掘大数据和大数据分析的潜在益处，至关重要的一点是管理者能够在现有组织文化中积极倡导技术。有人强调，使用大数据和大数据分析的一项关键挑战是让大数据得到所有员工的信任和理解。例如，零售业的一线员工可能不愿意使用大数据，因为他们不用依赖大数据就能做出决策，或者他们无法理解大数据的工作原理。在许多组织中，业务分析技能仍限于“专家”层面，未能普及到组织的所有员工。但是，为了使用大数据和大数据分析来达到为组织增值的目的，组织必须用相应技能来武装各级员工，比如通过培训和学习项目。更重要的是，在有证据表明自身能够从中受益的地方，企业应当鼓励并动员员工使用大数据和大数据分析。知识动员和学习的组织文化，同技术本身在推广和改进大数据及大数据分析在企业中的使用，有同等重要的作用。

批判性思考与反思

大数据分析、知识管理和商业决策之间的关系

如果你是目前所在组织的一名高管，你会赞成整体看待大数据分析、知识管理和商业决策，还是将其视为相互独立的三件事？为什么？

本章小结

本章讨论的几个核心主题是相互联系着的，共同构成一个闭环（见图 10–4）。作为把“物”（传感器、执行器、人员、系统、设备等）联结在一起的技术性网络平台，物联网让我们能够从各种渠道收集大量各种格式的数据。我们可以通过物联网这个平台获取大数据，然后使用先进的大数据分析技术对其加以分析，并在此过程中将数据转化为新知识。接下来，大数据分析生成的宝贵新知识通过知识管理和学习活动来指导商业决策。最后，组织实施决策并监测、评估和改进决策，以“物”的形式回到物联网中。这个闭环表明，组织需要以整体方式看待物联网、大数据及大数据分析、知识管理和商业决策。换句话说，要想制定更佳的决策，实现卓越的业务绩效，现代企业管理者需要具备整合所有领域的能力，包括技术、组织理论、知识管理、决策和企业管理。

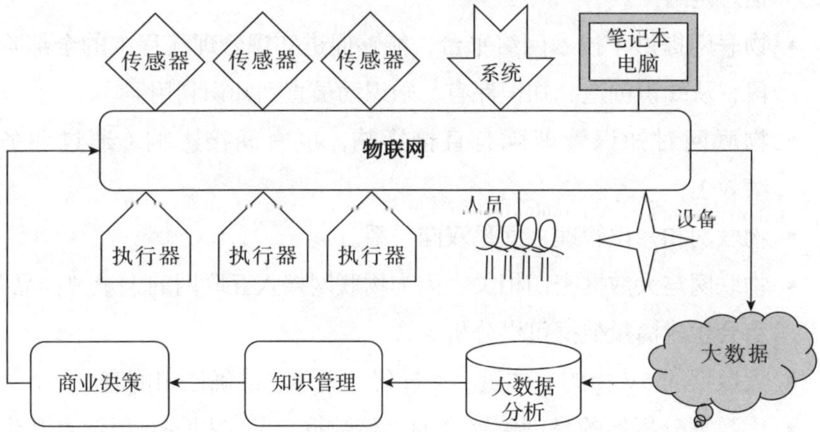

图 10–4 物联网、大数据、大数据分析、知识管理和商业决策之间的关联

学习要点

- “物联网”指的是由一系列可唯一寻址的“物”组成的新兴范式，“物”间彼此通信，构成一个全球动态网络。物联网有很多不同定义。
- 麻省理工学院小组开发了一种电子产品代码，将其作为具体物件的通用标识，比如射频识别。因此，该小组把物联网界定为由基于标准通信协议可唯一寻址的互联物品构成的全球网络。
- 在国际电信联盟小组看来，物联网组合运用物品识别技术（为物品加标签）、传感器、无线传感网络（感知物品）、内嵌式系统（思考物品）和纳米技术（缩小物品），以感知和智能方式将世上万物连接起来。
- 欧洲研究项目组把物联网定义为基于可互操作的标准通信协议、具备自主能力的动态全球性网络基础设施，其中的物理和虚拟物品拥有身份、物理属性和虚拟个性，通过智能接口，无缝集成于信息网络中。
- 物联网提供了技术网络平台，能够促进知识管理流程中的全部阶段，从知识创造、知识保有、知识动员直到知识利用。
- 物联网对知识管理既有直接影响，也有间接影响（通过业务绩效）。
- 物联网和知识管理之间是双向关系。
- 物联网与大数据密切相关，因为物联网接入互联网的大量“物品”将会生成海量数据可供分析。
- 大数据的 5V 指的是体量、多样化、高速、准确性和价值。
- 大数据分析指的是理解聚合的大量数据，从中提炼有用信息并生成新知识的过程。
- 当前这个快速发展的商业世界，正在持续不断地高速生成新数据

（大数据的“高速”）。随着数据的增多，我们可以通过大数据分析来创造新知识。创造的新知识可能会要求调整或更改早期商业决策，因为那是基于旧数据和旧知识制定的。由于商业环境处于持续变化之中，成功实施大数据分析项目对企业而言具有挑战性。

- 大数据对知识管理的影响来自两方面：一是大数据分析创造的知识内容，二是大数据分析的语境知识。

复习题

- 信息通信技术在知识管理中发挥着怎样的作用？
- 物联网中的“物”指的是什么？
- 麻省理工学院、国际电信联盟和欧洲研究项目组界定的物联网定义的主要区别是什么？
- 物联网和大数据之间存在哪些关联？
- 物联网对知识管理的主要影响是什么？
- 大数据与庞大的数据集是一回事吗？
- 大数据的多样化和高速有什么区别？
- 大数据的“准确性”对管理有何启示？
- 大数据 5V 模型中的“价值”是什么意思？价值有哪些不同类型？
- 为什么要从多个维度来理解大数据，而不是仅从技术维度来理解？
- 在文献中找一些大数据分析的定义或解释，然后进行比较，并找出几个你认为重要的共同特征。
- 如果大数据分析是一个转化过程，这一过程的主要输入和输出分别是什么？这个过程的主要局限是什么？实现这一转化过程需要哪些资源？
- 为什么说语境知识对于大数据分析转化过程而言十分重要？

- 为什么知识管理在很大程度上受到大数据和大数据分析的影响？

参考文献

1. Akter, S & Fosso Wamba, S(2016) Big data analytics in e-commerce: a systematic review and agenda for future research, *Electronic Markets*, 26(2), pp 173–194.
2. Alavi, M & Tiwana, A(2002) Knowledge integration in virtual teams: the potential role of KMS, *Journal of the American Society for Information Science and Technology*, 53(12), pp 1029–1037.
3. Ashton, K(2009) That 'Internet of Things' thing, *RFID Journal*, 22, pp 97–114.
4. Aspers, P(2006) Contextual knowledge, Current Sociology, 54(5), pp 745–763.
5. Atzori, L, Lera, A & Morabito, G(2010) *The Internet of Things: a survey, Computer Networks*, 54(15), pp 2787–2805.
6. Barton, D & Court, D(2012) Making advanced analytics work for you, *Harvard Business Review*, 90(10), pp 78–83.
7. Becerra-Fernandez, I & Sabherwal, R(2015) *Knowledge Management: Systems and processes*, 2nd edn, Routledge, Abingdon.
8. Borgia, E(2014) The Internet of Things vision: key features, applications and open issues, *Computer Communications*, 54(1), pp 1–31.
9. Brock, D L(2001) The Electronic Product Code(EPC) – a naming scheme for physical objects, MIT White Paper, January.
10. Buhl, H U *et al* (2013) Big data, *Business and Information Systems Engineering*, 5(2), pp 65–69.
11. Bumblauskas, D *et al* (2017) Big data analytics: transforming data to action, *Business Process Management Journal*, 23(3), pp 703–720.
12. Chang, H C, Wang, C Y & Hawamdeh, S(2019) Emerging trends in data

analytics and knowledge management job market: extending KSA framework, *Journal of Knowledge Management*, 23(4), pp 664–686.

13. Chen, H, Chiang, R H & Storey, V C(2012) Business intelligence and analytics: from big data to big impact, *MIS Quarterly*, 36(4), pp 1165–1188.
14. Chen, M, Mao, S & Liu, Y(2014) Big data: a survey, *Mobile Networks and Applications*, 19(2), pp 171–209.
15. Dalkir, K(2017) *Knowledge Management in Theory and Practice*, 3rd edn, MIT Press, Cambridge, MA.
16. Davenport, T A(2014) *Big data: Dispelling the myths, uncovering the opportunities*, Harvard Business School Press, Cambridge, MA.
17. Diffey, M(2014) [accessed 3 September 2019] The Internet of Things Is More Than a Fashion Statement, *Business Spectator on The Australian Business Review* [Online]www.theaustralian.com.au/business/business-spectator/news-story/the-Internet-of-thingsis-more-than-a-fashion-statement/9328343d108e54ef4fecc1b6d17b6746 (archived at https://perma.cc/CP89-LQCV).
18. Elbashir, M Z *et al* (2013) Enhancing the business value of business intelligence: the role of shared knowledge and assimilation, *Journal of Information Systems*, 27(2), pp 87–105.
19. Erickson, S & Rothberg, H(2014) Big data and knowledge management: establishing a conceptual foundation, *The Electronic Journal of Knowledge Management*, 12(2), pp 83–154.
20. Ferraris, A *et al* (2019) [accessed 3 September 2019] Big data analytics capabilities and knowledge management: impact on firm performance, *Management Decision*, [Online] https://doi.org/10.1108/MD-07–2018-0825 (archived at https://perma.cc/TW2S-7EHW).
21. Fosso Wamba, S *et al* (2015) How big data can make big impact: findings from a systematic review and a longitudinal case study, *International Journal of Production Economics*, 165, pp 234–246.

22. Fuchs, M, Hopken, W & Lexhagen, M(2014) Big data analytics for knowledge generation in tourism destinations: a case from Sweden, *Journal of Destination Marketing and Management*, 3, pp 198–209.

23. Gama, K, Touseaui, L & Donsez, D(2012) Combining heterogeneous service technologies for building an Internet of Things middleware, *Computer Communications*, 35(4), pp 405–417.

24. Gubbi, J *et al* (2013) Internet of Things(IoT): a vision, architectural elements and future directions, *Future Generation Computer Systems*, 29(7), pp 1645–1060.

25. Gupta, M & George, J F(2016) Toward the development of a big data analytics capability, *Information and Management*, 53(8), pp 1049–1064.

26. He, W & Xu, L(2014) Integration of distributed enterprise applications: a survey, *IEEE Transactions on Industrial Informatics*, 10(1), pp 35–42.

27. Hislop, D, Bosua, R & Helms, R(2018) *Knowledge Management in Organizations: A critical introduction*, 4th edn, Oxford University Press, Oxford.

28. Houston, J & Clarke, R(2008) *Moving beyond 'Data Rich–Knowledge Poor' in Human Resources*, Deloitte Consulting, New York, NY.

29. Imran, A & Gregor, S(2019) Conceptualizing an IT mind-set and its relationship to IT knowledge and intention to explore in the workplace, *Information Technology and People*, doi.org/10.1108/ITP-04-2017-0115.

30. ITU(2005) *ITU Internet Reports – Internet of Things*, International Telecommunications Union, Geneva.

31. Jagadish, H V *et al* (2014) Big data and its technical challenges, *Communications of ACM*, 57(7), pp 86–94.

32. Jashapara, A(2011) *Knowledge Management: An integrated approach*, 2nd edn, Pearson Education, Harlow.

33. Kim, S & Kim, S(2016) A multi-criteria approach toward discovering killer IoT

application in Korea, *Technological Forecasting and Social Change*, 102, pp 143–155.

34. Liu, C H, Wang, S & Lin, C W(2017) The concepts of big data applied in personal knowledge management, *Journal of Knowledge Management*, 21(1), pp 213–230.
35. Mayer-Schonberger, V & Cukier, K(2013) *Big Data: A revolution that will transform how we live, work and think*, Houghton Mifflin Harcourt, New York.
36. McAfee, A *et al* (2012) Big data: the management revolution, *Harvard Business Review,* 90(10), pp 61–67.
37. McNeely, C L & Hahm, J(2014) The big data bang: policy, prospects and challenges, *Review of Policy Research*, 31(4), pp 304–310.
38. Mishra, D *et al* (2016) Visions, applications and future challenges of Internet of Things: a bibliometric study of the recent literature, *Industrial Management and Data Systems*, 116(7), pp 1331–1355.
39. Mladenow, A(2014) Crowd logistics: the contribution of social crowds in logistics, *International Journal of Web Information Systems*, 12(3), pp 379–396.
40. Pauleen, D J & Wang, Y C(2017) Does big data mean big knowledge? KM perspectives on big data and analytics, *Journal of Knowledge Management*, 21(1), pp 1–6.
41. Pohjola, I & Puusa, A(2016) Group dynamics and the role of ICT in the life cycle analysis of community of practice of practice-based product development: a case study, *Journal of Knowledge Management*, 20(3), pp 465–483.
42. Provost, F & Fawcett, T(2013) Data science and its relationship to big data and data-driven decision making, *Big Data*, 1(1), pp 51–59.
43. Santoro, G *et al* (2018) The Internet of Things: building a knowledge management system for open innovation and knowledge management capacity, *Technological Forecasting and Social Change*, 136, pp 347–354.
44. Schoenherr, T & Spier-Pero, C(2015) Data science, predictively analytics, and

big data in supply chain management: current state and future potential, *Journal of Business Logistics*, 36(1), pp 120–132.

45. Sivarajan, U *et al* (2017) Critical analysis of big data challenges and analytical methods, *Journal of Business Research*, 70, pp 263–286.
46. Sumbal, M S, Tsui, E T & See-to, E W K(2017) Interrelationship between big data and knowledge management: an exploratory study in the oil and gas sector, *Journal of Knowledge Management*, 21(1), pp 180–196.
47. Tian, X(2017) Big data and knowledge management: a case of déjà vu or back to the future, *Journal of Knowledge Management*, 21(1), pp 113–131.
48. Uckelmann, D, Harrison, M & Michahelles, F(Eds)(2011) *Architecting the Internet of Things*, vol 1, Springer Verlag, Berlin.
49. Uden, L & He, W(2017) How the Internet of Things can help knowledge management: a case study from the automotive domain, *Journal of Knowledge Management*, 21(1), pp 57–70.
50. Vermesan, O *et al* (2011) *Internet of Things strategic research roadmap: Cluster of European Research Projects(CERP) on the Internet of Things*, CERP-IoT, Brussels.
51. Weber, R H(2010) Internet of Things new security and privacy challenges, *Computer Law and Security Review*, 26(1), pp 23–30.

第四部分

利用知识支持商业决策

本书这一部分探讨知识利用，以及商业决策中的知识管理方式。本部分共有三章。

第十一章概述商业决策语境，首先从价值、网络和全球化三个角度探讨商业环境的持续变化，然后解释说明四个核心业务及其联系，目的是帮助决策者理解每个业务需要制定的相关决策，包括运营管理和供应链管理的相关决策、市场营销和销售的相关决策、会计和财务的相关决策以及人力资源管理和领导力的相关决策。最后，本章从时间和参与广度两个维度来划分商业决策的不同类型：在时间维度上，决策可以划分为战略层面、中间层面或运营层面的决策；就参与广度而言，决策可以划分为个人决策、小组决策和组织决策。

第十二章侧重于人类决策过程以及对知识支持的需求，首先界定决策的定义，介绍不同类型的决策结构，讨论几种由 3~6 个阶段构成的决策流程模型，然后详细评述理性决策理论，最后介绍决策的知识需求并举例说明决策流程不同阶段可能需要应用的知识类型。

第十三章讨论基于知识的决策支持系统。首先，本章介绍从传统决策支持系统到基于知识的决策支持系统的演化。然后，本章重点描述基于知识的决策支持系统使用的两类技术：知识建模或表示技术和知识推理技术。知识建模技术以本体和聚类为例，分别进行了详细讨论；知识推理技术讨论了基于规则推理和基于案例推理。最后，本章举例说明了基于知识的决策支持系统在三个行业或部门中的应用：医疗、建筑和农业。

第十一章　商业决策语境

学习目标

完成本章学习后，读者应该能够：

- 了解商业决策所处商业世界的持续变化性。
- 理解不同业务之间的联系是如何影响决策的。
- 说明不同类型商业决策的主要特征。

商业决策颇具挑战性，因为无论决策者是否能意识到，商业世界都处于持续变化之中。文献中介绍的经典决策模型不是总能为企业领导者提供最佳帮助，因为人们使用这些决策方式时往往已离开了它本来的语境。本章将会介绍商业的一些主要特征，目的是为读者提供实用语境，帮助他们选择恰当的决策模型，从而做出更加明智的商业决策。首先，本章将讨论当前商业世界持续变化的特性，这是商业决策所处的环境；然后描述不同业务方面（职能部门）与不同类型的商业决策之间的关系；最后说明从战略到运营、从个人到组织等不同层面分别有哪些决策。总体而言，本章旨在连点成线，让读者对商业决策语境有一个整体、全面的了解。

商业环境对商业决策提出的挑战

现代商业环境强调竞争与合作、赢取更大市场、战略计划、团队合作和绩效评估等，这对新的商业思维和决策战略提出了广泛的需求。特别是自20世纪后期以来，由于互联网和社交网络等先进技术的发明，商业世界风云变幻，变化速度空前。电子商务是指个人和组织通过互联网有组织地生产和销售产品与服务，满足消费者和社会的需求，以获得利润。但是，从2007年年底开始的世界经济危机引发了一系列严重问题，包括高失业率、消费萎缩、建筑业及许多其他行业发展放缓、大量银行和金融机构遭遇困境、股市低迷以及许多骇人听闻的企业倒闭。不足为奇的是，许多经济专家将21世纪第一个10年描述为既是最美好也是最糟糕的时期。从积极的一面来看，支付合理费用就能够使用先进的信息通信技术，比如互联网和网络等，这让企业能够以前所未有的效率在线创造、销售产品和管理业务。许多电子化企业和电子商务先驱都采用了新的商业手段，比如全渠道零售。今天，我们所处的商业世界再次发生变革，物联网等先进技术正在以惊人的速度开启新的商业机会。例如，世界上最大的书商（亚马逊）没有一家实体书店，全球最大的电信服务商（讯佳普，即Skype）没有任何网络基础设施，全球最大的酒店企业（爱彼迎）本身没有酒店，而全球最大的出租车公司（优步）则没有汽车。这些电子化企业的突然出现和快速增长，正迫使其他企业的市场份额显著缩小，它们改变了行业的游戏规则。当然，这些例子只是冰山一角，但它们生动地说明了商业世界瞬息万变的性质。将变革转化为自身优势，是企业成功的关键，但这要求商业决策者真正理解商业决策语境的性质。我们可以从多个视角来阐释商业世界的变化性质。

全球化视角

商业全球化是21世纪商业世界的最大变革之一。许多成功企业走出国门，扩展国际贸易并进行国际生产。商业全球化对企业运作方式及其战略均造成巨大影响。与国内业务相比，全球业务具有两大优势：进入全球市场和利用全球资源（包括知识、专长、技术和技能）。除上述优势外，企业领导者和管理者在决策过程中还需要考虑其他诸多因素。首先，进入全球市场，即在海外销售产品和服务，需要考虑一系列问题，例如：贸易关税可能影响定价决策，货币汇率可能随时变化或波动，而文化和地域差异不仅会影响消费者对于产品或服务的感知价值，还会影响针对潜在消费者的产品或服务广告和宣传方式。其次，企业在获得全球资源的同时，其生产决策需要考虑更多因素，比如是否需要调整产品或服务功能以满足所在国消费者的需求。功能调整的一个典型的例子是，不同国家或地区、不同语言的用户所使用的计算机键盘的布局存在差异。从所在国采购材料可能需要实行额外的质量检查，因为本国和所在国使用的质量标准可能是不同的。在所在国开展生产业务的原因之一通常是利用当地的廉价劳动力。这固然有助于降低成本，但是如果所在国员工的相关知识、专长和技能不达标，那么他们可能需要额外培训，这不可避免地会产生额外费用。所在国的政治和经济不稳定也可能影响企业的全球商业决策，因为国际市场往往更具不确定性，而不确定性可能意味着更高的风险。从本质上讲，全球商业决策需要考虑更多的决策变量和决策约束条件。

从人力资源开发角度来看，全球商业决策要求决策者具备一定的能力。哈维等人开发的全球决策模型将决策者能力划分为三组：分析智能、创造智能和实践智能。分析智能是指计划、实施和评估解决问题的流程与知识获取的流程。创造智能是指个人提出创新解决方案以应对在新环境中遇到的新问题的能力。实践智能则是个人的隐性知识，是指利用常识来适应环境或改变环境以解决遇到的问题。图11–1表示的是决策者关键能力分类方案。

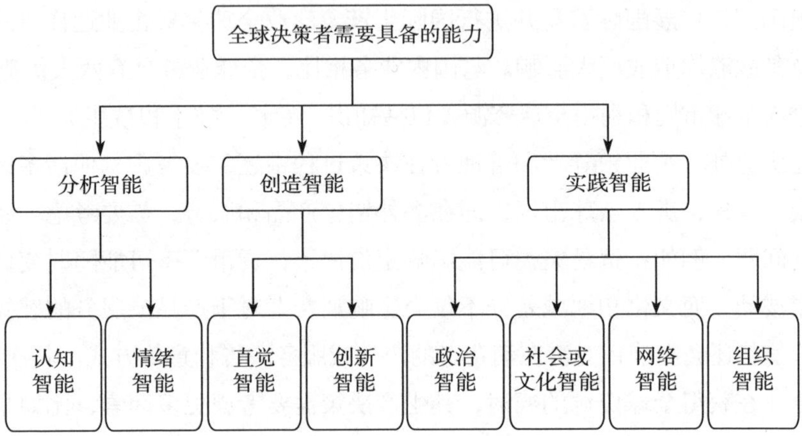

图 11–1　决策者关键能力分类方案

如图 11–1 所示，分析智能包括认知智能和情绪智能，创造智能包括直觉智能和创新智能，而实践智能包括政治智能、社会或文化智能、网络智能和组织智能。八大智能的含义如表 11–1 所示。

表 11–1　全球决策者八大智能的含义

能力分组	能　力	含　义
分析智能	认知智能	推理、学习和分析思考的能力是传统的智力测量标准
	情绪智能	能够用自己的有效状态来发掘他人的有效状态，从而完成任务和实现目标，即能够以有效的方式表现出适宜的情绪状态并回应他人的情绪
创造智能	直觉智能	在没有积极地或正式地掌握信息的条件下，迅速获得洞见（“街头智慧”）
	创新智能	进行发散或创新思维，以提出新颖创意和解决方案
实践智能	政治智能	运用组织中的正式及非正式权力完成任务和实现目标的能力

（续表）

能力分组	能　力	含　义
	社会和文化智能	个人在社团、组织或小组中的社会交互程度
		识别和理解各种结构（如小组、组织）中的角色、规范、价值观和禁忌
	网络智能	与特殊组织子单元合作时，有效理解和管理组织间或其内部关系，从而完成任务的能力
	组织智能	了解和洞察组织的功能运作方式以及实现目标所需的时间，深入了解如何在组织中完成任务

网络视角

自20世纪80年代以来，企业经历了一个范式转变——为满足消费者日益苛刻的需求，商业世界从各个企业之间的竞争变成了各个供应链之间的竞争。今天，企业所处环境更加复杂，企业往往处于供应网络当中，这个网络由多条供应链组成，每条供应链上又同时存在多种元素，包括材料（货物）、信息（知识）、财务和人员。

这意味着企业是在一个由它和其他企业共同构成的网络环境中运行的，它们在这一网络中交互和相互影响。许多供应链和供应网络已延伸到国境之外，变成了真正的全球供应链和供应网络。供应链和供应网络在过去几年里异军突起的原因有很多。一是消费者施加的压力促成了复杂的供应网络。消费者日益要求更多的产品和服务功能、更高的质量标准、更快的交付速度以及更低的价格。来自消费者的压力迫使企业重新思考其战略并重新配置资源，以便交付能够满足客户需求的产品和服务。如果企业自身的能力——不管是知识或专长还是物理资源无法满足客户需求，它就不得不寻求与其他企业结成合作伙伴关系，组成供应链和供应网络，发挥供应链和供应网络的集体力量以满足客户需求。二是供应链和供应网络中的所有企业作为一个整体能共同分担风险，特别是在充满不确定性的情况下，比如大规模推出创新产品和服务、进入新的未知市场或涉及大额投资时。三是技术的进步让许多合作伙伴能够轻松地同时协作，比如与30年前相比，信息通信技术让如今的信息或知识交流和知识动员便捷了许多。今天的协作型创新团队已经能够在虚拟平台上工作，共同实现整个供应链和供应网络的总体目标。

可想而知，供应链和供应网络的复杂性为商业决策带来了很大困难，原因在于以下四个方面的挑战。

- 供应链和供应网络中的决策需要诸多利益相关者的参与，他们在其中分别扮演不同的角色，从材料供应商、设计师、生产商到分销商、零售商，再到终端用户。他们的相关利益和偏好可能非常不同，甚至存在冲突。每个利益相关方或企业在供应链或供应网络中的地位也是非常不同的，有些参与方可能占主导地位，有些则是弱势合作伙伴。事实上，决策者还可能处于更复杂的社会网络中，这将进一步影响其决策行为。
- 鉴于供应链和供应网络的性质（复杂性、动态性和多样性），企业需要在不同时间点，于各个分布式位置上做出各种类型的决策。因此，企业可能会使用不同的决策流程，甚至是多流程模型。
- 供应链和供应网络中的决策传播路径方向多样（垂直、水平或中心辐射），因此，供应链和供应网络环境下的决策变化管理并不轻松。
- 供应链和供应网络层面的决策更加需要跨越供应链和网络中的不同环节进行信息与知识动员。使用物联网和大数据分析等相应技术来收集和处理整个供应网络的信息已经不再是难事，不过，各个边界上可能存在知识动员障碍。知识跨界相关内容详见本书第三部分，特别是第八章和第九章。

价值视角

商业世界围绕着市场和消费者运行。过去，商业价值的首要指标是打造消费者愿意为之付费的产品，于是，组织基于其拥有的物质材料和设施相互竞争。企业只要拥有独特的生产线或机器等设施，就可以生产出成功的产品并建立完善的流程，从而获得竞争优势，而且通常可以凭借规模经济来阻止竞争对手进入市场。近年来，消费者的价值感知发生了转变，企业越来越关注服务和知识，而不是仅仅关注产品。换句话说，商业世界正在去物质化。

服务和知识的重要性日益提升，这改变了各种组织在21世纪的竞争方式和运营方式，服务经济和知识经济等新术语应运而生。第一章中讨论了知识经济，这部分将会讨论服务经济。今天，在英美等许多发达国家里，服务业雇用的劳动力已超过制造业，这些企业的主要收入来源是客户消费服务而非购买商品的付费，因此有人称这些国家是服务型经济体。服务型经济体把更多精力投入到服务供应中，而不是商品生产。典型的服务业包括银行、教育、医疗、保险、交通、酒店、电视节目、安保、干洗和咨询。

从企业管理角度来看，企业无法严格区分产品（商品）和服务。事实上，大多数企业提供的是产品和服务的组合包，但两者所占比重各不相同。一般来说，制造型组织主要生产和销售商品，比如汽车制造商最重要的产品是汽车，但汽车销售套餐通常含有诸如10年保修等服务。服务企业为客户主要提供的是服务，但同时也提供某些占次要地位的物理产品。比如银行主要提供金融服务，但是为了使客户更好地享受服务，它们也提供银行卡和自动取款机。更合适的解释是，制造业企业以产品为主，而服务业企业以服务为主，大多数企业为客户提供的是兼具产品和服务的组合包。

消费者的价值感知也在延伸，从传统的经济价值发展到社会和环境价值，这无疑会影响企业运营。当然，消费者愿意为之付费的产品和服务需要具备经济价值。例如，一位消费者愿意花 1 万英镑购买一台家用汽车，因为这台车可以为他的出行提供便利，在需要时前往目的地，这些是公共交通无法提供的。而另一位消费者可能愿意花 3 万英镑买一台豪华轿车，因为豪华轿车能够提供更加宽敞的空间，驾乘体验更加舒适，更具娱乐性（比如高保真音乐）以及奢侈品牌所塑造的形象——这一形象对消费者的社会地位可能具有重要意义。总体而言，消费者越来越关注社会价值。我们经常看到许多同事和朋友会购买并饮用经过认证的公平贸易咖啡。公平贸易表明产品符合一定的行为准则，包括劳工条件、工资标准等。许多企业，比如服装行业中的一些大品牌，被迫在商业实践中展示其企业社会责任感，不使用童工或非法工人生产的廉价服装。否则，这些企业不但会违反法律和相关规定，而且一旦被曝光，也容易失去那些富有社会责任感和社会意识的消费者。

除了经济和社会价值，如今越来越多的消费者正在日益关注环境问题，比如全球变暖和气候变化。许多消费者愿意为绿色产品付费，即购买并使用不威胁人类健康与自然生态系统的环保产品和服务。绿色消费主义源于保护资源、造福子孙后代和提高生命质量的愿望。于是，敏感的企业领导者觉察到此类消费者行为，并在其经营策略和运营中采用了“绿色企业”的概念。结果是，近年来，经济因素、人口增长、能源用量增长和环境意识等多种力量汇集在一起，正在改变企业的运营方式和消费者的个人生活方式。

毫无疑问，消费者商业价值感知的变化对企业决策有着深远的影响，特别是对于战略决策和运营决策需要考虑的决策标准和决策变量而言。

批判性思考与反思

不断变化的商业环境

除了本节介绍的全球化视角、网络视角和价值视角，还有哪些视角能够突出当今商业世界的变化性质？这些视角又将如何影响商业决策？

不同业务方面及其相关决策之间的关联

要实现明智的商业决策，非常重要的一点是了解几个重要业务方面及它们之间的关联。大多数企业有如下四个基本业务方面。

- 运营管理和供应链管理：运营管理是所有企业的核心业务，即创造产品和服务并交付给客户。如果没有好产品或好服务，客户可能不愿意付费，那么企业就无法长期生存下去。创新对于运营管理中的产品和服务开发至关重要。企业创新可能表现为多种形式，包括产品和服务创新、流程创新、技术创新和商业模式创新。这里关注的运营涵盖产品或服务的整个生命周期，涉及供应商、客户、供应商的供应商以及客户的客户。它们共同构成一条供应链，既包含正向链，也可能包含反向链。正向链始于材料采购、设计和生产，接下来是分销、零售和消费，而反向链则涉及产品的回收、再循环、再利用或再制造。正向链和反向链共同构成一个闭环，并可能成为一条可持续供应链。
- 市场和销售：这一业务职能直接关系到满足客户需求，与客户建立有效沟通，从而了解市场、客户需求和消费者购买行为。市场和销售是组合行为，其四大核心要素包括产品、价格、宣传和定位。市场和销售的重要活动包括：制订整体营销传播计划，建立和维护客户关系，制定客户负担得起且愿意付费的合理价格，以及通过各种渠道（比如实体商店、线上渠道、多渠道和全渠道）开展一系列活动（比如批发、零售和货物配送）来销售产品或服务。这一业务方面捕获的是企业所提供产品或服务的价值。

- 人力资源管理和领导力：这一业务方面管理的是最重要也是最难以预测的资源——人员或人才管理，比如员工招聘、培训和培养。其他重要活动包括吸引和留住最优秀的员工、激励和满足员工及团队，以及改善工会与管理层之间的关系。
- 会计和财务：会计和财务管理的是企业的资金。传统会计和财务的核心业务相互关联，但略有不同。会计侧重于满足财务法规的要求，通过记账来呈现企业总体财务状况。例如，政府要求企业提供持续的财务报表，比如现金流量表（现金变动）、利润表（创造的财富）和资产负债表（累积财富）。财务则侧重于企业融资和投资，包括了解货币功能和特点、明确银行和金融机构能够提供的服务、理解信贷和信贷管理的重要性，以及了解政府的储备制度为维持经济健康发展在如何监管货币。

这四个不同业务方面彼此密切相关。图 11–2 展示了四者之间的联系，相应的连接线上标注了它们之间的具体关系。例如，运营和供应链管理需要为人力资源提供招聘需求和人员需求信息，这样人力资源才能帮助他们招聘到具备相应知识、专业才能、技能和资格的人员，以填补运营和供应链管理中的职位空缺。人力资源提供的则是基于法规的建议，比如工作时间、工作条件和薪金范围，以及核查所招聘员工是否有就业权利以及他们有权享受的薪金福利等。企业的任何两个业务方面之间都存在相互关系，任何一个业务方面为了制定正确的决策都必须考虑这些关系。

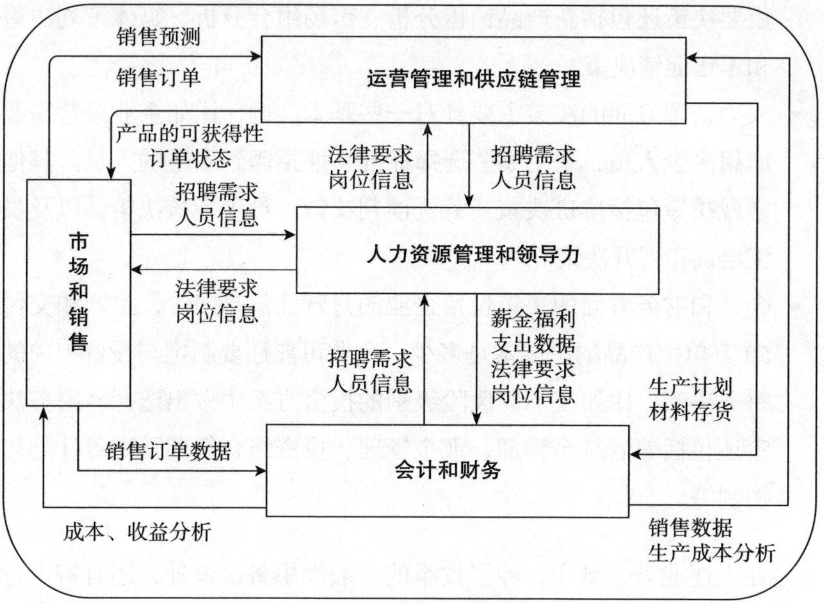

图 11-2　四个主要业务方面之间的联系

企业对四个业务方面的相关决策举例如下。

- 在运营管理和供应链管理方面，大多数企业都需要制定产品组合决策。例如：在未来三个月里，针对不同市场每种型号的手机分别生产多少；每月分别生产多少辆男式自行车和女式自行车，才能让企业有限的内部资源实现利润最大化。运营管理和供应链管理的决策范围广泛，比如库存计划和库存控制决策、设施布置决策、运输路线决策、分销计划决策、运力配置决策和供应网络协调决策。
- 在市场和销售方面，典型的决策包括如何实现固定广告预算在不同媒体间的最佳分配，如何为特定产品或服务定价才能既保证利润最大化又刺激销售（客户愿意支付的价格）。市场和销售方面的重要决策还包括新产品销售分析、市场组合分析、媒体策划决策和零售促销决策。

- 人力资源方面的决策主要针对一些基本问题，比如企业经营需要雇用多少人员，采用哪些选择标准才能招聘到合适的人员。其他常规决策包括排班决策、劳资谈判决策、员工考核决策，以及员工培训和晋升决策。
- 会计和财务方面的决策包括企业的月营业额是多少，生产和交付50万单位产品的总成本是多少。企业可能还要制定与投资相关的财务决策，比如在不同风险级别的投资方案中做出选择。财务决策还包括养老基金管理、现金管理、投资组合管理及财务计划和控制等。

在上述业务领域中，除了枚举的一般性事务决策外，还有特定行业或部门所特有的相关决策。例如，教育和医疗本来可归入服务运营管理这个大领域，但是由于教育和医疗与人民生活质量及国家整体生活水平息息相关，因此各自占据了一个独立领域。典型的教育决策可能包括图书馆管理、教学安排、课堂作业和MBA学生遴选等。常规医疗决策包括护士排班、内部床位配置、诊断和治疗以及血液分配等。在自然资源领域，典型决策包括水电系统管理、采矿项目评价和水污染控制。本部分的目的不是穷尽全部决策列表，而是通过举例让读者大致了解商业决策的不同类型。

批判性思考与反思

各业务方面之间的联系

制定组织决策时，忽略不同业务方面之间的联系可能会造成怎样的后果？在制定某些商业决策时，有没有可能无须考虑这些联系？

不同层面的商业决策

各个层面都存在商业决策。我们可以从两个维度来考察这一点：一方面，根据决策的相关时间段，商业决策可以发生在战略层面、中间层面或运营层面；另一方面，根据参与的广度，商业决策可以发生在个人层面、小组层面或组织层面。图 11–3 描述了需要制定商业决策的不同层面。在时间维度上，日常的短期运营决策问题相对而言更具常规性、可预测性和良好的结构性，因此运营决策相对简单。在参与广度这一维度上，个人决策只涉及一个人，因此相比小组层面和组织层面决策，它往往最简单。在小组层面和组织层面，决策者之间可能存在不同甚至相互冲突的利益，因此，在这两个层面，达成共识是件困难的事。最复杂的决策是组织层面的战略决策，因为这类决策的参与范围最广且所涉时间跨度最长。组织层面的战略决策（图 11–3 中阴影部分）涉及企业的长期发展方向，与组织的存续和繁荣发展息息相关，因此通常被称为“高影响力决策”。高影响力决策包括决定实施颠覆性新技术、决定投资开发新产品或停止生产现有产品，以及决定终止一项营销活动。组织层面的战略决策也被视为“抗解问题”，因为这类决策的问题大多难以界定，结构不良且复杂，原因多重，而且往往不存在正确答案。这部分将集中讨论组织层面的战略决策。

学者们认为，当今的商业环境特点（比如瞬息万变、不确定性和全球化）加之专长和知识的缺乏共同造就了抗解问题。在需要制定组织层面的战略决策时，决策者对情况往往知之甚少，但未知因素却很多（已觉察的未知因素及未觉察的未知因素）。通常情况是，最重要的决策（战略决策）是在最不了解的时候做出的。随着时间的推移，情况逐渐明朗，如果现实偏离了预期，企业领导者和管理人员就会感到十分意外。为改进决策以避免意外，决策者需要强调学习在决策流程中的重要性，从而加快获取知识、专长和技能的速度。正因为如此，

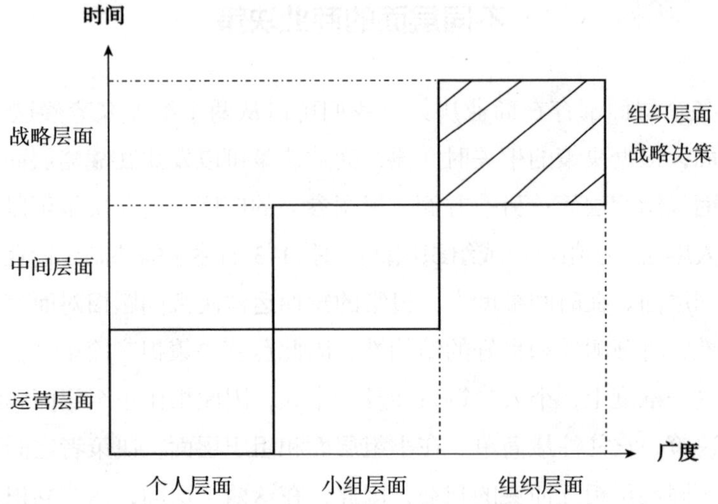

图 11-3　两个维度上的商业决策分层

本书主张整体地而不是孤立地看待决策、知识管理和组织学习。

组织层面的战略决策通常影响深远，有时颇具戏剧性，可能会改变游戏规则，因为这些决策会影响组织的发展方向、愿景、使命和目标。例如，一家有着百年历史的英国运动服装公司某天突然决定放弃当初让企业声名鹊起的面料，而转型设计制作其他材质的衣物，并将制造业务转移到海外。这就是高层制定的战略决策，它极大地改变了这家企业的方向和目标。

组织层面的战略决策往往是自上而下的，这种自上而下的决策面临着许多挑战，包括如下三个方面。

- 自上而下的决策提供了明确目标，但也限制了视野。员工可能会把高层对组织目标的清晰度要求视为约束，这会削弱组织的适应能力和创造力，甚至会让中间层面和运营层面的管理者不敢质疑上层下达的指令。
- 决策在很大程度上取决于高管团队的战略能力和素质。在自上而下的决策方式中，战略决策掌握在少数人手中，即取决于高管团队做出正确战略选择的能力。这就要求高管团队具备战略思维，并且能同时从不同视角来考虑问题，从而制定出正确的战略决策。不同视角包括组织视角（比如首席财务官和执行副总裁的观点比较）、人口视角（比如尊重性别差异和年龄差异）和文化视角。

- 不受制约的权力是危险的。当决策权掌握在极少数人手中或者一人独霸组织最高层时，组织就存在独裁或专制的风险。在这种情形中，没有人能够挑战战略决策或提供不同观点。遇到这种情况，组织就该敲响警钟了。如果领导者已经建立起某种声誉且这一声誉的影响逐渐显露，那么防范权力不受制约的威胁就会更加困难。
- 自上而下的决策能否赢得人员的真正参与？个人和组织（若干个人的集合）之间的动机和愿望往往存在差异。但是，要想成功实施最高管理层制定的战略决策，需要得到组织中各个层面的支持。首先，自上而下的战略决策能否从高高在上的最高管理层走向员工个人，赢得员工的积极参与，成为员工的奋斗目标？如果回答是肯定的（也许只有当回答是肯定的时候，才有必要继续探究），组织是否能真正从中获益？自上而下决策的核心在于意图明确。通常，最高层决策的战略执行途径是资源分配、组织结构变革和流程变革，而这些决策的衡量标准是目标和相关指标。在此过程中存在的一大挑战是，个人是否会真正积极参与高层制定的愿景，毕竟他们并未参与决策的制定。如果这一愿景并不是为了员工而打造的，那么这一挑战就会更加严峻。

批判性思考与反思

自上而下的战略决策

尽管自上而下的战略决策方式饱受批评，但是许多组织仍在采用这种决策方式。你认为这是为什么呢？

学习要点

- 商业环境已发生重大变化，特别是自 20 世纪后期以来。我们可以从多个视角来诠释这些变化，比如国际化视角、网络视角和价值视角。
- 为制定兼顾全局的商业决策，我们有必要了解所有业务方面以及各业务方面之间的联系。企业的主要业务方面包括运营管理和供应链管理、市场和销售、人力资源管理和领导力以及会计和财务。
- 自上而下的组织层面战略决策招致的批评是多方面的，比如不受制约的权力是危险的、无法获得员工的充分参与，以及可能走向独裁或专制。

复习题

- 鉴于四大业务方面（运营管理和供应链管理、市场和销售、人力资源管理和领导力、会计和财务）之间彼此相关，你认为组织在制定战略层面的决策时，应该考虑其中的哪些主要关联？
- 个人决策、小组决策和组织决策之间的主要区别是什么？
- 你认为制定整条供应链的战略决策时会遭遇哪些主要挑战？
- 制定组织层面的战略决策时，你会选择自上而下还是自下而上的决策方式？

参考文献

1. Anderson, D R *et al* (2016) *An Introduction to Management Science: Quantitative approaches to decision making*, 14th edn, Cengage Learning, Boston, MA.
2. Boshkoska, B M *et al* (2019) A decision support system for evaluation of the knowledge sharing crossing boundaries in agri-food value chains, *Computers in Industry*, 110, pp 64–80.
3. Capo-Vicedo, J, Mula, J, & Capo, J(2011) A social network-based organizational model for improving knowledge management in supply chains, *Supply Chain Management-An International Journal*, 16(4), pp 284–293.
4. Carvajal, J, Sarache, W & Costa, Y(2019) Addressing a robust decision in the sugarcane supply chain: introduction of a new agricultural investment project in Colombia, *Computers and Electronics in Agriculture*, 157, pp 77–89.
5. Crandall, R E, Crandall, W R & Chen, C C(2010) *Principles of Supply Chain Management*, CRC Press, Taylor and Francis, London.
6. Guillemette, M G, Laroche, M & Cadieux, J(2014) Defining decision making process performance: conceptualization and validation of an index, *Information and Management*, 51, pp 618–626.
7. Harvey, H *et al* (2009) Globalization and its impact on global managers' decision processes, *Human Resource Development International*, 12(4), 353–370.
8. Haslam, S & Shenoy, B(2018) *Strategic Decision Making: A discovery-led approach to critical choices in turbulent times*, Kogan Page, London.
9. Johansen, M L & O'Brien, J L(2016) Decision making in nursing practice: a concept analysis, *Nursing Forum*, 51(1), pp 40–48.
10. Kainuma, Y & Tawara, N(2006) A multiple attribute utility theory approach to lean and green supply chain management, *International Journal of Production Economics*, 101(1), pp 99–108.
11. Koberg, E & Longoni, A(2019) A systematic review of sustainable supply chain

management in global supply chains, *Journal of Cleaner Production*, 207, pp 1084–1098.

12. Lai, F & Luo, X(2019) Social commerce and social media: behaviours in the new service economy(Guest Editorial), *Information and Management*, 56, pp 141–142.
13. Liu, S *et al* (2010) Integration of decision support systems to improve decision support performance, *Knowledge and Information Systems-An International Journal*, 22(3), pp 261–286.
14. Liu, S *et al* (2013) A decision-focused knowledge management framework to support collaborative decision making for lean supply chain management, *International Journal of Production Research*, 51(7), pp 2123–2137.
15. Melacini, M *et al* (2018) E-fulfilment and distribution in omni-channel retailing: a systematic literature review, *International Journal of Physical Distribution and Logistics Management*, 48(4), pp 391–414.
16. Mohamed, M S(2007) The triad of paradigms in globalization, ICT and knowledge management interplay, *VINE-the Journal of Information and Knowledge Management Systems*, 37(2), pp 100–102.
17. Needle, D(2015) Business in Context, 6th edn, Cengage Learning EMEA, Andover Oliveira, R, Zanella, A and Camanho, A S(2019) The assessment of corporate social responsibility: the construction of an industry ranking and identification of potential for improvement, *European Journal of Operational Research*, 278, pp 498–513.
18. Pride, W M, Hughes, R J & Kapoor, J R(2012) *Introduction to Business*, 11th edn, South-Western Cengage Learning, Boston, MA.
19. Wang, C & Hu, Q(2017) [accessed 3 September 2019] Knowledge Sharing in Supply Chain Networks: Effects of Collaborative Innovation Activities and Capability on Innovation Performance, *Technovation* [Online] https://doi.org/10.1016/j.technovation.2017.12.002 (archived at https://perma.cc/P649-MZPZ).

第十二章　人类的决策流程和知识需求

学习目标

完成本章学习后，读者应该能够：

- 理解决策和决策支持的概念。
- 描述人的决策流程，并比较不同的决策流程模型。
- 明确决策支持的知识需求。

上一章讨论了商业决策语境，让我们了解了需要制定哪些类型的决策，以及这些决策是在哪里制定的（组织中的不同层面）。本章将会继续讨论商业决策，但侧重于如何制定决策，以及知识管理是如何支持决策的。本章首先介绍决策和决策支持的概念；然后比较几种不同的决策流程模型，以此来说明决策流程，最后讨论人类决策的局限性，并明确其对知识支持的需求。

决策的概念

定　义

决策这一研究领域已经十分成熟。决策概念的起源可以追溯到两个主要源头：管理学和心理学。管理学起源的典型代表是卡内基技术学院的赫伯特·西蒙于 20 世纪 50 年代末至 60 年代初进行的组织决策理论研究。心理学家埃贡·布伦瑞克认为，决策就是个人利用环境中可能谬误（fallible）的“线索”，试图尽可能准确地就事物做出判断。此后，学界还出现了许多决策定义。表 12–1 列出了不同时期的部分定义。

表 12–1　决策的定义

来　源	定　义
西蒙	在若干备选方案中进行抉择
沙尔、德尔贝克和卡明斯	有意识的人类过程，既涉及个别现象也涉及社会现象。基于事实性和价值性前提，从一个或多个备选方案中选择一种行为活动，目的是接近某种期望状态
布伦瑞克	个人利用环境中可能谬误的“线索”，就事物做出判断
艾可夫	制定决策的个人或群体拥有若干备选行动方案，最终抉择可能会产生重大影响
明茨伯格	行动承诺
诺兰	从已知选择中选出最佳方案
哈里森	决策是持续评估过程中的抉择时刻。对可实现目标的若干备选方案进行评估是一个持续的过程。而在抉择时刻，对特定行动方案的预判会促使决策者选出最有可能实现目标的那个方案
安德森等	决策一般与解决问题的流程有关。决策过程的第一步是识别和界定问题，最后一步是选出一个备选方案，即决策时刻

从表 12–1 中可以看出，界定决策定义的难点之一是，这一概念在实际操作中形式十分多样。换言之，决策具有多样性和多面性。我们可以找到决策的共同要素，却找不到所有决策的共同性质。文献对于决策概念的评述可总结如下。

- 决策概念有两个源头，相应地，决策方式也有两种，两者相辅相成。决策者的行为不总是基于分析的理性行为（管理学），他们同时还在对决策场景进行直觉判断（心理学），尤其是当存在不确定性时。后来，学者们驳斥了这一观点：分析思维和直觉思维是相互对立的两种思维模式。他们认为两者是同一连续体的两极，因为决策既不是纯粹分析性的，也不是纯粹直觉性的，而是处于连续体两极之间的某个地方。
- 基于上面的推导（分析性判断和直觉性判断都很重要），决策者可以通过定性或定量分析来评估备选方案。定性分析主要基于决策者的经验和判断，其中可能包括企业管理者在这一问题上的直觉，这更多的是一种艺术而非科学。如果决策者具有处理类似问题的经验，或者如果遇到的是相对简单、结构良好的程序化问题，那么定性分析可能会在决策中发挥主导作用。但是，新手决策者或新手企业管理者几乎没有处理类似问题的经验，或者如果决策十分复杂、非结构化、非程序化，那么定量分析备选方案可能是管理者在最终决策时考虑的一个尤其重要的因素。
- 决策行为存在两种不同类型：一些决策者尽可能追求最佳结果，主要是利润最大化，这类决策者被称为“最大化者”；还有一些决策者满足于达到一定标准的“满意”选择，因此被称为“满足化者”。决策时，最大化者会搜寻更多信息和知识，并且更加深入地阅览这些信息和知识。他们积极寻求找出大量备选方案和大量决策准则，行为特点是反复思量、细致比较各个备选方案。满足化者寻求满意的备选方案，只要决策行为“令人满意”即可，而不是试图达成最优结果。在使用和加工信息知识方面，他们具有高度的选择性，从而缩短了搜索工作的周期和时间，并且节省了分析和评估备选方案及决策准则的时间。
- 复杂的商业决策往往需要考虑多重准则，比如追求经济价值和社会价值、满足产品或服务的质量标准和安全标准、准时向客户交付产品或服务，以及满足相关环境法规要求。在此类决策场景下，决策者应使用多准则决策分析（multi-criteria decision analysis，缩写为 MCDA）方法支持复杂商业决策。

决策结构分类图

不管决策的内容如何（无论涉及运营管理和供应链管理、人力资源管理和领导力、会计和财务，还是与市场和销售相关），根据决策的关键属性，我们都可以把所有决策划分为若干个有意义的类别。图 12–1 表示的是基于决策结构的分类方法，包括结构化与非结构化决策、程序化与非程序化决策、战略与运营决策，以及个人、小组与组织决策。

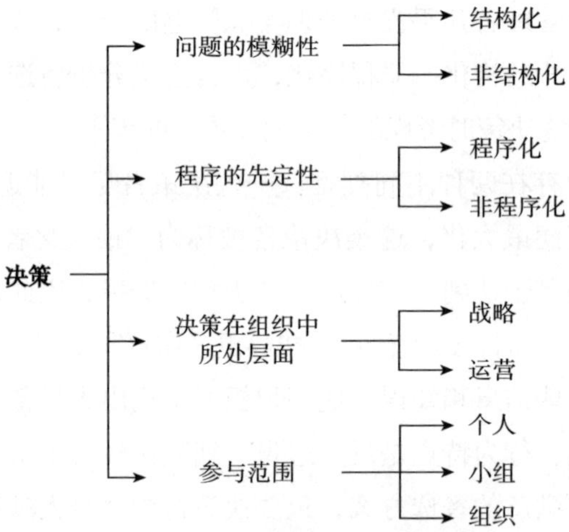

图 12–1　按照决策结构进行分类

- 结构化与非结构化决策：结构化决策清晰明确，易于界定；相反，非结构化决策不清晰，模棱两可，难以界定。

- 程序化与非程序化决策：程序化决策是指决策具有一定程度的反复性和常规性，因此已有既定程序来处理这类决策。程序化决策依赖于预先确立的某种形式的组织机制或常规，比如发生特定问题时触发的行政程序。非程序化决策的特点是新颖性、非结构化或意义重大。这类问题没有固定处理方法，可能是因为既往未曾出现此类问题，可能是因为其确切性质和结构难以捉摸或十分复杂，也可能是因为它的意义过于重大，值得为其量身定制解决方案。从本质上讲，不存在程序化指导方案。
- 战略与运营决策：战略决策是长期决策，涉及思想观念或职权的根本性变化，因此关系着组织的发展方向。运营决策涉及的是短期的日常业务运行，比如资源配置的效率最大化。
- 个人、小组与组织决策：相比个人决策，小组决策涉及多个人员，因此可能需要协商以解决冲突并达成共识。组织决策最为复杂，也最为重要，因此组织决策需要在最大程度上协调和整合不同层面的意见。组织决策的影响范围是全组织，因此组织决策需要个人和小组的支持。

决策的要素

由于决策的复杂性以及商业决策的多重属性，所以明智的做法是把决策分解成若干要素，以便更好地理解决策中的“什么”（需要制定什么决策）、“谁”（制定决策的人）、“怎样”（制定某种决策的方式），以及“为什么”（如此制定决策的原因）。图 12–2 说明了构成决策的各大要素，并围绕决策流程这一核心将这些要素划分为四组。这四组分别是输入（左）、输出（右）、约束条件（上）和机制（下）。

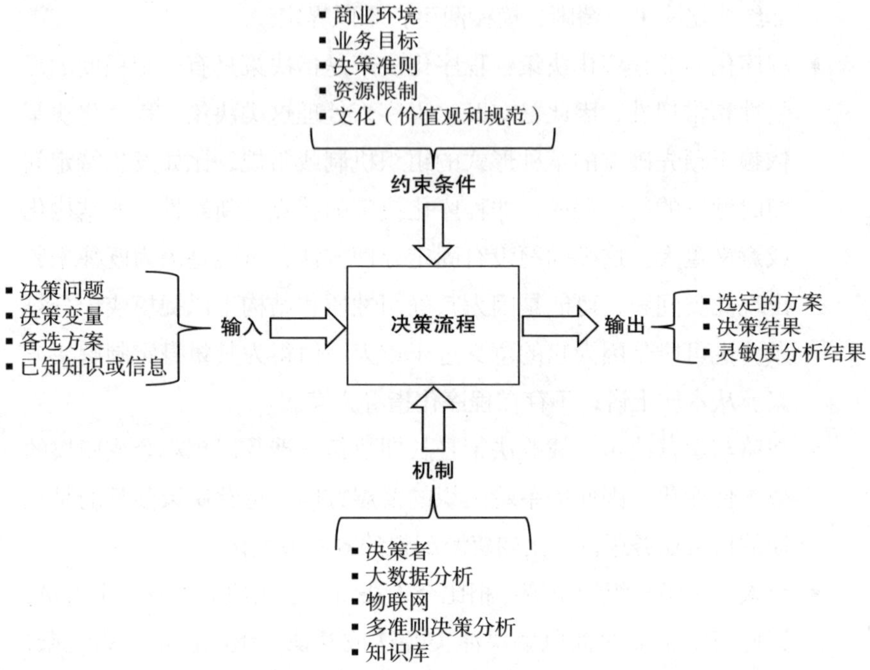

图 12–2　决策要素分组：输入、输出、约束条件和机制

决策流程处于图 12–2 的中心位置，这一流程应包含数个阶段或步骤。下一部分将专门讨论决策流程并比较各种流程模型。本部分将详细考察决策流程中的四组决策要素。

- **输入**：需要在决策流程中转化为决策输出的那些要素，包括决策问题、决策变量、备选方案，以及任何与决策问题相关的已知数据、信息或知识。
- **输出**：决策流程的最终结果，最重要的结果当然是选定的方案。在理想的情况下，决策流程还能生成选定方案评估，即选择特定方案可能产生的结果。在大多数决策场景中，特别是具有许多不确定性的高层战略决策，备选方案非常多，但是每种备选方案的结果取决于未来是否会出现某些变量或条件。这些未来变量或条件（可能状态）多种多样，比如竞争对手采取的行动、经济状况、政治稳定性或技术进步。这些可能状态、条件或事件不在企业领导者或管理者的掌控之内。在这种情况下，决策者应该基于评估准则评估每种变量发生的概率。灵敏度分析有时也被称为“假如”分析。灵敏度分析这一方法旨在提醒企业管理者需要更加关注“可能状态”（上述各种变量）以及“可能状态”对商业情境的影响。

- **约束条件：**商业决策是在许多约束条件下制定的。约束条件往往来自商业环境（如第十一章讨论的全球化和供应网络）和业务目标（利益驱动或非利益驱动）。决策准则有多种，比如产品或服务质量、交付速度、成本目标，以及为客户提供各种产品和服务的灵活性。企业也有资源限制，例如生产设施的局限性、知识和技能的可得性以及时间和资金限制。此外，约束条件还可能来自组织文化。例如，组织的基本价值观、假设和规范可能会限制决策者选择某些备选方案，或者改变决策者在选择决策准则时的偏好。
- **机制：**能够支持决策流程的推动或促进因素。最重要、最智能的机制无疑是决策者。是谁在制定决策？人们常常认为是管理者在制定商业决策，然而管理者并不是唯一的决策制定者，甚至可以说每个人都有可能制定决策。医生、律师、教师、建筑师、店员、图书管理员等都在制定某种决策。其他常用机制包括决策模型（比如盈利模式和线性规划模型）、分析方法（比如大数据分析和多准则决策分析）、信息通信技术平台（比如物联网和各公司内部网络）、软件包和知识库。

批判性思考与反思

决策要素分组

你在多大程度上同意或反对把决策要素划分为输入、输出、约束条件和机制这四组？就这一话题进行研究，并提出你自己的决策要素分类方法，看看你能得到几组要素。把你提出的决策要素分类法与输入、输出、约束条件和机制这一四组分类法进行比较，讨论这两种分类方法的主要区别。

几种决策流程模型

人们普遍认为，界定完善的决策流程能够帮助领导者、管理者和其他业务专业人员更加透彻地审视决策备选方案，从而更有把握地选出最佳或最恰当的方案。回顾“理性判断—直觉判断”决策连续体，既往研究表明，在危机语境下，比如发生火灾或组织遭遇自然灾害时，决策者往往会采用更加直接的决策方式，即主要依赖直觉判断。但是，战略决策之类的高影响力决策通常采用更加系统化的决策方式。如果决策者使用的是更加系统化且兼具柔性的决策流程，那么在别处使用这一流程时，他们也可以更好地看到潜在的优势和劣势。但是，一次性、临时、试错型的解决方案，很少能够为未来决策场景提供任何决策指导。例如，在规划新的战略举措时，决策者往往会按照结构完善的决策流程仔细评估和再评估其实施计划。遇到此类情况，决策者会按照结构化决策流程采用更加理性的路径，而不是偏直觉。事实上，已有充分证据表明，高质量的分析和完善的决策流程对决策绩效具有积极影响。学者们已开发出许多决策流程模型，每个模型所含阶段数量以及各阶段在行动中的先后顺序各不相同。本节选取了得到广泛采用的几个一般性决策流程模型。这些决策流程模型足够系统化，能够把人员培训成自信的决策者。模型还需要具备足够的柔性，让使用者能够根据各种应用环境对其做出相应的调整。

西蒙的三阶段和四阶段模型

赫伯特·西蒙的三阶段模型可能是最早和最具影响力的决策流程模型之一，它包括情报、设计和选择三个阶段。第一阶段是情报阶段，涉及活动包括问题识别、问题结构化和问题陈述。收集情报和了解问题的性质十分重要，例如，问题在于产品或服务理念、提供给客户的产品或服务组合包、交付产品或服务的过程，还是以上问题的组合？问题的范畴是什么？问题的主要促成因素有哪些？如有需要，比如遇到复杂问题时，如何拆分问题？第二阶段即设计阶段，侧重于确立决策准则、寻找备选方案和构建决策模型。第三阶段是选择阶段，包括模型求解、选定方案和灵敏度分析，这一阶段可能还涉及冲突解决。

后来，西蒙进一步扩展了三阶段决策模型，增加了第四个阶段“评价”。评价指的是实施选定方案，并监控和评价决策绩效。如果实施所选方案成功解决了问题，达成了预期业务绩效，那么决策就是成功的。如果情况相反，选定的方案不成功，那么相关人员就应该把问题反馈到前面的阶段进行修订。有时，决策者可以根据他们所掌握的隐性或显性业务知识调整输入或输出，从而干预决策流程。应该指出的是，跟任何其他模型一样，决策模型只是对现实的抽象化。不过，虽然模型不是现实的精确描述，但它应该能够反映现实的关键特征。决策模型需要求解现实中的问题。即使在决策流程的早期阶段，决策者也必须认真研究现实，以确保情报能够真实反映现实问题。创建决策模型时，决策者应该对照现实进行测试，以验证其有效性。类似地，选定的方案应在现实中加以测试。图 12–3 描述了西蒙决策模型，其中包括决策流程不同阶段之间的前馈和反馈连接，以及现实和决策流程模型之间的连接。

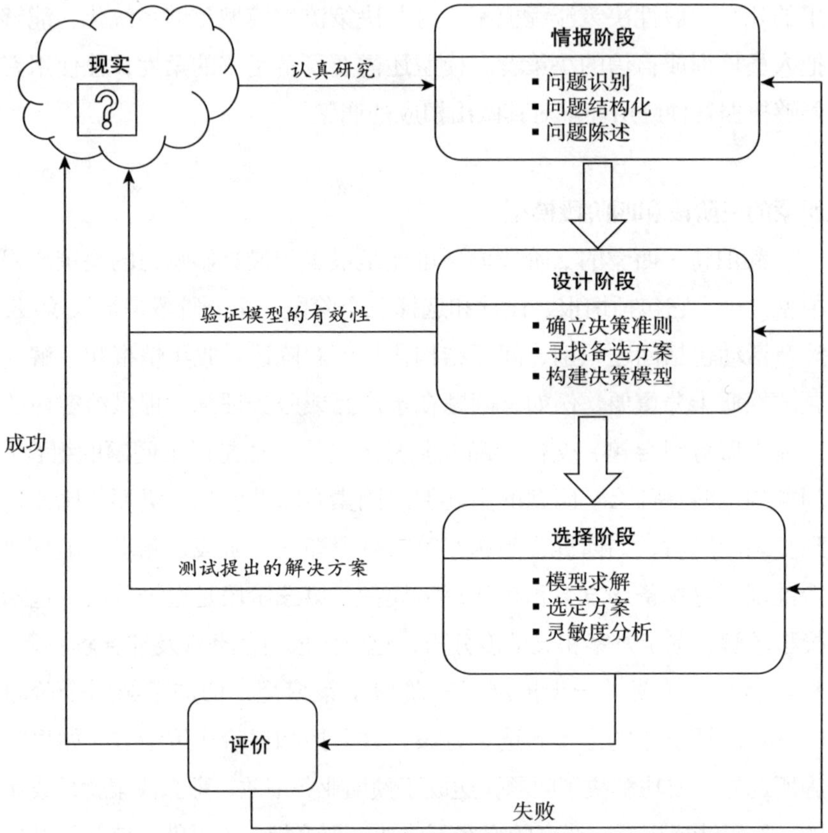

图 12-3　西蒙决策流程模型评注

示　例

决策流程概念

让我们来思考下面这个关于决策流程的例子。想象你是一家英国高科技公司的决策者，公司需要扩展业务，正在考虑进入中国市场。进入海外市场的有效方式之一是，找一个新的生产基地并在那里开设新工厂——在该国制造和销售产品。问题是在中国哪里开设新厂。假设经过初期搜索后你找到三个备选地点：地点A是北京（中国首都，位于华北），地点B是云南省农村地区（位于中国西南），位置C是深圳（经济特区，毗邻香港，位于华南）。其中哪一个是开设新厂的“最佳”地点呢？

在这种情况下，决策的第一步（情报阶段）非常简单直接。事情很清楚：公司打算进入中国市场，就要在那里开设新厂，制造和销售新产品，为此首先需要找一个厂址。决策问题可以描述为“决定新厂的最佳地点”。

你已经筛选出了三个备选方案：地点A、B和C。到了设计阶段，你需要弄清楚评估这三个备选地点的标准是什么。显然，厂址成本将是一个重要决策因素。如果“厂址成本”是决策的唯一重要准则，那么被选为“最佳地点”的方案应该是“厂址成本”最低的备选方案。根据唯一准则寻找最佳解决方案的问题，被称为单准则决策问题。假设你在厂址决策过程中识别出另外两个重要因素：“技能可得性”（新厂需要雇用拥有相应专业知识和技能的人员）和“靠近机场”（出于出差和物流考虑）。于是你共得到三个决策准则：厂址成本、技能可得性和靠近机场。涉及多个准则的问题被称为多准则决策问题。

现在，你有了三个备选方案和三个决策准则，接下来要做的是确定决策模型以便为决策问题求解。你可以采用从1到5的五分制评分标准，根据上述三个准则评价每个地点。也就是说，如果某地与某个准则的符合度真的很“差”，就给1分，然后2表示“较差”，3表示“一般”，4表示“好”，5则表示“非常好”。

建立决策模型后，你可以基于对三个地点的调研，根据三个准则一一做出判断。你如果用类似下面的表格来记录评分，就能对备选方案与每条决策准则的相符度有一个整体的了解（见表12–2）。

表 12 - 2 备选方案与决策准则相符度

备选厂址	厂址成本	技能可得性	靠近机场
地点 A	一般（3）[1]	好（4）	非常好（5）[2]
地点 B	非常好（5）	一般（3）[3]	较差（2）
地点 C	一般（3）	非常好（5）	非常好（5）

假设你想选择总分最高的地点作为建厂地，那么根据你的判断，总分 13 分（3+5+5）的方案 C——深圳（地价非常高，但是该地区聚集了大量大学毕业生，因此很容易招聘到技术人才，而且到香港机场和广州白云机场交通便利）将会成为你的最终决策。

问 题

上面这个例子展示了决策流程中最关键的一点：没有哪个方案对于所有准则而言都是“最佳”方案。在许多商业决策场景中，情况往往都是如此。此外，可能不是所有准则的重要级别都同样高。

1. 你认为该怎样把各个准则的重要级别差异纳入决策的考虑范畴？
2. 考虑了决策准则的重要级别后，你是否会改变新厂选址决策？

1 原文是 Good（3），得分与描述不符，疑是笔误。——译者注

2 原文是 Good（5），得分与描述不符，疑是笔误。——译者注

3 原文是 Good（3），得分与描述不符，疑是笔误。——译者注

3. 如果增加第四个准则——厂址的未来扩展潜力，你的决策是否会改变？为什么？

安德森等人的五阶段模型

一些学者认为，西蒙后来补充到决策流程模型中的第四个阶段“评价”，其实不属于决策范畴，而属于解决问题范畴。作为代表，安德森等人明确区分了决策和解决问题。他们认为，一旦从备选方案中选定一个方案，决策流程就会结束。执行决策和评估结果应该是解决问题流程的一部分。因此，决策只是解决问题流程的一部分（见图12–4）。

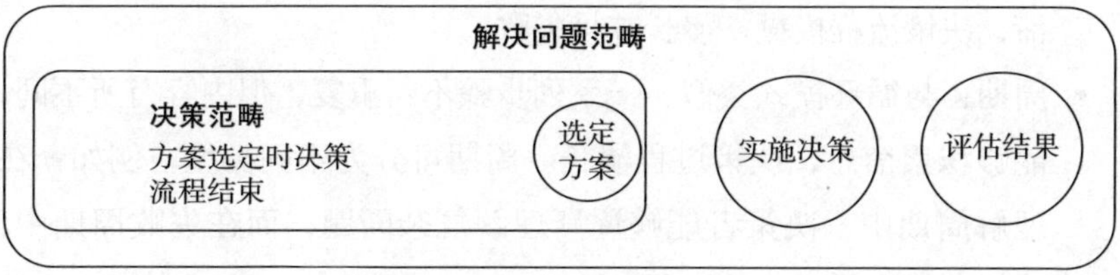

图 12–4 决策与解决问题的区别

安德森等人根据这一观点提出的五阶段决策流程模型包括如下内容。

- 第一阶段：界定问题。
- 第二阶段：找出备选方案。
- 第三阶段：确立准则。
- 第四阶段：评估备选方案。
- 第五阶段：选定一个方案。

前三个阶段是问题结构化，后两个阶段在分析问题。

巴德克－绍布和格尔利歇尔的六阶段模型

巴德克－绍布和格尔利歇尔界定的决策流程包含六个阶段：明确目标、寻找解决方案、分析解决方案、评估解决方案、决策和控制。这个决策流程模型的开发背景是工程设计语境，十分关注寻找设计问题的解决方案，因此六个阶段的名称中有三个出现了“解决方案”一词。巴德克－绍布和格尔利歇尔还发现了五种模式，以揭示决策流程的主要特点。这五种模式分别是跳跃、循环、周期、次序和元过程。

- 跳跃：描述的是一种碎片式决策流程，前后跳跃，会导致未完成的决策和失败决策，但其特点是流程运转速度快。
- 循环：一系列步骤不断重复但内容不变，结果导致信息积累的停滞，决策流程模糊、漫长并且失败。
- 周期：与循环模式类似，一系列步骤不断重复，但内容有所不同，能够积累信息，决策过程漫长。周期可分为不同类型，例如：在理解周期中，决策者能够逐渐理解复杂问题；而在失败周期中，决策者将会重启决策流程。
- 次序：决策流程遵循理性决策模型，包括结构化迭代，结果导致问题解决过程的流程运转速度和进展都加快了。
- 元过程：由管理员引导，决策和解决问题的流程可能漫长，也可能快速。

批判性思考与反思

决策流程模型

研究文献中的决策流程模型，看看你是否能找到有少于三个或多于六个阶段的决策流程。如果你找到了，将其与前文介绍的三、四、五或六阶段模型做比较，说明它们之间存在哪些差异，以及造成这些差异的可能原因是什么。

对理性决策的批判

从理论上讲，决策流程为管理者和其他专业人士提供了一个严谨有序的结构，让他们在寻找“最佳”或“最优”决策的过程中能够做出始终一致的判断。这非常有用，尤其是对于高度复杂的决策。理性决策包括结构化流程和对证据的批判性评估，而这需要时间和有意识的努力。换句话说，理性程序可以帮助决策者设立相关决策准则，制订一套全面的备选方案并评估各个方案的客观性，因此理性程序能够做到谨慎、系统考虑所有可能想到的备选方案。理性决策大体上杜绝了荒谬和先入为主，因此能够改进决策质量，不过理性决策观遭到了严厉批评，原因有很多。

- 理性决策的前提条件在于一套全面无遗的备选方案是唾手可得的，但事实并非总是如此。
- 理性决策假定每种备选方案的结果都是完全可知的，但是在大多数决策场景中，情况并非如此。事实上，只有一个备选方案（选定的方案）能够得到实施，其结果将是可知的。但是其他所有备选方案都无法实现，因此结果未知。
- 实际上，测量每种备选方案的实施能够在多大程度上实现预期目标，很可能是做不到的。

此外，理性模型很难应用于实践，原因也有很多。

- 难以穷尽备选方案。

- 难以确定评估准则或难以就此达成共识，因为业务目标是多重的且往往是相互矛盾的。
- 难以获得可靠且相关的信息。
- 难以获得足够的知识和专长。
- 决策者的个性和偏见。
- 场景中的政治因素。

上述批判性思维意味着决策流程只能带来“片面的解决方案”，而不是“最佳”或“最优”决策。当条件和愿望发生改变时或者在获得新信息和新知识后，决策流程可能需要不停地重复。因此，决策被视为一个循环的渐进式学习过程。尽管决策流程模型已得到广泛采用，但它并不保证决策者在寻找行动方案时不会忽视潜在的优选项，也不能保证在评估备选方案时穷尽了所有相关准则。严格地说，决策流程似乎是探索式的（基于过去的经验和知识进行反复试错）且具有随机性，而不是理性的。无论决策流程如何可靠，合理决策都依赖于正确的判断，而正确判断依赖于正确的知识和专长。因此，下一部分将重点讲述决策的知识支持。

批判性思考与反思

理性决策流程

对于使用预定义的结构化决策流程进行理性决策，你持何种批判性观点？你采用理性决策流程的频率是怎样的？举例说明，在你的决策案例中，你使用的理性决策模型是否成功帮你选定了最终方案。

决策需要知识支持

有限理性

决策者是能力有限的人类，在影响决策能力的许多方面，他们都力不从心。比如，复杂决策问题的可得信息是有限的，做出正确判断所需的知识是有限的，评估备选方案的分析能力也是有限的。全球决策者需要具备的能力参见图 11–1，要求每个决策者拥有全部八种智能是不现实的。在现实中，出于必要，理性模型的基本要素往往都会打个折扣，从而导致整个流程的过度简化。换句话说，人脑能力不足以为复杂的现实问题制定纯理性决策。这一现象被称作“有限理性”。

随着信息通信技术和大数据分析等技术的快速发展，人类决策者在信息加工方面的局限性得到了缓解。各种决策分析方法和分析方式的构建，帮助人类决策者提升了本来有限的分析能力，特别是多准则决策分析。关于大数据与决策分析的书籍和参考资料十分丰富，但是对于决策者而言，学习隐性的语境化知识并调整知识以适应特定决策语境，更加困难。本部分将重点介绍决策支持的知识需求。

决策的知识需求

不管是从分析判断角度还是从直觉判断角度来看，知识支持对于决策而言都是不可或缺的。决策需要的重要知识形式有很多，一种分类方法是根据相关程度将所需知识划分为经验知识、事实知识和关系知识。

- 经验知识。直觉判断指的是基于突然顿悟做出的行动决策。经验知识与既往经验相关，是一种整体感知，难以言表。这符合诺纳卡所强调的：经验知识是隐性知识。经验和知识能够增加认知资源，从而让决策者更好地诠释决策问题和相关数据，这通常会导致更准确的判断和更知情的决策。经验知识建立在学习基础之上，而这种学习就发生在正常的经验积累和经验沉淀过程中。

- 事实知识。经验知识当然是必要的，但是在实践中，仅有经验知识是不够的，特别是在紧急决策时刻。例如，在医院急症室和消防服务呼叫中心等场景下，事实知识与多年经验对于决策的准确性具有同等重要的作用。
- 关系知识。决策者可能会在看似不相关的事实中感知到模式、感觉和对象。虽然不明白某种关系为什么会存在，但直觉确实能为决策者提供关系知识。随着决策者对场景的了解不断加深，混乱的态势和信息会变得越来越有条理，直到达到某个临界点。然后模式就浮现出来，此时无意识的思想转化为有意识的关系知识，而有意识的关系知识对支持决策者的判断具有重要价值。集中学习能够有效构建关系知识，其中学习源自培养习惯和取得直觉反应的刻意努力。

根据一项针对新产品开发的案例研究，延森和艾哈迈德 – 克里斯滕森基于知识的隐性度将新产品开发决策中的重要知识分为五类，分别称为化现于人的知识、头脑化知识、文化知识、内嵌知识和编码知识。回顾第二章图 2–2 中讨论过的隐性 – 显性连续体，如果把这五类知识放在连续体上，从隐性一端到显性一端的知识类型分别是：

- 化现于人的知识：主要是隐性知识，与实践经验和人际物理互动有关。
- 头脑化知识：以个人理解抽象知识的能力为基础，往往基于经验。新知识是从抽象思维和理解复杂因果关系的过程中获得的，比如基于洞见提出具体要求的能力。
- 文化知识：是一种社会构建，涉及人与人之间的隐性和显性共同理解。从社会结构角度来分析，它描述的是影响群体内部和群体间社会交互的文化理解。

- 内嵌知识：与文化知识密切相关，但可以轻松地从形式化常规和程序中分析出来。
- 编码知识：以文本、音频或视频形式记录，主要是显性知识。

如果把知识对应到隐性–显性连续体和西蒙三阶段决策流程中，它们会存在一些交叉，但总体而言，在决策流程的最初阶段——情报阶段，占主导地位的是隐性度较高的知识，比如经验知识、化现于人的知识和头脑化知识。在决策流程的最后阶段——选择阶段，占主导地位的是显性度较高的知识，比如事实知识、内嵌知识和编码知识。关系知识和文化知识最常见于决策流程的中间阶段——设计阶段。图12–5说明了知识类型与决策流程之间的对应关系。这表明，在决策流程的每个阶段，知识支持都十分重要。

识别出决策流程不同阶段使用的不同知识类型后，决策者还要了解决策流程是如何使用知识的。麦肯齐等人的研究探讨了生态系统服务知识在空间规划决策中的使用，发现了决策中使用知识的如下三个模式。

- 工具式：在这种使用模式中，知识从科学家到决策者呈线性流动。决策者基于技术依据做出可观测的决策。
- 概念式：知识拓宽和深化理解，塑造思维，帮助人们形成新的信念和价值观。
- 战略式：知识被用于支持和改进特定干预措施或政策选择，或者证明既有信念和价值观的正确性。

知识使用模式在各类知识与决策之间架起了有形的桥梁（见图12–6）。这里，我们再次用西蒙三阶段决策模型来表示决策过程。隐性知识和显性知识都可以通过战略式、概念式和工具式使用来支持决策。

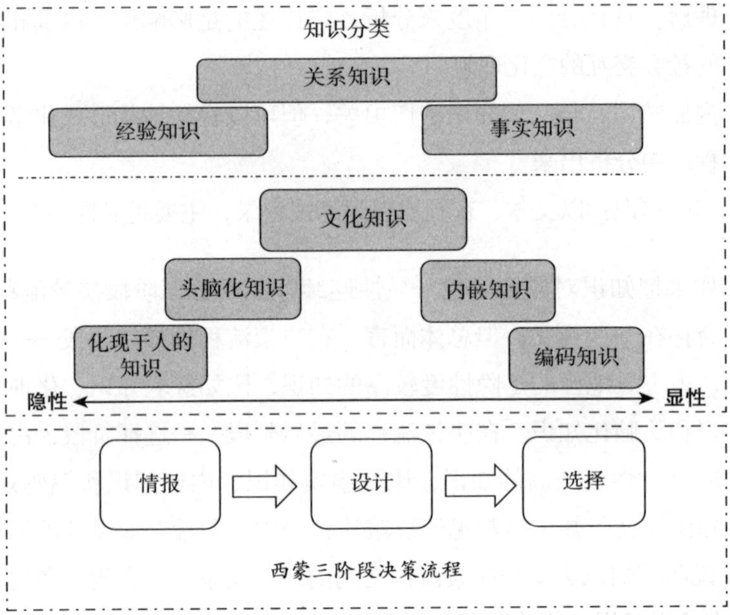

图 12-5　知识类型与决策流程的对应关系

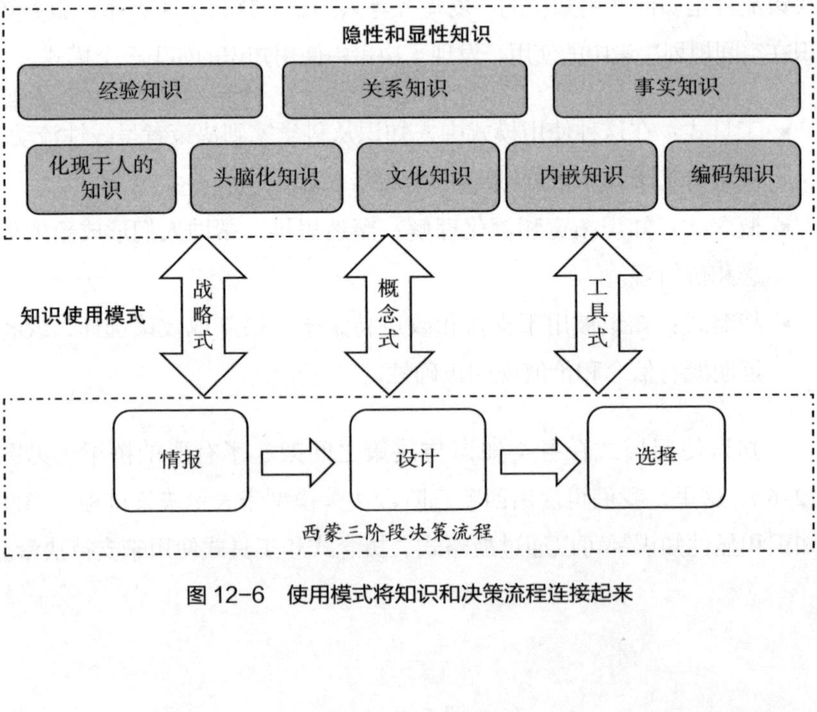

图 12-6　使用模式将知识和决策流程连接起来

学习要点

- 文献中存在许多决策的定义。赫伯特·西蒙给出的早期定义十分简洁，即“在若干备选方案中做出抉择”。
- 决策可分为结构化与非结构化、程序化与非程序化、战略与运营，以及个人、小组与组织。
- 决策流程中涉及的决策要素可分为四组：输入、输出、约束条件和机制。决策流程的主要输入包括决策问题、决策变量、备选方案和已知知识或信息；主要输出包括选定的方案、决策结果和灵敏度分析结果。
- 决策流程是研究最充分的主题领域之一，文献中存在许多决策流程模型。赫伯特·西蒙的三阶段模型是被引用频率最高的模型之一，包括情报、设计和选择三个阶段。
- 许多学者用“决策”和“问题解决”彼此替代，所指相同。不过也有人区别使用。他们认为一旦从备选方案中选定一个，决策流程就此结束，执行决策和监测结果应属于解决问题流程的范畴，并不属于决策流程。
- 理性决策包含一个严谨的结构化流程，被认为有助于处理复杂的决策问题。然而，由于一系列不切实际的假设，它也遭到很多批评，包括备选方案的可穷尽性、决策准则的可穷尽性、知识和信息的可获得性以及评估决策结果的可能性。
- 知识支持是决策中的一个重要方面，这一点已得到公认。支持决策的知识可划分为以下三种形式：经验知识、事实知识和关系知识。

复习题

- 你最喜欢哪个决策定义？为什么？
- 你认为把决策流程要素分为几组（比如输入、输出、约束条件和机制）的主要好处是什么？
- 你认为在西蒙三阶段决策流程模型的每个阶段中，需要考虑哪些主要因素？
- 你认为决策和解决问题是一回事，还是应该区别对待？为什么？
- 你更喜欢理性决策方式吗？为什么？
- 化现于人的知识和内嵌知识之间的主要区别是什么？

参考文献

1. Abubakar, A M *et al* (2019) Knowledge management, decision making style and organizational performance, *Journal of Innovation and Knowledge*, 4, pp 104–114 .
2. Ackoff, R(1981) *The art and science of mess management, Interfaces*, 11(1), The Institute of Management Science, pp 20–26.
3. Anderson, D R *et al* (2016) *An Introduction to Management Science: Quantitative approaches to decision making*, 14th edn, Cengage Learning, Boston, MA.
4. Badke-Schaub, P & Gehrlicher, A(2003) Patterns of decisions in design: leaps, loops, cycles, sequences and meta-processes, *International Conference on Engineering Design(ICED 03)*, Stockholm, 18–19 August.
5. Brunswick, E(1979) *The Conceptual Framework of Psychology*, University of Chicago Press, Chicago.
6. Busari, A H *et al* (2017) Analytical cognitive style moderation on promotion and turnover intention, *Journal of Management Development*, 36(3), pp 438–

464.
7. Cabantous, L & Gond, J P(2011) Rational decision making as performative praxis: explaining rationality's Eternel Retour, *Organizational Science*, 22, pp 573–586.
8. Fitzgerald, D R, Mohammed, S & Kremer, G O(2017) Differences in the way we decide: the effect of decision style diversity on process conflict in design teams, *Personality and Individual Differences*, 104, pp 339–444.
9. Guillemette, M G, Laroche, M & Cadieux, J(2014) Defining decision making process performance: conceptualization and validation of an index, *Information and Management*, 51, pp 618–626.
10. Hafezalkotob, A *et al* (2019) An overview of MULTIMOORA for multi-criteria decision making: theory, developments, applications and challenges, *Information Fusion*, 51, pp 145–177.
11. Harrison, E F(1999) *The Managerial Decision-Making Process*, 5th edn, Houghton Mifflin, Boston, MA.
12. Harvey, H *et al* (2009) Globalisation and its impact on global managers' decision processes, *Human Resource Development International*, 12(4), pp 353–370.
13. Hicks, M J(2004) *Problem Solving and Decision Making: Hard, soft and creative approaches*, 2nd edn, South-Western Cengage Learning, London.
14. Jensen, A R V & Ahmed-Kristensen, S(2010) Identifying knowledge in decision making process: a case study, *International Design Conference-Design 2010*, Dubrovnik, Croatia, 17–20 May.
15. Johansen, M L & O'Brien, J L(2016) Decision making in nursing practice: a concept analysis, *Nursing Forum*, 51(1), pp 40–48.
16. Kaki, A, Kemppainen, K & Liesio, J(2019) What to do when decision makers deviate from model recommendations? *Empirical evidence from hydropower industry, European Journal of Operational Research*, 278, pp 869–882.
17. Karimi, S, Papamichail, K N & Holland, C P(2015) The effect of prior

knowledge and decision making style on the online purchase decision making process: a typology of consumer shopping behaviour, *Decision Support Systems*, 77, pp 137–147.

18. McKenzie, E *et al* (2014) Understanding the use of ecosystem service knowledge in decision making: lessons from international experiences of spatial planning, *Environment and Planning C: Government and Policy*, 32, pp 320–340.
19. Mintzberg, H(1983) *Power in and around Organizations*, Prentice Hall, Englewood Cliffs, NJ.
20. Nolan, V(1989) *The Innovator's Handbook: The skills of innovative management-problem solving, communication and teamwork*, Sphere Books, London.
21. Nonaka, I(1994) A dynamic theory of organizational knowledge creation, *Organizational Science*, 5(1), pp 14–37.
22. Patton, J R(2003) Intuition in decisions, *Management Decision*, 41(10), pp 989–996.
23. Shull, F A, Delbecq, A L and Cummings, L L(1970) *Organizational Decision Making*, McGraw-Hill, New York.
24. Simon, H A(1960) *The New Science of Management Decision*, Harper Brothers, New York.
25. Simon, H A(1997) *Administrative Behaviour*, 4th edn, The Free Press, New York.
26. Teale, M *et al* (2003) *Management Decision-Making: Towards an integrative approach*, Pearson Education, Harlow.

第十三章　基于知识的决策支持系统

学习目标

完成本章学习后，读者应该能够：

- 理解基于知识的决策支持系统这一概念。
- 批判性分析主要的知识建模和知识推理技术。
- 说明基于知识的决策支持系统的主要应用领域。

阿诺特和佩尔万对1990—2004年发表于14种主要期刊的1 000多篇决策支持系统相关文章进行了内容分析，并以此为基础识别出决策支持系统八大子领域中的两个：智能决策支持系统和基于知识的决策支持系统（knowledge-based decision support systems，缩写为KB-DSS）。这一发现强调了知识、知识管理和学习对于决策支持的重要性。为了说明知识、知识管理和学习活动在商业决策中的价值，本章将把本书前面各章讲过的知识、知识管理和学习理论及人工智能整合进商业决策中。本章首先介绍基于知识的决策支持系统这一概念，然后介绍该系统开发涉及的一些主要知识建模、知识表示和知识推理技术，最后探讨该系统在几种行业中的应用。

从决策支持系统到基于知识的决策支持系统

决策支持系统是一个成熟的研究和开发领域，始于 20 世纪 60 年代。从根本上说，决策支持系统是具有支持决策过程功能的信息系统。一个广被接受的决策支持系统定义是：基于计算机的旨在支持求解决策问题的交互式信息系统。20 世纪 70 年代，决策支持系统研究及应用取得了长足进展。到了 80 年代初，施普拉格和卡尔松提出了第一个决策支持系统架构，其中包括三个组成部分：数据库管理子系统、模型库管理子系统和人机界面。决策支持系统被认为是 20 世纪 80 年代信息系统中最热门的一个系统。专家开发了各种各样的决策支持系统以支持组织各个层面的商业决策，从问题结构化、优化运营、生产模拟和财务管理到战略决策制定。许多高效、强大的决策支持系统被开发出来并应用于业务实践，其中包括群体决策支持系统和高管信息系统。

- 群体决策支持系统（group decision support system，缩写为 GDSS）：决策支持系统设计的初衷是支持群体而非个人决策。群体决策支持系统能够同时容纳若干决策者的输入，让他们在交互和协商中达成共识。此类系统可以提供头脑风暴、意见评估和沟通设施，支持团队共同解决问题。
- 高管信息系统（executive information systems，缩写为 EIS）：决策支持系统旨在支持做出决策的高管。这将决策支持系统的使用范畴从个人或小组扩展到公司层面。高管信息系统可以提供各种信息，比如企业执行摘要、关键成功指标、关键信息指标、深入到预算信息底层细节的报告、计划和目标、竞争信息、新闻等。

然而，到了 20 世纪 90 年代，由于各个方面的新挑战和新机会，传统的以解决问题为目的的决策支持系统吸引力有所下降。首先，新技术为信息管理和信息系统带来了革命性变化，特别是互联网、网络技术等信息通信技术。传统的数据库管理已转向数据仓库和联机分析处理（online analysis processing，缩写为 OLAP）。互联网和网络技术的出现使得管理层能够共享来自世界每个角落的信息和知识。其次，商业环境已从本地转向全球化，供应链的日益延展让商业决策成为一项复杂性、不确定性和风险性加剧的任务。许多其他类型的信息系统被开发出来，成为决策支持系统的竞争对手。例如，企业资源规划系统、供应链管理系统和客户关系管理系统，它们非常成功地超越了决策支持系统的市场占有率。再次，商业决策的复杂性、不确定性和风险性日益增加，给决策者和企业领导者带来了巨大的认知负担。他们需要消化和诠释各种来源及各种形式的信息，才能更加迅速、更加始终一致地做出正确决策。这种高认知负荷通常超出了人类决策者的分析和推理能力。最后，针对复杂和更加动态的业务场景制定决策，需要大量商业知识和专业知识——从全球市场知识和资源知识，到供应网络配置和协调知识，这向决策者提出了持续的挑战。有证据表明，知识水平高产生更佳决策，而知识缺乏则妨碍决策过程。

为了应对商业决策的复杂性、不确定性和相关风险，决策者需要大量支持才能克服自身的局限——特别是及时获取有用的数据和信息、分析和推理能力以及专家知识。因此，我们必须丰富决策支持系统以帮其找回旧日的辉煌。一个关键解决方法是利用新技术，即把知识管理和人工智能技术纳入传统的决策支持系统，形成基于知识的决策支持系统。确切地讲，基于知识的决策支持系统是传统决策支持系统和专家系统整合的结果。

专家系统的两个关键组件将会极大地增强决策支持系统的能力：一是包含特定领域专家知识的知识库，二是能够基于知识库生成结论的推理引擎。因此，专家系统可以模拟人类专家的决策能力。显然，专家系统提供的知识库和推理引擎补充了决策支持系统的功能，为它提供了智能决策的潜能。图 13–1 表现了决策支持系统和专家系统之间的互补性。

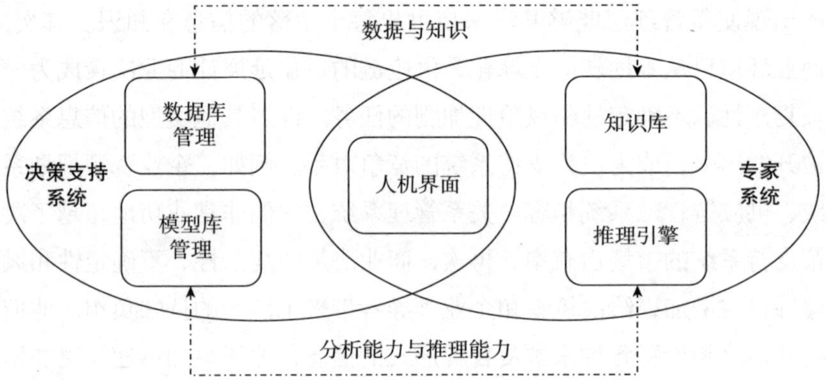

图 13–1 决策支持系统与专家系统之间的互补性

如图 13–1 明确标注的那样，左侧是决策支持系统，右侧是专家系统。决策支持系统和专家系统的唯一共有组件是人机界面。决策支持系统的特殊组件是能够提供正确信息的数据库管理，以及为决策提供“假如”分析（灵敏度分析）的模型库管理。作为对比，专家系统通过其知识库和推理引擎的推理能力来提供知识。决策支持系统和专家系统相结合，构成基于知识的决策支持系统。增强后的系统不仅能够提供信息和知识，还能提供分析能力和推理能力，从而更好地支持决策。因此，基于知识的决策支持系统非常适合复杂且结构不良的问题领域，比如动态、不确定和风险场景下的商业决策。基于知识的决策支持系统优势显著，因此已被广泛应用于许多行业、领域和部门，比如医疗、建筑和农业。

知识建模和知识推理的关键技术

许多技术都为基于知识的决策支持系统的实现做出了贡献。例如，第十章讨论的物联网和云计算等信息通信技术极大地影响了基于知识的决策支持系统。

这部分将聚焦植根于知识管理和人工智能的两类技术，即知识建模或表示技术和知识推理技术。图 13–2 展示了这部分将会详细讨论的技术范畴。

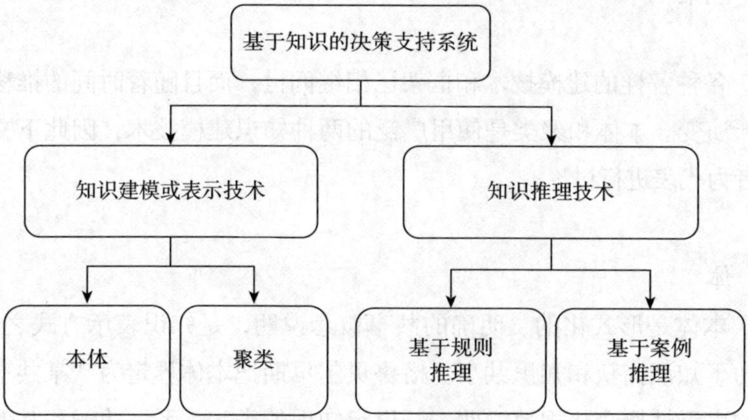

图 13–2　知识建模或表示技术和知识推理技术

知识建模或表示技术

知识建模指的是建立机器可以解释的知识模型，该模型可被用于激发智能。知识建模是一个跨学科领域，涉及获取、提炼、分析、捕获和描述知识的方式，目的是保留知识并确保知识得到综合、替代、改进、动员、应用和再应用。被建模的知识可能是多样的，包括描述一般概念的一般性知识（如空间、时间、事件、物质、材料和流程），描述领域类别和属性的领域知识（如食品、生物医学、音乐和灾害管理），以及描述执行、推理和推理知识排序任务的应用知识。

知识建模需要满足一系列质量要求，例如：

- 顺序性——记录事实或信息的自然次序。
- 精确性——关系的范畴、准确度和精密度。
- 可能性——带有概率值的关系。
- 证据性——关系的信任问题、经验问题和一致性问题。
- 猜想性——关系是已知的、猜想的，还是属于一组备选猜想中的一个。

各种各样的建模技术和框架已相继问世，而且随着时间的推移在不断演变。本体和聚类是使用广泛的两种知识建模技术，因此下文以两者为代表进行讨论。

本　体

本体是形式化的、明确的共享概念说明，是知识表示方式之一，有助于知识捕获和知识共享。格鲁贝尔早期把本体界定为“某共享论域的表示性概念化规范说明——界定知识的类、关系、功能和其他对象”。后来，诺伊和麦吉尼斯把本体界定为“对某论域中共享概念模型的一种形式化明确描述，其中的每个概念都有属性（角色或槽），属性描述概念的各种特征和特性，以及概念与类之间的关系”。在这两个定义中，论域指的是特定知识领域或者所关注的研究领域，比如建筑、医疗和新产品开发等。概念化指的是客观存在的抽象化模型，用于描述现象中的相关概念。共享一词表达的意思是，本体表示的是共同认可的知识，即不是个人单独所有的，而是群体共同接受的。在诺伊和麦吉尼斯的定义中，明确的意思是，其中的概念类型及其使用的约束条件不是模棱两可的，而是清晰可辨的。基于这两个定义，我们可以把本体看作对特定领域的知识建模方式（表示性、描述性或结构化）以及遵从建模元语（如类、属性和关系）情况的规范说明。从根本上说，本体在知识管理流程中的作用是帮助构建领域模型，它提供了特定领域中的知识术语和关系词汇。

本体构建通常包含两个阶段：分析和综合。在分析阶段，我们首先把复杂的复合概念拆解为基本思路，然后分析该概念的特点，并据此对其进行分组。在综合阶段，我们则要确定概念之间的关系。近年来，研究人员基于这两个阶段提出了本体构建 10 步法，其中包括分析准备工作和后综合活动。这 10 个步骤可以划分为四个大的阶段：分析准备、分析、综合及后综合的形式化和评估。表 13–1 概述了每个步骤包括的主要活动，以及把这些步骤划分为四个大的阶段的方法。基于这 10 个步骤，学者们开发了食品本体，主要侧重于餐厅提供的餐饮。

表 13–1　本体构建 10 步法及主要阶段概述

序号	步骤名称	主要活动
	阶段：分析准备	
1	领域识别	识别本体构建领域的环境——通常，领域识别以用户要求、应用需求和项目目标为引导
2	领域足迹	界定构建本体的目的和意图，明确更具体的使用场景和终端用户对本体的应用
3	知识获取	从不同资源中收集知识或信息（如通过头脑风暴收集领域相关思想、术语、概念及其特征），以此来拓宽领域知识的范围
	阶段：分析	
4	知识公式化	分析与某领域相关的复杂的复合概念并将其拆解为若干个基本思路，分析概念特点，然后基于共性进行分组
	阶段：综合	
5	知识生产	综合该领域的知识，确定概念间的关系并据此来组织领域知识，其中包含多个维面

（续表）

序号	步骤名称	主要活动
6	术语规范化	将表示领域概念的术语规范化。当存在多个选择时，应根据领域专家在书面和口头交流中的使用习惯，选择同义语中的首选术语
7	知识排序	按顺序将术语排成一列，比如按字母顺序、内涵升序或降序、复杂度升序或降序、典型顺序。具体排序标准取决于步骤 2 中定义的本体目的、范围和意图
8	知识结构化	把前面步骤中开发的领域知识各维面结构化，明确地描述对象、对象关系及其特性，以促成知识保有，而知识保有能进一步确保本体的集合、替代、改进、共享和重复使用
	阶段：后综合的形式化和评估	
9	知识形式化	将领域知识形式化以实现知识提炼的自动化，这涉及使用形式化逻辑语言以明确地表示领域概念
10	知识评估	评价本体的质量、标准和规范说明，验证本体距离其构建目标还有多远

在一项早期研究中，苏里洪等人为产业集群开发了五阶段本体模型，具体如下。

- 第 1 阶段——可行性研究：主要目的是选择前景最好的焦点领域和目标解决方案。此阶段确定组织及环境的问题、机会和潜在解决方案，包括分析知识系统的关键成功因素。可行性研究可能还包括流程细目和知识资产。
- 第 2 阶段——本体启动：为组织内部的知识管理系统所要求的规范建模。为此，应提供使用指南，说明包括和排除了哪些概念或关系，以及本体的层级结构。使用指南包含本体领域、本体目标、设计指南、知识来源、用户、使用场景、能力问题清单和本体能够提供的应用支持。
- 第 3 阶段——优化：根据本体启动阶段提出的要求规范，生成成熟且以应用为导向的本体目标。这一阶段的主要任务是知识萃取和形式化：知识萃取由领域专家基于启动阶段的初始输入进行，知识形式化则是根据应用把知识转化为形式化本体表示语言。

- 第 4 阶段——评估：验证本体目标是否符合本体要求，以及基于本体的知识管理系统是否能够支持或回答项目可行性研究阶段和本体启动阶段所分析的问题。因此，应在目标应用环境中测试本体。原型应该已经演示了目标系统的核心功能。原型用户的反馈十分珍贵，有助于进一步优化本体。
- 第 5 阶段——维护和演化：更新和维护组织知识和知识本体。在此阶段，为帮助知识工程师执行维护任务，组织可能需要开发本体编辑器。维护应该是一个持续过程，让本体随演变而不断优化。

图 13–3 比较了两个本体开发流程模型，从中我们可以看到，两个模型的前四个阶段是一致的。分析阶段和本体启动阶段生成的都是初始本体。成熟本体出现在综合阶段或优化阶段之后。过了后综合阶段

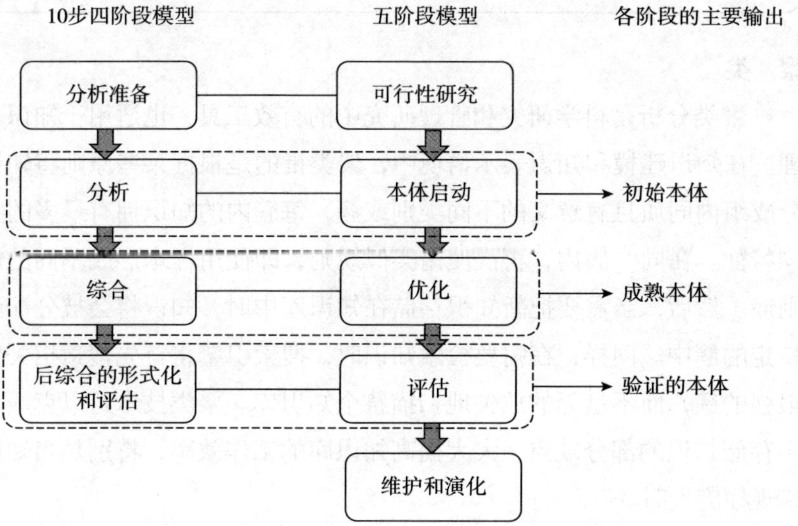

图 13–3　两个本体开发流程之间的比较

和评估阶段，本体就被认为已在应用中得到了验证。尽管两个模型使用的术语不同，但两者的前四个阶段包含的活动和任务基本类似。唯一的区别是，苏里洪等人的模型还有一个第五阶段，即维护和演化阶段，而杜塔、查特吉和马达利开发的模型则省略了这一阶段。

我们可以使用标记本体语言和各种本体工具为领域知识建模。著名的标记本体语言有 RDF（资源描述框架）、OIL（本体推理层）、DAML（DARPA 代理标记语言）+OIL 和 OWL（本体网络语言）。本体工具包括 Protégé 和 OILed。

批判性思考与反思

本体

关于本体通常有两个假设：知识可以用有限数量的属性来进行描述；描述知识的属性是确定的。你对这两个假设持何种批判性意见？

聚 类

聚类分析是科学研究和管理研究中的有效工具，也适用于知识管理。在知识建模和知识表示语境中，聚类指的是根据某些原则将知识分成组内同质且有意义的不同类别或簇，每簇内的知识拥有最多的共同特征。在同一簇内，再次使用类似规则，即使用样本形成不同的规则簇。然后，当需要把新知识存储在知识库中时，知识将会被分配到特定的簇中。同样，在需要检索知识时，搜索引擎将首先搜索相关性最强的簇，而不是无的放矢地扫描整个知识库。聚类技术可以克服集中存储知识的部分缺点，大大提高知识库的工作效率，特别是当知识库规模庞大时。

聚类算法大致可以分为两类：基于层次算法和基于划分算法。与基于层次算法相比，基于划分算法可以同时找到所有聚类，并迭代更新和优化相应的聚类中心。基于划分算法还可以进一步细分为互斥法和重叠法，具体取决于算法的集理论基础。互斥聚类（如 K 均值、自组织映射）基于传统集理论，其中每个元素独占一个分组。重叠聚类（如模糊 C 均值）基于模糊集理论，其中的元素可以独占一个分组，也可以同时属于多个分组。

K 均值是最早可能也是最著名的聚类算法之一。这是一种无监督学习，可用于未标记数据。未标记数据是没有定义组或类的数据。K 均值的目标是为所有数据分组，其中组的数量用变量 K 来表示。该过程开始于最初选取的中心点，然后计算每个数据点与各个中心点之间的距离，并根据距离计算结果，把每个数据分配给距离它最近的中心点。一旦所有数据都完成了新一轮分配，K 均值聚类就会重新计算每组的中心点，然后重新计算每个数据点与各个中心点之间的距离。此过程不断循环，直到分配结果固定下来（不会再发生任何变化）。K 均值聚类的一个优点是，分配过程可以始于随机选择的聚类中心点。K 均值聚类在扫描数据前不需要预定义聚类，而是通过计算来发现和分析聚类，也就是说有机地形成聚类。每个聚类中心是一个特征值集合，它界定了聚类结果。但是，K 均值计算过程的精度（得到最终聚类的速度）取决于初始种子的选择，种子通常是局部最优。为加快 K 均值计算过程，一些研究曾使用遗传算法来优化初始种子的选择。对于许多商业决策案例而言，预定义聚类数量是这种算法的主要缺点。例如，在事后市场细分中，市场经理也无法准确指定市场聚类数量。此外，K 均值聚类的可视化效果较差，因此对于支持市场细分等许多商业决策而言，这种算法相对无效。

模糊 C 均值是另一种广为人知的聚类算法，它把模糊集理论和 C 均值聚类算法整合在一起。在模糊集理论的支持下，每个数据点都被归入一个聚类。模糊 C 均值聚类算法更加灵活，因为它承认对象不只与一个聚类存在重叠。因此，模糊 C 均值聚类算法比 K 均值聚类算法更具优势，因为 K 均值聚类算法非常僵化，只能把每个对象分配给与中心点距离最近的那一个聚类。但是，跟 K 均值聚类算法一样，模糊 C 均值聚类算法也有可视化效果不佳和需要预定义聚类数量的缺点。

聚类方法还有很多，各自基于不同算法，如基于距离或相似性度量和评估指标，每种都有其优缺点。由此生成的聚类已广泛应用于逻辑回归、分类与回归树、神经网络和随机森林。徐和田对聚类分析进行了全面综述。

由于每种聚类技术都有其局限性，因此有学者提出了聚类集成概念。聚类集成是将数据集进行不同的聚类划分后再组合起来生成最终结果。聚类集成的结果优于单种聚类算法。每一种聚类算法都有自身的弱点，因此一种算法只适用于一个特定数据集。聚类集成集合了多种聚类算法，能够规避单种聚类算法的缺点。它将多个数据集分配到同一个聚类中，并且具有对抗噪声和异常值的稳健性。

从本质上讲，聚类方法基于相似性（或密度）度量创建类，即同质知识子集。相似性度量是通过领域知识的一组固定属性来界定的。类指的是具有高类内相似性（密度）和低类间相似性（密度）的知识集合。

知识推理技术

知识推理是一项重要的知识检索和映射技术，旨在实现知识利用和重复使用。从本质上讲，知识检索就是利用知识库中的语义信息来寻找有用的匹配项。它不仅能够利用语境信息，而且能就相关概念进行推理。推理能力是基于知识的决策支持系统的一个主要特征。这些年来，知识管理领域已有大量推理方法问世，比如基于规则推理、基于案例推理、常识推理、模糊推理、非单调推理、基于模型推理、概率推理、因果推理、定性推理、空间推理和时间推理。这部分将重点介绍商业及管理决策支持系统中广泛使用的两种主要知识推理方法，即基于规则推理（rule-based reasoning，缩写为 RBR）和基于案例推理（case-based reasoning，缩写为 CBR）。顾名思义，基于规则推理是将知识编码为规则，基于案例推理则是将知识编码为案例。关于知识推理技术及其在基于知识的决策支持系统中应用的全面性综述，参见萨拉特和刘的著作或专门的人工智能教科书。

基于规则推理

基于规则推理是专家系统开发中用于知识检索和知识重复使用的最早期的推理方法之一。早在 20 世纪 70 年代中期，斯坦福大学的泰德·肖特利夫（Ted Shortliffe）及其同事就开发了 MYCIN 系统——一种用于诊断某些血液感染疾病并推荐相应治疗方案的专家系统。在这一系统中，临床知识被表示为一组规则，诊断附有可信度因子。马克·穆森（Mark Musen）称它“首次令人信服地展示了基于规则推理在稳健性临床决策支持系统开发中的强大力量”。

基于规则推理是一种把专家经验和知识进行形式化描述，编码为规则并基于这种编码规则推导结论的机制。规则就是模式，基于规则的推理引擎可以从规则库中搜索与数据模式相匹配的模式。知识通常表示为 IF–THEN（如果—那么）产生式规则。以 IF–THEN 形式来表示知识，实现了知识从专业经验到规则的转化。规则和推理引擎是实现基于规则推理的必要条件。推理引擎是软件程序，它基于现有知识，按照需求来处理知识并提出行动方案建议。它通常利用模式匹配技术和搜索技术来得出结论。推理引擎是基于规则推理的核心组件，支持由现有事实触发的、基于一定规则的推理过程。如果可能，它还会添加新的规则。换句话说，推理引擎不仅调取知识库中的可得知识，而且会根据需要推导新的知识。在基于规则推理过程中，人们可能需要进行规则匹配和规则冲突求解，才能得出推理结论。基于规则推理的主要关注点在于推理机制和知识形式，较少强调知识内容。

基于规则推理通过两种策略将知识库中一组相关规则链接在一起。这两种策略是前向链和反向链。前向链将环境输入和数据存入工作存储器（由衍生事实和数据组成的数据库）。新数据到达工作存储器时会触发搜索过程。推理引擎使用前向链搜索规则，找到"IF"子句已知为 true（真）的规则。一旦找到，推理引擎就可以得到结论，或者说推理出"THEN"子句，将新信息添加到数据集。反向链从期望得到的结论出发，反向寻找支持性事实。也就是说，它需要了解一段数据的值或假设，系统搜索规则，看哪些规则里提到了该数据。在使用某个规则前，系统必须检验所有条件。反向链也被称为目标驱动或假设驱动链，因为在特定目标得到验证之前，它不会执行推理。表 13–2 总结了前向链和反向链的异同。

表 13–2 前向链与反向链的比较

项 目	前向链	反向链
起始点	事实（环境输入和数据）	一段数据的值或假设
搜索焦点	匹配条件	匹配目标
主要目的	从初始数据集出发，利用规则推导出新事实	利用规则来求解目标子句是真是假
优点	过程快，能够快速识别并反馈	目标明确，只处理相关规则；定向推断，因此需要时可以向用户请求信息
应用性	▪ 存在足够的环境相关信息，能够得出最终决策 ▪ 存在唯一的初始状态 ▪ 目标状态无法预测或不重要，或者难以提供目标以供验证	▪ 目标已知或显而易见 ▪ 环境约束或数据不明确 ▪ 推理过程中必须获取相关数据 ▪ 存在大量适用规则
举例	实时监测和诊断系统	咨询系统：用户提问，系统向用户提出引导性问题，从而找到答案

在基于规则推理中，不管使用的是前向链还是反向链，一个关键问题都是冲突解决。这是因为在管理和更新工作存储器中的事实或目标假设时，前向链和反向链都采用周期运行方式。它们基于工作存储器中的内容，选择和触发知识库中的相应规则。通常，它们可以选择的规则不止一个。可触发的一组规则被称为冲突集。冲突解决指的是推理引擎基于预定义准则从冲突集中的所有规则里选择一个的过程。总的来说，冲突解决有如下三个常用策略。

- 直接选择冲突集里的第一个规则。在这种情况下，冲突集中的规则存储顺序十分重要。
- 随机选择一个规则。我们可以基于引用的公式生成随机规则标识符的函数。
- 设置规则优先级，选择优先级别最高的规则。例如，我们可以考虑使用一个引用规则触发频率的简单指针。然后，被触发最频繁的规则优先级别最高，将会成为被选中的那个。另一种方法是选择细节或约束最多的规则，或者选择更新时间最近的规则。

基于规则推理的主要局限在于缺乏学习能力，没有柔性，并且耗时。首先，基于规则推理系统本身不会学习，也就是说，如果给它一个相同的问题，它将会以完全相同的工作量再次运行并得到相同的解。其次，如果你给它的问题超出了它的初始范畴，它通常无法提供任何帮助。最后，基于规则推理系统的开发和维护非常耗时，因为基于规则推理要求把领域中的所有细节显性知识都表示为规则。从专家那里萃取规则是劳动密集型工作。如果是像医疗行业中的重症监护病房那样的复杂领域，建知识库可能需要花费数年时间。重症监护病房与医疗服务行业中的很多具体专业化子领域相关，比如心脏病学、中毒、神经创伤、癌症和意外事故等，因此它的知识库结构将会非常复杂，是含有许多层次和分支的层级结构或网络，而这导致规则之间不可避免地存在相互依赖关系。知识结构复杂造成的问题是，它会严格限制知识库的存取和维护方式，使得向系统中添加新知识成为一项复杂的调试工作。此外，由于维护每个领域的知识库都是一项艰巨的任务，因此人们很难将知识库从一个领域扩展到另一个领域。

批判性思考与反思

基于规则推理

以临床决策支持系统为例，思考前向链和反向链这两种链接机制。你认为哪种链接机制更适合预后、监测和控制，哪种链接机制更适合诊断？

基于案例推理

实践证明，基于案例推理技术很受欢迎。它通过重复使用旧案例和旧解决方案来获取和检索知识。基于案例推理是在过去类似案例的基础上求解新问题，批判旧解并解释异常情况。它可以把一个案例作为具体经验，也可以利用一组类似案例组成一个一般性案例。案例可以被存储为独立知识单元，也可以被拆分为若干子单元并分布在知识结构中。索引词可以是预定义的，也可以是开放的；结构可以是扁平的，也可以是分层的。旧案例的解决方案可以直接应用于新问题，也可以根据两个案例间的差异加以调整。基于案例推理特别适用于反复出现的问题，例如服务台和呼叫中心的常见问题。在许多场景下，只要有足够数量的已解旧案例可用，基于案例推理就可以快速求解新问题。基于案例推理适用于以下三种情况。

- 难以创建形式化规则，但是有案例可用。

- 虽然能够创建形式化规则，但是需要获取难以获取的信息，这可能是因为问题说明不完整或所需知识当时不可得。
- 由于异常情况过多，一般性知识不足以求解；或者从旧解中推导新解，比一切从头开始更容易。

基于案例推理用一组特征来表示整个实践案例。在基于案例推理系统中，案例的特征集主要由两个子集构成：问题特征子集和解决方案特征子集。有时，它可能还有第三个子集：结果。基于案例推理的关键在于相似性评价：当新案例出现时，首先阐释新案例的问题特征，并将其与知识库中存储的旧案例问题特征进行比较；然后根据全部或部分问题特征检索出若干候选案例，等待进一步评估。如果某个旧案例与新案例的相似性匹配良好，那么相似性最高的旧案例的解决方案特征将会成为这一知识推理过程的结果。如果新案例与旧案例的问题特征相似性较低，那么我们可以先修改旧案例的解决方案特征，然后再将其作为新案例的解决方案。新解决方案将保留在知识库中，以供将来使用。基于案例推理流程可以概括为五个主要步骤，如图 13–4 所示。

相比基于规则推理和基于模型推理等其他人工智能技术，基于案例推理具有明显优势。这是因为基于案例推理的基础是人类解决问题的自然方式，即重复使用或修改类似旧问题的解决方案可以处理当前问题。因此，基于案例推理只需要获取旧案例，不需要创建整个规则集或显式模型。许多领域是如此复杂，以至详细列出基于规则推理所需的全部规则或像基于模型推理那样构建模型，是不可能或不切实际的。此外，基于案例推理是一种增量方法。这意味着每求解一个问题，新经验都会被保留在系统内，立即变成可用经验，可供未来使用。因此，使用知识库（案例库）也是在扩展知识库。与基于规则推理系统相比，这一系统的维护相对容易，可由领域专家实施。研究还表明，

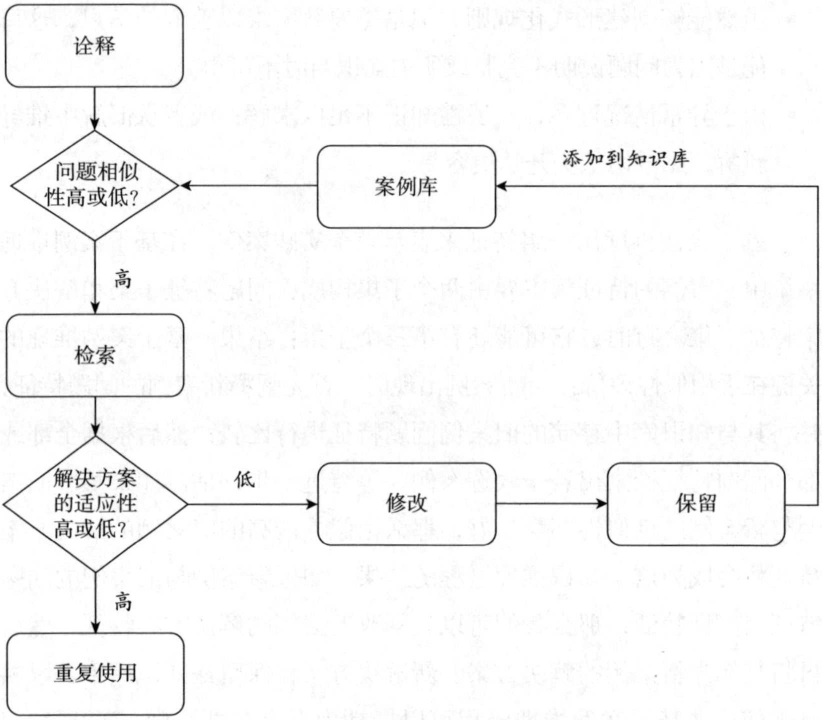

图 13-4　基于案例推理流程的五个主要步骤

相比其他人工智能技术，基于案例推理能够更好地支持知识转移和解释。

但是，基于案例推理也有其自身的局限性。首先，基于案例推理缺乏深度知识和解释说明，这可能导致案例的误用。其次，知识工程难度可能仍然很大，包括设计和选择问题特征、解决方案特征和相似性匹配算法。近年来，随着大数据的兴起，知识库中的案例数据规模可能会激增，这将为相似性评价带来巨量计算任务。再次，数据类型变得十分复杂，进一步增加了相似性评价的难度。为了提升基于案例推理在大数据语境下的效率，研究人员提出把基于案例推理与其他人工智能技术整合起来，比如使用贝叶斯网络（Bayesian Network，缩写为 BN）进行案例检索。贝叶斯网络使用所有旧案例中全部问题特征的联合概率分布函数，而不是像传统方式那样评价每个案例的相似性。因此，把贝叶斯网络集成到基于案例推理系统中，可以大大提高处理大数据和复杂数据类型的知识推理能力。基于案例推理招致批评的另一个点是，它所采用的“相似性假设”，即相似性最高的旧案例与待求解的新问题最相关。然而，有人认为，在现实中，检索到的最相似案例有时很难修改到适应新案例的程度。因此，真正重要的其实是知识的适应性。也就是说，检索出来的旧案例应该是适应性最高的那个，即以适应性最高的旧案例为基础，生成新案例的解决方案。

批判性思考与反思
基于案例推理

- 你认为基于案例推理的主要优势和局限分别是什么？
- 不仅是人工智能和基于计算机的知识系统，大多数人其实都在用过去的经验和教训支持决策。你通过旧经验求解新问题的频率是怎样的？为了保证旧经验的可用性足够高，你认为应为旧经验设立怎样的时限？

混合推理机制

基于规则推理和基于案例推理是两种单独的备选知识推理机制。不过，许多研究人员会组合使用多种机制，以最大化发挥这些机制的优势。例如，基于规则与基于案例的混合推理机制是最受欢迎的组合之一，因为规则和案例能够互补。文献中存在如下四种不同的案例和规则组合。

- 规则为先、案例为后的混合推理方式，其中基于规则推理占主导地位。

- 案例为先、规则为后的混合推理方式，其中基于案例推理占主导地位。
- 案例和规则并行的混合推理方式，同时显示两个推理结果。
- 案例和规则并行的混合推理方式，根据给定准则计算出最佳结果。

构建混合推理方式的另一途径是将其他技术集成到某种推理机制中，丰富其推理环境。其中一种得到广泛探索的方法是，把模糊逻辑集成到基于规则推理或基于案例推理系统中。模糊逻辑是布尔逻辑系统的替代方案。与只有真和假两种状态的布尔逻辑不同，模糊逻辑可处理 0~1 区间内的多个连续值。因此，使用模糊逻辑可以区分半真（0.5）、很可能为真（0.9）或很可能非真（0.1）。模糊逻辑中的子句是实值函数，被称为隶属度函数。例如，隶属度函数可以把模糊集“热”映射到模糊变量“温度”的域，生成 0.0~1.0 区间内的一个真值。这是一个连续变化输出值，与神经网络十分相似。

批判性思考与反思

基于规则与基于案例的混合推理机制

在使用基于规则与基于案例的混合推理机制时，怎样决定两者的先后顺序呢？也就是说，是基于规则推理在先，还是基于案例推理在先？

基于知识的决策支持系统应用

如今，基于知识的决策支持系统被广泛应用于商业决策，已覆盖大多数行业和部门，包括医药和医疗、建筑业、制造业、工程和农业等。萨拉特和刘综述了基于知识的决策支持系统在服务行业的应用，包括医疗服务、公共服务、IT 服务、客户服务及其他服务领域。下文摘选了来自不同行业的三个案例研究，从商业与管理角度来展示基于知识的决策支持系统是如何支持决策的。

医疗服务业：基于知识的决策支持系统支持患者鉴别分类管理决策

医疗服务非常依赖专家的知识、经验和指导，因此，基于知识的决策支持系统被广泛用于各种决策，例如临床诊断和临床路径、临床风险评估、药物复审、预防性护理、居家护理服务和多病患者等领域的决策。这部分将讨论索菲等人描述的决策支持系统在患者鉴别分类管理中的使用，其中使用了知识库和推理引擎。

患者鉴别分类是急诊科的一项初步临床评估工作，执行人通常是急诊护士。它基于患者鉴别分类评估，根据临床状况的严重程度将患者进行分层，目的是让需求最急迫的患者能够得到紧急医疗服务。快速准确分诊对于挽救生命至关重要，同时有利于充分利用医院的稀缺资源。然而，患者鉴别分类评估和快速决策具有挑战性，原因有很多。首先，患者经常是突然到达急诊科的，分诊评估人员无法预先了解他们的病史。例如，严重事故中的伤员可能是无意识的，不能告诉护士任何情况。其次，有时可能会有大量患者同时到急诊科就诊，这给医护人员带来了身体、精神和情感的三重压力。最后，在急诊科就诊的病人可能表现出多种病症。这些病症具有高度不可预测性，这意味着医护人员永远无法预知哪种病症的病人会在何时走进急诊科的大门。因此，基于知识的决策支持系统提供的指导具有极大的价值，能够帮助医护人员快速进行患者鉴别分类，并确保分诊的准确性。

索菲等人描述的基于知识的决策支持系统同时使用了基于规则推理技术和模糊逻辑分类器（fuzzy logic classifier，缩写为 FLC），根据分诊专家收集的知识和急诊严重指数（emergency severity index，缩写为 ESI）指南来预测患者分层。急诊严重指数包含四个决策点，将患者分配到五个级别，能够同时兼顾患者的急性程度、疼痛情况和资源需求。有生命危险的患者需要立即接受医疗干预，因此会被分配到最高优先级，即第 1 级。而病情严重程度最低的患者会被分配到第 5 级。患者的心率和呼吸速率等生命体征数据可作为输入信息，反馈到模糊逻辑分类器并触发产生式推理规则。然后，推理引擎搜索知识库（规则库），分析初始事实和旧模式，以便匹配适用的规则。

与患者鉴别分类管理相关的基于知识的决策支持系统中的知识采用了典型的产生式规则来表示，形式是"IF 条件，THEN 结论"。条件具体说明患者的意识水平、发病急性程度、所需资源和生命体征参数（使用模糊逻辑分类器）。结论是患者鉴别分层，作为给分诊护士的最终建议。四个决策点的所有指导建议和专家意见均以 IF–THEN 格式表示，构成一个决策树，其中所有参数都用常规收集的患者鉴别分类数据严格定义。在这一系统中，患者生命体征相关变量被模糊化为语言变量，其他决策点以定性规则形式建模。

这一患者鉴别分类知识系统包含如下四个重要组件。

- 模糊器：将明确的输入（传统数字）转换为模糊值。
- 推理引擎：应用模糊推理机制得到模糊输出。
- 知识库：包含模糊规则和隶属度函数，表示的是语言变量模糊集。
- 去模糊器：将模糊输出转换为明确的值。

临床医护人员评估了上述基于知识的决策支持系统的准确度。结果表明，有了知识库和推理系统提供的指导，患者鉴别分类评估的准确性有了显著提高。基于规则推理和模糊逻辑分类器相结合的混合机制极其精确，能够减少患者鉴别分类中的误诊。证据表明，基于知识的决策支持系统能够为护士提供有用的决策指导，提高患者鉴别分类结果的准确性。

建筑业：基于知识的决策支持系统支持项目管理决策

黄、单和路易为一个项目团队提出了基于知识的决策支持系统，以便其评估给定项目使用 PPVC 这种异地施工方式的可行性。PPVC 代表的是预制预装修厢式建筑，是一种非现场建造建筑：在异地工厂中预制和组装建筑元件、组件和模块，然后运送到安装现场。与传统的现场施工相比，PPVC 具有许多优势，比如：创新性和清洁性，生产效率更高和工作流程优化，最大限度地减少施工浪费，减少现场承包商数量以及缩短施工项目的前置时间。建设项目通常是大投资，决定是否使用 PPVC 等创新方式会对组织的业务绩效产生重大影响。

为评估采用 PPVC 的可行性而开发的基于知识的决策支持系统，拥有一个专门的知识库。这是一个 PPVC 相关专家的知识和经验库。知识库的内容包括影响采用 PPVC 的若干决策因素集，以及（如果可行性评估给出了积极建议）实施 PPVC 的推荐行动计划。知识库中的知识来源包括全面性文献综述、引导式专家访谈以及其后的系统验证工作。

基于知识的决策支持系统中的决策支持组件具有几个功能。首先，针对每个项目给从知识库中检索到的决策因素进行 PPVC 评分。然后，考虑决策者对给定项目的输入和偏好，并计算出 PPVC 总分。最后，基于 PPVC 总分提出建议，其中混合运用了两种知识推理机制：基于规则推理和基于案例推理。推理过程如下：

- 如果 PPVC 总分低于 60，意思是项目采用 PPVC 不可行。系统会建议该项目放弃 PPVC，采用传统的现场施工方式。
- 如果 PPVC 总分大于 80，意思是可行性评估结果是积极的。系统会给出一些能够推动 PPVC 实施的行动建议，比如确保各个项目利益相关方能够积极参与并做出承诺，安排参观制造厂和实地考察，以及任命 PPVC 专家。

- 如果 PPVC 总分在 60 到 80 之间，意思是可行性评估显示项目具有潜力，但仍需改进。系统会建议项目团队参考既往的类似 PPVC 项目，重新审视和修改建筑设计，使其更适合 PPVC，并任命 PPVC 专家协助改进设计和随后的 PPVC 实施。

此项研究还对来自新加坡 41 家组织的专家进行了面谈和问卷调查，对基于知识的决策支持系统进行了评估。其主要优缺点，参见原始出版物。

农业食品部门：基于知识的决策支持系统支持质量管理决策

食品质量管理是一项复杂任务，因为食品质量必须满足各种特点和一系列标准才能被消费者接受。食品质量包括化学、物理、微生物等内部因素，以及外观（包括大小、形状、颜色、光泽和均匀度）、质地和风味等外部因素。食品质量管理决策包括检测食品缺陷（客户无法接受的食物特点）和决定合理行动。食品质量管理需要丰富的专业技术、经验和知识。近年来，基于知识的决策支持系统在食品质量管理中的应用备受关注。布赫等人介绍了农业食品公司用来管理食品质量的基于知识的决策支持系统。

这个基于知识的决策支持系统有两个主要功能，用来控制食品制造的质量和缺陷：检测到食品缺陷时，系统可以建议工艺和操作环节采取的技术行动；系统能够判定所采取的行动将会对其他食品质量因素或食品缺陷造成的影响，以确保某项缺陷纠正行动不会对其他质量因素或缺陷造成不利影响。与食品质量管理相关的基于知识的决策支持系统开发是一个七步迭代流程，其中包括与知识库和推理引擎相关的重要知识管理流程，比如知识收集、知识构建（建模）和旨在检索合理建议的知识推理。七个步骤以及各步包含的主要活动如下所示。

- 第 1 步：确定研究范围——食品生产过程与食品质量标准或所关注的缺陷。
- 第 2 步：将生产过程拆解为单元操作集和相关可控参数。
- 第 3 步：根据生产过程描述制作系统性问卷，以便收集专家知识，了解每个单元操作可能会对产品缺陷和质量标准产生的影响。
- 第 4 步：通过两种面谈方式——个人面谈和小组面谈收集专家知识。开发人员在汇集个人面谈产生的知识时，会发现一些潜在的相互矛盾之处。小组面谈有助于消除这些矛盾，找出共识。
- 第 5 步：运用思维导图把知识表示为树形结构。
- 第 6 步：将思维导图中的知识转化为形式化概念图，以便系统可以对知识库中某应用领域的术语、事实、规则和约束条件进行管理和推理（访问、查询、更新、推理等）。思维导图非常适合快速捕获专家的流程知识，但是，由于缺少形式化表示模型，它不足以确保大型数据集的一致性。这就是为什么要用形式化概念图来补充思维导图。
- 第 7 步：提供终端用户界面，确保终端用户无须对形式化概念图有任何了解，就能轻松使用该应用。

七步流程没有明确提及支持知识推理的领域本体，但它确实存在于这个基于知识的决策支持系统中。本体为利用知识库中的知识并管理其变动提供了强大的推理机制。在食品质量领域，本体通过跟踪可采取的技术行动与已检测到的食品缺陷之间的因果关系，来提供明确的推理功能。

学习要点

- 传统的决策支持系统由三个关键组件构成：数据库管理子系统、模型库管理子系统和人机界面。
- 相比传统决策支持系统，基于知识的决策支持系统增加了两个组件：知识库和推理引擎。
- 群体决策支持系统旨在支持群体决策制定，而非个人决策制定。这类系统能够提供额外的功能，比如头脑风暴、沟通交流、互动和协商。
- 本体可以定义为对某论域中共享概念模型的一种形式化明确描述，其中的每个概念都有属性。属性描述概念的各种特征和特性，以及概念与类之间的关系。
- 文献中存在许多本体开发流程。苏里洪等人提出的五步流程包括可行性研究、本体启动、优化、评估以及维护和演化。
- 聚类技术指的是将知识划分为若干同质的、有意义的不同类。同一聚类中使用的是类似规则。
- K 均值和模糊 C 均值是两种广为人知的聚类算法，两者都把知识分配到预定义数量的类中。两种算法的主要区别在于：K 均值算法把知识分配到彼此互斥的聚类中，也就是说，每个知识点只能分配到一个聚类中；模糊 C 均值能够识别重叠知识点，并将其同时分配到不止一个聚类中。
- 基于规则推理和基于案例推理是两种非常重要的知识推理机制。在基于规则推理中，知识被表示为规则；在基于案例推理中，知识被表示为案例。
- 前向链和反向链沿相反方向进行知识推理。前向链先查看条件子句，然后找到结论。反向链先查看假设，然后找到支持证据，证明假设为真。

复习题

- 你认为决策支持系统与信息系统的主要区别是什么？
- 知识管理系统、专家系统和基于知识的决策支持系统的主要区别是什么？
- 如果请你来领导特定领域本体开发的可行性研究，而你想先确定这一可行性研究的任务列表，以便可以把任务分派给你的项目团队，那么你的任务列表上会包括哪些任务？做这个练习时，你如果觉得有帮助，可以选择你熟悉的领域。
- 要评估所开发的本体，你就需要知道评估标准。你的本体评估标准列表中会包括哪些标准呢？
- 为什么当知识库规模极其庞大时，知识聚类十分重要？
- 与 K 均值聚类相比，模糊 C 均值聚类的主要优势是什么？
- 基于规则推理与基于案例推理的主要区别是什么？

参考文献

1. Ahmed, I M *et al* (2015) Reasoning techniques for diabetes expert systems, *Procedia Computer Science*, 65, pp 813–820.
2. Akerkar, R A & Sajja, P S(2010) *Knowledge-Based Systems*, Jones and Bartlett, Burlington, MA.
3. Arnott, D & Pervan, G(2008) Eight key issues for the decision support systems discipline, *Decision Support Systems*, 44, pp 657–672.
4. Arumugam, P & Christy, V(2018) Analysis of clustering and classification methods for actionable knowledge, *Materials Today: Proceedings*, 5, pp 1839–1845.
5. Bhatt, G D & Zaveri, J(2002) The enabling role of decision support systems in

organizational learning, *Decision Support Systems*, 32(3), pp 297–309.

6. Bichindaritz, I(2003) Solving safety implications in a case based decision support system in medicine, in *Proceedings of the Fifth International Conference on Case-Based Reasoning: Workshop on case-based reasoning in the health sciences*, pp 178–183.
7. Bolukbas, U & Guneri, A F(2018) Knowledge-based decision making for the technology competency analysis of manufacturing enterprises, *Applied Soft Computing*, 67, pp 781–799.
8. Boshkoska, B M *et al* (2019) A decision support system for evaluation of the knowledge sharing crossing boundaries in agri-food value chains, *Computers in Industry*, 110, pp 64–80.
9. Buchanan, B G & Shortliffe, E H(1984) *Rule-Based Expert Systems: The MYCIN experiments of the Stanford Heuristic Programming Project*, Addison-Wesley, Reading, MA.
10. Buche, P *et al* (2019) Expertise-based decision support for managing food quality in agri-food, *Computers and Electronics in Agriculture*, 163, 104843.
11. Canovas-Segura, B *et al* (2019) A lightweight acquisition of expert rules for interoperable clinical decision support systems, *Knowledge-Based Systems,* 167, pp 98–113.
12. Chein, M & Mugnier, M I(2009) Graph based knowledge representation and reasoning, in *Computational Foundations of Conceptual Graphs*, Springer, London.
13. Dutta, B, Chatterjee, U & Madali, D P(2015) YAMO: Yet Another Methodology for large-scale faceted Ontology construction, *Journal of Knowledge Management*, 9(1), pp 6–24.
14. Dutta, B & Madalli, D P(2015) Trends in knowledge modelling and knowledge management: an editorial, *Journal of Knowledge Management*, 19(1), pp i-iii.
15. Elam, J J & Leidner, D G(1995) EIS Adoption, use and impact: the executive

perspective, *Decision Support Systems*, 14(2), pp 89–103.

16. Evans-Romaine, K & Marling, C(2003) Prescribing exercise regimens for cardiac and pulmonary disease patients with CBR, in *Workshop on CBR in the Health Sciences*, Fifth International Conference on Case-Based Reasoning(ICCBR-03), pp 45–62.
17. Fanizzi, N & d'Amato, C(2007) A hierarchical clustering method for semantic knowledge bases, in *Knowledge-Based Intelligent Information and Engineering Systems*, ed B Apolloni, R J Howlett and L C Jain, pp 653–60, Springer, Berlin.
18. Fensel, D(2002) Ontology-based knowledge management, *Computers*, 35(11), pp 56–59.
19. Franzoni, V & Milani, A(2016) A semantic comparison of clustering algorithms for the evaluation of web-based similarity measures, in *Computational Science and Its Applications - ICCSA 2016*, ed O Gervasi et al, pp 438–452, Springer, Cham, Switzerland.
20. Gayathri, R & Uma, V(2018) Ontology based knowledge representation technique, domain modelling languages and planners for robotic path planning: a survey, *ICT Express*, 4, pp 69–74.
21. Gruber, T R(1995) Towards principles for the design of ontologies used for knowledge sharing, *International Journal of Human-Computer Studies*, 43(5–6), pp 907–928.
22. Guo, Y *et al* (2019) Research on the integrated system of case-based reasoning and Bayesian network, *ISA Transactions*, 90, pp 213–225.
23. Hanafizadeh, P & Mirzazadeh, M(2011) Visualizing market segmentation using selforganizing maps and fuzzy Delphi method: ADSL market of a telecommunication company, *Expert systems with Applications*, 38(1), pp 198–205.
24. Huang, Y J(1989) A clustering method of knowledge acquisition in a real-time control system, *Annual Review in Automatic Programming*, 15(2), pp 49–51.

25. Hwang, B G, Shan, M & Looi, K Y(2018) Knowledge-based decision support system for prefabricated prefinished volumetric construction, *Automation in Construction*, 94, pp 169–178.
26. Ifenthaler, D(2015) Effects of experimentally induced emotions on model-based reasoning, *Learning and Individual Differences*, 43, pp 191–198.
27. Jain, A K, Murty, M N & Flynn, P J(1999) Data clustering: a review, *ACM Computing Surveys*, 31(3), pp 264–323.
28. Jashapara, A(2011) *Knowledge Management: An integrated approach*, 2nd edn, Pearson Education, Harlow.
29. Kamsu-Foguem, B *et al* (2019) Graph-based ontology reasoning for formal verification of MREEAM rules, *Cognitive Systems Research*, 55, pp 14–33.
30. Kim, K & Ahn, H(2008) A recommender system using GA k-means clustering in an online shopping market, *Expert Systems With Applications*, 34, pp 1200–1209.
31. Kumar, K A, Singh, Y & Sanyal, S(2009) Hybrid approach using case-based reasoning and rule-based reasoning for domain independent clinical decision support in ICU, *Expert Systems With Applications*, 36, pp 65–71.
32. Liao, S H(2005) Expert system methodologies and applications - a decade review from 1995 to 2004, *Expert Systems with Applications*, 28(1), pp 93–103.
33. Limayem, M, Banerjee, P & Ma, L(2006) The impact of GDSS: opening the black box, *Decision Support Systems*, 42, pp 945–957.
34. Liu, S et al(2010) Integration of decision support systems to improve decision support performance, *Knowledge and Information Systems - an International Journal*, 22(3), pp 261–286.
35. Ma, A, Zhong, Y & Zhang, L(2015) Adaptive multi-objective memetic fuzzy clustering algorithm for remote sensing imagery, *IEEE Transactions on Geoscience and Remote Sensing*, 53(8), pp 4202–4217.
36. Madsen, L A, Jensen, F & Salmeron, A(2016) A parallel algorithm for Bayesian

network structure learning from large data sets, *Knowledge-Based Systems*, 117(1), pp 46–55.

37. Musen, M A(2002) Medical informatics: searching for underlying components, *Methods of Information in Medicine*, 41(1), pp 12–19.
38. Noy, N F & McGuinness, D L(2001) Ontology development 101: a guide to creating your first Ontology, Stanford Knowledge Systems Laboratory Technical Report KSL-01–05 and Stanford Medical Informatics Technical Report SMI-2001–0880, Stanford, CA.
39. Pan, X, Wang, J & Liu, L(2007) Knowledge sharing model based on concept clustering, *Systems Engineering - Theory and Practice*, 27(2), pp 126–132.
40. Park, J & Ramaprasad, A(2018) Toward ontology of designer-user interaction in the design process: a knowledge management foundation, *Journal of Knowledge Management*, 22(1), pp 201–218.
41. Peng, G *et al* (2019) A hypernetwork-based approach to collaborative retrieval and reasoning of engineering design knowledge, *Advanced Engineering Informatics*, 42, 100956.
42. Pigott, D J & Hobbs, V J(2011) Complex knowledge modelling with functional entity relationship diagrams, *VINE - the Journal of Information and Knowledge Management Systems*, 41(2), pp 192–211.
43. Rossille, D, Laurent, J F & Burgun, A(2005) Modelling a decision support system for oncology using rule-based and case-based reasoning methodologies, *International Journal of Medical Informatics*, 74(2), pp 299–306.
44. Saraiva, R *et al* (2016) Early diagnosis of gastrointestinal cancer by using case-based and rule-based reasoning, *Expert Systems with Applications*, 61, pp 192–202.
45. Shim, J P *et al* (2002) Past, present and future of decision support technology, *Decision Support Systems*, 33, pp 111–126.
46. Song, B, Yan, W & Zhang, T(2019) Cross-border e-commerce commodity

risk assessment using text mining and fuzzy rule-based reasoning, *Advanced Engineering Informatics*, 40, pp. 69–80.

47. Soufi, M D *et al* (2018) Decision support system for triage management: a hybrid approach using rule-based reasoning and fuzzy logic, *International Journal of Medical Informatics*, 114, 35–44.
48. Sprague, R H & Carlsson, E D(1982) *Building Effective Decision Support Systems*, Prentice-Hall, Englewood Cliffs, NJ.
49. Sureephong, P *et al* (2008) An ontology-based knowledge management systems for industry clustering, in *Global Design to Gain a Competitive Edge*, ed X T Yan, W J Ion and B Eynard, pp 333–342, Springer, London.
50. Tang, J *et al* (2019) A hierarchical prediction model for lane-changes based on combination of fuzzy c-means and adaptive neural network, *Expert Systems With Applications*, 130, pp 265–275.
51. Tasoulis D K & Vrahatis, M N(2007) Generalizing the k-windows clustering algorithm in metric spaces, *Mathematical and Computer Modelling*, 46, pp 268–277.
52. Thike, P H *et al* (2019) Materials failure analysis utilizing rule-case hybrid reasoning method, *Engineering Failure Analysis*, 95, pp 300–311.
53. Wan, S *et al* (2019) A knowledge based machine tool maintenance planning system using case-based reasoning techniques, *Robotics and Computer Integrated Manufacturing*, 58, pp 80–96.
54. Wu, X*et al* (2018) A comparative study of clustering ensemble algorithms, *Computers and Electrical Engineering*, 68, pp 603–615.
55. Xu, D & Tian, Y(2015) A comprehensive survey of clustering algorithms, *Annals of Data Science*, 2(2), pp 165–193.
56. Xu, W & Zlatanova, S(2007) Ontologies for disaster management response, in *Geomatics Solutions for Disaster Management*, ed J Li, S Zlatanova and A G Fabbri, pp 185–200, Springer, Berlin.

57. Zarate, P & Liu, S(2016) A new trend for knowledge-based decision support system design, *International Journal of Information and Decision Sciences*, 8(3), pp 305–324.

致谢

特别感谢我丈夫蒂姆，感谢他耐心、宽容地包容我多次无法履行家庭责任，以及在本书成书期间给予我的鼓励和支持。他在信息通信技术方面的专业知识十分扎实，使我受益匪浅。在每天的餐桌旁和中央公园的散步途中，他的闲聊都让我收获良多。他真的很棒！我还要感谢我的女儿珍妮，她绝对是我的灵感来源。非常感激她给我讲授和分享的所有医学知识，正是因为这些，我才能写出书中的医学和医疗行业案例。她是我的阳光，为我带来所有的正能量，特别是当我在深夜和漫长的周末里奋笔疾书的时候。

从本书启动以来，科根出版社的许多人都为本书做出了重大贡献。首先，我要感谢组稿编辑埃米·明舒尔。经过很多轮电子邮件交流和电话沟通后，埃米帮我确定了本书愿景和各章内容框架。没有埃米的大力帮助，这本著作就不会如此迅速地面市。谢谢你，埃米，你的专业为本书铺平了道路！然后，我要感谢项目编辑亚当·考克斯。在本书成书过程中，亚当从始至终都极其出色。他不仅通读了本书所有十三章内容，为我的写作提供建设性意见，而且展示了卓越的项目管理才能，让我始终保持正轨。亚当，非常感谢你的帮助，与你共事，十分愉快！

特别感谢我在各所大学中的同事们，以及欧洲运筹研究协会决策支持系统工作组的同人。作为经验丰富的图书作者，克里·豪厄尔教授和帕斯卡莱·萨拉特教授为本书的项目计划提供了最为宝贵的建议。鲍里斯·德利巴希奇教授、伊莎贝尔·林登教授、费斯图斯·奥德兰蒂博士、乌希塔·贾亚威克拉玛博士和费米·奥兰博士发挥其在知识管理与决策领域的专长，为本书提供意见。感谢我的研究团队，包括研究员和我的博士生，他们就相关话题勤奋地研究，为本书做出了贡献。他们的大多数最新研究成果在本书中都有所体现。

最后，我要感谢阅读本书各章稿件的匿名审稿人，感谢他们提出的宝贵意见。我相信他们的意见进一步提升了本书的品质。

目录

第一章 我在世间漫步

每个人的心里
都有一个“牛家村”

一

在外漂泊了大约十九年之后，郭靖终于回到了老家。

郭靖的老家叫牛家村，在当时的都城临安的郊外。他离开这里时还在母亲的腹中，没有见过村前浩浩荡荡向东流的钱塘江；没有见过深秋时节江畔那数十株叶子似火烧的乌桕树；也没有在村口的两棵大松树下听过说书人讲乱世儿女的悲欢离合；当然更不曾像他的父辈一样，在村中的小酒店里，摆出两三碟花生、豆腐干之类的小菜，烫两壶黄酒，在夕阳余晖下，与至交好友闲话家国命运。

他会不会知道故乡这样的场景呢？他的母亲应该会告诉他。但就算母亲给他描述过很多次，在少年的梦中，也不一定会梦见这样的故乡，因为他完全没有这种生活体验。他梦到的会是草原上奔驰的骏马、牧归的牛羊，或者是蒙古包外摔跤的伙伴。

郭靖回到故乡的时候，正是他人生最艰难的时刻。在临安城中的皇宫，为了保护《武穆遗书》不落入敌手，他的前胸被欧阳锋的蛤蟆功击中，腰间则被杨康插了一匕首，差点就死于非命。

幸亏他身边有黄蓉，她背着他，躲过追杀，一路狂奔到此前路过的一个村庄。在那里，黄蓉买下了一担西瓜，并从瓜农口中得知这里就是牛家村。

牛家村早已不复旧日模样，村中尽是断壁残垣，破败不堪，却依然可以给他们提供必要的庇护。他们躲进小酒店的密室中，疗伤七天七夜，直至郭靖伤愈，满血复活。

故乡，是游子疗伤的地方。

二

郭靖的故乡临安就是今天的杭州，离金庸的故乡海宁七十来公里，都是钱塘江边的城市，两者大约一小时的车程，在郭靖的时代，骑马也不过一日多就能到达。

金庸十三岁那年离开海宁，此后辗转嘉兴、丽水、衢州、重庆、杭州、上海等地求学和工作，除了重庆之外，都属于江南。1946 年，金庸回海宁与家人相聚，二十多天后离开。1948 年，二十四岁的他前往香港。再回海宁已是四十多年后，远比郭靖的十九年要漫长得多。

在这期间，他以故乡海宁的一个民间传说为题材，写下了自己的第一部小说《书剑恩仇录》，从此走上了人生的辉煌之路。

他的所有重要的小说，《射雕英雄传》《神雕侠侣》《笑傲江湖》《天龙八部》《倚天屠龙记》

《鹿鼎记》等，里面都有一个如诗如画的江南。

那里是他梦中的故乡，有他旧时的故人。

三

故乡，是游子的情感所寄。

人类从或因食物短缺，或因气候变化而被迫迁徙开始，“游子”的历史就诞生了。到后来从商远行、参军戍边、战乱逃亡、科举应考……一拨又一拨的人们加入其中。

西出函谷的老子是游子，周游列国的孔子是游子。

力拔山兮气盖世的项羽是游子，他一直谋划着要衣锦还乡；大风起兮云飞扬的刘邦是游子，他把故乡丰邑重建在都城长安的附近。

李杜[①]是游子，苏黄[②]是游子。

……

① 李杜：李白、杜甫。
② 苏黄：苏轼、黄庭坚。

游子在异乡，难免有孤独，有相思，有各种需要抒发的情感。

思乡，就成了文学艺术永恒的主题之一。

中央电视台三套《天天把歌唱》栏目 10 月 31 日播出的歌曲《梦回故乡》，就是思乡的产物。它情真意切，真挚动人，唱出了游子对故乡魂牵梦绕的感受，旋律优美又荡气回肠，宛如一幅徐徐展开的画卷，表达了作者对家乡和亲人的无限眷恋之情。播出后，打动了多少游子的内心。

能把一首思乡歌曲谱写得这么细腻到位，它的作者，自然也是游子。

四

郭靖第一次见到黄蓉的地方，叫张家口。

从张家口往东北方向行八十多公里，有一个叫化稍营的小镇，《梦回故乡》的曲作者祁丹就出生在这里。

因为跟父亲闹别扭，黄蓉大约在十五岁的时

候离开桃花岛，开始闯荡江湖。祁丹离开化稍营时的岁数跟黄蓉差不多，她在十六岁那年的 8 月底，背着比自己体重还要重的手风琴，拉着行李，独自一人前往石家庄求学。三年后她考上天津音乐学院，从此就留在了天津。

拜时代所赐，她无需经受金庸有乡不能归的痛苦，每年都能回家探亲，与家人相聚。但身为一个异乡人，两手空空地到异地打拼，最初的艰难可想而知，对年少时温馨生活的回忆就成了她重要的精神慰藉。

她把这些回忆诉诸笔端，写了好几篇散文，记录她在故乡的生活，如姥爷家的驴、镇子上的喇叭，同时也付诸音符，写了好几首歌曲，歌唱她家乡的山水、风土人情。

2017 年 10 月，她读到了同样身为游子的许令霞的词作《梦回故乡》，立刻被其中的诗句深深地打动了：

春雨秋风雪飞扬，

游子梦里回故乡。

知了衣留梧桐树，

青蛙欢语荷花塘。

……

这首词里的故乡一派南方风光，与她的故乡大为不同，那里有树荫宽大的梧桐树，有凉风习习的荷塘，有烟波荡漾的湖泊……但慈父镌满风霜的背影，以及儿女远行时双亲踮脚眺望的情景，却毫无二致。

她立刻拿起笔，音符开始在纸上跳动。曲谱就，再经另一个游子曹芙嘉深情款款地演绎后，一首打动人心的歌曲就这样出现在我们耳畔。

不管天南地北，游子对故乡的情感都是相同的。这种相同的情感成就了这首《梦回故乡》。

五

在郭靖那个时代，从铁木真登上汗位的斡难

河源回到杭州牛家村，大约三千公里，按一般的骏马长途跋涉时日行三十到四十公里的速度，需要走三个月。郭靖所乘的小红马是汗血宝马，这种马的最快速度纪录是八十四天跑完四千三百公里，平均日行五十一公里多一点，按这个脚力则需要两个月左右。而如今坐汽车从斡难河源至海拉尔再转乘飞机到杭州，不过一两天的行程。

在 1950 年前后，假若金庸从香港回杭州，至少一千五百公里，在当时没有高速的情况下，按当时汽车时速三十公里来计算，不眠不休，也得开上五十个小时。若按常规的行程，休息、住店、辗转乘车，则至少需要四天。但现在乘飞机，只需两个半小时，加上机场两边的行程，也不过半天。

在今天，祁丹自天津到化稍营，乘火车至宣化再转乘汽车，前后大约需要九个小时。等到北京到张家口高铁修通，则可缩短至三个多小时。

时代在前行，越来越快捷的交通工具拉近了我们同故乡的距离，故乡变得不再那么遥不可及。

乡愁也似乎变得淡漠了很多。

但在同时，这些越来越发达的交通工具又将我们送到更远的远方。我们去了外县，我们去了外省，我们去了外国，我们现在正准备去外星球。

我们的故乡也将由一个乡、一个县，变成一个省、一个国，总有一天还将扩大成这个蔚蓝的地球，甚至这个浩瀚的星系。

而不管范围或概念怎么变化，作为我们的始发站，故乡永远在那里，供我们怀念，让我们午夜梦回，同时等待我们归来。

2018 年 11 月 2 日

“壕”二代的接班问题

我有一个本家的奶奶，当年我们去给她老人家拜年，话不过三句，她就要开始发牢骚，为什么呢？因为彼时已经取消了“接班”的制度，导致了她的小儿子笃定的好工作黄了。

三十岁以下的人们对“接班”或许没什么概念，所以需要啰嗦一下，有一段时间我们这儿是讲究“根正苗红”的，凡事都要论个血统，龙生龙，凤生凤，老鼠的儿子会打洞。工人的儿女可以等爹娘退休后，接过他们手中的工具继续当工人，干部子弟当然也能继续当干部，而农村孩子，就得扛着锄头跟着爹娘去种地，除非他考上了学或者当上了兵，有一段时间连学也没得上。

与动物界有得一拼，你看牛只管耕田或产奶，鸡只管打鸣或下蛋，狗只管看家或咬人。人虽也是动物，但一向自认为高级，这么弄很多人都活得像个低级动物，流动性没有，创造性也就没有了，社会发展就成了问题，所以需要改革。

我这个本家奶奶，她的丈夫，也就是我的堂爷爷，1938 年参加革命，官当得倒不大，最高也就是我们县某局的局长，但在我们乡下人眼中，已经很了不起了。她的两个大孩子，早前都安排了不错的岗位，按照惯例，小儿子在他爸退休后，就能接过他手中的旗帜在这个局继续干革命工作，局长当然是当不上的，但当个干事也很不错。不料政策一变，她老人家的如意算盘打了水漂，心中的不爽可想而知。

今天提到这段往事，是因为有个老哥打电话来诉苦，说他的儿子不肯接班。现在的政界已经没有了世袭的说法，所以我这老哥显然不是官，他是个“土豪”，手中有一份不大不小的产业。到现在累了大半辈子，也想轻松轻松，眼瞅着儿子长大，大学毕了业，又在社会上历练了两年，他就想让儿子来自己的工厂，先锻炼着，过几年把班一接，他就去周游世界。

谁知这小子死活不肯，说是有自己的理想和事业规划，对工厂里的那些事情不感兴趣，把这老哥气了个够呛。跟儿子再一次谈崩，想到我平时对事对物颇有些见识，所以想要跟我聊一聊。

我受了他的赞美，心中很有些得意，但转念一想，我既然搏不到他那样的“壕”，办事能力估计是不如他的，又没有处理过儿子接班或不接班的经验，而且也不是到处讲课口沫横飞的管理学大师，对他显然提供不了什么帮助。所以就以一句两句说不清为由，建议改日把酒细谈。

他忙得跟一头驴似的，这个改日笃定遥遥无期。为了对得住他的夸奖，好歹我得说几句。像我这种人，解决问题的能力没有多少，扯嘴皮子的功力也一般，但笔杆子倒还可以要一要，而且凡事都喜欢扯到历史上面，今天这个“接班”当然也不例外。

话说唐太宗李世民是个很精明的人，但有时也免不了要干些糊涂事。贞观十一年六月，他做了一个比较“扯淡”的决定，给他的二十一个儿子和长孙无忌等十四个大功臣封了州刺史，子子孙孙世袭罔替。他的儿子们都是亲王郡王，长孙无忌这些人多是国公，现在又有了可以世袭的地盘，同汉代刘邦的分封诸王已没什么本质的差别。

这当然是在开历史的倒车，要知道刘邦搞分封制留下的后遗症可是汉景帝、武帝花了好大的力气才解决的，现在他脑袋一热就想搞复辟，有见识的大臣当然要表示反对。八月马周上疏，谈及此事，说：“陛下宠遇诸王，颇有过厚者，万代之后，不可不深思也。”贞观十三年年初，马周又上疏劝李世民，说：“就算是尧、舜这样的父亲，也会生出来硃、均这样不肖的儿子。陛下现在实行世袭制，倘若一旦有骄纵愚蠢的不肖子接了班，到时候不但祸害百姓、殃及国家，受封的贵族本身也要因此祸及子孙。”

马周和李世民说的是政治，看起来跟企业接

班似乎是两码事，但道理却是一样的，搞政治的有“不肖了”，搞企业的当然也会有“不肖子”。政治上的“不肖子”历史上比比皆是，任你再雄才大略的君主，也不敢保证自己的接班人就一定合格，家族政治的结局往往就是以这个家族被灭族为代价，所以才会有人发出“愿生生世世，再不生帝王家”的悲鸣。

而观企业界，似乎更令人悲观，政治家族好歹还有玩了好几百年的例子，企业界呢？“百年老店”就算是长寿了，而且多少百年老店也不知转了几次手，招牌还是那个招牌，主人早已不是那家主人。

所以我的看法，如果你的孩子实在不愿或不适合接你的班，赶鸭子上架只会适得其反，我们身边有多少人的事业毁于二代之手？与其如此，倒不如顺应他的理想，让他自己去折腾，看看他独立的做事能力到底怎么样。如果顺利，你就算是撞了个大运；如果不顺，趁着你还有些人脉，给他提供一些必要的帮助，让他凑合着成长起来，比把他困在自己身边可好多了。大树底下好乘凉，但大树底下可长不出另外一棵大树。

至于自己企业怎么来管理，现代的企业家们早已给出了解决方案，比如说职业经理人制，好多家族企业靠这个还发展壮大了。虽然可靠又能干的经理人也不好找，但可供选择的人毕竟多一些，总比把全部的宝押到自己孩子身上强。

能把事业做大的人当然不是傻子，这些老生常谈的道理他们不会不懂，那为什么还在纠结孩子接班的问题呢？

在以前给李世民的上疏中，马周还说过：“自汉晋以来，乱天下者何尝不是诸王，这个道理大家都懂，但因为私爱的缘故却一直不能吸取教训。”所以说更多时候，我们要把自己的事业传给孩子，不是因为他能干，而仅仅是因为他是自己的孩子。李世民为了表达对孩子和功臣们的爱心，给他们封了个地盘，留下了巨大的隐患。我们自认为是给孩子打下了一份天下，但却断送了孩子自己打天下的可能，而且往往最后得付出丢了天下的代价。

李世民到底是个聪明人，看了马周的上疏后表示同意，又加上于志宁和身在受封之列的长孙无忌等大臣也上疏反对，不久就下令废除了原先的任命。

现在再回到开头的故事。我的本家奶奶在发了好多年牢骚以后，终于惊讶地发现，她的小儿子，就是没能接上班的我的堂叔，在街头巷尾各种工作的磨砺下，慢慢地过上了好日子，有了自己的事业和资产。这样的结局应该能使她颇感欣慰吧。

本家奶奶早已仙去，我至今还记得初次去她家时，她拿给我的糕饼的甜香。愿她老人家在天国安息。

2017 年 3 月 5 日

做人要厚道

托勒密一世，埃及托勒密王朝的第一任法老，也就是埃及艳后的老祖宗，在列国历朝的开国君主中，算是个相对厚道的人。

我早年看《埃及艳后》，受了伊丽莎白·泰勒的蛊惑，对托勒密王朝产生过一段时间的兴趣。托勒密一世原本是亚历山大大帝麾下的一个将军，在亚历山大死后，分得了埃及这块地盘，后来自立为王，定都在亚历山大城。

亚历山大城虽说是亚历山大下令建造，并由时任埃及总督的克里奥米尼督建，但从开建到亚历山大病死，还不到十年时间，因为时间短，不过粗具规模而已，以现代考古的成果来看，真正完善城市建设的还是托勒密自己。

按照常理，现在自己当了法老，都城还叫前朝老大的名字，似乎有点不妥，应该重新命名才是。但托勒密没有改。不但没改城市的名，他后来建造了很多有名的机构，都以亚历山大来命名，比如说亚历山大大学、亚历山大图书馆等等。他的儿子托勒密二世建造的灯塔，也取了亚历山大的名。

而其他瓜分了亚历山大遗产的继业者们，如安提柯、塞琉古、卡山德等人，都是以自己的名字为自家地盘上的新城市命名。

比如塞琉古在底格里斯河畔建造了一座新城准备当首都，就是以自己的名字命名为塞琉西亚，后来因战略需要，首都迁到了安条克，这个城市的名字则来自于他的父亲。

亚历山大大学是当时最杰出的大学，“几何之父”欧几里德在此任教，那个说 “给我一个支点，我就能撬起整个地球”的阿基米德，则是该校的学生。亚历山大图书馆可以用“伟大”来形容，曾被誉为人类文明世界的太阳。亚历山大灯塔则名列世界七大奇迹之中，高达 135 米，相当于四十层楼的高度，这个高度现在看算不得什么，迪拜塔都 828 米了，东方明珠塔也有 468 米，但亚历山大灯塔建成于公元前 278 年，中国的战国时代。

这些都是彪炳千秋的伟业，随便拿一个用托勒密自己的名字来命名，他的声名就会比现在响亮很多，我们介绍他，也不用还要加上一句“埃及艳后的老祖宗”。

身为一个军人，在战场上讨生活，托勒密自然是个狠角色，手上沾了很多血。亚历山大死后连绵二十余年的继业者战争，起因虽然是摄政王帕迪卡的扩权，引发其他将领的猜忌，但导火索却是托勒密劫走了本该送往马其顿的亚历山大遗体，运到了埃及安葬，惹得帕迪卡来打他。虽然继业者战争早晚要打，但导火索在他，这个锅就该由他来背一部分。

一般的分析，托勒密抢遗体是为了增加自己

争产的砝码，但看他后来的表现，我倒愿意相信他更多的是出于对亚历山大的感情——他是个精明的人，不会不明白此举会惹火上身。

这种感恩故主的厚道自有回报。他在亚历山大的帐下，并不算最出色的将军，地位一直在克拉特鲁斯、科那斯等人之下，军事才华也不如安提柯和塞琉古。但他建立的托勒密王朝反倒享国最久，历时 275 年，高于安提柯王朝的 124 年，塞琉古王朝的 249 年，跟唐朝的寿命（289 年）差不多。

他个人也是善终。而与其同时代的科那斯英年早逝，克拉特鲁斯被自已的坐骑倒压而阵亡，墨勒阿革洛斯被帕迪卡杀死，帕迪卡被哗变的部下杀死，攸美尼斯被安提柯杀死，安提柯和列昂纳托、利西马科斯战死于沙场，塞琉古被刺杀，都可说是死于非命。安提帕特虽属正常死亡却无太大的作为。

只有托勒密干了一番轰轰烈烈的大事后，还能安然死在自己的床上，享年八十五岁，不管从前还是现在，都堪称高寿。

做人，厚道总归是一个加分项。在那个动荡纷争、朝不保夕的乱世，托勒密能够保全自己并创立一番功业，当然主要靠的是他的谋略、机变以及杰出的政治才能。

2020 年 3 月 26 日

算了，不如挺着

曾国藩说他平生最讲究的就是一个“诚”字，“诚”字是个好字眼，但曾国藩本质上是个官，事实上他更讲究的是一个“挺”字。

坊间流传着曾国藩的一部《挺经》，有人考证说是托名之作，但托归托，老曾的“挺”却是实实在在的，他能在乱世中立下赫赫战功并能安然自保，多半仰仗于此。这个“挺”字据说含义颇丰，李鸿章说它是“精通造化、守身用世”的秘诀，但究其实质，我觉得无非就是一个“坚持”，跟里尔克的“挺住意味着一切”中的“挺”差不多一个意思。

人生在世，有些成就是要靠才华的。比如说

文学。

有的人，比如李白，奇才天纵，绣口一吐就是半个盛唐，随便扯两句闲淡都比别人琢磨了半年的诗句好，让那些没才华的人瞧着就觉得沮丧。但沮丧显然不是个办法，好办法是什么？只能靠坚持。

坚持写下去，一百句里面总能找出两三句好的。你看看贾岛，“二句三年得，一吟双泪流。”这脸上恣意纵横的泪水就是贾岛的坚持。再看看卢延让，“吟安一个字，拈断数茎须。”这些被拈断的胡子就是卢延让的坚持。

有些成就不但要靠才华，还得靠机遇。比如说政治。

赵匡胤三十三岁就当了皇帝，看起来好像能力过人，但假如没有柴荣的英年早逝，他一辈子就只能老老实实地当他的大臣，柴荣的死对后周来说是大树倒塌，对赵匡胤就是千载难逢的机遇。

还有李世民，当皇帝更早，二十八岁，但假如他不是李渊的儿子，凭他的能力，像李靖那样在乱世中搏个封妻荫子是没问题的，但想那么早当皇帝，门儿都没有。

机遇机遇，机是时机，更是随机，遇是可遇不可求。所谓造化弄人，所谓时势造英雄，说的就是机遇。

但即便有了才华，又有了这种机遇，你也必得有所坚持才能成功。赵匡胤在高平之战中，“身先士卒，驰犯其锋，士卒死战”，士卒都死战了，他身先士卒，当然更是死战。这个“死战”就是赵匡胤的坚持。

李世民打刘武周，率轻骑追击刘的大将宋金刚所部，一昼夜急行军二百多里，连追了三天多，两天没有吃上饭（应该吃了干粮），三天不解甲睡觉（睡觉还是睡的，只是不脱甲胄，靠在哪儿小睡一会儿再接着追），直到将宋金刚打成了“变形金刚”。这个“三天不解甲”就是李世民的坚持。

有些成就是要靠眼光的，比如说财富。

范蠡从越国跑路后到齐国经商，总结出了“人弃我取，人取我予”“水则资车，旱则资舟”等商业策略，短短几年就当上了齐国首富。他最初的眼光已经决定了将来的成功，但这里面，还是少不了坚持。

范蠡刚到齐国时，在海边买了些盐碱地，他领着妻儿既当农夫下地耕作，又当渔夫下海捕鱼，还当盐工围田晒盐，每一项工作都是苦力活，都要哗哗哗流汗。那些噼里啪啦往下掉的汗珠子就是范蠡的坚持。

大多数人资质平常，际遇也平常，唯有坚持才能给自己希望。

曾国藩小时候读书时，一篇文章翻来覆去读了快一夜也背不下来，笨到连潜伏在他家的小偷都替他着急。长大后考秀才考了七次，考举人倒挺顺利，但后来考进士又考了三次，总算可以殿试了吧，却只考了个三甲（不是现在三甲医院的那种三甲，是第三等的意思）第四十二名，混了个同进士出身，被人嘲笑说跟如夫人（小妾）正好一个级别。但就是这样资质的一个人，后来却成了“晚清中兴第一名臣”。

曾国藩打仗的本事跟他背书的本事差不多，屡战屡败，怎么办？就靠他说的一个“挺”字。就像他小时候背书那样，读五遍背不了就读十遍，读到半夜背不了就读到天亮。坚持吧，坚持到洪杨内讧，坚持到石达开出走，坚持到对手元气大伤。

他指挥作战很多时候就一个笨办法，围住对方的一个城，命部队不断地挖壕沟，一天两天地挖，一年两年地挖，一圈圈、一步步向前推进，像蛇一样死缠住对手，直到这个城被围得水泄不通。这些壕沟就是曾国藩的坚持。他坚持住了，对手就坚持不住了，哪一座城里也储存不了太多的粮食。他成了最后的胜利者。

比曾国藩资质还要差的左思，小时候长得丑（长大了依然丑，丑得老太太见了都往他身上吐口水），说话结巴，人还笨，笨到连他的父亲都看不起他，常常对别人说很后悔生了这么个儿子。

左思的主要成就在文学上，写文章是不需要什么特殊际遇的，一支破毛管，随时可动笔。左思写《三都赋》，今天写一句，明天改一句，一篇不过一万两千来字的文章，前后花去了他十年的时光。这个十年他大都待在书斋里苦思冥想，斟词酌句，虽然没有曾国藩沙场搏命那么惊心动魄，但惟其平凡，则更见坚持。

这些坚持终于开花结果，曾国藩成为一代牛人，左思则造就了“洛阳纸贵”的奇迹。

在曾国藩的同窗中，有一个叫鲁国藩的，他比曾国藩智力高，老师们都认为他比曾国藩有出息。在左思的堂兄弟中，有一个叫左想的，他比左思有才华，长辈们都认为他比左思有前途。

我没有骗你，的确有这么两个人，你不知道他们并不是因为他们不存在，而是因为他们或者考了一次两次秀才没考上就不再考了，或者写了一篇两篇文章没影响就不再写了，他们未曾像曾国藩和左思那样坚持过，他们的名字没有在历史上流传下来。

他们就像我、你，所有那些一生平庸的我们。我们都曾生猛鲜活，有着这样那样的才华。我们都是有名有姓，这些名字也都是父母绞尽脑汁才取得，饱含着他们的殷殷期待。但百年之后，当我们接触过的亲友和儿孙全部逝去，谁还能记得我们的名字呢？

我们跟鲁国藩一样，从来未曾真正地坚持过，我们总是说“这件事太难了，算了”“已经来不及了，算了”“我受不了了，算了”……

我们就这样轻易地放弃，然后我们的一生，真的就只能这样，算了。

2015 年 12 月 5 月

九十天的成功学

近日春光大好，很想微服私访。当然，微服私访这词儿我只能写写而不能用，能用这词的得是寇准这种级别的官员。

且说这一天，寇大人闲来无聊，脱了官服，扮成书生，出门闲逛去也。在路上遇到一个老者，便走过去跟他拉些家常，对此，史书上另有好词，叫查访民情。

按说此事颇为可行，当时电视业还没来得及兴起，官员们都还欠一点明星相，让人看着没那么眼熟。男女谈情说爱，人太熟了就不大好下手；官员微服私访，脸太熟了就听不到实话。所以对一个想有所作为的官员来说，彼时的寇准是有福的，微服私访这么有格调的事还能时不时地做一做。但这一次，他却碰到了个厉害的角色。

一位精明的老人一看便知老寇是个官。是个官都有点脾气，都有些要人性命的权力和手段，虽然他穿着布衣，但还是敬着点儿比较妥当，于是老人倒头便拜。寇准有些纳闷，说：“老人家，您跟我一个穷书生为甚这么客气呢？”老人赔笑着说：“相公不必瞒我，小老儿早看出相公是个官爷了。”寇准一听很诧异，赶忙追问：“您老怎么看出来的？”老人说：“刚才相公走过那个窄巷子时，不但侧着身，还左顾右盼，好像生怕碰到头上的帽子，如果不是经常戴长翅帽，哪会有这种动作呢？”

宋朝的故事电视剧里经常演，尤其是包公戏。大家看包大人头上的那顶帽子，两边各长了一个细长的翅膀，看上去很像一只胖鸟展翅欲飞，又飞不起来，这帽子就叫长翅帽，乃是宋朝官员在朝堂及官府正式上班时必备的装束。据说是赵匡胤为了规范朝堂礼仪而发明的，防止大臣们靠得太近交头接耳扯闲话，其功效在避免扎堆这一点上略等于刺猬的刺。因为有这两个长翅膀，走路时帽子难免会被碰歪、碰掉，所以大伙儿都特别小心，行走时免不了左看看右看看，一见两边路窄，或有别的障碍物，那就赶紧脖子扭扭屁股扭扭，久而久之，就养成这种习惯，成了标准动作，不戴这官帽时也得执行一下。

这就是习惯的可怕，它无意中就暴露了一个人的身份。假如你是林冲、武松之流，被一些官员逼得没有活路，想杀几个官员出一口胸中恶气，那就可以守在某个小巷边，看哪个人通过时有这么个习惯动作，保准一逮一个准儿。

对于寇大人这种习惯性动作，现代学术界把它归入到行为心理学范畴。行为心理学给了我们两个数字：二十一天以上的重复会形成习惯。九十天的重复会形成稳定的习惯。即同一个动作，重复二十一天，就变成习惯性动作；同一个想法，被重复验证二十一天，就会变成习惯性想法。度过九十天的稳定期，这项习惯就成了一个人生命中的有机组成部分。

数字总是很有说服力，这么一看，你就很容易理解为什么有的人会有很虔诚的信仰，有的人又会很容易就被另一些人给洗了脑，比如说那些深陷传销漩涡而不能自拔的大学生。

习惯是个很古老的词儿，《大戴礼记·保傅》中有一句："少成若性，习贯（惯）之为常。"这话据说是孔子说的，不过《大戴礼记》成书于汉朝，所以是不是孔子说的也搞不准，但不管怎么说，习惯的资格绝对够老。亚里士多德有两句类似的论述："总以某种固定方式行事，人便能养成习惯"；"习惯实际上已成为天性的一部分"。可见不管东方还是西方，先哲们对习惯的定义很早就高度一致了。

对于"少成若性，习贯之为常"，我是深有体会的。我童年时受父母的影响，养成了早睡早起的习惯。三十岁起自己创业，工作繁碌，常常加班加点，早睡是做不到了，早起的习惯却一直保持了下来，一般六点前后起床，很少有睡过头的时候。这是好的一面。坏的也有，其中最不堪的就是吃相差，小时候老饿肚子，一遇到吃食就狼吞虎咽，到现在还是如此。

几年前，有一次我带孩子在纬二街博纳影院旁边一家西餐馆吃牛排，牛排端上来，照例是三下五除二，嘁哩喀喳切成几大块，几分钟解决问题，而孩子才吃了不到三分之一。

坐等无聊，我开始东张西望，发现左边的桌旁坐着一位老兄，四十岁左右的年纪，虽在低头吃饭，腰却依然板直。只见他右手持刀，左手摁叉，正在专心致志地对付烤盘中剩下大约一半的牛排，切割的动作娴熟标准，切下的牛排方正整齐，显然是此道老手，我疑心他曾经是留学生或是有过在欧美长期工作的经历。在孩子吃到一半的时候，此君切割并品尝完了他的那块牛排，其后他拿起一个面包，掰下一块，沾上烤盘上的牛排汁，吃将起来，姿态极为优雅从容。等两块面包吃完，那盘子里的酱汁已被擦得干干净净。然后他放正刀叉，扶正盘碟，又将擦过嘴的纸巾叠好置入碟中，起身去吧台结账。

老实说，我极为佩服这位兄台的风范，此后也曾立志要学习他的优雅与从容，但却没有按照行为心理学的理论来指导实践，未能做足九十天的功课，现在能够做到的也就是将自己碗盘中的食物吃干净而已，至于优雅从容这些美好的形容词，还是跟我完全不搭界。当然，对此我也有理论支持，可以自我宽慰：昆图斯说过“习惯比天性更顽固”，高汀说过“习惯，我们每个人或多或少都是它的奴隶”。总而言之，都是习惯惹的祸，跟我个人意志力的强弱一点关系也没有。

昆图斯和高汀的这些话都是我读书时抄来的，说到读书，这就是我的另一个值得一说的好习惯了。我从童年看小人书开始，到现在，除了偶有间断，基本上保持了每天至少一小时的阅读。这些阅读让我获得了大量庞杂的知识，为我的对外交流提供了有力的信息储备。

有一段时间我对外交流的主要方式是辩论。我在上学时有两个声名显赫的绰号，一个叫杠头，是男同学起的；一个叫抬长，是女同学起的。这两个绰号其实都是一个意思，都源于辩论，当然，对于辩论，我们那儿的人们另有一个名称，叫作抬杠。

当此时也，我的辩论技术极高，虽未臻于化境，但已经是打遍同学无敌手了，不管是谁，不管什么话题，我都能引经据典，纵横捭阖，直至将对手辩得毫无还嘴之力，举手告饶为止。你看我的外号中，不管是“头”还是“长”，那都是他们对于我在这一领域内领导地位的承认。当然这两个外号中，我更喜欢的是抬长，我觉得这个词语文雅有度，语音铿锵有力，与我的形象与风度颇为契合。我的女同学们不但漂亮大方，而且温柔善良，我很怀念与她们相处的时光。

上面说的都是我个人的习惯。个人有个人的习惯，一个群体乃至一个民族也有自己的习惯。比如说风俗，就是一个民族或者一个地域的习惯。

习惯掌握着人类心理和行为的密钥，每个人

的人生都能在他的日常习惯中找到端倪。乔布斯说过："如果一个人有六十年的生命，前三十年供你养成习惯，后三十年习惯成就了你。"按照这个思路，习惯其实就是成功学的核心，这篇文章也应该扯成心灵鸡汤才对，但我既不成功也不养鸡，所以就到这里结束。

2016 年 3 月 28 日

第二章 话人生滋味

酒肉穿肠过，朋友心中留

有些人的交友如狗熊掰苞米，是随掰随丢的。

这里的“有些人”，当然也包括我。话说我当年也曾是有过很多朋友的人，但其中的绝大多数都因疏于往来而渐行渐远。疏于往来的原因，有的是因某事意见不合生了争执；有的是听人传话，或曰我在背后诋毁他，或曰他在背后诋毁我，总而言之，都是些捕风捉影的事儿，心却存了芥蒂；有的则似乎是毫无原由，就是某一天突然想起两人已经好久没有联系了，想打电话却懒得打，想发信息也懒得发。

闲来想起这些面孔，免不了要羡慕那些人情练达之人，慨叹他们精力之旺盛，不知何以竟能维护住那么多的朋友关系。

我少年时听评书、看小说，最羡慕的便是秦琼和宋江这样的人物，因为他们朋友多，到哪儿都有人好吃好喝地招待着。秦琼虽然曾经因病卖马，但买马人单雄信不但让他在自家二贤庄养病，告别时又还马赠金。宋江虽也多次遇险，但一听得“小可宋江”的名号便有人为他松绑，然后纳头就拜，接着好酒好肉便摆上桌来。我那时粗茶淡饭，读到此处便免不了口舌生津，狂咽不止。

秦琼和宋江都是要做大事的人，但我只盯住了他们的吃吃喝喝，可见我层次之低，只适合当个酒肉朋友，而酒肉朋友，据说都是随聚随散的。说到这里，我明白我那些朋友没有维护住的原因了，因为我没有经常请他们吃饭。

不管层次高低，当了朋友总是要吃饭的，譬如说鲁迅和胡适，层次算是比较高了，也免不了这个俗。胡适曾评说鲁迅的《狂人日记》是中国现代小说的开山之作，而鲁迅本人则是“新文化运动的健将”。得了这个赞美，鲁迅当然很高兴，于是请胡适到北京绍兴会馆吃饭。绍兴菜我是吃过的，一道梅干菜扣肉味道不错，配上一壶女儿红，这一天便不算虚度。胡适当然吃得很开心，两人谈笑风生，本以为友谊天长地久，却未料后来反目成仇。

说到朋友，据说古人是提倡君子之交的，我却认为，酒肉朋友才是真正的朋友。原因很简单，假如我天天说你是我的好朋友，但酒不想请你喝一杯，肉不想请你吃一两，这朋友不要说你不信，我自己都不信。

反过来，还能在一起吃吃喝喝的朋友，关系再差也差不到哪儿去。鲁迅和胡适早年一起搞新文化运动的时候，经常一起下馆子。前面说的，他们到绍兴会馆吃饭是 1918 年；1919 年 5 月 23 日，胡适在东兴楼“招饮”，请了鲁迅一起。等后来两位君子真正“淡如水”，不再一起喝酒吃肉的时候，也就该翻脸了。

曾经的那些朋友，虽然我们早已渐行渐远，但只要订一桌酒席，给我打个电话——我们都谈不上有什么政见，有不和之处也多是因为一些鸡毛蒜皮的小事，所以请放心，我不害怕什么鸿门宴——我们的友谊就会重新开始的。

2019 年 1 月 5 日

书架上的茅台
与普罗旺斯的蜗牛

按西安这边的习俗，过冬至是要吃水饺的。我虽是南方人，但入乡随俗，冬至这天也得安排上一顿水饺。

我曾经看过一个视频，说的正是水饺的故事，一些来历不明的不符合检验标准的肉被某些无良商家剁成了肉馅，流到小餐馆做了包子和水饺的填充物。

这视频让我颇为惊惧，以至于对周围卖水饺的小饭店都心存疑虑，吃是不敢去吃了，但我自己又不会包，只好去超市买了一盒某品牌水饺，心想好歹是个牌子，总不至于差到哪里去。

编辑部的小马看了新闻，更是不敢再点外卖。她每天早早起床做好两份饭菜，一份当早餐，一份带到办公室当午餐。

这姑娘对此颇为愤慨，到办公室来说的时候口沫横飞，很有些愤世嫉俗的模样。为了配合她，我们虽然见惯不怪，但也跟着对这种无良行为表示了强烈的谴责。

饮食业因为牵涉到健康问题，大约是最容易引发集体情绪的行业之一了。周密在《癸辛杂识》中回忆南宋杭州城的食品市场，说："酒搀灰，鸡塞沙，鹅羊吹气，鱼肉贯水……卖盐杂以灰。"又说，"今所卖鹿脯多用死马肉为之，不可不知。"这种行为就引起了很多人的愤慨，骂杭州人"浮诞轻誉"。

拿死马肉加工后当鹿脯来卖，这种以次充好的现象不但中国有，在国外也很普遍。

蜗牛是法国名吃，我到巴黎旅游，第一餐就是一盘据说是勃艮第生产的白玉大蜗牛，味道果然鲜美，当真不负盛名。彼得·梅尔在《山居岁月》中，对普罗旺斯产的一种小灰蜗牛大加赞美，说是肉质更胜白玉大蜗牛一筹，颇受食客喜爱。而当地的奸商就动开了歪脑筋，他们买进普罗旺斯本地蜗牛的空壳，塞进土耳其、希腊等地的蜗牛肉，用味重的调料遮掩肉的本味，以“普罗旺斯本地蜗牛”的名头出售。彼得·梅尔对此也非常愤慨，在书中呼吁当地的农业官员对这种商业欺诈行为加以整改。

这故事读来颇为有趣，让我想起茅台酒瓶的用处。我当年请客买过两瓶茅台，真假不知，但按市场的现状推算，应该是假的。喝完后酒瓶放在书橱里做摆设，表示我也喝得起茅台——就像前面说到去巴黎旅游，正是为了表示我也出得起国一样——果然就有朋友看见了，他告诉我说，茅台酒瓶有人回购，根据市场行情，30 元到 80 元不等。回购去干什么？当然是用来做假酒，再卖给我这样区分不出真假酒的人。

因为产量有限，茅台酒和普罗旺斯蜗牛一样，一直都是供不应求，所以假茅台的生意一直很不错，而普罗旺斯的奸商该卖假蜗牛的还在卖，彼得·梅尔的呼吁想来也不会有任何效果。你想避免上当受骗，唯一的选择就是不喝不吃，但真要有需要茅台的场合，你硬着头皮也得买上两瓶，而到了普罗旺斯，又怎能不来一份这当地的名吃呢？

你大概只得在满心的疑虑中，小心翼翼地喝一杯来历不明的茅台，吃一盘身份可疑的蜗牛，内心的那份美好的期待，实现起来免不了就要打一个大大的折扣。

对普通人来说，不管是茅台酒还是普罗旺斯蜗牛，都不过偶尔品尝一下，真的假的也没什么大碍，真正要命的是经常要吃的水饺和外卖。冬至当天我买来水饺，自己煮来吃了，味道一般不说，还煮破了几个，碎饺皮与肉馅散落其中，卖相也不好看，跟楼下肉夹馍店里卖的水饺相去甚远。而小马自做的午餐，我们同事也都品尝过几口，味道着实不敢恭维。

你看，大伙儿为了健康，不得不操持起自己所不擅长的事务，显然不是个愉快的体验。而此事的背后，则是部分不良摊贩造成的与顾客之间的不信任。近些年，这种情况多有好转，总是一件令人欣慰的事。

2019 年 2 月 14 日

这碗面里有史

我少年时看古龙小说，说到有的侠客一顿只吃一碗面，觉得不可思议。心想我一个学生，不干什么重体力活，一顿也要吃三碗米饭才饱，吃带汤的面条，起码得四碗，就算是海碗（南方海碗的容量比正常的饭碗大一倍左右），也得至少两碗。一个大侠，又要练功，又要赶路，有时还要打架，一碗面怎么够吃呢？

后来到了西安，第一个周末，跟几个同学跑到半坡博物馆游玩。午时在浐河边一家刀削面馆坐定，要了一碗干拌面，这才开了眼界，明白了古龙所言非虚。

那碗大得完全可以扣在我脑袋上当帽子，碗

中的面条堆得尖尖的，以我老家的饭碗来盛，足足要装五六碗。我平日自诩饭量惊人，加上那天走了一上午路，肚中早已轰鸣如鼓，然而这一碗面却愣是没有吃完。

西安饮食以面为主，各种流派汇聚于此，面条做法花样繁多，而且价格比米饭、炒菜便宜——单凭这一点，面条便成了穷学生的最佳选择，除了平日吃食堂，请客、聚餐，也多是一碗面条解决问题。

最初的几个月，我今天刀削面，明天扯面，后天臊子面，大后天拉条子……

拉条子可以粗，可以细，可以不粗不细；可以油泼，可以干拌，可以加汤，可以炒。

炒拉条子可以素，可以荤，可以加鸡蛋。

总而言之，花样百出，只要你愿意吃，连吃三个月不带重样的。

吃得最香的一碗面是哪一次的呢？

某一个周日，我和三个同学骑车去杜陵访古，回来的路上看到一个路牌，上写“春临”二字。

当时微风拂面，夕阳正好，路边花儿盛开，而我们青春年少，一切与“春临”这个词如此契合，像一首美好的唐诗。我说：“我们去春临吧。”他们说：“好啊好啊。”

于是我们猫腰弓背，将车轮蹬得飞转，风鼓起解扣的衣衫，像几面小小的帆。

春临是一个村庄。屋舍不华美但尚算齐整，村民不富裕，尚能温饱自足。没有长安古意，也没有时尚新风。像西安郊区大多数的村庄一样，朴实而亲切。

我们到的时候夕阳未落，而村中婶嫂已开始准备晚餐。晚春时节，天不冷不热的，她们把煤炉和小方桌搬到门外。

煤炉上坐着一口铝锅，小方桌上摆着铁锅、方盘、大碗，方盘里码着切成长条的面块，大碗里装着洗好的青菜和绿豆芽，边上散放着筷篮、小油壶和调料盒，两头蒜斜躺在桌角。

我们看着眼馋，便寻了一个面善的大婶，问她能不能卖给我们几碗面吃。她两手正端起铝锅，查看煤炉的火势，听得我们的诉求，侧着脸憨厚地一笑："饿咧？"

我说："下午跑个不停，饿了。"

她放好铝锅，把脸冲向屋门，喊了一个什么名字，说："几个娃要吃面咧！"

屋里走出来一个大叔，打量了我们一眼："要吃吃么（吃吧）。"

"那你和娃们晚上吃馍能行（可以吗）？"

"能行么。"

大叔拿出几个小木凳，招呼我们坐下。这时候，铝锅中的水已经快开了，大婶用湿毛巾擦擦手，提起一长条面块，拉拉扯扯的几下一根扯面就扯好了。没两分钟，方盘上一大半的面块就变成了一堆扯面。

水开了，蒸汽顶得锅盖噌噌地响。大婶揭开锅盖，把扯好的面放下去，用一双长竹筷拨拉几下，接着扯剩下的面块。等面块扯完，锅里的面条开始翻滚。她扔了一把青菜进去，又用漏勺装上豆芽，伸进锅里烫了几烫。

一番操作之后，面条也差不多快煮熟了。大婶端起铝锅，放到旁边的木凳上，又把铁锅放上煤炉，然后抓起油壶，把菜油倒入铁锅中。

这时大叔又从屋里拿出来几个大碗，在小方桌上摆开。大婶用竹筷捞起面条，依次放到三个碗中，一边捞一边略带歉意地说："锅小，煮了三碗先吃着。"

面条捞罢，又从锅里捞出青菜，每碗放几根，再各放一撮豆芽。打开调料盒，各撒一勺盐，几勺红红的辣椒面。

铁锅里的油已经滋滋地冒出淡烟。大婶从筷篮中抽出铁勺，舀起一勺滚油，唰的一下泼在辣椒粉上。只听得刺啦一声，微凉的晚风中，一股浓浓的辣香迅速弥漫开来。

这股扑鼻的辣香，让我至今回味不已。

一碗油泼辣子面，在西安算是最简单的面食了，但别小看它，明代以前的古人可是吃不上的，因为辣椒要到明代末期才传入中国。关中人吃面，"没有辣子嘟嘟囔囔"，那都是后来的事儿。

面条最初的名字叫汤饼，之所以叫这个名字，是因为一开始它真的是水煮的薄面饼，凡事有个演变的过程嘛。我的老家安徽舒城乡下现在还爱吃一种面汤，跟这个汤饼可能差不多，就是把和好的面团用手揪成片状（也可以和成面糊，用锅铲舀面，菜鸟都是这么干的，比如我），放入开水锅中煮熟，加上佐料，就可以吃了。

后来，汤饼的形状慢慢发展成了像筷子一样粗细、尺把长的宽面条。到了晋朝时，才正式变成细条状。不过模样变了，大名没改，还叫汤饼，有的地方另起了别名叫馎饦，这两个字笔画多，不好写，普通老百姓嫌麻烦，就叫“不托”。我琢磨着，这个馎饦跟汤饼也可能稍有不同，类似于饺子和馄饨的差别。

汤饼瘦身成功后，细长细长的，唐朝人图吉利，一看“长瘦”两个字，这不是“长寿”的谐音吗？祝寿的时候正好用上，所以过生日就开始吃汤饼了，长寿面就是这么来的。

唐朝诗人刘禹锡有一首诗，叫《赠进士张盥诗》，开头几句，说的就是过生日吃汤饼的场景：

忆尔悬弧日，余为座上宾。

举箸食汤饼，祝辞添麒麟。

这里的悬弧，指的是古代一种风俗——生男孩要在大门的左边挂上一张弓，所以悬弧日指的就是男子的生日。张盥是刘禹锡的晚辈，出生那天，刘禹锡前去祝贺，举着筷子吃起长寿面，因为刘叔叔是个当了官、有身份的人，所以还现场致了辞。

到了宋代，才有了“面条”这个名字。不过大家叫惯了“汤饼”，一时也改不了口。苏东坡、黄庭坚他们写诗，还是叫“汤饼”。比如黄庭坚这一首《过土山寨》：

南风日日纵篙撑，时喜北风将我行。

汤饼一杯银线乱，蒌蒿数筯玉簪横。

比黄庭坚晚一百多年的金朝诗人元好问，听说朋友杨焕然生儿子了，写了四首《杨焕然生子》，其中的第二首说到吃面，用的还是“汤饼”：

人家欢喜是生儿，巷语街谈总入诗。

我欲去为汤饼客，买羊沽酒约何时。

这里的“汤饼客”是从唐朝传下来的词，唐朝去参加生日宴会的人，自称“汤饼客”。

到了明朝，“面条”这个名字才真正流行开来，因为连诗人写诗也改称呼了。陆深写了四首《江东竹枝词》，第四首写到吃面，已不见“汤饼”的踪影了。

明月垂杨独树桥，桥西熟酒好良宵。

红香细剥莺哥嘴，嫩白鲜羹玉面条。

一般来说，除了极少数喜欢用典的诗人，大多数诗人写诗时用词都还是与时俱进的，因为得让同时代的读者看得懂嘛，总不能为了表示自己有文化，写的诗却搞得没人看。写诗不用“汤饼”而用“面条”，说明“面条”这个词已经成功上位，深入人心，变成日常用词了。

一碗泡饭，两种相思

我认为泡饭应该是中国本土最早的快餐了。

泡饭以上海的最出名。我有一次去西安南门里一家避风塘去吃饭，服务员还特地把泡饭作为他们的特色饮食向我们推介。我点了一碗，里面除了煮过的剩米饭，还加了虾仁、豌豆，看上去红绿相间，色彩可喜，极易勾起人的食欲。

但泡饭并非是上海一地的特色，凡在南方乡下长大的人，有谁没吃过泡饭呢？上海泡饭出名，那是它沾了“上海”两个字的光了，大都市嘛，凡事凡物总是更容易吸引人一些。

现在说到泡饭，总有人以为它是最简陋的一种饭食，随时可以吃，事实上却并非如此。泡饭的一个前提是必须有剩饭，但中国五千年历史，大部分的时光都处于战乱及灾荒之中，和平安乐的日子太少，有剩饭的时候不多。我小时候家境贫寒，肚子时常难得一饱，哪里会有什么剩饭，所以吃泡饭的机会少得很。

不过一到农忙时节，情形就有所不同。

看过许多文人写的诗文，总是把乡居生活说得很悠闲，那是他们没有真正地投入其中。陶渊明当年不为五斗米折腰，辞官跑路，跑到乡下修地球，写了不少怡然自得的田园诗。

但陶先生出身世家，多少是有些资本的，假如他全指着种庄稼吃饭，就他那个专业水准，“草盛豆苗稀”，一家人非饿倒不可，哪里还有闲情逸致去写什么“采菊东篱下，悠然见南山”。

陶渊明隐居地在九江，九江以大米为主食，不知他当年是否吃过泡饭，或许农忙的时候也吃过吧，就算是地主，也得讲究个时令不是——反正在我的老家，一到农忙，泡饭就真正成了村民的家常便饭。

那季节父母成天在田地里忙碌，披星戴月，早出晚归。而我们兄妹都还在上学，吃饭就成了一个问题，母亲便在晚上多煮些米饭，用铁盆凉在水缸里。第二天早晨，我们醒来，父母已下田干活，我们便各自拿一个大碗，装上昨晚的剩饭，倒上开水，泡上个两分钟。

剩饭颇凉，第一遍开水泡过后往往饭还不热，我们就把温水喝掉，加第二遍开水，米饭这会儿才真正被泡热。至于佐饭的小菜，则有母亲腌好的豇豆、萝卜干之类，咸咸的，脆脆的，搭着泡饭吃极为相宜。

我们兄妹三人呼哧呼哧地吃完，然后背着书包上学去，途中路过农田，看见大人们正弯腰在水田里插秧。前面是一排排青翠的禾苗，弱小而充满绿色的希望，后面则是一片白茫茫的空田，水波随着大人们双腿的移动而向外一波波扩散，一直扩散到水田的尽头，在田埂的阻拦下消失不见。

除了泡饭，我还吃过泡锅巴，做法同泡饭一

样。一到农忙，来不及做饭了，而前一晚偏偏又没有剩饭，就把母亲平时积攒下来的锅巴从饼干筒里掏出两把，放在碗中，倒上开水。锅巴焦酥，经开水一泡变得软和了，但那酥劲还在，是一种不错的美味。

我弟弟比我小两岁，我上二年级时他还没上学，泡锅巴他吃不上，只能等着母亲忙活一阵休息时回来做红薯稀饭吃，为此他眼馋不已。尤其是有一天母亲出门迟，看我老是吃泡锅巴就咸菜，觉得心疼，就往碗里加了一勺猪油，香味立刻在开水中弥漫开来，扩散到空气中。

我闷着头稀里哗啦地一通大嚼，然后仰头把碗底的碎锅巴倒进嘴里，却一眼瞥见坐在灶门口的弟弟使劲吸着鼻子，眼巴巴地盯着我手中的大碗。他那时尚未发育，只有一点点的喉结上下蠕动着。

我知道他馋得慌了，觉得自己一个人独享这一勺猪油未免太说不过去，于是就向母亲声明，我不爱吃猪油泡锅巴，以后就天天接着用开水泡，嘎嘣嘎嘣地嚼着咸菜。

我弟弟现在事业有成，山珍海味也吃得够多，但他还保持着吃锅巴的习惯，每次回老家都会带走几包母亲攒的锅巴。有一次过年，我和他闲聊，聊着聊着他忽然无限神往地说：“小时候那一次你吃猪油泡锅巴，我闻着真香啊！”我十分痛恨自己，当时为什么只顾着自己吃，而没有分一些给他，这件事我一直铭记在心，它让我觉得自己是一个十分自私的人。

我不知道他后来自己试过用猪油泡锅巴没有，我估计他试过，但肯定是再没有小时候坐在锅灶下闻到的那猪油泡锅巴的香味了。

第三章 谈钱，不要面子的吗

千古文人发财梦

一

林语堂年轻时雄心勃勃，老琢磨着要研制一种简便好用的中文打字机。老林写文章是一把好手，一部现代文学史，怎么写也绕不过他的名字。但文章写得好不代表别的事也能做得好，他从二十二岁开始，到五十三岁收工，前前后后花了三十来年，砸进去 12 万多美元，才总算把打字机给鼓捣出来，周期那叫一个漫长。

就这效率，再好的项目也得黄了，更何况他运气不好，打字机问世之时，正值烽烟弥漫之际，不是投产的好时机，结果自然是赔得一塌糊涂。

我早年曾认为林语堂投资打字机是想为祖国的文化事业做一个大大的贡献。但等我弃文从商，将心比心，一番揣测，觉得老林的主要目的还是为了发财，研制打字机不过是他发财的一个手段。这项目要是真的做成，他老兄从此日进斗金，就变成中国文人的首富了，搞不好还能捞个“当代毕昇”的称号，真正是名利双收。

哪晓得事与愿违，大项目做成了“大窟窿”，逼得林语堂抹下脸面去跟他作品的出版商赛珍珠借钱，赛珍珠一口回绝。关系就此尴尬，加上其他诸多烦心事，两个老朋友渐行渐远。

其实林语堂干过的这档事儿，人家马克·吐温早就干过了。马克·吐温四十五岁时，被一个叫佩吉的人忽悠了，投钱去研制打字机。他是美国人，做的当然是英文打字机，但打字机在当时属于高科技，不管英文还是中文，都不是那么好做的。佩吉的承诺是很快就能研制成功，谁知直到马克·吐温岁近花甲（1894 年），前后花了 19 万美元，这承诺也没能兑现。

这个数目现在看上去好像不是很大额，但那可是19世纪末期的事儿。彼时一个美国人的收入是多少呢？我手头有一份1900年美国人的收入资料，虽然比马克·吐温投资打字机的年代晚了一些，但也大致可以作一个参考——1900年，美国的平均薪水是每小时0.22美元，普通工人的年收入在200美元至400美元之间，精英人士的收入当然要更高，人均年收入则大约是450美元。再看看现在，美国社会保障总署公布的2014年人均年收入是4.65万美元，这之间相差了一百倍还多，粗略换算一下，马克·吐温损失的19万美元相当于现在的1900多万美元了。

如果嫌这个算法虚高的话，还可按购买力来计算，彼时1美元的购买力约等于现在的30美元，则老马的损失大约相当于现在的570万美元。

若是从他开始投资的1880年开始算起，这两个数字还要再高一些，怎么看可都是亏大发了。

做生意做熟，文人搞实业，就总爱绕着文化这两个字打转，林语堂如此，马克·吐温如此，比马克·吐温早生三十多年的巴尔扎克亦是如此。

巴尔扎克当年也是一心想发财啊，为了挣大钱，他年轻时写过不少情色小说，因为这些东西销量大，书商给的钱多。当然，在这些小说里，他也没好意思署自己的名。不过，情色小说的稿费再高，那也是有数的，都得靠一个字一个字写，这得写多少字才能发财呢？

老巴着急了，于是心一横，拿写小说挣的钱去搞出版，接着又办起了铸字厂和印刷厂。这几项产业都是没撑多久就先后倒闭，他赔得差点没裤子穿，前后欠人近 10 万法郎，没办法，只好重新拿起笔，靠写文章去挣钱还债。

这债欠得实在太多，他写了那么大一堆《人间喜剧》，也没把债还清，逼得他隔三岔五给一个俄国贵族夫人写情书。但人家贵夫人见他小说虽然写得好，长相却有碍观瞻，而且经济实力太差，所以一直犹豫不决，闹得巴尔扎克前前后后写了十八年情书方才抱得富婆归。

让人感喟造化弄人的是，因为写作导致劳

累过度，巴尔扎克结婚才五个月，这位一辈子为钱所困的天才小说家就撒手西去了，时年不过五十一岁。

二

说到古今中外的文人，尤其是那些声名赫赫的大家，一般老百姓总以为他们的生活跟他们的诗文一样雅致，所谓兰亭雅集、曲水流觞，名字都像是高档楼盘，听起来就很诱人。

但雅生活就像名媛，追上她总是需要资本的。兰亭雅集的主角王羲之、谢安等人都出身于名门世家，生下来就是有钱花、有官做的主儿。至于没这好条件、日子过得潦倒的穷文人，那就只能“在墙上贴几张名媛的海报”，比如说杜甫。

杜甫虽然也出身世家，往上好多代都做官，但唐朝的世家与晋朝的世家已不可同日而语，至少后代做官没那么容易了，杜甫的老爸杜闲级别不够，杜甫没有靠门荫入仕的资格，要想当官就得自己去考。杜甫两次参加科举，第一次是二十四岁那年，在洛阳，没考上；第二次是三十五岁，在长安，点背，因为李林甫的一句“野无遗贤”，所有考生全部落榜。

没能考上进士，杜甫就吃不了官饭，再加上此时他父亲已去世五六年，无老可啃，生活日趋艰难。无奈之下，他只得跑到市集上摆地摊卖草药来挣钱糊口，哪还有闲钱和闲心去玩什么高雅？

要想过上雅生活，就得有硬通货，这个简单的道理杜甫当然懂。但练摊儿挣的钱实在太少，想靠这个发财比较艰难，于是他放下自尊，“朝扣富儿门，暮随肥马尘”，立志跟土豪交朋友，又向贵人赠诗，又向皇帝献赋，力图走上层路线。

就这么着混了个八九年，最后总算得到一个右卫率府胄曹参军的官职，负责看守兵甲仗器、库府锁匙，官虽然不大，不过好歹也算是政府工作人员，有口安稳饭吃。

他兴冲冲地跑回家报喜——因为在长安买不起也租不起房子，还缺吃少穿的，他把家安顿在奉先（当时的奉先县令是他妻子的族亲），也就是现在的陕西蒲城，离长安大约一百一十公里。今天开车不到两小时，但当年骑马得走两三天，杜甫一般是骑驴，那就至少得三四天——才知道小儿子已经饿死了。而且他的运气跟巴尔扎克差不多，这口官饭只吃了一个月，安禄山就造反了，半年后唐玄宗领着一帮高官跑路。此后烽火连天，山河破碎，他基本上就是到处漂泊，除了在成都靠朋友帮忙过了几年安稳日子，大多数的时候都穷得叮当响。

最后他漂泊到潭州，碰到湘江发大水，被困得九天没吃上正经饭，等被当地的县令救出时，已经饿得前胸贴后背。县长请他吃了一顿牛肉，还喝了几杯小酒，结果因吃得太多，油水太好，他那可怜的肠胃平时吃野菜吃惯了，哪受得了这个，回去就闹毛病，当夜就撒手人寰了。

这么个大诗人，硬叫穷困给折磨死了，想起来就令人唏嘘不已。

常有人说“诗穷而后工”，还老拿杜甫做例

子，说他的诗就是在穷困坎坷后才越写越好。其实这都是在鬼扯，诗写得好不好靠才华，跟穷不穷的没关系。于诗人而言，穷与不穷，坎坷与不坎坷，顶多因生活环境和经历不同，写诗的题材有所不同。杜甫年轻时不穷，还不是照样写出了“会当凌绝顶，一览众山小”？比杜甫早生个十来年的李白，虽然一辈子也没发什么大财，但他老爹经商，家资殷实，四任老婆（有一个没办手续）中有两个是宰相的孙女，而且唐玄宗还给过他一大笔遣散费，所以他大多数时候，小日子过得都还不赖，看上去潇洒风流，有时还包个歌妓去游山玩水，也没见他诗写得差了。

“诗穷而后工”最早是欧阳修说的，欧阳修早年贫困，没见他写过什么好诗，后来考上进士，娶了富贵人家的女儿，此后就一直当官，过着“座上客常满，樽中酒不空”的美好生活，诗文倒是越写越好，最后混进了唐宋八大家，所以他说这话纯属站着说话不腰疼。

当然，也可以把政坛失意之类归于“穷”，

欧阳修因为搞改革，被贬过几次官，但都是滁州太守、扬州太守之类的地方实权派，后来还当上了兵部尚书、参知政事等高官。这等境遇比起杜甫的遭遇，岂不是云泥之别？这要也算是“穷”，那我很愿意这么“穷”下去啊。

这么一比较，你就会明白林语堂和巴尔扎克等人为什么要努力赚钱了——在他们所处的时代，要想活得体面，最好的当然是高官显贵，如果搏不到，那就退而求其次，“非暴富无以解忧”。

三

文人想发财，多爱搞出版。

前面说过，巴尔扎克做的第一项生意就是搞出版，他的计划是出版一些名家比如莫里哀和拉·封丹等人的袖珍本文集，内容靠谱又卖得便宜，发行量一定上得去。这算盘打得好像挺不错，老巴为此也确实下了不少功夫，不但操刀写序，还找人画了精美的插图，筹划得很是精心。

如此这般忙活了一年多，书终于出版了。初版印了一千册，卖出去多少呢？区区二十册！

编书、出书虽然也是一门生意，但毕竟跟文化沾着边，干得好了就会名利双收，你看萧统和蘅塘退士，也是俩文人，写的诗文却没什么影响，但一个编了本《文选》，一个编了本《唐诗三百首》，愣是都成了文化名人，这就是搞出版的好处了。所以从古至今，这门生意都是文人生财的第一选择。这生意巴尔扎克干过，马克·吐温、林语堂也干过。

马克·吐温做出版还不止一次。他第一次做的是报纸，1870 年他与纽约州一个标准的白富美奥莉薇娅·兰登结了婚，婚后就开始编辑发行《快报》，干了一年，赔钱赔得撑不住了，没办法只好转让给别人。马克·吐温穷孩子出身，之前从未发过财，所以他这出版报纸的本钱来路可疑，十有八九是老婆出的。

俗话说吃一堑长一智，但对马克·吐温这种天分极高的大师来说，承认自己没有发大财的能力是一件比较困难的事儿，所以到他五十岁，凭一支生花妙笔混得声名如日中天之时，他又开始心痒难耐，再度投身于出版业。

当时，他的小说已经非常畅销，很多出版商靠出版他的小说都发了财。肥水不流外人田，他干脆自产自销，出版的第一本书就是自己的小说《哈克贝利·费恩历险记》，这本书销量很不错，算是打响了第一炮。

接着，他出版了《格兰特将军回忆录》，靠着这位将军兼总统的名人效应，这本书十分畅销，半年多的时间就卖了三十多万册，共赚了 60 多万美元，他转手就给了格兰特将军的遗孀 42 万美元，让老太太安安心心度过了晚年。——瞧瞧，这哪是做生意的料啊，很多书商都是想办法克扣作者的版税，他这么有良知哪挣得了大钱。

虽然前几仗打得不错，但马克·吐温文人心性，浪漫的想象力远远超过经营上的管控力，此后的他开始跑偏，先是盲目扩大业务，中间又经历了经理人出走，总而言之一个经营不善的公司该遇到的问题他都遇到了。在勉强维持十年之后，时间来到 1894 年，经济危机晃晃悠悠地来了，漫不经心地随手推了一下，马克·吐温的出版公司就像大地震中的危楼一样轰然倒塌。一算账，还赔了 9.4 万美元。加上做打字机赔的钱，老马灰头土脸地破了产。

与巴尔扎克和马克·吐温出版图书不同，林语堂主要是办杂志，他先后创办过《人间世》《宇宙风》《天风》等杂志。林语堂主编的杂志中，最著名的是《论语》，但杂志老板是邵洵美，因为报酬没谈拢，他和邵老板不欢而散；《人间世》是与良友图书公司合作的；《宇宙风》中，他是大股东，可以算是他自己的事业。

这些杂志中，《天风》主要是林语堂的女儿、女婿经营，且不说它。《人间世》只办了一年多时间，出版了四十二期，这么快就寿终正寝，是因为发行量很一般，亏损严重。寿命最长的是《宇宙风》，从 1935 年创刊（林语堂于创刊第二年应赛珍珠之邀赴美发展，杂志交由他的三哥林憾庐和另一个股东陶亢德负责），到 1947 年停刊，前后历时十二年，共出版了一百五十二期，发行量最高峰时达到了四万五千册，在当时也算畅销杂志，但《宇宙风》办刊时正值日本侵华时期，时局动荡不安，后来股东之间还闹矛盾分了家，光办公地址就换了好几回，从上海到广州、到香港、到桂林、到重庆，再到广州，这么折腾还能赚多少钱呢？

巴尔扎克是法国人，马克·吐温是美国人，这两个国家虽然现在比较发达，成为富豪们争相移民的去处，但要是比起祖宗，那可就是我们阔了。所以说到文人搞出版，中国可算是历史悠久，源远流长，林语堂不过是一个比较近的例子。

要说咱们国家的出版史，其实可以一直追溯到孔子那儿，孔子是教育界的老祖宗，但一般人都没注意到，他老人家事实上也是出版业的祖师爷。他编辑修订的《诗经》《春秋》等书畅销了多少年啊，可惜这卖书的钱都让后人挣了，他当年一分也没挣着。

但没挣到钱并不代表孔子不想挣钱，子曾经曰过："富而可求也，虽执鞭之士，吾亦为之。如不可求，从吾所好。"（富贵如果可以求得来，就是给人拎鞭子赶车，我也愿意干；如果求不来，那我还是顺从自己的喜好吧！）

要说这古今中外的大宗师中，就得数孔子最合我的脾气了。因为他有着普通人的七情六欲，想当官、想富贵——当然，他讲究一个道义，所谓"君子爱财，取之以道"，又所谓"不义而富且贵，于我如浮云"——跟老婆闹别扭了还可能会骂骂咧咧地说一句"唯女子与小人为难养也"，一看就是活在人间烟火中，亲切得很，见了面说不定还能拍拍他的肩膀叫一声"老孔"。

他不爱玩虚的，不语怪力乱神，敬鬼神而远之。他的学说是世俗的，他反对神，当然更不会把自己当神，后人也就很难把他往神的路子上塑造，我觉得这就是儒家最后没有成为宗教的真正原因。

话扯得远了，继续说发财的事儿。

四

出版业真正成为一门生意，那已是宋朝的事儿。宋朝政治开明，教育和文化都相当发达，读书人多了，买书的人自然也就多了，最关键的是印刷术越来越进步，图书终于可以量产了。等到了明朝，出版业已经蔚为大观，涌出了许多响当当的出版人和编辑，比如冯梦龙，以及被清朝政府砍了脑袋的金圣叹。

但这个响当当指的是名声，至于当当响的数钱声，在冯梦龙和金圣叹那儿可就很难听到了。

先说冯梦龙。老冯是文学大家，也是编辑大家，他编著的《三言》已经成为文学史上的名著。老冯还出版过长篇小说，他把余劭鱼二三十万字的《列国志传》扩充到七八十万字，名曰《新列国志》，后由蔡元放改编成《东周列国志》。这部小说在文学史上的地位虽然比不上四大名著，但也绝不会逊色于当代任何一部长篇小说，掰掰指头算算，能像《东周列国志》这样流传几百年的会有几部呢？

另外，像《智囊》《情史》《笑府》这样著名的笔记，以及传统国学（经史子集）新解之类的常销书，冯梦龙也编纂了好几十种。

就是这样一个质量、产量双丰收的牛人，他的境况又如何呢？冯梦龙在文章中说到自己，用的大多不是什么好词，不是“落魄奔走”（《情史叙》），就是“奔走多难”（《春秋衡库发凡》），总而言之一副穷困潦倒的模样。

这些当然可以是真的，但也搞不好是他怕别人找他借钱，故意哭穷，所以我们得去找个佐证。比他晚一些的褚人获（《隋唐演义》的编撰者），在《坚瓠续集》中说冯梦龙混得很差劲，有时候竟然会到没饭吃（绝粮）的地步。

这么看来，冯梦龙的穷那是真的了。这出版业真是太不好混了！写到这里我对着空调倒吸了一口冷气，站起来在编辑部遛了一圈，不禁对自己的未来产生了深深的忧虑。

再说金圣叹。金圣叹是个很有趣的人，被清朝政府砍头前还有许多金句流传，比如“花生米与豆干同嚼，大有核桃之滋味。得此一技传矣，死而无憾也！”又如“割头，痛事也；饮酒，快事也；割头而先饮酒，痛快痛快！”

但脱口秀向来是演员的饭碗，金圣叹靠这个可糊不了口，他的正儿八经的职业也是搞出版、当编辑，而且成就可观。

他最出名的项目是七十回的《水浒传》，在当时就很有影响力。他还跟得上社会需求，编辑过《才子必读古文》这样的科举参考书，类似于现在的高考教辅，卖得很不错。

但就算这样，金圣叹的生活水平如何呢？

他在中年时写过两首诗，一首说：“先生奇策不堪论，亭午清斋水一盆。彭泽妻孥相对饿，鹫山主伴自称尊。”另一首说：“今冬无米又无菜，何不作官食肉糜。邻舍纷纷受甲去，独自饿死欲底为。”

也就是说，他跟冯梦龙一样混得很惨，连累

着老婆孩子经常跟他一起饿肚子。

冯梦龙和金圣叹搞出版为什么发不了财？这个我倒可以帮他们解释一下。

俗话说，“秀才造反，三年不成”，所以秀才造反时总得跟着一个老大，萧何跟刘邦，吴用跟宋江，刘伯温跟着朱元璋。这文人做出版也一样，真正自主经营的少，跟着书肆老板混的居多，冯梦龙的《三言》就是由江苏吴县一家叫天许斋的书肆刊印的。这样做风险小、操心少，但收益当然就很微薄。金圣叹评点的书也是书肆刻印的，他出名后，各路书商纷纷上门求他的书稿，有的甚至就在他家附近的客栈住下来，等书稿完成，立即拿去刻印。

这么一说，冯梦龙和金圣叹算不得真正的出版人了，但他们在出版业讨生活却是肯定的，以他们担当的角色和贡献，至少也算得上是一个总编辑。

不过就算冯梦龙、金圣叹自己当老板，就能改变局面吗？恐怕也悬乎。以这两人的编辑能力和文学才华，编个畅销书出来那是肯定没问题的，手头再有一些流动资金，找个印刷厂把书印出来也不是个事儿，关键问题是要把书卖出去，这个环节就牵涉到别的能力了，如营销才能、把营销人员组织起来的管理才能等等，一个人显然很难具备多方面的才能。

就算冯梦龙他们有这些方面的才能，要把图书销到全国各地，他还得找书商。书商也是商，是商人就有赖账的，而且商人赖不赖账很多时候不是取决于他的信誉，而是看欠账的对象，欠账的对象是土豪恶霸，那就赶紧还了；是冯梦龙这样无权无势、手无缚鸡之力的书生，那就不妨赖了。

做出版总得有个成本，在冯梦龙那个时代，成本尤其高，这样的奸商碰上两三个，冯梦龙就得血本无归。当然这些都是根据我多年的从业经验做出的揣测，不过古今同理，想来不会差到哪里去。

事实上冯梦龙也确实当过老板，万历四十八年，他自刻了一本《古今笑》发行。两年后，易名为《古今谭概》，改由苏州一家叫叶昆池能远居的书肆印行。可见他自己刻印发行的效果不理想，不然也不会卖版权。

要说古今中外的文人，像冯梦龙和巴尔扎克这样试图在出版业讨生活的，可说是不计其数，但大多光景不佳，能混口饱饭吃的就算是成功者。即便到了出版业飞速发展的20世纪，情形也依然没有多大改变，像金庸那样小说写得好，报纸生意也做得好的文人微乎其微。

看来这文人投身出版业，发财的希望那叫一个渺茫。没办法，只能另寻别的财路。好在孔子已经用他的行动为文人指明了另一条生财之道——办教育。

五

孔子是教育界的老祖宗，这个大家都知道，但他办学的收入如何呢？

孔子办学，收的学费不高，据他自己说，是“自行束脩以上，吾未尝无诲焉”。脩是干肉，我们现在最常见的干肉是腊肉，束是量词，一束是十条，所以我们姑且认为孔子收的学费是十块腊肉。

当然这里的“束脩”只是学费的代名词，他也不会只收腊肉，同等价值的粮食、衣物或钱币他肯定也收，你多交一点学费估计他更欢迎。现在的问题是，这个“束脩”到底有多少斤，值多少钱？

孔子说的“束脩”到底是多少斤，我们已无从知晓。朱熹曾经解释说：“束脩，其至薄者。”这基本上就是一句废话，“至薄”是多薄？还是不知道嘛。不过我们可以从文献和民俗的角度大致来推测一下“束脩”的价值。

《礼记·少仪》记载了古代诸侯大夫相互之间赠送的礼物：“其以乘壶酒、束脩、一犬赐人或献人。”

这当中列举的三种礼品——乘壶酒、束脩、犬，前二者我们搞不清楚值多少钱，但后面这个“犬”的价值，却是能搞清楚的。孔子时代的“犬”就是中华田园犬，俗称土狗的便是。2015

年，一条体重四五十斤的成年土狗，价格大致在一千五百元上下。按照常情来推测，在文献中能够并列的三种物品，它们的价值应该是差不多的。其情形正类似于历史上并列的人物，我们说“李杜”“韩柳”，是因为李白和杜甫、韩愈和柳宗元的成就差不多。由此我们可以大致认为乘壶酒、束脩与一犬的价值应该就在伯仲之间。

这里的“乘壶酒”指的是四壶酒，“乘”在这里读“剩”，古代四马一车为一乘。在孔子那个时代，酒虽然度数低，并非现在的蒸馏酒，囿于当时的生产力，它还是一种奢侈品。而且诸侯大夫之间当礼物送的酒，质量也不会太差，所以我们可以参考一下现在礼品酒的价格，拿得出手的怎么也得个三五百块一瓶吧，所以这四壶酒按现在的行情来算，起码值个一千多块钱是没问题的。

现在我们大概知道了“一犬”和“乘壶酒”的价值，那么和它们并列的“束脩”的价值也不会低到或高到哪里去，就是一千多块钱的样子。

再从民俗的角度来看看。

我的老家安徽舒城乡下的规矩，过年给人拜年，每刀（块）腊肉的标准重量是 2.5 斤，低于这个重量就会被人嘲笑小气。这规矩是从古到今传下来的，我们拿来作个参考，把孔子收的腊肉算作每块 2.5 斤，则十块共计 25 斤。腊肉的价格现在贵贱不一，市场上七八十块一斤的也卖，三四十块一斤的也卖，取个中不溜的数字，按每斤 50 元计算的话——古代猪肉都是真正的绿色产品，产量低，一般人都吃不起肉，所以曹刿才用“肉食者”来代指统治阶级，猪肉在当时的价值比现在高很多，这个价钱是个最保守的数字——十块腊肉值 1250 元。这么一推算，我们可以姑且认为孔子收的学费大约相当于现在（2015 年）的 1200 元。

这个数字当然不高，但对年轻时的孔子来说，也算是一笔收入。孔子在三十岁前后开始办学，教到七十三岁，共教了大约四十三年，就按他所说的学生三千人来计算，平均每年新纳学生约七十人。

孔子收学费怎么收？平均一个学生能跟他学几年？是每个学生每年收一次，还是每个学生只收一次学费？是一次性缴齐还是可以分期付款？这些我们无从得知。

如果每个学生平均能跟他个三五年，每年收一次学费，那么就按这 1200 元来算，他也能收到不少学费。不过看他有时候混到“惶惶然如丧家之犬”的模样，怎么看也不像个土豪，所以还是每个学生只收一次学费的可能性比较大。

按每人只收一次，每次 1200 元的标准来计算，则他平均每年学费能收 8.4 万元，每月 7000 元的样子，跟现在二线城市（鲁国国都曲阜在当时也算二线）中白领阶层的收入大致相仿。彼时住房自盖，不用当房奴，单就这个收入而言（事实上他还有别的固定收入，后面会说到），俭省一点，混个小康生活是没问题的。（真实的情形当然不会这么简单，这个算法只是提供一个粗略的概念。事实上，就算是身边的朋友，你要搞清楚他真正的收入，都是件比较困难的事，何况两千多年前的古人呢？）

一个社会总会有几个热心助学的人，鲁国大夫季孙氏就是一个，他曾经送给孔子“粟千钟”（《孔子家语》）。季孙氏不是一个人的名字，而是对一个贵族家族的尊称，“孙”为“公孙”之意，季孙氏是鲁国国君鲁恒公的后代。孔子初入职场时，就是在他们家做的“弼马温”。孔子先后跟三代季孙氏打过交道，送他千钟粟的是中间的季桓子。

“粟千钟”的钟是春秋战国时代齐鲁等国最大的量器。孔子时代，齐国法定量器自小到大依次为升、豆、区（读“欧”）、釜、钟，法定量制为四升一豆、四豆一区、四区一釜、十釜一钟，鲁国未知，但齐鲁相邻，想来应该差不多。

一钟粟是多少斤粮食呢？根据不同的文献资料，可以得出两个数字。

一是按照周朝官方的量制，测算下来一升大约相当于今天的187.6毫升（ML）（见《新编简明中国度量衡通史》，吴慧著，中国计量出版社2006

年 12 月第一版），则一钟大约是 120 公升（L）。

二是按《中国科学技术史 · 度量衡卷》（丘光明等著，科学出版社 2001 年 6 月第一版，后面涉及的度量衡数值均以本书为标准）根据出土文物的测算，战国初期齐国的一升相当于今天的 205 毫升，一钟是 131.20 公升。

我在农贸市场用量器装了一公升的红谷子（商贩对红粟的称呼），称下来约重 0.75 公斤。按前者计算，一钟粟大约是 90 公斤，这一千钟粟就是 9 万公斤；按后者计算，一钟的粟大约是 98 公斤，这一千钟粟就是 9.8 万公斤。不过后者所依据的出土文物都是战国时期的，离孔子时代已经过去了一百多年，而孔子所在的鲁国又是遵循周制的，所以前一个数字可能性较大。

不管是 9 万公斤还是 9.8 万公斤，这都是一笔巨额捐赠，顶得上孔子十年收的学费。不过这是送来助学的，有饭大家一起吃，不能算到孔子个人的收入里。

这笔捐赠也可以说明孔子的办学收入不会太

高，否则季桓子不会捐资助学，你看现在谁会给俞敏洪捐款呢？都是他给别人捐款。

孔子教书，虽然收了学生的学费，但有时候搞不好还要倒贴。

他晚年的时候，得意门生颜回死了，颜回的父亲颜路（也是孔子的学生）买不起外椁（古人入土讲究内棺外椁），就跑去找孔子，求老师把马车卖掉，给颜回买个外椁。孔子不愿意，为此还解释了一大通。可见这些学生认为老师就该为学生花钱，连老师专车的主意都打，平时肯定没少揩孔子的油。

我有一次闲极无聊，替孔子算了一笔账：他一生总共收了三千多学生，假如按现在最基本的行情，每个学生学制四年，每年学费5000元（生活费、住宿费还得让他们自理），四年就是2万元，这三千多学生就是6000多万。只可惜这老头儿没个经济头脑，不懂得教育产业化的先进理念，偏要讲什么有教无类，“活该”他一辈子发不起大财。

六

做出版填不饱肚皮，没办法，冯梦龙不得不学习孔子，去搞搞教育贴补家用。不过他没有孔子的魄力和能力，自己办不了学，只好给财主家打工，当个家庭教师。

但当家庭教师有个缺点，人家娃长大了你就得挪窝，所以冯梦龙这份工打得很不安稳，光东家就换了好几回，前后有长洲浦家、庄家、陶家，无锡吴家、黄家，乌程沈家等等。万历三十八年和四十七年，还两次自苏州远行到湖北的麻城、黄安讲授《春秋》。

跟冯梦龙一样，金圣叹为了多挣点钱，三十岁后也开始当老师。

老金性格活泼，言语幽默，再加上学识渊博，所以课讲得极好。比金圣叹晚生三十余年的廖燕说他“于所居贯华堂设高座，召徒讲经。……每升座开讲，声音洪亮，顾盼伟然。凡一切经史子集笺疏训诂，与夫释道内外诸典，以及稗官野史、九彝八蛮之所记载，无不供其齿颊，纵横颠倒，一以贯之，毫无剩义。”（《金圣叹先生传》）

不过与冯梦龙不同，金圣叹曾经是有机会发大财的。

二十岁那年（1627 年，明天启七年），在老金还是小金的时候，他充分发挥自己口才好的优势，玩起忽悠人的把戏，当上了预言大师。他号称仙女慈月夫人附体，并起了个法名叫“天台无叶泐子智朗”（意即佛家天台宗无叶堂的泐子智朗大师。无叶是佛堂的名字；泐子是小金的法号；智朗则是他的法名），简称“泐大师”，开始乩仙卖卜，既替人消灾，又帮人看病，还能施展“法术”，为亡人召灵。

这一套类似于曾经的“气功大师”，忽悠了不少人，钱谦益还为他写了一篇报告文学，叫作《天台泐法师灵异记》，极力帮他吹捧了一番。崇祯八年（1635 年）六月初十，他到一个叫叶绍袁的人家中扶乩，帮叶绍袁同死去的妻女重逢，使得叶绍袁对小金感激不已，在自己的书中念叨了好几回。

钱谦益是一代文豪，叶绍袁是吴江名士，这样的人显然智商都不低，连他们都能被金圣叹蒙住，可见他忽悠人的功力不凡。褚人获在《坚瓠集》中说当地缙绅也被金圣叹这一套迷惑，不少人请他做法，小金则“请之即来，长篇大章，滔滔汩汩”。

缙绅就是有官员身份的地主老财，都是有钱人，有钱人请大师，总要掏出些白花花的银子，所以小金这个职业，应该是很有“钱途”的。你看现在那些所谓的“大师”，哪一个不是肥得流油，别墅都有好几处？

只可惜小金后来鬼迷心窍，放着这么个挣钱的“勾当”不做，偏去搞什么文学批评和出版，结果让文学把他给批评了，让出版把他给出卖了，连饭都吃不饱。

不过也有那么几个文人小日子一直过得很滋润，比如袁枚。

说到袁枚，跟冯梦龙和金圣叹一样，他也是既编书又搞教育。他的编辑能力比冯、金二人差了不少，但他的教育工作就成功得多了，这个成功倒不是说他比老冯他们教学水平高，而是他靠这个发了财。

为什么呢？因为袁枚学到了孔夫子的精髓，自己办学，绝不打工。

袁枚三十二岁那年（1747年，乾隆十二年），任江宁（今南京市江宁区）县令时，在小仓山买下了废弃的隋园，改名叫随园。后来他烦透了官场上的迎来送往、磕头作揖，就辞了官，开始重建随园，这是个大工程，花费颇多，为了赚装修费，他开馆授徒。

袁枚的文学成就比起冯梦龙要差了一截儿，但他脸皮厚，人义沽络，善于推销和鼓吹自己，号称是当时的“第一才子”，这个名头对招生很有好处，呼啦啦就来了不少弟子。

他在晚年跑到杭州开分校，扩大生源，还招了很多女学生。

袁枚招女学生时已经七十岁了，那时候毕竟还讲究个男女授受不亲，果然有很多人开始骂他，不过袁枚也不在乎，活到这个岁数，凡事都看得开。有一帮年轻女孩子围着请教诗词歌赋，还能收收学费，这么赏心悦目的美事，何乐而不为？

孔子收学费不过是十块干肉，袁枚可不干这等傻事，收的都是白花花的银子或者沉甸甸的铜钱。袁老师的女学生中，约有三分之一是官宦、大户人家的女子，学费自然是少不了的。另有三分之二虽属平民，但学费依然不能拖欠，有的女学生如严蕊珠，为了交学费，把簪环都送到了当铺。

任何时代，女人的首饰总是比较值钱的，能够被当铺接受的首饰，显然更是硬通货。想一想身边女性朋友脖子上的金项链，你就会知道袁枚收的学费不是个小数目。

学费高加上学生多，随园学校虽然比不上现在的培训名校，但袁老师发家致富那是绝对没问题了。

七

说起袁枚，那得算是文人中的异数。他具备优秀的企业家才能，他对随园的经营是多方位的，除了前面说到的教育业，他还兼营了种植业、养殖业、旅游业、餐饮业、娱乐业、出版业和地产业等等。

随园景色优美，游客众多，袁枚却并不想着收门票，而是大开方便之门，大伙儿随意进出。所以他的旅游业是不赚钱的，却为他的餐饮业带来了大量的顾客，随园的饭店业务量爆棚。他外包出去的种植业出产的粮果蔬菜、养殖业出产的畜禽鱼虾等等也就跟着有了销路。

有钱了就可以养养歌舞班子，自娱是一方面，更重要的是客人吃饭时可以现场表演，这就为随园招徕了更多的人气。

顾客多了，总有爱好读书和附庸风雅的，所以他出版的《随园集》《随园诗话》《随园食单》

等图书的销售量也一直坚挺，成了超级畅销书，上至做大官的，下至摆小摊的，见面不说两句袁枚都显得没文化。最后声名远播海外，连琉球、高丽等地的商旅使者到这边来出差、做生意时，都有人顺便跑来买他的书。

袁枚秉持国人的优良传统，发财了当然要置办田地，所以又到江北乃至安徽滁州等地买了不少田地，用来出租生钱。

但袁枚的这些生财之道，一般文人是学不来的，只能看看眼馋一下。不过袁枚还有另一条财路，大家倒是可以学一学，那就是润笔。

润笔费就是稿费，袁枚那个时代还没有报刊，稿费的来源主要是给活人题跋、写序，给逝者写墓志铭和碑传，后者多为“谀墓”。

袁枚为了抬高身价，经常吹牛说他的诗文又得到谁谁谁的赏识，这个谁谁谁通常都是某个名公巨卿。老袁这么做，当然是吃准了国人的心理，凡是被大人物认可的东西，总是格外有市场一些。所以慈禧跑路到西安，好多种小吃就跟她扯上了关系；打着长沙火宫殿招牌卖臭豆腐的小贩，也总是拿那句“火宫殿的臭豆腐还是好吃”来说事。

袁枚的这种行为虽然为有些人所不齿，比如同时代的郑板桥和赵翼就因此而瞧不起他，但效果却真的非常好。他的润笔费开始低一些，因为擅长炒作，越来越多的富户慕名而来，不惜以重金买他一篇文章，后来就涨到了每篇文章一千两银子。

袁枚所在的乾隆年间，彼时在江南，一两银子价值几何呢？我们来算算。

乾隆三十二年（1767年，这一年袁枚五十二岁），江苏奉贤县（离江宁不算太远，现划归上海）一石大米的价格约为二两半白银。清代的一升约等于现在的1035毫升，我取一公升大米，称出的重量约为0.93公斤，则清朝的一升大米约为0.96公斤，一石大米重约96公斤。算下来一两白银能买76.8斤大米。

我前几天去了一家超市，普通散装大米价格最低的是每斤3.5元，好一些的4元、5元的都有，挂着“有机产品”名头的则卖到了8元以上。按现在的标准，袁枚时代的粮食应该都算是有机食品，产量低，按道理应该拿有机大米来计价，即使按4元一斤来计算，抹掉零头取个整数，当时一两银子的购买力大约相当于现在（2015年，西安）的300元。也就是说袁枚写一篇文章，能拿到30万块钱的稿费，这可实在不能算少了。

袁枚写了多少这样的文章呢？他的《小仓山房文集》共收了五百三十多篇文章，其中序跋、墓志铭、行状等等能够卖钱的文章有一百五十多篇。里面有五十多篇是写九卿督抚以上官员的，袁枚善于搞公关，这些文章搞不好就是他公关的杰作，不收费的。所以我们暂且保守一点，以一百篇来计算，则袁枚写这些文章的总稿费约为3000万。

这个数字当然很不准确，因为他早年文章的润笔费达不到一千两银子这么高，但他晚年文章的润笔费比这还要高，比如袁枚七十七岁时，给扬州一个姓安的盐商刻印的书谱作了二十二个字的题跋，润笔费是多少呢？两千两。何况袁枚也不一定只写了这么多卖钱的文章，结集出版的作品总是作者自认为比较好的，有一些文章能卖钱，他却未必就能厚着脸皮收进文集中。

且不管袁枚到底拿了多少稿费，我们就说他挣这么多了，反正他再牛气哄哄，也不会跳出来反驳。

袁枚是“谀墓”界的后辈，这一行的祖师爷是韩愈。韩愈是唐朝人，那时候这门生意就已经很挣钱了。比如说韩愈写《王用碑》，王用的儿子付给他的报酬是一匹带鞍的好马和一条白玉带。唐朝一匹带鞍好马的价值相当于现在的一辆豪华小汽车，而黄金有价玉无价，所以这笔稿酬还真没法换算成人民币，总之价值不菲。

这样的文章韩愈写了不少，钱当然也挣了不少。韩愈府中有个门客叫刘叉，也算个半吊子诗人，为人任侠使气，是个江湖豪客一类的人物。或许是他对韩老大这种给死人写吹捧文章的行为很不以为然，又或许是为了给自己的偷儿行径找个借口，故意装作不以为然，这个刘叉于某一天扬长而去，走之前顺手牵羊，偷了韩愈一大笔钱，还留下了一句名言：“此谀墓中人得耳，不若与刘君为寿。”

“谀墓”一词就是这么来的。

这谀墓钱好用不好听，韩愈因此一直被人诟病，成为他人生中的一个污点。尽管如此，历朝历代，抢着做这门生意的文人还是络绎不绝，毕竟来钱快啊。不过大多数人并没有韩愈和袁枚的文采和文名，挣的钱也多不到哪儿去。

这情形就等同于现在的作家写手，虽然人数众多，但作品真正畅销的也就那么几个，想靠这个发财，对大多数文人来说，就是一个字——难！

八

文人靠做出版发财不容易，有冯梦龙、巴尔扎克等人为证，金庸算是个特例，但他这样的牛人太少，少到想再举个例子都不知道举谁。许多成功的出版人实际上都是企业家，算不得真正的文人。

文人靠搞发明发财不容易，有马克·吐温、林语堂等人为证，而且好像连成功的例子都找不到。

当教师发不起财，这个不用证明大家也知道。办学虽然有可能发财，但那得有企业家的能力，文人有几个能有这种能力呢？

当“大师”能挣钱，但除了要有忽悠能力，还得昧得下去良知才行，金圣叹大约就是昧不下自己的良知才改行的吧。

靠稿费虽然也能挣一些钱，但一方面是真正能挣到大钱的文人很少，另一方面，说到底，这也就是个辛苦钱而已。

袁枚算是文人中的大户了，抛开他企业家的能力不谈，单就码字费来说，一生也挣了3000万，看上去好像很不少，但跟同时代的盐商以及现在那些做房地产、搞网购、做网游乃至影视行业的土豪来说，也算不得大数目，所以，这顶多算是发了个小财。袁枚去世时，留下的资产除随园外，现银有两万多两，田产值一万多两，折合人民币约一亿多元。作为文人，这个资产很可观了，但跟同时代的盐商如江春、黄源德等人动辄几百万、上千万两白银的身家相比，根本不值一提。（不过挣得多风险也大，江、黄等人后来都在两淮盐引案中翻了船。）

马克·吐温就是因为觉得稿费是个小钱，才跑去开出版公司和投资打字机的——当时比他小四岁的洛克菲勒已经是亿万富翁了，同为美国的顶级名人，相对而言，他的财富确实是小钱——结果把他靠码字挣的小钱也给赔了进去。

照这么一说，难道文人活该就是个穷命吗？

不！莫要忘了在孔子做过的行当中，还有一个从古到今一直都很挣钱的职业。

孔子一生的职业生涯颇为丰富，基本上把一个文人能够做的职业都做了个遍。他年轻时打过不少零工，“吾少也贱，故多能鄙事”，仓库管理员也干，弼马温也干，当过老师，办过教育，还做过编辑（孔子编《诗经》等书是没有直接收入的，不过这些书都被他当教材了，所以间接的经济效益还是有的）。他虽然述而不作，但毕竟有一部《论语》挂在他的名下，《论语》是部哲学著作，其中有些篇章极富文学意味，所以说他是个作家也说得过去。

打零工、管仓库、养马这些工作的收入很有限，当老师、办教育的收入我们也大致推算过，孔子这个作家显然也没有版税可拿，把孔子这些职业所有的收入加起来，都赶不上他另外一份职业的收入，也就是前面所说的，令杜甫求而难得、让欧阳修改变命运的那个职业——当官。

九

孔子是个诚实的人，既不讳言他想发财，也不讳言他想当官。他有他的政治理想，他要“克己复礼”，还要建设大同社会，这些都得靠当官才能实现。

三十五岁那年，孔子有一次当大官的机会。当时他因鲁国内乱跑路到齐国，受到齐景公的礼遇，准备把尼谿这个地方的田地封给孔子，这就是要重用他的前奏了。按齐景公后来所说的“奉子以季氏，吾不能”的意思，得到这个封地，孔子基本上就等于得到了季氏那样的高位。季氏是谁呢？即孔子的前老板、鲁国地位最高的贵族大夫——季孙氏。

这事儿最后没成，据《史记》说是因为当时齐国的大夫晏婴，就是晏子使楚的那个晏子，也是个牛人，一山不容二虎，他当然不能眼睁睁地看着自己多了个政治对手，一番阻挠，孔子的好事泡了汤。

孔子的好事虽然泡了汤，但我们却能从中看到当官的好处：只要当上了大官，就能得到很大一块封地，真正地，甚至一劳永逸地解决个人的财务问题，实现财务自由。

但历朝历代，官帽子，尤其是大的官帽子，永远都是稀缺资源，它们就是金庸小说中的《葵花宝典》，盯的人太多，下手狠的人也太多，哪有那么容易捞到的。

何况孔子还是个有选择的人，看着不爽的人（比如阳货）找他当官，他是坚决不去的。也有的官他想放弃原则去当，比如五十岁那年，季桓子的叛臣公山不狃请他去费邑当官，却被学生给劝住了。

所以几经波折，直到五十一岁那年，孔子被鲁定公任命为中都宰，才算正式开始了官大人的美好生活。

中都宰就是中都（现在山东汶上县一带）这个地方的行政长官。孔子在这个职务上干了一年，政绩不错，就升官当了小司空，管管水利建设等，接着又当上了大司寇。大司寇是个高官，掌管法律、治安和刑狱，职能类似于现在的政法委书记，管着法院、检察院、公安部门等一摊机构的活儿。

孔子当这个官能拿到多少工资呢？

据《史记》记载，是“俸粟六万”。粟去了壳就是小米，那时生产力水平低，粮食是真正的硬通货，所以官员工资一般都按粮食来计数。这个“六万”，《史记正义》解释说是“六万小斗，当今二千石也。”

《史记正义》是唐朝人张守节写的，就是说孔子的工资等于是唐朝的二千石粟。唐朝的一升相当于今天的 600 毫升，按我前面实测的一公升粟谷重量 0.75 公斤来算，唐代的一升粟谷重 0.45 公斤，一石粟谷就是 45 公斤，二千石粟谷就是 9 万公斤，这个数字跟前面季恒子捐赠的“千钟粟”的重量是一样的。宋真宗劝人读书：“富家不用买良田，书中自有千钟粟。”就是用“千钟粟”来指代孔子这样级别的高官的年收入。

小米当年在鲁国是主粮，因为产量低，现在已退居二线，成了杂粮，在超市里卖得比大米贵，普通的陕北小米一斤七八块，东北的小米五六块，扛着“有机”大旗的小米则卖到了十块以上。

孔子时代，靠天吃饭，完全没有农药和化肥，粟的亩产量是多少呢？《管子》里面有记载：“终岁耕百亩，百亩之收不过二十钟。”管仲时代的一百亩大约相当于现在的二十九亩，管仲时代的钟比孔子时代的钟也要小，一钟粟大约有今天的

80公斤，二十钟就是1600公斤，平均亩产量大约是55公斤。

而在2016年，陕北安塞建华镇新尧坪村以传统方式种植的谷子（粟的俗称），平均亩产为128.5公斤，坪桥镇石圪台村平均亩产为258.5公斤。两地平均下来，为193.5公斤，即是春秋时代亩产的三倍半多（这两个村以地膜方式种植的谷子，平均亩产是367.5公斤）。

按这个产量比例，刨除当代人种地时农药、化肥的成本，孔子时代的小米价格至少也该是现在陕北小米的两倍才是。但老规矩，我们还是取一个中等的价格，以好一点的陕北小米的价格来算，8元每斤。孔子领到的是粟（带壳便于保存），现在市场上的粟谷主要是作为鸟食来卖，都是很普通的品种，价格较低。我们还是把孔子领到的9万公斤粟折算成小米，每斤粟至少可出7两小米，则孔子的年薪为6.3万公斤小米，就是12.6万斤，大约相当于2015年的人民币100万元。当然，这个数字没有考虑把粟加工成小米的费用，不过自家吃米，随吃随舂，花点力气，也没啥费用可言，况且舂出来的粟壳还可以用来喂牛喂马。

这个收入水平虽然比不上一些商界人士，比如他那富可敌国的学生子贡，比如现在的万科总裁王石（2015 年年薪为 1045.60 万元），再如联想总裁杨元庆（2015 年年薪为 1.19 亿元），但作为政府官员，不管在当时，还是搁现在，都已经很不错了。

孔子这个大司寇共当了约有三年，工资收入折合成人民币 300 来万，这大概是他一生中挣的最多的钱（孔子后来到卫国官学教书，卫灵公按照他在鲁国的待遇给他发工资，但时间短）。

他家中人口不多，又提倡节俭，也不像现在的人要花大价钱给儿子买房，所以花费不会太高，如果不折腾，把这笔收入善加处置，加上他陆续在收的学费，保他晚年体面地生活肯定没问题。但人在官场，身不由己，他后来为情势所逼，为理想所系，不得不周游列国，东奔西跑的，这钱可就不够用了。

但这个钱不够用其实还得怪孔子自己，众所周知，他喜欢讲什么“不义而富且贵，于我如浮云”。讲一讲也就罢了，说一套做一套的人比比皆是，但孔子居然玩真的。

十

自隋唐开科取士始，除了老子英雄儿好汉的世袭和一将功成万骨枯的沙场搏杀，凭着考试，普通人终于也能够当官了，而考试正是文人的长项。

不论是唐朝的以诗赋取士，还是宋朝的以策论取士，就算被大伙儿批臭的明清的八股文，那也要文章写得通顺才行，所以说隋唐以及之后凡是通过考试当的官，基本上都能写一些东西（请温八叉这类枪手作弊的除外），都算得上是文人出身。

而他们当中的一些人，也确实靠着当官，实实在在地发了大财，过上了“座上客常满，樽中酒不空”，甚至“樱桃樊素口，杨柳小蛮腰”的幸福生活。

孟棨说“樱桃樊素口，杨柳小蛮腰”是白居易写的，是不是白居易写的没有别的佐证，但樊素和小蛮都是他家的歌姬却毫无疑问。事实上老白家里的歌姬远不止这两个姑娘，而是有很多。

“菱角执笙簧，谷儿抹琵琶。

红绡信手舞，紫绡随意歌。”

这四句正儿八经的白诗的前两字都是人名，都代表一个能歌善舞的漂亮姑娘，而像这样有名字的歌姬舞姬，在白居易的诗中多达十余人，没留下名字的应该也有一些。这些演艺业的姑娘都是吃青春饭的，岁数大了总得嫁人，不会同时出现在白府，隔个几年就要离开一拨（樊素在白府待了十年），就算这样，要完成一场精彩的表演，人数想来不会少于五六个。我们且不论白居易的其他财产，光是养这个歌舞班子的开支，那就是一笔不小的数目。

白居易虽然是官员后代，但二十三岁那年他

老爸就死了，啃老是啃不成的。年轻时他穷得买不起房子，可见家族对他的帮忙有限。他也不做生意，能过上好日子全因他后来当了大官。他在五十岁后，先后当了忠州、杭州、苏州等地的刺史以及河南尹，这些都是地方实权派，有时也到中央（东都洛阳），担任秘书监、太子宾客分司、太子少傅等职，都是四品到二品的高干。

白居易当这些官挣了多少钱呢？他说自己在苏州刺史的任上，“十万户州尤觉贵，二千石禄敢言贫？”当太子宾客分司时，“俸钱七八万，给受无虚月。”当太子少傅时是“月俸百千官二品”，即每月一百贯（十万钱），全年一千二百贯。此外还有职分田的田租收入，从四品官的七顷到二品官的十顷，也就是七百亩到一千亩，根据这些职分田的地力肥瘦，每年每亩田租从二斗到六斗不等，像白居易这样的高官，分到的田地质量应该不会差，所以我们且按每亩五斗的田租标准算，则每年可以收三千五百斗到五千斗的粮食。

以上是白居易主要的工资收入，这些收入如

果折合成人民币，是多少呢？

唐宪宗元和十五年（820 年），长安米价是每斗 50 钱。到了开成五年（840 年），青州北海县（今山东潍坊一带）的米价是每斗 60 钱，二十年间涨幅不大。唐朝时陕西、山东以及河南一带的主要农作物都是粟，所以这里的米价指的是小米。唐时每石小米约 53 公斤，每斗 5.3 公斤，10.6 斤，按照开成五年的米价，约 5.7 钱可以购买一斤小米。

前面计算孔子的收入时，是按一斤小米 8 元的价格来算的。白居易时代的生产力比孔子时代高，单位产量也更高，唐代的小米相对而言要便宜一些，就按 7 元每斤来推算吧，则每钱约等于现在的 1.2 元人民币。

白居易担任太子少傅是在公元 835 年至 839 年，地点在东都洛阳，洛阳离青州不远，米价应该差不多。假定这期间的洛阳米价跟 840 年的青州北海县的米价相同，60 钱每斗，则白居易此时一千二百贯的年薪收入，大约相当于 144 万元左右。

再加上他二品官职分田的田租收入 5000 斗。

田租一般收的都是粟（我老家在南方，少时随父亲去交公粮，交的就是稻谷），按最低七成的出米率，可出 3500 斗小米，3.71 万斤，折合人民币约为 25 万元。

两者加起来，则白居易六十岁到六十七岁这几年，每年的工资收入相当于 2015 年的 169 万元。

当然这种推算其实是不大靠谱的，因为古代生产力低，完全靠天吃饭，丰时米贱，乏时米贵，加上交通不便，运粮不易，每年、每地粮食的价格都不一样，我们了解个大概即可。

这个收入说少不少，说多也不多，现在的许多经理人和小老板都可以达到，看上去算不得豪富。但在古代，普通百姓的收入普遍不高，唐代九品官员的收入大约是白居易这个二品官的十分之一，而九品官（县主簿、县尉之类）已经是普通百姓可望而不可及的位置，则一般百姓（成功的商人除外）的收入可想而知。那时普通人的消费也有限，无非就是衣食住行，一个九品官的收入总归能养得了一家老小五口人，那么白居易的收入至少能养得起五十人。

这么看来，白居易能养得起五六个人的歌舞班子，也就不让人意外了。就算他付给每个歌姬同九品官员一样的高工资，他剩下的收入至少还能养得起二十口人。他是高官，出门前呼后拥的，但那些部下、警卫都是政府工作人员，不需要他付工资，真正要他花钱的，也就是家中的亲人和一些仆役。

白居易不是个贪官，不过在当时那个官本位社会，到了白居易这个级别，享受的特权绝非一般人可比，总还有一些别的好处，这就更增加了他养一个歌舞班子的底气。

白居易不贪，自有人贪。公元 825 年，在白居易担任苏州刺史的这一年，户部侍郎崔元略被人检举，说他在担任京兆尹（首都市长）时，伙同部下一起贪污了修桥款二万一千七百零九贯。这笔钱相当于白居易当二品官时十五年的工资收入。崔元略进士出身，文章诗歌自然都是写得的，还有一首《赠毛仙翁》传世（虽然没什么名气），妥妥的文人一个。

与白居易同年中进士又一同搞新乐府运动的元稹，年轻时抛弃了初恋女友崔姑娘，而娶了高官女儿韦小姐，饶是如此，也是穷得叮当响，按他自己的说法，那就是“贫贱夫妻百事哀”，但等他当了大官之后（元稹官最高做到宰相，比白居易要大），日子可就好得不能再好。别的且不说，在元稹死后，白居易给他写了篇墓志铭，元稹的儿子给的润笔费就高达六七十万钱（因为是老朋友，白居易没好意思自己要，转手捐给了洛阳香山寺）。此事一可见元稹家资之丰，二也说明白居易跟韩愈、袁枚一样，稿费收入很可观。

新乐府运动还有一个得力的大将，就是写《悯农》诗的李绅。李绅和白居易同龄，比白居易还要早两年中进士，后来做到了淮南节度使和尚书右仆射的高位。

因为写了句“谁知盘中餐，粒粒皆辛苦”，李绅一直给大家一种艰苦朴素的好印象，但实际上他后来的日子过得花天酒地，豪奢无比。

他爱吃鸡舌，吃一次要杀三百多只鸡，堪称吃鸡界神级玩家。李绅家中私伎成群，白居易跟他比就是小巫见大巫，所谓“司空见惯”，按孟棨的说法，就是指他看惯了“高髻云鬟宫样妆”，阅尽春色，标准的老司机是也。

白、元、李三人都是中国历史上首屈一指的大文人，都是做了大官的，其中白居易的官声最好，元稹毁誉参半，李绅则板上钉钉是一个贪官酷吏，全凭早年写的两首《悯农》诗挽回些颜面。

此三人正代表着官员的三种类型，但不管是哪种，他们都靠着当官这份有钱途的职业过上了美好生活，属于当官致富的典范人物。

十一

因为有这些成功的先例，后来的文人对当官那可真是情有独钟。文官待遇比唐朝更加优厚的宋朝自不必说，只要考上进士当了大官，千钟粟和颜如玉那是说有就有，愿意像宋祁那样点华灯拥歌姬醉饮也行，愿意像范仲淹那样出资购买良田千亩成立范氏义庄做慈善也行，总而言之是老子自己挣的钱，爱咋花咋花。

即使是俸禄微薄的明清，文人们为了当官，那也是使出了浑身解数，“百无一用是书生”，大家没有别的出路，不当官还能干啥呢？

除了当官，没有更好的出路，甚至，没有别的出路——一千多年来，这就是摆在绝大多数读书人面前的一个残酷现实。

这是传统教育某种程度上的失败，还是科举制度的缺陷长期发展的必然结果，抑或是时代发展的局限，我们姑且不论，现实是，不管你是秉持传统的杜甫，还是个性叛逆的柳永，诗词写得再好，最终都还得靠当官来证明自己的能力，并把当官看作获取更好生存资源的唯一手段。当了官，日子就能好过一点，不当官了，就得穷困潦倒。杜甫那样乱世飘零也就罢了，柳永那样身处治世，最后也还得靠歌女们众筹才能安葬，文人们的生存能力委实不堪。

至于科举失利而一直没当上官的文人，如蒲松龄，那就只好一直穷下去。穷得儿子们连稀饭都得抢着喝，小女儿年幼体弱，不敢争抢，只能眼巴巴地看着父亲。穷得他用那么一支生花的妙笔去写一篇《除日祭穷神文》，央求穷神走，穷神却对他不离不弃，终生相随。

就算能干点别的，比如说袁枚吧，当官也对他后来的发展起到了至关重要的作用。他要是不当官，没有一份相对较高的收入，又怎么攒得下钱来买曾经属于曹雪芹他们家的随园呢？尽管买这个废弃的园子只花了三百两银子，但随后的重建费可不是个小数目。

即便到了现代，还说林语堂吧，后来他有机会去新加坡当个南洋大学校长，也是一定要去的，结果惹得一身腥。就连巴尔扎克这个老外也是想当官的，他给自己的名字中加了一个代表贵族身份的“德”字，假装自己是一个贵族。

而这些文人墨客，真正秉持祖师爷“不义而富且贵，于我如浮云”理念的又有多少呢？有，但显然不占上风。诚如某电视剧中和珅对纪晓岚的反问："那我问你，古往今来，多少清官，多少贪官？" 纪晓岚答："清官如凤毛麟角，贪官如黄河之沙。"

当然也不能说所有的文人想当官都是为了荣华富贵，读书人嘛，一开始大多都还是很有理想的，不过被官场的染缸一染，多数人免不了同流合污。也有少数人意志坚定，一心要"致君尧舜上，再使风俗淳"，比如说范仲淹、王安石等人，都是想做一番大事，造福社稷的。至于有没有机会做，能不能做好，会不会适得其反，那就只能尽人事听天命了。

再比如说冯梦龙，他老人家穷了快一辈子，六十一岁时才混了个七品县令当当，按说日子应该能好过一点，谁知道就任的福建寿宁却是个穷山恶水的小县，老百姓动不动就没米下锅，当然更没钱读书，结果他还得把自己的俸禄捐出来修建学堂。

但像冯梦龙这样当官也能当成穷人的文人，

历史上能有多少呢？掰着指头你也数得清，其余的不是大贪官就是小贪官，至少也有些灰色收入。这就是后世文人们“批判”地继承了孔子思想的结果，“不义而富且贵，于我如浮云”变成了“只要富且贵，万事皆浮云”。

可见教化的力量终究有限。人心不足，人性多贪，文人虽然饱读圣贤书，但还是人，自然免不了人的俗，而且比起普通人，生活还想更讲究一些，除了柴米油盐酱醋茶，还要琴棋书画诗酒花，这些都要钱来实现。

靠教化和自我约束显然摁不住那一颗颗想发财的心，靠得住的只有合理制度的制约，但这篇文章是讲发财的，不讲制度。

总而言之，通过做官，一部分文人真正实现了其他职业很难实现的发财梦。一种本来最不应该发财的职业，居然成了文人求财的最大途径，真是令人啼笑皆非。

但对文人而言，所谓名利权三收，正莫过于此。所以总有那么多文人无限艳羡唐宋时代，因为靠着能写几篇诗文就有可能当官发财，哪像现在，讲经济重实用，虚头巴脑的文章是派不上大用场了。

你看古代，因为出路的狭窄，那么多读书人挤在科举做官这一条道上，白白消耗了多少代社会精英的智慧和精力。科举路上车如流水马如龙，科技门前门庭冷落鞍马稀，结果呢，便是落后和挨打。

而现在，那些经世致用的学问得到了重视，诸如工科商科之类，以前属于“万般皆下品”的专业人士得到了更多的任用。读书人的选择多了，谋生的路子多了，不必只在诗词文章中下功夫。另一方面，也逼着那些只擅长写文章的文人投入更多心力去写文章。这未尝不是一种进步。

周郎不与东风便

前几日有几个年轻人来访，最近有些事让他们颇感困惑，提出要和我谈谈人生。我不听“人生”这两个字已经很久，乍闻之下，不由地愣了一愣。

当下搜肠刮肚，努力回忆那些善谈人生的大师的名言。当然少不了孔子，虽然近来国学热已经大不如以前，但时不时地来上一句“子曾经曰过”还是有必要的，显得传统之道正在我心。至于老子以及最近又开始翻红的王阳明，当然也要提上一提。国外的要谈谈柏拉图，培根和蒙田也可以说一说。当然，现在大家都在讲什么信仰，所以耶稣和释迦牟尼也可以有。近几年一直很红火的藏传佛教，自是不可或缺，不过坊间流传的那些仁波切，我觉得水平都太低，至少也得从莲花生和宗喀巴谈起才够档次……

你看看，我这些谈资准备得已经很充分，足以体现出我的博学，用来应对这些刚出校门的年轻人估计够用了。我暗自得意，自忖这场人生谈得应该会是很顺畅，孰知才扯了不到三分钟，我就惊讶地发觉他们所关注的人生，原来可以简化成两个词：地位和财富，也就是权和钱。非常不幸，这两者我都没有，那么这场谈话该如何继续呢？

——总而言之，这是一次失败的聊天，我说得意兴索然，他们听得挤眉弄眼。

不过，说到权和钱，我早年也是有机会拥有的，假如不是周瑜——对，就是三国时娶了超级女神小乔的那个周郎——我现在说不准也是高官得做、骏马得骑的“社会上层人士”了，只可惜造化弄人，一场好局愣是让他给搅了。

说到周瑜，我和他还是颇有渊源的，他多少算是我的老乡。当年我到西安混口饭吃，身为一个异乡人，免不了要时常被人问起乡关何处。但我的家乡没啥名气，假如我回答“安徽舒城”，总有人会摆出一脸疑惑的表情。我见状赶紧补上一句，离合肥很近，五十多公里吧。他们“哦”了一声，依然一副丈二和尚的天真模样。后来我学乖了，觉得名人效应也许能解决问题，于是再有人问时，我一律回答“安徽舒城，跟三国的周瑜是老乡”，果然有效，他们“哇”了一声，一副恍然大悟的样子。但我估计他们还是不知道舒城是啥地方，他们假装明白只是不愿意让人知道，自己居然连周瑜这么大个名人的籍贯都不知道。

但事实上周瑜的籍贯一直都是有争议的，《三国志》上说“周瑜字公瑾，庐江舒人也”，这里面有两个地名：“庐江”和“舒”。舒，即现在的舒城，在东汉时隶属庐江郡，但现在却和庐江是平级，都是一个县。

就像南阳和襄阳曾为了诸葛亮的籍贯问题打过很多年口水仗一样，庐江和舒城也曾为了周瑜的归属起过不小的争执，只不过两个县扯皮扯得比较早，那时候网络媒体还没兴起，而周瑜在历史上的声名又比诸葛亮稍弱一点儿，引起的关注就没那么大。

没吸引多少眼球的另一个原因是，在这场争执中，庐江很快就占了上风。安徽省文物局曾经组织了一帮专家论证并确认了周瑜的墓地在庐江县城关镇，周瑜的籍贯也被落实到庐江县西南某个地方。而舒城人则把历史记载中位于干汉河镇的周瑜城遗址加以开发，又酿造了以周瑜二字命名的酒。市场经济嘛，好不容易有个名人可以利用，不能让他就这么被人抢跑了。

我读《三国演义》，觉得被罗贯中写得最惨的就是周瑜了。曹操虽然被刻画成了“白脸”，但自始至终都是个狠角色，一副枭雄模样，标准的霸道总裁。而周瑜呢，却变成了一个赔了夫人又折兵的“双黄蛋”——笨蛋加倒霉蛋——让人看着就替他着急。

但稍懂一点三国史的人都知道，身为盖世枭雄的曹操，一生所吃的最大败仗，就是败给了周瑜。在赤壁之战中，他和周瑜分为敌对双方的最高军事指挥官。孙权在幕后，刘备是帮手，诸葛亮是参谋。赤壁战场上，周瑜才是曹操硬碰硬的对手，所以杜牧才会写："东风不与周郎便，铜雀春深锁二乔。"苏轼才会写："遥想公瑾当年，小乔初嫁了，雄姿英发，羽扇纶巾，谈笑间墙橹灰飞烟灭。"都承认曹操是被周瑜打败的。

没有周瑜，刘备集团将会被曹操消灭，孙吴集团也极有可能会被他顺势荡平，三国鼎立的局面将不复存在，曹操就此建立一个大一统的魏朝，此后的历史走向将完全不同，可以说：周瑜是中国历史进程中一个关键节点上的决定性人物。

这样的一个人物，当然不可能是小说中那种窝窝囊囊的形象。《三国志》上的周瑜"性度恢廓""胆略兼人""雅量高致"，哪有一点心胸狭隘、嫉贤妒能的影子，只可惜小说和影视的力量太过于强大，在大众的眼中，周瑜的形象已经定格，是没办法更改了。

三国诸雄中，有很多都是闻名遐尔的文艺家，比如说曹操是大诗人，诸葛亮则可称得上是散文大家，就连刘备，也有几句“勿以善小而不为”之类的心灵鸡汤流传于世。周瑜的艺术才华则表现在音乐上，流传至今的“曲有误，周郎顾”便是明证。

他善音到这个程度，已经算得上是音乐家了吧，不知他有没有创作过音乐作品，我估计是有的。盖因一个人才蕴于心，总会喷发，周瑜琴酣之际，随手谱几首新曲，自是正常，可惜音乐不似文字那般易于流传，当时又没有录音设备，周瑜位高名显，大约也不会刻意去彰显自己这方面的才华，只留下这么个风流蕴藉的故事供人们遐想，并从中窥见他的绝世风采。

周瑜几乎得到了一个男人所能够得到的一切，他英俊风流，年少成名，位高权重，才华横溢；既有美人如玉，又有长剑如虹；会打仗，有粉丝，会弹琴，又有粉丝，粉丝中既有当时故意弹错琴等他回眸一顾的漂亮姑娘，又有后世如苏东坡、范成大这样的高人雅士……

但——转折词来了——他早早地就病死了，只活了三十六岁。

说到周瑜的岁数，就回到我这篇文章的主题了。且说我当年在老家丝绸厂上班，有一次突发奇想做了个策划，要以周瑜和小乔夫妻之名设计出一种喜酒：一名周郎曲酒，“曲”既应了“曲有误，周郎顾”的典故，又本来就是中国酒的一种，度数高一点，主要供男人喝；一名小乔水酒，“水”一则取“女人如水”的意境，二则也是酒之一类，度数低一点，主要供女人喝。酒瓶设计上，前者高大后者纤细，两种合为一个礼盒包装，往酒桌上一摆，郎才女貌都有了。

我把这个创意告诉了我们厂当时的王厂长，他一听拍了拍大腿，觉得很可行，后来还兴致勃勃地跟龙舒酒厂的程厂长商量了一次，但——老天爷，这个转折词又来了——商量的结果是这个创意不可行，为什么呢？因为“可怜周郎竟短命”，他那么早就死了，在酒桌上摆这种酒不是诅咒新人不能百年好合吗？

你看，周瑜要是多活个二十年，我的策划就能顺利地得以实施，我就可以调到酒厂当个管产品研发的副厂长，过个几年就是厂长，要知道，那时的厂长可是国家干部呢！只可惜周瑜死得早，我的好前途就这么没了。

他对我的影响可谓既深且远，他不但没能让我当上官发上财，遗祸所及，也闹得我现在当不上青年导师，每每念及，便不免心生唏嘘。

跟司马懿学创业

有一个小伙子要创业，问我应该怎么规划才有可能做大做强。我说你问我就问错了，我自己都没创下个什么业，哪有经验可以告诉你？如果你一定要听我的意见，我这个人爱扯扯历史，可以给你举个历史上的例子。咱们以史为鉴吧。

大家都知道，三国的司马懿是个老谋深算的主，他给儿孙的篡位立国打下了一个坚实的基础，应该算是一个成功的创业者了。但他真的一开始就是个心怀天下的野心家，就有个详细的创业规划吗？

答案是否定的。

从综合素质来看，三国群雄中，司马懿最多

算是个二流的角色。他的文治武功都赶不上曹操，文才更是差得远。诸葛亮是他在军事上的主要对手，两个人在这个行业里算是旗鼓相当吧，但诸葛亮的前后《出师表》，以及著名的“非淡泊无以明志，非宁静无以致远”，他可是一句也写不出来。

但司马懿的身体素质和心理素质都很好，能熬，活得久。他比曹操小二十多岁，比诸葛亮大两岁，比曹丕大个七八岁。熬死曹操是正常的，熬死诸葛亮、曹丕也还合理，但他恐怕连自己也没想到，还能熬死曹丕的儿子曹叡，这就是运气了。熬到那些在战场上扬名立万的皇帝和老臣都死完了，二流在三流、四流、不入流面前就变成了一流，谁也玩不过他了，他终于出头了。

常有人说司马懿早年就怀有异心，在曹操生前就是个玩潜伏的，一心准备着谋权篡位。其实他的谋哪有那么老，都是走一步看一步。曹操在位的时候，他就是老老实实做事来谋个好前程，哪敢有半点异心，否则以曹操的精明，岂能容他活在人世。

三国时，人的平均寿命很短，能像诸葛亮那样活过五十岁的就算长寿，像司马懿那样活到七十多的实在太少了。山中无老虎，猴子称大王。等到漫山遍野都是些绵羊、兔子时，他的机会来了，野心自然就冒出来了。

在曹操面前，司马懿算是个相对普通的人吧，普通人创业都是这么创的。

我们呢，比司马懿更要普通，所以创业应该多学学他，当然不是学他怎么从老板那儿捞钱，断老板的后路，而是学他创业的经验：走一步看一步，慢慢熬，等机会。

首先是把身体搞好，这个“熬”可不是熬夜的“熬”，身体是普通人创业最大的本钱。然后选一个自己擅长的、能满足大众需求的行当，踏踏实实从小做起。别一开始就谋划来谋划去，蓝图太大了，投入就少不了，收支不容易平衡，压力就大了，不一定能撑得住。慢慢熬，想方设法让收入大于支出，攒点经验和资本，死不了就有希望。

实际上，历史上所有成功的创业者，除了秦始皇那样生下来就有庞大资产的，会有个详细的规划，其他的像刘邦也罢，赵匡胤也罢，朱元璋也罢，都是走一步看一步，熬到有一定经验和资本了，再说做大做强的事。

但我为什么没拿他们说事儿，因为他们或者太成功了，或者太幸运了，太成功和太幸运的人做不了榜样，学不来。司马懿比起他们，不算太成功，也不算太幸运，他们家是用三代人的努力才完成刘邦和赵匡胤他们一代人就做成的事业。司马懿就是打了个好基础，同时把两个儿子教育得很好。这个更值得我们学，因为一个普通人，哪有那么容易翻身，自己完成不了的事，还可以指望着孩子，你就负责给他当个垫脚石。

当然，历史上像司马懿那样苦熬着等机会的人有很多，但大多都没有司马懿的命，等不来。等不来怎么办？只能认命。当个一般的大臣也很好。那些孤注一掷不认命的，要么被灭了九族，要么把牢底坐穿。

对我们普通人来说，就是把摊子守好，大富大贵搏不了，搏个中产也可以；大文艺家当不了，有个写写画画的爱好也不错。

我们多数人的才能和运气仅限于此，认清这一点，心态就好多了，睡觉都能睡得踏实一点。

2020 年 3 月 28 日

衣锦日行易撞鬼

据说诚信是人的第二身份证，但我们通常乐于充当安检官，要求他人随身携带证件，自己则不妨刷脸就能通行。正如身份证并非人生而有之，诚信也不是人类固有的品质。丛林时代的古人弱肉强食，讲究的是棍棒和陷阱，诚信则大约是由势均力敌者之间的相互约束逐渐发展而来，它实际上是一种人际间妥协的产物。

妥协总是令人不愉快的，因此总有人感到憋屈，非得打破游戏规则，回归野蛮时代巧取豪夺、坑蒙拐骗的行径才能尽兴，另一些人则因此而充满委屈，觉得吃了讲诚信的亏。亏是一种人人都要吃上几回的隐形食品，考验的是我们的智商、经验和实力，吃了有损颜面，所以吃亏一般不宜明示。但若是吃了讲诚信的亏，则不妨广而告之，得明里暗里透露出来。

项羽说富贵不还乡如衣锦夜行，诚信就是项羽口中的那件锦衣，为我们带来赞美和认可，所以身边的熟人多是诚信界的榜样，而熟人的熟人则正好相反，他们就是充斥于我们耳边的借钱不还、信约不守、爱放鸽子的例证。

问题在于，我们每个人都是别人口中的熟人，这就不可避免地出现了一个尴尬的局面，每个人都在讲诚信，每个人又都很难被信任，仰望星空，陷足泥淖，这未免是一件令人沮丧的事。《管子·乘马》篇中说："非诚贾不得食于贾，非诚工不得食于工，非诚农不得食于农，非信士不得立于朝。"按照这个标准，就该什么工作都没人好意思干，所幸我们都自认诚信。

按古人的说法，诚信问题关系着国家的大局，《左传》云："信，国之宝也。"《资治通鉴》曰："国保于民，民保于信。"安东尼奥·吉诺维希也说："信任是国家唯一的支撑物，也是国家稳定的维持物。"但这个话题太大，该是专家们讨论的领域，我还是说说生意人的故事比较妥当。

有一次，我在南京机场的蔚蓝书店买书，里面的电视正播放着董明珠的讲座，说到她当年跟某大佬的一段过节。那时该大佬欠格力很大一笔货款，不仅没按时付给她，还在旺季时又找她要货，董说我不跟你合作了，我们跟某某公司签了约，你想要货，找他们去。大佬没办法，让人带了五百万现金去某公司买空调。该大佬在江湖上呼风唤雨，美誉度似乎也不低。但董明珠提到他时，却依然有一种掩饰不住的轻蔑。为什么呢？就是因为他曾经没有诚信。

现在做生意，最让人头疼的就是诚信问题，总有一些人视合约为废纸，为了自己的利益，完全不顾别人的死活。许多江湖大佬的发迹，就是踏着众多客户和消费者的血泪上位的，这样的成功，又怎能让人佩服得起来？

我对外打着文化人的旗号，但本质上却是一

个小公司的经营者，所以董明珠当年的苦恼我也有，而且因为规模小，现在这苦恼还一直相随，它比我的影子都要忠诚，影子还有在黑暗中隐去的时刻。

我的产品是书刊，其中有一本《国家历史》，发行量还不错，在高峰时，全国有 100 多家经销商。这里面大约有 10% 的经销商是能够按照约定期限准时付款的，50% 左右付款不准时，但打打电话，还是能把款给付了，30% 左右光打电话是没用的，必须得在年尾上门要账才行，就是上门，也不全给你，总还是扣着一部分。

还有 10% 左右的客户简直就是噩梦，他们好像压根就没打算跟你结款，按约定把四期杂志发过去，按说该结第一期款了，但得到的是无穷无尽的推诿。一开始是“忙，过几天结”，然后就是“会计出差，你发了第五期再结吧”，接着是“老板出差，你发了第六期再结吧”，“会计请假”，“老板有事”……

我没了耐心，派人上门，这账得要啊，只有

10% 左右的纯利润，少了这 10% 就是白干，但得到的回复依然是“老板没在，出差了。”“何时回来？”“一个星期或半个月吧，说不准，你要没事就先等着。”于是，我只好悻悻地让人回来，从此绝了要这个账的念头。我深刻反省，觉得肯定是自己的杂志在当地卖得不行，不然人家为什么这般对你，那就别发了吧，但隔几日却接到了对方的电话，质问这个月的杂志为什么到现在不发，大大影响到他的销售，简直让人哭笑不得。

也有客户一开始挺守信用，但突然就失踪了的。开始基本上能按账期结款，很少拖欠过，但突然有一天，就再也联系不上他了，手机关机，办公室和店里的电话无人接听。那时他还欠着我们三期杂志款，刨掉 10% 左右的退货，实洋 3.9 万多。这个数目在做惯大生意的人看来似乎微不足道，但换算成另一个数字你就会明白，在我们这个行业，它其实并不小了。当时我们杂志的定价是 3.8 元，55% 结账，一本杂志实洋是 2.09 元，3.9 万多元就是 1.9 万来本，堆起来好大一垛。

西安同时被卷走钱的，还有好几家杂志社，数目大小不等。说句老实话，我对这笔钱看得很重。我们开始四处打听他的下落……某日，我们几个人在一起商量，是否要联合其他城市的杂志社，派几个代表把人揪出来，让他还钱。一开始大家摩拳擦掌，兴奋不已，觉得这个计划颇为可行，但冷静下来想想，这事想达到目的，并不十分容易。

这样突然不见踪影的客户每年都有那么两三个，许多人都还在国内，真要找他们也还能找到，但实在是费不起那个神儿。

我跟董明珠一样，在这里表达对赖账者的鄙视，俨然一派诚信界的正义人士。但在印我杂志的老周眼里，我恐怕就是另外一副嘴脸了。

董大姐是一个大姐大，格力是江湖上的大帮派，我不知他们是否牵涉到三角债，但我是牵涉的。前面说的10%的赖账者是在发行正常的常态下，等到后来网媒兴起，杂志慢慢不行，中老年读者居多而受网媒影响较小的《国家历史》也因故停刊之后，欠账不还的比例就上升到70%以上，不付款的理由都差不多：估计还有一部分退货，清理完就付，什么时候清理退货呢？呀，仓库堆得太满，暂时清不了。秉承的正是一个“拖字诀”。

我要不来发行款，就不能给老周按时付印费，所以我在他那里，绝对没长出一副诚信的模样，我就是他嘴里的那个熟人，而老周是西七路纸店老板的熟人，纸店老板又是纸厂老板的熟人……这么多的熟人攒到一起就成了一根肉串，每个人都被放在诚信的火上烤，要不是我后来努力挣钱逐步还了欠款，我们的名誉就会一起飘散出火葬场的味道。

富兰克林认为诚信是一种工具，而信用就是金钱。诚信是不是工具且不讨论，信用就是金钱倒是真的，但放到我们这儿，也只算说对了一半。

我曾在董大姐讨伐的那个大佬的门店里买过一台笔记本电脑、一台冰箱、一台洗衣机和一台抽油烟机，说句公道话，他们的服务还是很不错的，送货安装都很及时，笔记本后来重装过一次系统，客服人员服务也很周到。在对顾客这一块，他们很讲诚信。胡雪岩在他的胡庆余堂药店中，挂过一块“戒欺”的牌匾，该大佬虽然没挂什么匾，但顾客至上的理念肯定是有的，因为顾客是给他付钱的人，所以要讲信用，信用就是金钱。

但另一方面，你要真讲信用免不了还得往外付账，而装在自己口袋里的钱往外掏总是一件“肉疼”的事，如果能用这笔钱生出更多的钱那当然更好，这时候有些人就不讲信用了。

我夹在其中，所受的困扰不小。但真正良性的状态还是信用为本，利己利人。

2013 年 10 月 21 日

五百块的王西京

早几年，有一天我去饭店吃饭，见包间的墙上挂着一幅王西京的仕女图。那时候王西京虽然还没有现在这么有名，但一幅四尺的画也需要好几万，心想这老板真是有钱啊，王西京的画就随随便便挂在店里，也不怕贼惦记。

不久之后，我去书院门买钟馗像，送给老家朋友贴到新房的墙上，用来驱邪镇鬼。因为要得多，女店主就把我带到库房，拿出一大堆钟馗捉鬼图让我挑。我正翻着呢，女店主发话了：“你要不要名人字画？刘文西、王西京的都有。”

“王西京的多少钱？”

“看画大小，有五百的，有八百的。”

我惊讶了：“这么便宜！”

女店主“嗤”的一声乐了：“兄弟你真是个实诚人，假的！真的哪会这么便宜，二十年前你也买不到哇。我看你是个老主顾，才问你要不要呢，生人我也不说。”

我说：“假的要它干吗？又不能升值。”

“送人啊。”

“送人送假画，被人发现了怎么办？”

“唉，你是一点门道都不懂，有窍门呢，现在谁送真画呀，就算送真画也以为是假画，都是花几百块买一幅假画，然后说画也不太好，要是不喜欢可以拿到某某画廊代售。”

我一听觉得自己真是长了见识。女店主又说，“不送人家里也可以挂嘛，画做得跟真的似的，不是刘文西、王西京自己，谁敢说那画是假的？”哈哈，听她这么一说，我明白饭店包间里那幅画是怎么来的了。

书画名家的赝品可真是让人防不胜防，除了从画家手里亲手接过的，其他的来路都免不了让人心怀忐忑。

大约七八年前吧，上海一家拍卖行，以 460 万拍出了陈忠志的名画《黄河儿女》，但不久就传出消息说，陈忠志从未出手过这幅画，一直在他家藏着呢。我一度怀疑这是经纪人给陈忠志做的炒作，但拍卖行拍出赝品的事也是层出不穷，所以真相咱也搞不清楚。

但不管怎么说，此消息一出，陈忠志的画立即身价暴涨，他的《黄河儿女》后来在北京也是拍出了 418 万的高价。我一个做印刷的朋友老周，早几年以 3000 元购得陈忠志的一幅斗方，现在据他说已经涨到二十几万了，让我好生眼红。

不过面对假画，倒也没见哪个画家正儿八经去打过假，最多是像刘文西那样，亲自出马为自己的画作做鉴定，看到真迹就点点头，看到赝品就摇摇头。

我有个朋友现在已经成知名画家了，他早年刚出道时做什么呢？就是给一些画廊和书画经纪公司做假画。他有一个小木箱，里面藏着各种各样的名家印章，全是他自己刻的，可见他当年做假画时下手范围之广。

有一次，他们公司老板拿着他们做的名人字画送给某专家鉴定，专家先研究了半天画面，估计挑不出什么毛病，转而去琢磨画上的题款，尤其仔细地分析了钤盖的印章，最后得出结论：这画是真迹。专家给老板做科普，说所有做假画的都会在画面上下足功夫，做得很逼真，但往往会在题款尤其是钤章上露怯，而这幅画无论是画面还是款章都无懈可击，必是真迹无疑。

这件事让我这朋友很是得意啊，一起喝酒的时候，他说过好几次，每次说起来都是神采飞扬。

做高品质的假画时为了保证质量，一般都是流水线生产，需要分工合作，你负责画画，我负责题款，他负责做旧，每个环节找的人都是有水平但没名气的高手。

我另一个搞书法的朋友当年“有幸”参与其中，他的工作是专门给假画题字签名，别人画好一幅吴昌硕的花卉，他就在画上题写“荷花荷叶墨汁涂丁未春王吴俊卿”等等字样。这口饭他吃了好几年，可见仿得还是不错的。现在他的字已经刻在了赵公明财神庙等一些景区景点，如果再努力几年，成了名家，到时候就有人仿冒他的字了。

张大千早年学画，花了不少时间去临摹石涛、八大山人和徐渭等古人的名作，摹得那叫一个惟妙惟肖。到他三十多岁的时候，已经能靠卖画挣钱了，但价格却不是很高。

老张是一代大家，他做的假画，已达神似，足可乱真，艺术价值有的比古代名家的真品还要高，现在已经成为很多博物馆和收藏家竞相收藏的抢手货。

到四五十岁的时候，老张的画已经卖得非常好了。人在江湖飘，早晚要挨刀。当年他造别人的假，现在该轮到别人造他的假了。怎么办？

老张又有高招，他是造假高手，对付造假当然有一套，每隔五年左右，他就把所有的名章全部一换，让造假者学不胜学。内行一看某张画，这1953年的作品啊，怎么盖的还是1945年的章？假的！

老张一生用印三千多方，比谁都多，全部盖到纸上的话，密密麻麻、红彤彤的好大一片，估计会晃花你的眼睛。

我有时候去书院门转悠，偶尔能看到有刘文西的画作悬挂出售，也不知是真是假。刘文西身体差，现在已经很少出来走动，如果他没事也到书院门溜达溜达，应该还能碰见不少署他名字的假画。

黄永玉就真的碰到过，某次他到潘家园，看到一个画廊里一摞一摞地摆满了他的画，全是假的。店主有眼不识泰山，见黄永玉对这些画颇感兴趣，立即上前热情推销。旁边有个老人认识黄永玉，就提醒店主："别说了，别说了，他就是黄永玉。"店主一听惊惧不已。黄永玉倒很大度，拍拍他的肩膀说："有饭大家吃，不要紧。"

黄永玉早年浪迹江湖，饥一顿饱一顿，他吃过别人的饭，别人也吃过他的饭。所以，"有饭大家吃”正符合他的经历和性格。

比黄永玉更大度的是明代画家沈周。沈周是唐伯虎的老师，做人很厚道，街头小贩、放牛娃找他要一幅画，一般不会空手而归。沈周对造他假画的人也是概不追究，假如这个造假者是个穷小子，正等着拿这幅画卖钱度日，他还会乐呵呵地在假画上题上自己的名字盖上自己的章，好让这幅画能卖个好价钱。这似乎是件值得称道的事儿，只不过那些买到假画的人可真是倒了霉了。

2013 年 3 月 16 日

第四章 碎笔遗珠旧光阴

李白这个音乐人

杨过年少时流落江湖，没上过什么学，被郭靖、黄蓉收养后，才读了几本《论语》《诗经》之类的教科书。这几本书让他有了点文化底蕴，后来，他遇到学霸程英，看她写“既见君子，云胡不喜”，方能明白人家小姑娘的心思。

《诗经》说是诗，其实是一本歌词集，它的风、雅、颂三部分，风是民歌，雅是雅乐，颂是颂歌，都是我的歌我的歌。

程英反复抄写的“既见君子，云胡不喜”，其实就是一首情歌，跟“我一见你就笑，你那翩翩风采太美妙”一个意思。两千多年的沧海桑田，岁月流转，流传下来了歌词，却流失了曲调，搞得大家一拿起《诗经》就自动准备好一副朗诵腔。

不止《诗经》，其后的汉乐府、唐诗、宋词、元曲，基本上也都是歌词，都是用来唱的。汉乐府、宋词、元曲这三个不用说了，名字就暴露了它们的歌词身份，我们来说唐诗。

唐诗也是写出来唱的，抄个唐朝作家薛用弱《集异记》中的故事来佐证。

唐玄宗开元年间某个冬天，王昌龄、高适和王之涣三人去喝酒。酒楼里有演出，四个年轻漂亮的女歌手抓住了哥仨的眼球。高适说："咱哥几个打个赌，看这四个美女唱谁的诗多。"另两人表示赞同。

第一个歌手唱道："寒雨连江夜入吴，平明送客楚山孤。洛阳亲友如相问，一片冰心在玉壶。"王昌龄乐了："我的。"

第二个歌手唱的是："开箧泪沾臆，见君前日书。夜台何寂寞，犹是子云居。"高适高兴了："我的。"

第三个歌手唱："奉帚平明金殿开，且将团

扇共徘徊。玉颜不及寒鸦色，犹带昭阳日影来。”王昌龄得意洋洋：“又是我的。”

王之涣有点沉不住气了，指着四个歌手中最漂亮的一个说：“这个红衣女郎最漂亮，她要再不唱我的诗，我这一辈子就不再写诗了！”过了一会儿，那个女歌手出场，唱道：“黄河远上白云间，一片孤城万仞山，羌笛何须怨杨柳，春风不度玉门关。”正是王老师的成名作《凉州词》。

这个故事里，王昌龄、高适和王之涣的身份都成了词作家，他们的心态也都跟现在的词作家差不多，都盼望著名歌星唱自己的歌。比如说我吧，就等着哪位歌星哪天主动打电话要来唱我的《一路花香》，但是至今也没有这样的迹象，搞得我的名声就比王之涣差了不止一十年，止不住的惆怅弥漫在心间。

说到名声，唐朝最有名的词作家当然得数李白了。如今的词作家，入的协会都是音协，是划到音乐人这个行列的。所以按今天的规矩，李白是个音乐人。

李白活着时有不少头衔，除了搞市场推广时用的“谪仙人”，还有个官方头衔叫“李翰林”，但李白这个翰林学士，干的工作却是给李隆基李老板写诗文供其娱乐，其中非常重要的一项就是写歌词。

天宝二年初春，李老板在宫中玩乐，李白就写了一首《宫中行乐词》，还得了件锦袍作稿酬。

到了晚春时节，兴庆池牡丹盛开，李老板与玉环妹妹一起赏花，李白又写了《清平调》三首。这个《清平调》就是标准的歌词，你看这个调字就暴露了一切。

李老板要李白写歌词，但李白却是一个有远大理想的人，心雄万夫，要“直挂云帆济沧海”的。

他的理想是从政，动不动就要以“大道匡君，示物周博”，“奋其智能，愿为辅弼”。看这架势，至少也是想当个“国务院副总理”。又说“如逢渭川猎，犹可帝王师”，还想当李老板的老师。如果有机会，他甚至还想指挥指挥军队，因为他的偶像是“东山高卧时起来，欲济苍生未应晚”

的谢安，谢安东山再起后干了什么呢？指挥了一场淝水之战。

李老板大半辈子都是个鹰眼，看人看得很准，你看他前期用的姚崇、宋璟、张九龄、韩休，哪一个不是名垂青史的大政治家。就算后来犯糊涂，用了反派的李林甫、安禄山，也都是镇得住大场子的狠角色。唯一的例外是杨国忠，李老板重用他是因为他有个漂亮的堂妹杨玉环。

李白既没有姚崇、宋璟的政治才华，又不像杨国忠有个漂亮的妹妹，李隆基当然不可能重用他。首先他的脾气就不是搞政治的料，李老板让他起草个诏书，他偏偏喝了酒耍性子，让高力士脱靴，让杨贵妃研墨。

这在今天听起来是个美谈，但你从高力士的角度去看就不是这么回事了。不信的话，你可以让老板的办公室主任给你擦一下皮鞋试试，他不一脚踹得你满脸桃花开，你都不知道花儿为什么这么红。

李白一看心愿不能满足，就使出了音乐人的

脾气，“天子呼来不上船”，李老板叫他参加宴会他也不去，这就像一个歌手临上场了觉得价钱不理想，撂挑子不干，当然会搞得主办方很恼火。

这样下去肯定待不成了，李白也不想再干了，主动辞了职，李隆基还算是个好老板，“赐金放还”，给了他一大笔遣散费。李白拿了钱继续周游祖国大地，写他的歌词。

在李白被“赐金放还”八年后，他写了一首名垂青史的《将进酒》。《将进酒》是李白沿用汉乐府短箫铙歌的曲调填写的劝酒歌，写完后他还现场唱给岑夫子和丹丘生听，逼着他们喝大酒。

单独把《将进酒》拿出来说，是因为它比较火，凤凰传奇把它唱到了央视《经典咏流传》上。

其实《经典咏流传》的套路老早就有，梅艳芳当年在春晚上唱过一首《床前明月光》，就是这么个做法。当年那一抹亮色，终如床前清冷月光，杳杳不知所踪。

李白是个豪爽的汉子，他要活到现在，看到大家那么喜欢他的歌词，一高兴了估计就会请大家喝酒，没钱了都能卖掉他的皮大衣。

但李白肯定是不会请我了，就冲我写的这篇文章，说他没有政治才能，他也得用他那走过千山和万水的铁板大脚踹我个满脸桃花开，让我见识见识他从唐朝到今天为什么一直这么红。

2018 年 7 月 6 日

王世鼐的半首好诗

中国人多有地域情结，一个重要的表现就是爱攀老乡。

说到老乡，我近日无聊读闲书，又攀上了一位，此人叫作王世鼐，虽然名不能如雷贯耳，事没有惊天动地，官未至一方大员，但也有值得说道的地方。他是安徽贵池人，不过十五岁就考上了北京大学，在当时也算是个神童一类的角色。他后来又留学美国，在爱荷华大学拿了个经济学学士学位，又在华盛顿大学拿到了政治学博士学位，二十三岁学成回国，乃是海归派的前辈，先是进国务院当了参议，其后又到别的衙门做过不少年月的官。

不过这里要说的是他的文学才华。他写过不少近体诗，其中有一首《笛怨辞》颇有意味：

笛怨箫清听未真，江湖旧雨散成尘。
平生只有双行泪，半为苍生半美人。

王世鼐生活的时代，人间板荡，生民流离，许是常态，未免使人“念之断人肠”，何况王世鼐这样的热血青年——他当年也是参加了五四运动的，并因此而入狱，亏得胡适将他保释了出来。所以为苍生流泪正合他的家国情怀。至于心仪的美人，也是苍生的一种，在这种时代背景下，能得重逢的机会、能得欢聚的时日又有多少呢？终究是两行清泪。

王世鼐死得早，他于1943年病逝在赴任苏浙皖区烟草专卖局局长的途中，时年不过四十一岁，他所写的近体诗并不为五四运动后流行白话文学的文化界所重视。生前不以文学知名，死后更是乏人关注，亏得交了一个叫曾克的好友，帮他整理了一本名为《猛悔楼集》的诗集，并在他去世的第二年出版，这才使他的作品得以保存，但也没有多大的影响。

读者是诗文的真正载体。司马迁晚年写完《史记》，虽然声称要“藏诸名山”，但目的却是要“传之其人”的，总而言之要有读者。不但是太史公，但凡一个能写几篇文字的，大约都希望能有作品流传后世。

我有时也会被拉去参加一些文学会议，常听到有些作者说自己写作都是兴趣爱好，写的时候没有去想作品能否流传下去。我觉得他们在说假话。我认为任何一个写作者都希望自己的作品能够被读者所熟知，能够流传个五十年，五百年，最好一直流传下去。哪怕像王之涣和贾岛他们那样，只流传几十个字呢。有那几十个字，你的名字就与中华文化融于一体，你就成了中华文化的一部分。

唐朝享国近三百年，文人墨客繁若夜星，诗词文章浩如烟海，但大浪淘沙后，能够为我们所熟知的诗人不过数十人而已。这几十人就是那真正的黄金，他们在历史的长河中熠熠发光。人类在，他们在；文明存，他们存。

从新文化运动算起，到现在不过百年，我们打眼看去，跟文化沾边的名人也似乎星光闪烁，名作众多，但时光似水，历史如筛，它们会过滤掉一切杂质，留下真正的精品。很多年后，当我们的子孙审读我们这一段时间的文明时，他们会记住谁呢？

按照淘汰的比例来说，能够有十几个人就算不错——初唐近百年，能让人记住的也不过四杰、陈子昂、张若虚数人而已——其中有些人的作品具有文本研究价值，而真正能够有几十个字、几百个字流传于人众口耳之中的也许不超过十个。你看当年多少如雷贯耳的名家，我们现在却再也不去看他们的作品。像王世鼐的这两句诗，自他去世到现在已经过了七十多年，还能被人念叨念叨，就已经很了不起了。

王世鼐靠这两句诗，大约还能再被人念叨个

几十年乃至更长的时间，假如能像王之涣的几句诗一样流传个上千年，他也就成了文明的一份子，后世安徽人跟他攀老乡的估计更多。从这个角度来看，文学倒也值得一搞。

当然，这句话是我这种文字从业者的自我安慰，致力于从政或经商的朋友尽可一笑置之。事实上，王世鼐归国后也一直是个官，诗歌只是他业余的爱好而已。

2013 年 4 月 3 日晚写

2016 年 10 月 28 日晚改

半永久的小龙女

闲来无事看手机新闻，发现有个叫陈妍希的姑娘，因为演了小龙女而成了话题人物。说来惭愧，陈姑娘我以前是不知道的，不过她既然能演小龙女，想必也是个不错的演员，不知她何以竟被人骂成“小笼包”。

好奇之下打开电脑，看了一集有她出场的《神雕侠侣》，觉得她虽然不如李若彤那么漂亮、高挑，但其实也是蛮不错的，演出了小龙女天真烂漫的一面，而且笑得很甜，并不像网上骂的那么糟。如果要我选，我倒宁愿喜欢这样的小龙女，因为她有人间烟火气，不像李若彤那么高冷。

我少年时代看武侠小说，喜欢把自己设定成

男主角，仗剑天涯，纵横四海，想一想就令人心驰神往，最关键的是可以和那些英姿飒爽的女侠谈一场轰轰烈烈的恋爱，而小龙女，正是我理想的对象。大约在十八九岁的时候，我还以她为题写过一首诗，至今我还记得前面几句：

龙姑娘白衣胜雪，按剑临风
悄立于崖畔
远天残阳渐逝
暮霭中三两只归雁
龙姑娘宛若隆冬里的一点新绿
清美绝伦而孤独

相思自冷漠的眸中流出
滴落成满谷委顿的情花
……

我二十岁之前写过很多诗，但自觉写得不好，随写随丢，大多已忘了，唯独记得这么半首，全是托龙姑娘的福。不过到了现在这个岁数，我也活明白了，像李若彤这般不食人间烟火的小龙女，不大可能喜欢我这种庸常的男人，但假如是陈妍希这样看上去笑嘻嘻的，说不准倒是可以跟她攀上几句话。所以网上那些人骂得很无理，难得有这么个亲民的小龙女，你们竟然不知珍惜，骂啥子骂么！

当然，我写这篇文章的主旨并不是要为陈妍希鸣冤叫屈，虽然我看这姑娘很可爱。最近我一直计划着要摆脱目前这种平庸的状态，把话题集中到一个姑娘身上似乎于事无补，所以我决定今天要从她身上扯到文学，这样才能显得我多少还有点追求。或有人问，陈姑娘又不写作，你怎么能扯到文学呢？答案很简单，因为她演的小龙女其实是一个文学形象。

说到文学，不瞒诸位，我从少年时代起就下过一番苦功夫的，读了很多名著，如《绝代双骄》《陆小凤传奇》《七剑下天山》《云海玉弓缘》等等。当然，金庸老师的十几部大作更是部部不落，都精心研读过，尤其是《笑傲江湖》《天龙八部》以及这部《神雕侠侣》，最起码也研究了五遍以上。

不料后来有一天，我跟别人谈起了文学，对方问我都读过哪些书，我得意地列举了上述名著，竟然被他们狠狠地嘲笑了一番，说我读的根本就不是文学。这一下让我自卑起来，于是逼着自己看了一大堆巴尔扎克、托尔斯泰、雨果、狄更斯、海明威、卡夫卡，小说的确都是好小说，但说句不怕您见笑的话，都不如《笑傲江湖》《神雕侠侣》读来令人畅快。

直到现在，我也还认为《神雕侠侣》和《笑傲江湖》都是很不错的小说，甚至是很不错的文学作品。若干年后回头看，从 1949 年到现在，如果要推选十部华人世界能流传下来的长篇小说，我觉得金庸作品则至少要占两三部，为什么呢？因为他除了讲了一些好故事，还塑造了很多栩栩如生的人物形象。

大家公认四大名著是好小说、好文学，就是因为在精彩的情节之外，它们有很多的人物，如林黛玉、王熙凤、诸葛亮、关羽、林冲、武松以及大师兄和二师兄——我一说大师兄和二师兄，大家都知道是谁——活在我们的记忆里和口舌之中，成为我们文化的一份子。而你看现在所谓的纯文学，就没有这样的人物形象出现。

说一句不谦虚的话，鄙人虽然才华有限，但书却真是读了不少，用博览群书来形容我也不脸红，凡举古今中外的文学名著，能叫得上名字的我大致都看过。就拿当代这些作家来说，写散文的和写诗的且不提，单就小说家而言，像路遥、莫言、陈忠实、余华、贾平凹、阿来、迟子建、张炜……他们的代表作我都读过，但这些小说中像武二郎和大师兄那样让人印象深刻的人物一个也没有。

我能记住戴凤莲（莫言《红高粱》中的“我奶奶”）和田小娥，能记住福贵和孙少平，只是他们都还差着一截儿。我会说这女人跟王熙凤一样，这男人跟李逵一样，但我不会说这女人跟田小娥一样，这男人跟福贵一样，因为拿前者这么一比，你就知道这两人是个啥性格，而后者呢，你得寻思上大半天，也不一定能想起来他们都是谁。

反倒是金庸，顶着通俗小说家的名头为我们贡献了许多难忘的人物。郭靖就像那个邻家二哥，看上去老老实实的，不爱说话，整天闲不住，到处找活干，见了人就憨厚地一笑，一副不大有出息的模样。但等你在外面晃荡了十几年，一事无成地回到家乡，发现他已经成了当地有名的企业家，资助了不少孩子上学，还为父老乡亲们盖了座养老院。小龙女呢，就是隔壁班那个清纯冷傲的女神，你给自己打了半天鸡血，鼓足了勇气想跟她搭句话，但她横过来一个冷冰冰的眼神，你立刻就泄了气，臊眉耷眼地退了回来。

几年前的某天，我请几个朋友吃饭，有个家伙为人很豪爽，喝酒也很豪爽，我夸奖他像令狐冲，他听了很高兴，结账时抢着付了饭钱。假如我要说他像岳不群，别说付账了，他非得跟我打起来不可。什么叫成功的人物形象？这就是。

如果让我来预测一下将来文学史的走势，我觉得《笑傲江湖》这几部小说，以后的江湖地位肯定是比不上四大名著了，但至少也能紧跟上《东周列国志》和《封神演义》，在中国流传个几百年还是有可能的，而《红高粱》《平凡的世界》等等就很难说。一说到武侠小说，好像多是贩夫走卒的读物，但小说的读者基础正在于此。《水浒传》《封神演义》当年可都不入流，都是下里巴人的读物，但现在呢？它们除了被老百姓捧在手里，还都在文学史上躺着呢。

再举一个例子，柳青是1949年后最重要的作家之一，他被评论家和文学史家奉为经典的小说《创业史》和《神雕侠侣》是同一时代的作品（你可能会惊讶于这一点）。《创业史》第一部初版于1960年，《神雕侠侣》第一部初版于1959年，但你现在到书摊上去看看，《神雕侠侣》的盗版到处都是，而《创业史》呢，不要说盗版，你就是把正版书送到读者手上，他们也未必会看。

这个当然怨不得柳青，而现在，那些创作远比柳青自由的作家，过个五十年之后，他们作品的结局也未必会比《创业史》好到哪儿去。为什么？除了他们的故事不够吸引人，人物让人记不住，还因为他们的小说语言是学外国人的，他们的小说结构是学外国人的，在他们的小说中你甚至找不到多少中国的文化底蕴，他们的小说事实上都是中国人写的外国小说。反而是金庸，更多地继承了传统的香火，在他的那些小说中，扒开“武侠”的外衣，读者还能找到另外两个字：中国。

扯了这么久的文学，回头再说说小龙女，作为小说人物，她不但是尹志平的仰慕对象，在现实生活中，也是很多男人的梦中情人，就凭这一点，恐怕谁都得承认这是一个成功的文学形象。在这一版的电视剧中，玷污龙姑娘清白的道士已经由尹志平换成了甄志丙，原因是有道教人士向金庸提出抗议，说尹志平是道教中功勋卓著的大人物，把他写成强奸犯那是大大的不敬，所以金庸在修订时就改了。

尹志平我是有所了解的，当年看《神雕侠侣》，见金先生写得煞有介事，还跑去查了好一通历史，最后遗憾地发现我非常喜欢的杨过和小龙女，在历史上根本就没个影儿，我不大喜欢的王重阳、丘处机和非常痛恨的尹志平倒确有其人。其中这个尹志平是全真教的第六代掌教，全真教在他手上达到了鼎盛的巅峰,仅终南山本部就拥有九千多间道观，一万多名道士，可见他能力不错，是个了不起的人物。把这样一个历史人物写成强奸犯的确不妥。

但凡事皆有两面，那个在历史上“黜妻屏子，拂衣尘外”创立全真教的王重阳多少有点残酷，倒是在金庸小说中与林朝英纠缠不清的王重阳充满了人情味。那个在历史上位居万人之上一呼百诺的尹志平，虽威势煊赫，却又性格单调、面目模糊，倒不如那个对小龙女满怀爱恋，辗转反侧的尹志平看上去立体丰满。

所以我觉得那个提出抗议的道教人士纯属多事，假如我是尹志平，我倒宁愿跟小龙女扯上点关系，你看不管是李若彤那样的龙姑娘还是陈妍希那样的龙姑娘，都是多好的姑娘啊！

2015 年 1 月 11 日

七武士与人工智能

历史书看的多的人，像我，大约都有个毛病，不管看什么，都要从中找一点历史的教训或隐喻。

比如说当年看《七武士》，发现一个细节，七武士在与山贼的作战中，共死去了四人，这四人都是死于火枪。我首先想到的是什么呢？这应该是黑泽明刻意为之，他用这个细节暗示了时代的变迁：以武士刀为代表的武士阶层不管怎么努力，也还是要逐步退出历史的舞台。

但事实上，这个细节可能就是出于电影情节的需要，因为经过七武士的布阵，山贼进入村庄，基本上处于被关门打狗的境地，用冷兵器击杀武士显然不大可能，用火枪远距离射杀，更符合逻辑。而且武士们多是十步杀一人的高手，让他们被山贼用刀砍死，就显得武功太差。

黑泽明或许只是在讲述一个有趣的故事而已，但不论他的本意如何，火枪打败武士刀，都早已是事实。而这样的变迁，在历史的洪流中一次次出现：纺织机、汽车、电脑……每一项新事物的出现，都意味着一个旧时代的终结。

我是郑州花园路建设银行的老主顾，到郑州处理业务时，稍大一点的资金往来都去那儿办理。年前我到郑州出差，时隔一年，再次来到花园路建行，发现这个银行已经撤去了外面营业厅的全部柜台，所有的业务，如办卡、转账、查询、取款等，都可以在十几台柜员机上进行。工作人员也由原先的十几名变成只剩下两个女孩和一个保安，为客户提供一些咨询服务。里面的营业厅倒还保留着三个柜台，但只开了一个窗口，处理一些开户之类手续复杂的业务。

就像火枪干掉那四个武士一样，这也是时代的一个细节：机器取代了那些笑意盈盈的人类的工作。不知道下次再来这家银行，迎接我的会不会是一个或几个机器人。

纺织机问世，用纺车织布的家庭主妇们失去了一部分收入，但工厂女工的岗位出现了。汽车取代马车，司机取代了马夫。武士阶层没落了，自有另一部分人成为新的统治阶层。

这都是一部分人类在取代另一部分人类。但这一次，我们面临的，是一部分人类用机器取代了另一部分人类。当一部分人在欢庆科技进步、人力成本大幅降低时，另一部分人却在沉默的角落中茫然失措。

时代的变迁总是来得如此隐秘而真切。当第一支火枪诞生时，没有人会想到冷兵器时代的终结，那些在战场上捉对厮杀的刀啊剑啊，有一天会沦落到只在一些表演的场合中出现。

我们这些现代人会不会跟冷兵器有着同样的命运?

当有一天，一个智能人——一个现代人与人工智能融合后，再历经多代繁衍出来的后代——

创作了一部类似于电影的作品，讲述了若干年前一群人类的历史，其中的一个细节是：在某一个下午，一个男人走进他熟悉的某个场所，突然发现迎上来的不再是他熟悉的同类，而是一台机器……

2020 年 4 月 10 日

给孩子取名，
看这些书就够了

一

各位朋友，我们从身边说起。

我们现在所处的位置，是玉祥门内。西安城现有城门十八座，这其中有三座门是以人的名字来命名的，玉祥门就是其中一座。

玉祥门是以谁的名字命名的呢？冯玉祥将军。

在现代史上，冯玉祥是一个类似于吕布的人物，他跟着段祺瑞的时候，捅段祺瑞刀子，跟着吴佩孚捅吴佩孚，跟着蒋介石又捅蒋介石，有“倒戈将军”之称。但西安人却对冯玉祥充满了感激之情，为什么呢？因为在1926年“二虎守长安”的时候，冯将军帮助西安军民打跑了刘镇华的镇嵩军，救了西安人。

到了1927年，西安的局势稳定下来后，为了方便交通，当时的政府开凿了我们身边的这处明城墙，修了一座门。为了表达对冯将军的感激之情，就把它命名为“玉祥门”。

玉祥其实不是冯将军的本名，他的本名叫冯基善，字焕章。冯玉祥这个名字是怎么来的呢？

有一个故事，说是冯将军自小家贫失学，跟着他当兵的父亲住在部队的营房里。他父亲希望他也能当上兵，领一份军饷补贴家用，但当时当兵的名额就跟现在国家单位的编制一样，是有限的，竞争激烈，所以他很长时间都没能当上兵。

有一次，总算有了个名额，营中的苗管带就说：“这回该把冯大爷的儿子补上去了。”负责人事的主管就问：“叫什么名字？”苗管带一时想不起来，但又怕失去这个机会，大约是看到旁边有盒香，就随手写下“冯御香”三个字。御香这个名字女人气重，后来就改名为“玉祥”。

所以玉祥门这个名字，源头在苗管带，估计他做梦也想不到自己还有这份功绩。

冯玉祥这个名字跟典籍无关，但他原来的名字可是大有来头的。前面说了，他本名叫基善，字焕章。这个“焕章”出于《论语·泰伯》：“巍巍乎！其有成功也，焕乎！其有文章”。“焕”是光明、光辉的意思，“章”在这里指礼仪制度。这句话是孔子赞美尧舜禹三帝中的尧的：尧的功绩多么崇高，他制定的礼仪制度多么光辉啊！

基善的“基”是行辈，冯玉祥有个哥哥叫冯基道。至于这个“善”，我们不好说它一定有什么出处，但基于“焕章”的来历，我们可以判断这个“善”字多半是出自《论语·述而》：“择其善者而从之，其不善者而改之”。

所以冯将军本来的名和字的意思是很高大上的，就是要以善为根基，做出一番伟大的事业。因为“焕章”这个名字寓意很好，以前很多人给孩子起名都爱用，比如湘军大将石焕章，云南白药的创始人曲焕章的名字都来源于此。

冯玉祥 1927 年初在西安主政时，也修过一个门，老百姓叫它小东门，大名叫中山门，大家一听就知道，这个门是以孙中山的名字来命名的。

这个“中山”来源于孙先生在日本流亡时的化名“中山樵”，他本名叫孙文，字载之。这个名字源自“文以载道”这个成语，出自宋朝学者周敦颐的《通书·文辞》：“文所以载道也”。意思是说“文”像大车，“道”就像车上拉的货，通过车的运载，可以到达目的地。文章就是传播“道”的手段和工具。

东边有小东门，南边有小南门。小南门修建于 1939 年，大名叫勿幕门，“勿幕”也是一个人名，指的是陕西辛亥革命的领导人井勿幕。井勿幕成名早，十五岁到日本留学，十七岁参加同盟会，二十三岁就领导了陕西的辛亥革命。但死得也早，1918 年，仅仅三十一岁就被杀害了，所以功名不是特别大，很多人都不知道他。

“勿幕”这个名字来源于《易经》井卦第六

爻的爻辞："上六：井收，勿幕；有孚，元吉"。"幕"指覆盖，"孚"指诚信。这个爻辞的意思是什么呢？是说当井修好之后，不要用井盖把它盖上，要供民众使用，这样做有助于君侯的信用和威望布及天下，非常吉祥。

所以井勿幕这个名字，跟孙文、冯焕章一样，都是很有讲究的。

这个爻辞中还有一个名字，你们一定听说过，就是"元吉"。李元吉，李世民的四弟。"元吉"是上上大吉的意思，所以被李渊拿来给儿子取名。但他年纪轻轻的，就在玄武门事变中被他二哥给杀了，所以这个名字显然很不吉利，后来就不见有人用过。

二

我们看了这几个名字，可能会觉得以前的人们取名字真是讲究，其实在孔子之前，也是不讲究的。

拿孔子来说，他的《论语》简直就是一本取名宝典，帮很多人取了好名字，但他自己的名字却取得很随意。

孔子名丘，字仲尼，这个名字怎么来的呢？原来孔子的父母是在尼丘山生下他的，所以取名为“丘”，“仲尼”里的“尼”也是来源于尼丘山，为什么叫“仲尼”呢？这个大家都知道，因为孔子排行第二，所以这个名字搁现在就是“孔二尼”，跟陕北“王二妮”的取名差不多是一个套路。

我们有些人嘲笑日本人，说他们取名太随便，什么“松下”“渡边”“山本”“小泉”，住哪儿就姓什么。老大叫“太郎”，老二叫“次郎”，其实我们以前也差不多。

汉朝的开国皇帝刘邦，原名刘季，他大哥叫刘伯，就是刘大的意思；二哥叫刘仲，就是刘二；他是老三，按排行应该叫刘叔，也就是刘三，但当时可能他父亲刘太公觉得不会再生儿子了，就给他取名叫刘季，代指刘老小的意思。也有一个可能，就是他真是老四，上面还有个老三，但很小就死了，那时候医学不发达，婴幼儿早死的很多。当然这个可能性很小，刘邦毕竟是皇帝，如果有个死去的哥哥，历史书上应该会记上一笔。

孔子的名字来自于地名，他给儿子取名则来自动物名。他儿子出生时，鲁昭公赐给孔子一尾鲤鱼表示祝贺。国君送贺礼，这是很高的礼遇，为了表示纪念，孔子就给儿子取名叫孔鲤。

那个时候，整个社会的风气大约就是这样的，碰到什么就拿什么取名，不讲究。比孔子岁数大一些的老子也是如此，老子叫李耳，字聃，聃跟耳是一个意思，这个名字可能跟他的相貌特征有关，耳朵比较大或者形状比较特别，出生后父母就给他取了这个名字。

这种取名法现在民间其实还常用，比如说我的弟弟出生后取名，外婆说："这个'霞子'取个什么名呢？""霞子"是我们那儿的方言，小男孩的意思，有可能来自"小伢子"的连音。"霞"这个字具体怎么写，我一直没搞明白。我的父亲说："霞子，霞子，就叫令霞吧。"我的妹妹出生那天是腊月十七，大冬天，梅花正开，所以就叫许令梅。我们那儿的乡村，很多人的名字都是这么取的。

三

孔子之后，因为教育的逐渐普及，民众的文化程度越来越高，大家取名就越来越讲究了。这种讲究，最主要的表现就是取名字开始引经据典。比如说《论语》中的《里仁》篇，就是很多名人的名字来源。

“貌若潘安”的潘安，他的大名其实叫潘岳，我们叫他潘安，是因为他的字叫安仁，“安仁”就是出自《里仁》篇：“仁者安仁，知者利仁”。

北宋名将高怀德，名出自《里仁》中的“君子怀德，小人怀土”，他的字藏用，则出自《周易·系辞》上篇中的“显诸仁，藏诸用”。既胸怀美德，又潜藏功用，可见父母对他的期望。

还有“德不孤，必有邻”，抗日名将李宗仁

的字就叫德邻，宗仁而德邻，说明他老爹是个标准的儒学一派。

《里仁》里还有一个大名鼎鼎的名字，杨家将的死对头潘仁美，名字来源于“里仁为美”，但历史上只有潘美，并没有潘仁美。潘美虽然对杨业的死负有一些次要的责任，但他的名声在正史上还是很不错的，大约那些评书的作者也知道直接用他的原名有点不合适，所以改了一下。

唐朝有很多文化名人的名字都来自《论语》。大画家阎立本，“立本”出自《学而》篇：“君子务本，本立而道生”；大诗人张若虚，《春江花月夜》的作者，名字来自《泰伯》篇：“有若无，实若虚”；小说家白行简，名字出自《雍也》篇：“居敬而行简，以临其民，不亦可乎”，意思是行事简约，不拖泥带水。他的哥哥白居易的名字则出自另一部儒家经典《礼记·中庸》：“君子居易以俟命，小人行险以徼幸”，意思是指处境平易，没有危险。

还有韩愈，他的字退之，来自《先进》篇：

“求也退，故进之；由也兼人，故退之”。韩愈的“愈”，是“进”，超越的意思，太超越了容易招人忌恨，所以要提醒自己注意退让。一正一反，正好互补。南宋有个宰相叫汤思退，他的字就叫进之。金庸小说中，郭靖给损友的儿子取名，也差不多是这个套路，“过而不改，是为过也”，就叫杨过，字改之。

一般来说，名字都是长辈给晚辈取的，不过也有晚辈给长辈取名字的。

武则天年轻时叫媚娘，等掌权后嫌这个名字不霸气，自己取了个名字叫武曌。神龙政变后，唐中宗李显恢复唐朝，给他老妈上了个尊号叫“则天大圣皇帝”，武则天去世后又改称“则天大圣皇后”。这个“则天”来自《论语·泰伯》：“巍巍乎唯天为大，唯尧则之”，也是非常霸气的，武则天应该很满意。

《论语》有很多好名字。前面说到的“焕乎！其有文章”，沈从文的名字即来源于此，他原名沈岳焕，字崇文，“从文”是从“崇文”发展而来的。再比如说，“仰之弥高，钻之弥坚，瞻之在前，忽焉在后”，这“仰之”“弥高”“弥坚”“瞻之”都被人用过很多次。“老者安之，朋友信之，少者怀之”，“安之”“信之”“怀之”也不错。

娄绍怀，号燕生，十六岁时（1934年）跟着齐白石学画，齐白石给他刻章，就引用了《论语》中的这句话，说：“‘老者安之，朋友信之，少者怀之’，‘少’字比‘绍’字更好些。”于是给他改名娄少怀。接着，齐白石又说：“‘燕生’这个号太俗了，你跟我学画，学得很像了，将来变一下，必能成个大家。他日有成，切莫忘记老师。我给你改个号叫‘师白’吧！”于是改号“师白”，取“师从齐白石”之意。后来娄绍怀就以“娄师白”著称于世。

四

《论语》属现实主义，浪漫主义者和婉约派可以去翻翻《诗经》。

“野有蔓草，零露瀼瀼。有美一人，婉如清扬。”金庸小说中的木婉清、风清扬都来自这首《野有蔓草》，一个是美女，正符婉约派的标准；一个是高人，契合浪漫者的想象。

历史上翻《诗经》取名字的更是比比皆是。

秦始皇的长子扶苏，这个名字就可能出自《诗经》：“山有扶苏，隰有荷华”，“扶苏”是指枝叶茂盛的大树，秦始皇的意思，当然是期待儿子成长为一棵参天大树。

还有诸葛亮，这个“亮”因为是单字，在《尚书》等古籍中多次出现，我们没法搞清楚确切的出处，但按照他们家族取名字的习惯，应该是有来源的。他的字孔明，倒是有明确的出处，《诗经》的《信南山》 诗中的“祀事孔明”，就是做事很完美、周到的意思。

当然“孔明”还有很洁净、很明达等意思，就像“扶苏”一样，在他们各自的时代，应该是一种很流行的词。用这两个词取名字的人或许有很多，只不过出名的只有他们两个，所以倒也未必就一定是出自《诗经》。尤其是“扶苏”，按秦始皇的性格，用一首爱情诗给儿子取名字的可能性似乎不大。

不过有些人的名字一定是取自《诗经》，比如“房谋杜断”中的杜如晦，他字克明，名和字都出自《诗经》。前者出自《郑风·风雨》：“风雨如晦，鸡鸣不已”，后者出自《大雅·皇矣》：“貊其德音，其德克明”。

还有北宋词人周邦彦，名字出自《郑风·羔裘》：“彼其之子，邦之彦矣”，“邦彦”的意思是国家的杰出人才，将来肯定有大成就，所以他的字就叫美成，就是美满的成就。

南宋的军事家虞允文，名字出自《周颂·武》：“允文文王，克开厥后”，他的字叫彬父，出自《论语·雍也》：“文质彬彬，然后君子”，跟他的名是对应的。虞允文这个名字跟他的功业很相称，他的名字是“文”，出处却是“武”，他是一个文臣，但在采石之战中，却指挥军队以少胜多，以不到两万人的宋军击败了完颜亮的十五万金军，挽救南宋于风雨飘摇之中，堪称奇迹。

再比如《儒林外史》的作者吴敬梓，名字出自《小雅·小弁》：“维桑与梓，必恭敬止。靡瞻匪父，靡依匪母”，意思是恭恭敬敬地站在父母亲种下的桑梓树前，对父亲充满尊敬，对母亲充满依恋。这是吴敬梓的父母指望他成为一个孝子，但吴敬梓不事生产、喝酒挥霍，败光了家产，显然没达到父母的要求。

没达到父母期望的还有傅斯年，他的名字来源于《大雅·下武》：“于万斯年，受天之祜”，意为活得长久，受老天祝福。可惜事与愿违，五十五岁时就因脑溢血英年而逝。

近几年一直很红的林徽因，原名林徽音，出自《大雅·思齐》：“大姒嗣徽音，则百斯男”，“徽音”是美誉、美德的意思，后来因为常被别人误认为是当时的一个男作家林微音，她就改名叫林徽因。

梁思成和林徽因一样，名字也来源于《诗经》，出自《商颂·那》：“汤孙奏假，绥我思成”，“思”

在这里是语气助词，“成”是成功的意思。梁思成的“思”是一个行辈，梁启超当年给儿子起名，可能就是在行辈后面加一个“成”字，希望儿子成功。他另有几个孩子，比如梁思达，就是盼着他能够发达。不过以梁启超的学问，肯定是熟读《诗经》的，说“思成”出自《诗经》也说得过去。

不是一家人，不进一家门，你看徐志摩为什么追不上林徽因，兴许就是因为他没按《诗经》来取名吧。

邵云龙就深谙这个套路，他十六岁时爱上表姐盛佩玉，盛姑娘之名源于《郑风·有女同车》：“有女同车，颜如舜华。将翱将翔，佩玉琼琚。彼美孟姜，洵美且都”。为表爱慕之情，小邵从同诗中“洵美且都”一句里取前面两个字为名，从此叫邵洵美，果然就追上了盛姑娘。

叶绍钧在苏州上小学时，他的老师章伯寅用《小雅·节南山》“秉国之钧”的寓意，为他取了个字叫秉臣。关于这个“秉国之钧”，还有一个流传很广的故事——同治七年，有个叫王国钧的江苏人考上了状元，结果因为名字谐音“亡国君”，犯了忌讳，被慈禧取消了状元之位。

过了五年，到了1911年，辛亥革命爆发，苏州光复。第二天，叶秉臣去找章老师：“清廷已灭亡，皇帝被打倒了，我不能再做臣了，请先生改一个字。”章老师笑道：“你名叫绍钧，有句诗叫‘圣人陶钧万物’，就取‘圣陶’为字吧。”就这样叫了叶圣陶。

不想再做臣的还有张自忠将军，他的字原来叫荩臣，出自《大雅·文王》：“王之荩臣，无念尔祖”，“荩臣”的意思是忠诚之臣。后来他改字为荩忱。1939年夏，他在重庆接受记者采访时说：“‘荩忱’即忠臣。如今民国，没有皇帝，我们当兵的，就要精忠报国，竭尽微忱，故名‘荩忱’。”次年的5月16日下午4时，将军与日寇激战至最后一人，壮烈殉国，真正做到了人如其名。

“秉臣”和“荩臣”都是很实在的名字，所以说《诗经》也不全是浪漫主义，讲求现实的也大可以从中取名。

五

《易经》作为重要的经典之一，当然也是取名的宝库。

有一年我到义乌出差，义乌有个宾王路，是以骆宾王的名字来命名的，骆宾王是义乌历史上最大的名人，初唐四杰之一，靠“鹅鹅鹅”和骂武则天名动古今。他的字叫观光，名和字都出自《观卦》：“观国之光，利用宾于王”，这句话的意思是，观察一个国家的风土人情，就能观察到君王的治国之道，君王治国有方，有才能的人就会来投靠。所以说骆宾王的名字是有政治深意的，难怪他后来能跟着徐敬业起兵反抗武则天。

骆宾王是个成功的诗人，也是个失败的政治人物，结局下落不明，有人说他被乱军所杀，有人说他当了和尚。

接下来的两个人在政治上都算是成功人士，

至少都当了国家领导人。

一个是前段时间在朋友圈流行的《时运赋》的作者，北宋太宗和真宗两朝的宰相吕蒙正，字圣功，这个名字出自《蒙卦》的《彖传》："蒙以养正，圣功也"。《彖传》的这个"彖"，读"团"的第四声，据说是一种野兽的名字。《彖传》是对《易经》卦辞所作的解释。

《易经》因为玄奥难懂，孔子前后的学者给它作过很多种解释，比较常见的就是《彖传》和《象传》。我们熟悉的"大哉乾元""万国咸宁"都来自《彖传》，西安有个咸宁路，我到郑州出差，发现郑州有个乾元路，都是来源于此。我们更加熟悉的"天行健"，还有降龙十八掌中的"潜龙勿用""飞龙在天"等等，都是来自《象传》。

另一个是明朝嘉靖时期的首辅申时行，他因为黄仁宇的《万历十五年》而被大众熟知，他的名字出自《艮卦》的《彖传》："时止则止，时行则行"。上面的人名都是双字，熟悉《易经》的人一眼就能看清出处。如果人名是单字，或者双字中一个字是行辈，就得跟他的字结合到一起来看。比如郦道元，道是行辈，他还有四个弟弟郦道峻、郦道博、郦道慎、郦道约，单一个“元”字就不好确定出处，不过我们一看他的字——善长，就知道出处了。《乾卦·文言》有云：“元者，善之长也”。明代开国丞相李善长的名字也是来源于此。

再比如陆羽，单看这个“羽”字，看不出来什么，再看他的字——鸿渐，我们就明白了，出自《渐卦》的爻辞“鸿渐于陆，其羽可为仪，吉”。

陆羽现在已经被封圣，但他的身世是很苦的，可能是因为长得太丑，他刚出生就被父母抛弃了，亏得一个叫智积的和尚收留了他。智积给他取名，占了一卦，就是上面的“渐”卦，这个卦的意思说是鸿雁飞在天上，渐渐地就要到达目的地了。它们的羽毛很漂亮，可以用来做大型仪式上的装饰品。

我们可以把鸟的羽毛看作是人的才华，就是说这个人将来会在重要的地方派上用场。这一卦当然是很吉利的，所以他就得了这个名字。我们常说心理暗示是有作用的，也许就是这个名字给了他信心，帮助他成为茶圣。

比陆羽早生三百多年的陶渊明，大约就是为了获得这个心理暗示，人到中年后还改了名字。陶渊明本来是他的名，字元亮，中国古人取名字，明与亮一般是标配，如影随形，比如诸葛亮，字就叫孔明。这个渊和元都是《易经》中的好字，配上明和亮，算得上好名字。估计他还是嫌不够好，所以后来又把名给改成了陶潜，字渊明。

这个名字应该是取的“潜龙在渊”之意。“潜龙，勿用”，意思是说自己一身才华得不到施展，但也无所谓，为什么呢？“或跃在渊，无咎”，龙跃入深渊，而且这个渊还有光明，进可腾空，退可藏身，进退有据，从容自在，当然就没有灾难。

人生在世，没有人希望遇到灾难，所以有的人干脆就把这个“无咎”用作自己的字。苏东坡的学生晁补之，字就叫无咎。至于他的名，应该是出自《诗经·大雅·烝民》：“衮职有阙，维仲山甫补之”——天子龙袍有破缺，只有仲山甫能补。仲山甫是周宣王时期的大臣，很有才干。晁补之父母取这个名字的用意当然是希望儿子像仲山甫一样成为栋梁之材。

现代人的名字也有很多取自《易经》的，民国有一个军事学家蒋百里，曾担任过保定陆军军官学校第二任校长，在任上愤于时事开枪自杀，竟然奇迹般生还。百里是他的字，他的名叫方震，都来自《震卦》：“震惊百里，不丧匕鬯”。这个“鬯”读“畅”，指祭祀用的酒。这句话的意思是雷声震惊百里，有人手拿酒勺镇定如常。听上去就很有大将风范，正契合他军事大家的身份。

还有诗人臧克家，原名叫臧瑗望，1928 年，二十三岁的他和王深汀结婚。第二年他在《民国日报》上发表了一首新诗《静默在晚林中》，署名“克家”，这个笔名源于《蒙卦》：“纳妇吉子克家”，这是他在向老婆下保证，表示他娶妻后深感责任在身，一定要承担起家事，潜台词是说你嫁给我就放心好了。

六

儒家的经典著作，都被大家拿来取过名字。

杜甫的名字应该是源自《仪礼》中的《士冠礼》：“伯某甫，仲叔季惟其所当”，“甫”是男子的美称，前面说的仲山甫的“甫”跟杜甫的“甫”是一个意思。杜甫字子美，大约就是“陌上人如玉”的意思。

孟浩然的“浩然”出自《孟子·公孙丑上》：“我善养吾浩然之气”。

号称“千古第一才女”的李清照，她的父亲李格非，名字出自《尚书》中的《周书·冏命》：“匡其不及，绳愆纠谬，格其非心，俾克绍先烈”，“愆”读“千”，罪过的意思。翻译过来就是：匡救自身不足，改过纠错，纠正邪心，使我能够继承祖先的功业。

另外一个著名的才女，明末清初的柳如是，她的丈夫钱谦益，字受之，这个名字的出处大家很熟悉，中学语文学过的“满招损，谦受益”，出自《大禹谟》。

钱谦益的本家后辈，民国学者钱穆，字宾四，这个名字出自《舜典》："宾于四门，四门穆穆"。

徐懋恂十六岁那年，有一天乘船去衡山，看到同船的乡吏对船工又打又骂，于是告诫自己，日后若能科举及第，绝不当欺压百姓的贪官，于是取了"特立独行，高洁自守"的意思，改名徐特立。"特立"一词源于《礼记·儒行》："往者不悔，来者不豫；过言不再，流言不极；不断其威，不习其谋。其特立有如此者"。《倚天屠龙记》中，纪晓芙给私生女起名叫杨不悔，就是这个"往者不悔"的意思。

上世纪20年代，号称"长江以南第一才女"的陶斯咏，是长沙著名的白富美，个子很高，才华横溢。她的名字出自《礼记》的《檀弓下》："人喜则斯陶，陶斯咏"，这句话后面还很多字，"咏斯犹，犹斯舞"等等，是说人的喜怒之情，分别有不同的层次。这个"陶斯咏"形容人高兴得唱起来。

再比如当代著名的学者易中天，这个名字源自《中庸》："中也者，天下之大本也。"当然也有可能源自"如日中天"，但如日中天的意思用作名字就显得比较嚣张，易中天的父亲易庭源是个淡泊名利、生活简朴的学者，不大可能给儿子这样来取名，还是《中庸》的可能性大一些。

七

《楚辞》作为浪漫主义诗歌集大成者，当然也紧跟《诗经》，是人们取名的一大法宝。

比如说我的老乡，三国的大帅哥周瑜周公瑾的名字，有可能出自《九章·怀沙》："怀瑾握瑜兮，穷不知所示"。"瑾""瑜"都是美玉的一种，这句话是说，我身上有很好的才华和美德，但不知跟谁说，有怀才不遇的意思。"怀瑾握瑜"后来成了一个成语。

但瑾和瑜在古代是个常见的组合，比《楚辞》

时代早的《左传》，在《宣公十五年》篇中引用过一首民谚："高下在心，川泽纳污，山薮藏疾，瑾瑜匿瑕，国君含垢，天之道也"，里面就有"瑾瑜"，"瑾瑜匿瑕"是说美玉总会藏有一些瑕疵，比喻为人器量大，能包容。《三国志》里说周瑜"性度恢廓"，就是器量大的意思，所以周瑜的名字更有可能来源于《左传》。

跟周瑜同时代的诸葛瑾，也就是诸葛亮的哥哥，字子瑜，两人的取名是一个套路。

周瑜的名字虽然不确定是不是取自《怀沙》，但另有几个人却一定是来自于这首诗。一个是前不久去世的学者南怀瑾，他被一些人奉为国学大师，但也有一些人认为他配不上这个称号。还有一个是多年前就被人从"大师"位子上拉下来的文怀沙。

不过有一个人，大师的名头却是被公认的。1917 年，十四岁的傅长生考上了南昌的江西省第一师范附小，改名傅瑞麟，这两者都是很吉利喜庆的名字。到了 1921 年，他考上江西省第一师范学校后，却崇拜上了抱石怀沙、自沉汨罗江的屈原，自号“抱石斋主人”，一代国画大师傅抱石就这样横空出世了。这个名字也可以说是来源于《怀沙》。

同样是1917年，十九岁的朱自华报考了北京大学，朱自华字秋实，一看就知道来源于“春华秋实”，但他却对自己有另外的期许，于是在报考前，取《卜居》中“宁廉洁正直以自清乎”之意，改名叫朱自清。

著名诗人戴望舒原名戴承，字朝安，望舒是他取的笔名，来自《离骚》：“前望舒使先驱兮，后飞廉使奔属”，“望舒”是古代神话传说中给月亮驾车的神，后来成了月亮的代称。所以这个名字是很浪漫的，正符合他诗人的身份，戴承和戴朝安就像个官员了。

京剧大师周信芳的名字也出自《离骚》：“不吾知其亦已兮，苟余情其信芳”。世人不了解我就算了吧，只要我的内心确实芬芳。所以你们看，屈原总是不停地说别人都不理解他。他这个人跟李白一样，天性浪漫，而且比李白更多了一份敏感，本质上是不适合当官的。

还有梅兰芳。梅兰芳取这个艺名，倒不一定考虑过什么出处，应该就是讨个“梅兰芳菲”的彩头。但“兰芳”这个词，最初是出自《招魂》：“结撰至思，兰芳假些”。这里的“些”是语尾助词，读“唆”，是当时楚国的地方话。这两句诗的意思是说撰写文章时精心构思，文采好得像借来了兰草的香气。《招魂》一诗凄婉感伤，但这两句的寓意却非常好。

我们安徽，在屈原的时代就是属于楚国的，招魂的习俗在我小时候还能见到，但现在年轻人大都外出，很多风俗都不讲究了，再过几代，不知还能不能流传下去。

八

现在说说道家的经典。

金庸小说中很多著名的武功，都源自《老子》

的思想，比如《九阴真经》和“无招胜有招”的独孤九剑等。

我少年时代爱读武侠小说，受金庸的影响很深。十三岁的时候，我暑假到外婆家，从表舅那里借到了一部《神雕侠侣》，读到杨过和程英初见，程英手写了好几遍“既见君子，云胡不喜”，又吹奏了一曲《淇奥》，“瞻彼淇奥，绿竹猗猗。有匪君子，如切如磋，如琢如磨”，觉得十分文雅。待到小说读完，就去另一个表舅家中找了一部《诗经》来，愁眉苦脸地读了一遍。后来又想到杨过还读过《论语》，就又去找了一部《论语》来读。

我想万一哪一天，有个程英一样的姑娘跟我说起《诗经》或者《论语》中的句子，而我一无所知，那该怎么办呢？当然，事实证明我当年真的想多了。这种待遇应该也就杨过这样的大帅哥才会有。

后来读到《射雕》《笑傲江湖》《天龙八部》等书，书中提到老、庄、周易，就又去读了能够找到的《老子》和《庄子》，可惜似懂非懂，只记住了几个常用的句子，只够闲来跟人吹牛。我很后悔当年没下苦功，假如我趁着年少时记忆力好，把这些书都背下来，我的学识和文采应该比现在要好得多。

除了武功，金庸小说中的人物，也有很多来自道家经典。最知名的一个，当属令狐冲。

令狐冲的“冲”是个单字，不好辨别出处——不像他师父岳不群，外号君子剑，一看就出自《论语》的“君子矜而不争，群而不党”（君子群而不党，他偏偏不群，可见是个伪君子）——这就需要跟最亲近的人的名字结合起来看了。

令狐冲孤儿一个，被小师妹嫌弃，最亲近的就是女友任盈盈了。冲和盈结合起来，就知道是出自《老子》四十五章：“大盈若冲，其用不穷”，“大盈若冲”的意思是说最充盈的东西，好似是空虚的一样，这说明两人互补，很般配啊。所以小师妹离开令狐冲，那不是小师妹的问题，而是金庸一开始就没打算让他俩在一起。

名字来源于《老子》的名人有很多，最出名

的一个应该就是刘备了，他字玄德，出自《老子》第十章："生而不有，为而不恃，长而不宰，是谓玄德"。当然刘备的名字更有可能出自《尚书》，因为"有备无患"这个成语出自《尚书·说命》，另外，《尚书·舜典》中也有玄德这个词："玄德升闻，乃命以位"。不过我们知道"玄德"这个词，大多是因为《老子》，所以还是当他的字出自《老子》好了。

写"欲穷千里目，更上一层楼"的王之涣，名字来自《老子》第十五章："涣兮其若冰之将释"，意思是像春风解冻一样，坚冰即将消融。王之涣字季凌，"冰"和"凌"是一个意思。有的版本里，就用的是"若凌"。写《太阳照在桑干河上》的丁玲原名蒋伟，字冰之，不知道是不是来自此处。

写"当时明月在，曾照彩云归"的晏几道，名字出自《老子》第八章："水善利万物而不争，处众人之所恶，故几于道"。晏几道的大哥叫晏居厚，这个名字出自《老子》第三十八章："是以大丈夫处其厚，不居其薄；处其实，不居其华"。

写“无力买田聊种水，近来湖面亦收租”的南宋诗人范成大，字至能，名和字皆出自《老子》三十四章：“圣人之能成其大也，以其终不自为大，故能成其大”。

还有推广汉语拼音的语言学家钱玄同，本来名叫钱夏，字德潜，听着让人没什么印象，但一从《老子》里找到“玄同”这个名字，大师的感觉马上就来了。

我们看《老子》，能从里面找到很多知名的名字，什么“弥远”“大白”“大方”“至柔”“道明”“明道”等等，但最为大家熟知的你们可能想不到，五十二章：“见小曰明，守柔曰强。”就是小明和小强啊，哈哈。

道家的另一本经典《庄子》，从第一段话中就能找到一个大家非常熟悉的名字：“北冥有鱼，其名为鲲。鲲之大，不知其几千里也。化而为鸟，其名为鹏。鹏之背，不知其几千里也；怒而飞，其翼若垂天之云”，发现没？岳飞，字鹏举。有的人以为张飞的名字也来自这句，其实不是的，张飞字益德，是利益的“益”，不是比翼的“翼”。

岳飞的儿子岳云，名字有可能也来源于此。岳云字应祥，理应吉祥，与名组成“祥云”，岳飞对这个儿子的期望就是吉祥如意、一生平安，当儿子受他牵连，23 岁就冤死时，不知他内心该是何等的痛苦。

再者如萧绰，也就是萧太后，她父亲萧思温是一个汉文化爱好者，他自己的名字“思温”就是来自《论语·季氏篇》：“君子有九思：视思明，听思聪，色思温，貌思恭，言思忠，事思敬，疑思问，忿思难，见得思义”。在这句话里，你能找到好几个熟悉的名字。“色思温”的意思是要时刻考虑自己的脸色是否温和，也就是戒怒。

萧太后的原名叫萧燕燕，可能来自《诗经》中《燕燕》一诗：“燕燕于飞，差池其羽”，后来改叫萧绰，则可能来自《庄子·逍遥游》：“藐姑射之山，有神人居焉，肌肤若冰雪，绰约如处子，不食五谷，吸风饮露；乘云气，御飞龙，而游乎四海之外”。在萧思温的心目中，大约也只有这样的句子才能配得上女儿的美貌和能力吧。

继续往后看，“是其尘垢秕糠，将犹陶铸尧、舜者也，孰肯以物为事”中的“陶铸”，岁数大一点的朋友应该都知道，一个政治家，也是宰相级别的人物了。

金庸从《庄子》中给自己的小说人物取过不少名字，有兴趣的朋友可以找一下。道家还有一本《列子》，但我只是大略翻了一翻，没有认真读过。

九

随着时间的推移，汉赋啊，晋诗啊，佛经啊，唐诗宋词啊，慢慢地都变成了经典。一代又一代的人们从前人的经典著作中寻找自己满意的名字。

我以前写过唐朝开国的大军事家李靖的文章，他的字叫药师，还有他哥哥李端，字药王，药师和药王都是来自于佛经。

还有王维，字摩诘，这个名字一目了然，一看就出自《维摩诘经》。这部经被鸠摩罗什翻译得像一首优美的长诗。

李清照的名字应该是来自王维的诗“明月松间照，清泉石上流”，她后来从陶渊明《归去来兮辞》中“审容膝之易安”一句，取“易安”二字，号“易安居士”。这句话的大意是房子虽然小，住着很心安。

柳如是这个名字的来源大家应该也知道。她本名叫杨爱，被卖到妓院后改名为柳隐，有一天她读到了辛弃疾《贺新郎》，见“我见青山多妩媚，料青山见我应如是”两句，觉得很美，就给自己起了个字叫如是，并不是来自“如是我闻”。

王粲《登楼赋》：“路逶迤而修迥兮，川既漾而济深”，李济深。

《木兰辞》：“万里赴戎机，关山度若飞”，王若飞。

李白诗：“俱怀逸兴壮思飞，欲上青天览明月”，钱壮飞。

王昌龄诗：“洛阳亲友如相问，一片冰心在玉壶”，冰心。

……

平时看书留意一下的话，大家会找到很多。

到了近代，域外的名著被翻译进来，也成了影响国人的经典。

1906年，十五岁的胡洪骍在上海澄衷学堂读书，他二哥胡洪骓给他改了个名，叫胡适，字适之，取自严复翻译的《天演论》：“物竞天择，适者生存”，与同时代的文人、学者还在以《易经》《论语》等古籍取名相比，颇有创新之意。胡适后来成了新文化运动的领袖，应当跟这份新意有关。

到后来胡适成名，也开始影响他人了，汤道耕受胡适影响就很深。他开始写作时，就取胡适的名言“人要爱大我（社会），也要爱小我（自己）”之意，取笔名“爱吾”，后来变成了“艾芜”。

十

有的朋友问我，现在都21世纪了，还去翻古书取名字会不会显得过时呢？不会的，两千二百年前的刘邦和项羽，一千八百年前的诸葛亮和周瑜，他们的名字，现在还有那么多人在用，谁会觉得过时呢？

以前有一句话，叫：“男楚辞，女诗经；文论语，武周易。”其实哪有这回事，别给自己设限，爱怎么取就怎么取，爱从哪本书里取就从哪本书里取，不单是古代的，现代的、国外的经典著作都可以拿来一用。

取个名字，要那么多规矩干什么？只要字面意思积极向上、寓意美好都可以。

我给你们举个例子。唐高祖李渊他爸，叫李昞，常年带兵驻守在陇西一带，那地方缺水啊，他带兵打仗，应该吃了不少缺水的苦，所以他给四个儿子取名时一律带水——李澄、李湛、李洪、李渊。有人可能会说是不是五行缺水才取的，不会，因为不可能那么巧每个儿子都五行缺水。

李昞的兄弟分别叫李延伯、李璋、李真，李渊的儿子叫李建成、李世民、李玄霸、李元吉，可见他们家族也没有拿同一个偏旁部首给孩子们取名字的习惯。李昞应该就是被缺水整怕了，所以希望自己的孩子们以后不要再重复自己的痛苦。就是他们家族创建了一个盛世大唐。

所以我在这里说的一切都仅仅是给你作个参考，你尽管按自己的意愿去给孩子取名字。